自我状態療法
理論と実践 Ego States Theory and Therapy

ジョン・G・ワトキンス+ヘレン・H・ワトキンス—著 John G. Watkins, Helen H. Watkins
福井義一・福島裕人・田中 究—監訳

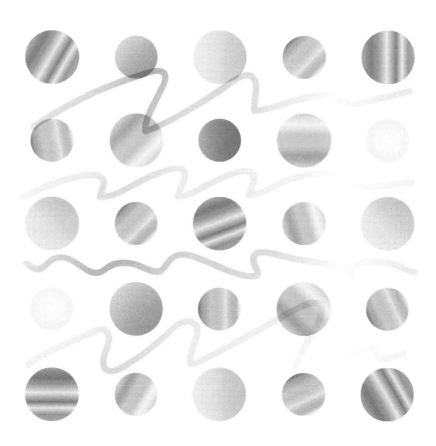

金剛出版

John G. Watkins and Helen H. Watkins

Ego States : Theory and Therapy

Copyright © 1997 by John G. Watkins and Helen H. Watkins

Japanese translation rights arranged with W.W. Norton & Campany, Inc.
through Japan UNI Agency, Inc., Tokyo

日本語版への推薦文
知恵の足跡を残して……

　日本語で刊行される本書の推薦文を執筆することは，私にとって実に大きな喜びであり，筆舌に尽くしがたい栄誉である。ジョン・G・ワトキンスとヘレン・H・ワトキンスは，数多の国々の数多の人々にとって，師匠であり，導き手であり，アーティストであり，教師であり，友人であり，同僚であった。とりわけ，私にとってはそうであった。人々が自身の内的資源の多重性を認識し，その可能性を余すところなく実現するのを助ける際の2人の治療的自我（therapeutic self）や共鳴（resonance），人間性（humanity）に感銘を受けてきた人は多い。読者は本書を読み進めるうちに，著者たちが自分たちのこれまでの学術的・科学的な目を見張るべき業績一覧にただ単にもう一冊加えるだけというよりも，ずっと偉大な目的を胸中に抱いていたことに気づくだろう。

　本書は，解離の歴史と現象としての解離の理解に対する貴重な貢献である。英語では，これを表現するのに，決して古くさくならず，時代遅れにもならない内容であることを意味する「不朽の（evergreen）」という語を当てる。そうしたものは，将来の学究の徒がそこから学び続けることができ，恩恵を受け続けることができる源泉となるのである。本書には，ワトキンスが長年かけて開発してきたオリジナルのテクニックのスクリプトや解説が収められており，それには計り知れない価値がある。加えて，ワトキンスは，ポール・フェダーン（1928, 1932, 1943など）の自我心理学の概念に基づいたパーソナリティの発達の元々の概念についても解説している。2人は，自我状態の起源や，自我状態が催眠状態で活性化されるべき理由，さらには自我状態が治療的に扱われる

べき理由についても探究している。後者は今日でも自我状態療法家たちの間で異論の多い論点である。本書には、クライエントたちとのセッションにおける実際の逐語録が驚くほど豊富に掲載されており、これにはあらゆる自我状態療法家にとって唯一無二の価値があると思われる。ジョン・G・ワトキンスとヘレン・H・ワトキンスは、自我状態は人類の一人ひとりに潜在する生命エネルギーであり、リソースであり、可能性であると説明している。本書がこの領域に関心を持っているあらゆる心理療法家や理論家にとって、非常に有用なガイドとなること請け合いである。本書が、読んだすべての人々、とりわけ心理学や心理療法、医学の分野における若い専門家に対して有益な影響を及ぼすであろうことを心から願っており、そのことを確信している。

最後に、本書は何事にも避けられない終わりのときが来ることを思い出させてくれる。しかしながら、ジョン・ワトキンスとヘレン・ワトキンスの両名による『自我状態療法——理論と実践』は、未来の世代に知恵の足跡を残してくれるだろう。

「人生は、単に暦の上の時間で測定された量で評価されるべきではなく、体験的な時間で測定された質で評価されるべきである」(ワトキンス夫妻によって非常によく用いられたお気に入りの引用)。

2018年12月15日

ヴォルテマーデ・ハートマン

● 注
　　※ヴォルテマーデ・ハートマン（Woltemade Hartman）
　　　ワトキンス博士の元教え子。臨床心理学者、南アフリカ・ミルトン・エリクソン研究所（MEISA）所長、エゴ・ステイト・セラピー・インターナショナル（ESTI）元代表、国際催眠学会（ISH）理事。

監訳者まえがき
我が国における自我状態療法史

　本書は，自我状態療法の開発者であるWatkins, J.G. & Watkins, H. H.による *Ego States : Theory and Therapy* の翻訳である。監訳者の一人である田中究先生による「監訳者あとがき」にもあるように，本書がこうして日の目を見るまでには，大変な年月がかかり，その間さまざまな紆余曲折があった。監訳者を代表して，本書の翻訳に関わっていただいたすべての方々にお礼を申し上げたい。

　私と自我状態療法の出会いは2006年に遡る。当時，日本臨床催眠学会の理事長であった故高石昇先生がワトキンス博士と懇意であったことから，同学会主催研修会で博士を招聘して自我状態療法の2日間ワークショップが実現したのである。当時，すでにかなりのご高齢であり，ご本人の口からもこれが最後の来日になるであろうと仰っていたのを記憶している。ご講義の内容や視聴覚素材によるデモンストレーションの詳細についての記憶は随分と薄れてしまっているが，その理論と技法のユニークさ，そして老いてなお衰えない自身の臨床と理論へのこだわりは，催眠臨床を始めてまだ数年しか経っていない私に鮮烈な印象を残した。

　このワークショップのときに，原書にサインをいただいたのであるが，よもや自分が将来その書籍の監訳をすることになろうとは知るよしもなかった。その後，すぐにこの自我状態療法を臨床実践の場で細々と試行錯誤しながら使い始めた。当時，我が国における本法の適用例の報告はほとんどなかった。すでに臨床実践に取り組んでいた先達の限られた事例報告に倣いつつ，型通りに下りの階段を降りてクライエントの自我状態が待つ部屋に会いに行ったり，EMDR（Eye Movement Desensitization and Reprocessing）などのトラウマ・ケアをする中で自発的に出現する自我状態に働きかけたりしているうちに，この技法の有用性と使いどころを認識するようになった（後者の例については，2

つの論文として刊行された）。

　その後，さまざまな研修会や研究会などで自我状態療法について話す機会をいただくことが多くなり，日本ブリーフサイコセラピー学会，日本家族研究・家族療法学会，日本EMDR学会などのワークショップやセミナーなどでレクチャーをするようになった。日本ブリーフサイコセラピー学会における講演の内容は，同学会誌に教育講演論文としてまとめられた。ところが，この時点で我が国には自我状態療法の普及や啓発を行うような団体や組織は存在していなかった。

　そんな中，2015年1月に，ある地域でワークショップを開催したときに，そうした組織を立ち上げる必要性を感じて，Ego State Therapy Japan（ESTJ）を立ち上げ，一部を除いてワトキンス博士の原法に忠実な形で教えはじめた。ESTJの組織を立ち上げてから，Ego State Therapy International（ESTI）という国際組織があることに気づき，加盟のための交渉を開始した。英語によるコミュニケーションの壁もあり，交渉の歩みはゆっくりとではあったが着実に進んだ。2017年7月に中国で開催された臨床催眠学会第1回大会に併せて実施された，ESTIの前代表であるハートマン博士の北京での自我状態療法トレーニングに参加し，その日程中に博士と面談を繰り返し，同年9月に正式にESTIへの加盟が認められた。

　自我状態療法は，近年の身体志向のトラウマ・ケアの考え方を大胆に取り入れつつ，現在進行形でさらなる進化を続けている。そこで，2018年7月には，ハートマン博士を招聘して，ESTI認定のトレーニングを開始した。それに併せて，ESTJも一般社団法人となって再出発した。今後も，ESTJは自我状態療法の普及と啓発のために活動を継続していくだろう。

　さて，本書の翻訳の経緯に戻ろう。研修やワークショップで自我状態療法について話す中で，参加者から「参考書はないんですか？」と聞かれることが多かった。「監訳者あとがき」にあるような経緯で，本書の訳出が宙に浮いた状態になっていることは耳にしていたが，版権がどうなっているかも定かではなかった。そんな中，2012年頃になって，監訳者のお一人である福島裕人先生が，当時所属していた東海学院大学で院生と一緒に本書の抄読会を企画していること，その翻訳出版を目指していることを知った。福島先生は，その大学の私の後任で面識もあったことから，すぐに連絡を取らせていただき，過去の訳出が宙に浮いている経緯についてお伝えした。相談の上，過去の翻訳企画と今回の

抄読会を統合する形で出版するのが，自我状態療法の本としてもまさにふさわしいのではないかという結論に達した。

その後は，故高石昇先生の許可を得るために直接ご自宅へと参上し，続いて田中究先生に問い合わせて，事情をお伝えし，新旧グループの統合という自我状態療法らしいアイデアにご賛同いただいた。また，その時点で福島先生が契約していた出版社では商業販売が難しかったので，こちらから違約金をお支払いする形で版権を手放していただいた。その後，改めて元々田中先生のほうで予定されていた出版社にかけあったが，そちらには断られ，別の出版社にも断られるという憂き目に遭う。さらに紆余曲折を経て，金剛出版から刊行できる運びとなった。

翻訳原稿は，高石先生と田中先生のグループからのものと，福島先生のグループからのものを併せても，未訳の章がいくつかあったので，ESTJの初期メンバーで訳出を試みた。すべての原稿が揃った時点で，私のほうで全体の監訳作業を行った。さまざまな訳者が，さまざまな言葉遣いやフォーマットで訳出しており，誤訳のチェックも含めて，監訳は困難を極めた。複数の訳者による原稿がある章は，一文一文を原書と照合し，可能な限り両者の訳の持ち味を残そうと努力しながら，全体としての一貫性や整合性を保つために，すべての文章を最初から最後まで通しで翻訳し直した。そのため，翻訳に何か間違いがある場合の責は，各章の担当者にではなくひとえに監訳者である私にあることを明確にしておきたい。

本書の訳出を巡る長い時間の流れの中では，本当にさまざまなことが起こった。田中先生のグループと福島先生のグループのどちらにも，鬼籍に入った先生方がおられる。さらに2017年4月1日には高石昇先生がご逝去なさった。墓前に本書の出版をご報告するとともに，謹んでご冥福をお祈りしたい。また，福島先生のグループでは，下訳を担当してくれた東海学院大学大学院の有志の学生たち（敬称略の五十音順で，秋田睦絵，今井田貴裕，浮田あすか，北川三沙代，高橋朋希，渡辺彩華）の協力を得た。皆様にも厚くお礼を申し上げたい。

本書の出版は，我が国で自我状態療法が普及し，トラウマ・ケアが発展するための，大きな一里塚となることに疑いはない。その上で，本書の読者にいくつかお願いしたいことがある。近年，トラウマ・ケアや解離性障害治療の文脈で見直しが進んでいる自我状態療法であるが，元々は多重人格や解離性障害の治療を主たる目的として生まれたわけではない。本書を読了して，さまざまな

個別の技法を知ったからと言って，いきなり重篤な解離症状をもったクライエントに適用することは得策ではない。背景にある理論をしっかりと理解して，各々の自我状態の起源や存在，機能を尊重した上で，全体的なパーソナリティへの統合を支援する指針としていただきたい。また，巷にある他のパーツ・モデルやパーツ・アプローチとの異同についても，本書の理論編から通読していただくことでより明確になるだろう。見かけの手続きが似ているからと言って，同じことを目指しているわけではない。その本質を見失わずに使っていただけるとありがたい。さらに，本書の構成は，前半に理論編が固まっており，ようやく第8章以降に自我状態療法の原則やテクニックに入るのだが，理論をしっかりと押さえた上でこれらのテクニックを使用してもらいたいと切に願う。トラウマ・ケアの技法は日進月歩である。本書はワトキンス博士のオリジナルの考え方に基づいているが，自我状態療法は先述したようにどんどん進化している。新たな情報を仕入れ，トレーニングを受けるなど，自我状態療法を自分のものにして使いこなすための努力を惜しまないでいただきたい。本書を読んで下さった臨床家が，自我状態療法を使いこなして，多くのクライエントのために役立てていただければ，訳者一同にとって望外の喜びである。

　最後に，金剛出版の編集担当である藤井様と浦和様には，遅々として捗らなかった監訳作業を辛抱強く待っていただいた上に，念入りに校正していただいた。そのお陰で，随分と読みやすくなったと思う。また，出版スケジュールについても，ご無理を聞いていただいた。心より，感謝申し上げたい。

2018年10月31日

監訳者を代表して

福井義一

まえがき

　1918年，ブダペストで開催された（第一次世界大戦終戦後初の）国際精神分析学会において，フロイトは，精神分析的な理解に暗示と催眠の技法を利用することの必要性について講演した。彼がこのことが必要であると認識したのは，学会は近い将来，心理学的な諸問題に苛まれる大衆が治療にお金をかけるに違いないとわかっていたからである。

　本書『自我状態療法──理論と実践（*Ego States : Theory and Therapy*）』は，ポール・フェダーンの自我心理学，とりわけ自我状態の存在という彼の発見に基づいた短期精神療法を打ち立てるために，催眠療法の技術を精神分析的な概念に統合することを約束する。

　フロイトは，彼の著書『自我とエス（*The Ego and Id*）』（1923）の中で，精神分析的な自我心理学を始めていたにもかかわらず，人間の精神がイドと自我，超自我に分割され，自我は不安を通して危険を総括し，認識する機能の大部分を担っているという以上のところへは踏み込まなかった。

　アンナ・フロイト（1946）は，これらの機能を防衛機制へと拡張し，ハルトマン（1939）は，適応機能へと拡張したのに対して，ポール・フェダーンは，精神を病んだ患者との仕事を通じて，自我の本質を発見した。この発見は，長い間ほとんどの精神分析家に無視されてきたが，本書の著者たちは，自我状態を認識し，自我状態とワークして，大いなる成功を収めた。

　両人は，フェダーンによる自我状態の概念についてとても明快に描き出しており，その概念を多重人格や自我の障害を含む他の疾患の治療においてどのように用いるべきかを示している。フェダーンの自我の概念を用いることで，心

理療法家は自分たちのワークに理論的根拠が得られるだろう。特に催眠療法家は，こうした理解から恩恵を得ることができるにちがいない。

アーネスト・フェダーン

●注

　※アーネスト・フェダーン（Ernst Federn）
　　精神分析家。ウィーン精神分析学会名誉会員。ポール・フェダーンの息子であり，彼自身も自著で名高い貢献者の一人である（Federn（1960）を参照）。

序文

　第二次世界大戦中，我々の一人（ジョン）は，大規模な軍病院で心理師の長として働いていたのだが，暗闇恐怖症に悩む若い大尉が彼のところへ紹介されてきたことがあった。その事例は催眠で治療され，詳細については書籍にまとめられており（Watkins J, 1949），最近になって，短報の形でも出版された（Watkins J, 1992b）。この事例が成功裏に解決したのは，1つ以上の「実体」が関わっていたことを発見したことが大きかった。当時，私（ジョン）は，その患者が多重人格であると考えていた。しかしながら，2つのサブ・パーソナリティが自発的に現れることはなく，催眠下でのみ活性化することができた。幅広くバラエティに富んだ催眠的・分析的・投影的テクニックが，それらの2つや，暗闇恐怖を創り出した相互作用の理解に用いられた。恐怖症は，別に詳細を記した催眠分析的な手続き（Watkins J, 1992b）を通じて，精神力動的な洞察によって解決された。これと同じくらい魅力的で，現在の仕事に対する最も重要な貢献となったのが，我々が今では「自我状態」と呼んでいる，潜在的に断片化されたパーソナリティ構造に我々が初めて直接的な面識を持ったということであった。

　第二次世界大戦以後，40年にわたり，私は研究と臨床実践の両面において，催眠のモダリティを探究することに多大な時間を費やした（Watkins J, 1946, 1947, 1949, 1951, 1954, 1963b, 1967, 1971, 1972, 1977, 1978a, 1978b, 1984, 1987, 1989）。個人分析の分析家になるためにフロイトに師事していたエドアルド・ワイス（1960）は，ポール・フェダーンから分析を受け，フェダーンの自我状態理論に馴染みがあった。これについては後で記す。さらにこの体験は，人間のパーソナリティを単一のものというよりむしろ，多重性のあるものとして見る我々の立場を固めてくれた。

　1950年代から60年代を通じて，私は数多くの本物の多重人格者を治療し，

その事例報告や視聴覚教材を準備するためにバーナー・ニュートンや他の同僚たちと共働する機会を得た（Bowers et al., 1971 参照）。この体験は，本物の顕在的な多重人格と比較して，潜在的なパーソナリティの実体についての理解を地ならしするのにとても役立った。しかし，正常なパーソナリティ構造という一方の端から，重篤に解離されたパーソナリティというもう一方の端へと拡がる連続体のどこにでも幅広く通用する「分割する防衛」の本当の重要性は，1970年代に私の妻であり同僚であるヘレン・H・ワトキンスと共働するまで出てこなかった。

　ヘレンは，モンタナ大学のカウンセリング・センターの心理師であり，多くの大学生のよくある問題や神経症的な問題を治療した経験があった。スキルに富んだ催眠療法家として，彼女はクライエントの中に現れる潜在的な交代人格が個人内の葛藤を創り出し，セラピーの成功のためにはその理解が必要とされるのを見続けてきた。私も，全体的な個人に対するのと同様に，潜在的なパーソナリティ断片に催眠分析的なテクニックを使い始め，臨床的な理解と治療上の成功がどちらも強化されたことを見出した。さらに，20年前から洗礼を受けてきたポール・フェダーン（1952）とエドアルド・ワイス（1960）の理論は，現在の事例に非常に関係が深いと思われた。

　これらの年月の間，私はモンタナ大学の臨床心理プログラムの訓練の教授として，そして監督者として，多くの時間を学生を教えたり指導したりすることと，学生たちの修士・博士論文を指導することに費やした。そのうちのいくつかは自我状態に関するものであった（Douglass & Watkins, 1994；Eiblmayr, 1987；Hartman W, 1995）。

　ヘレンは，主にこれらの期間，一般的な臨床実践に従事していたのに対して，私は本物の多重人格に自分の事例を絞るきらいがあった。顕在的・潜在的パーソナリティ断片のどちらをも等しく理解し，扱う必要性から，我々は頻繁に話し合った。ときにはお互いの治療セッションに同席して，一緒に一貫性のある自我状態理論と自我状態療法の体系を発展させるよう押し進めていった。

　ヘレンは，ある種の「第三の耳」（Reik, 1948）の感受性を持ち合わせていたようだ。彼女は度々，潜在的なパーソナリティ断片の行動にピタリと照準を合わせ，それらを上手く扱う革新的な治療的戦略を考案した。我々は，これらを，私が開発してきた除反応（Watkins J, 1949）や投影的テクニック（1952），感情架橋法（1971）のような初期の催眠分析的手続きと組み合わせた。

私自身の欲求は，これらの「自我状態」の性質を研究し，それらを理解するための理論的基盤を発展させることであった。そのため，我々は実験研究（Watkins & Watkins, 1979-80, 1980）でも共働し，展開し始めた理論について絶えずディスカッションを重ねた（Watkins H, 1993）。ヘレンは，実践からのデータや事例の素材を少しずつ増やしていき，私はこれらすべてに通用する，より理論的な意味づけを得ようとし続けた。我々は，一連のワークショップでのプレゼン（Steckler, 1989参照）と論文化を始めた（Watkins & Watkins, 1979, 1981, 1982, 1984, 1986, 1988, 1990a, 1990b, 1991, 1992, 1993a, 1996a）。我々のアイデアを一緒に議論した友人たちや同僚たちは，自我状態の概念を汲み取って，実地で検証したり，自身の調査や理論に沿って発展させたりする道を歩んだ（Beahrs, 1982, 1986；Edelstien, 1982；Frederick, 1993；Frederick & McNeal, 1993；Frederick & Phillips, 1995；Newey, 1986；Phillips, 1993；Phillips & Frederick, 1995；Torem, 1987, 1989, 1993）。
　それらとは関係なく，ヒルガード（1977, 1986）は，「隠れた観察者」現象についての研究を呈示し，さらにパーソナリティの機能における「共意識（co-consciousness）」（Beahrs, 1983）の要因を実証した。ヒルガードが使った用語である「認知的構造系」は，我々が「自我状態」と呼んで，治療の場でワークしていたのと同じ実体であるように思われた（Watkins & Watkins 1979-80, 1980）。気分と記憶についてのバウワー（1981）や彼と同僚たち（1978）の研究も，自我状態の概念を強化してくれた。
　過去20年の間に，多重人格や解離の全領域に対する関心が復興してきた。ブリス（1986）やブーアとクーンズ（1983），ブラウン（1984），コール（1988），クーンズ（1988, 1993），ファイン（1989, 1993），グリーブス（1988），クラフト（1987, 1988, 1993），クラフトとファイン（1993），ローウェンシュタイン（1991），パトナム（1985, 1989, 1991），ロス（1989, 1991）や他の研究者に導かれて，この診断は多くの研究と社会的地位を獲得した。アメリカ精神医学会のDSM-IV（APA, 1994）は，解離性の障害について洗練された定義と基準のために多くのスペースを割いている。多重人格障害（MPD）は，解離性同一性障害（DID）へと改名された。
　また，新しい科学的な組織である国際解離学会が創設された。最近では，3,000人を超えるメンタル・ヘルスの専門家が会員登録しており，その専門家向けの学術誌である *Dissociation* 誌が，領域内の豊富な新しい研究を定期的に刊

行している。さらに，今では催眠自体も，単なる暗示というより，むしろ主要な部分は解離の一形態であると見なされるようになってきている（Hilgard, 1986）。

　今日では，多重人格の診断や治療についての文献において，「自我状態」という用語の使用や，潜在的なパーソナリティ断片の存在の認識は増え続けており，それは本物の多重人格において見られる，もっと顕在的なものの報告と同じくらいある（Brown & Fromm, 1986；Gruenwald, 1986；Ramonth, 1985）。結果的に我々は，正常なパーソナリティの機能と，多重人格や健忘，遁走の状態で見られる解離の極端な形とをつなげるには，現時点ではもっと詳細な検討が必要になっている。そのような理論的根拠から，分離の度合いがより少ない形から起こる，もっと正常な障害や神経症的な障害を上手く扱う方法と同じように，本物の多重人格を治療するもっとよい方法を開発することができるだろう。

　病理的な多重性を人間のパーソナリティ機能の極端で行き過ぎた分割であると見なす代わりに，単に保護や生存のためにすべての人によって用いられる適応的・防衛的プロセスの行き過ぎた結果であると見なすこともできる。この概念は，ベアーズ（1982, 1986）によって提案され，広く精緻化されてきた。

　この仕事において，我々の体験や研究，臨床実践を他の人たちのものと併せて，我々が「自我状態療法」と名付けている一貫したアプローチへとまとめ上げたいと思っている。ジャネ（1907）やフェダーン（1952），ワイス（1960）といった初期の思索家と，無数の精神分析の理論家や実践家からの恩恵も受けている。ここでの我々の理論も，フェアバーン（1963）やガントリップ（1968, 1971），ジェイコブソン（1964），カーンバーグ（1976），コフート（1978），マーラー（1978），ウィニコット（1971）や他の対象関係論者の理論にも関連している。

　心理療法家は，最近深刻な問題に直面している。（精神分析のような）精神力動的なセラピーは，たいてい数多くのセッションを要し，通常は何カ月にも何年にもわたる。今日では，保険会社や他の第三者支払機関は，そのような長ったらしい治療にお金を出さないため，短期間で「効果的な」セラピーが要求されているのである。（精神分析のような）アプローチを実践しているセラピストは，何カ月にもわたって1週間に数回のセッションを必要としているので，深刻な経営危機に直面している（Goldberg, 1996）。催眠分析家（Fromm & Nash, 1997；Watkins J, 1992a, 1992b）は，「分析的」治療にかかる時間を著しく短縮できることを立証してきた。集中的な自我状態療法は，催眠分析の拡

張版であるのだが，効果的でより短時間のアプローチを提供しており，（我々のフォローアップ研究によると）しばしば8〜12時間以内（第13章参照）で，恒常的で根本的なパーソナリティの変化に到達し，生涯にわたる苦悩の解決をもたらす。

　心理学の科学や，人間のパーソナリティの障害に対するセラピーは，絶え間なく進化し続けている領域である。実際，進歩が早いので，解離のような知識の狭い面においてさえ，新しい発展に完全に遅れずにいることはどんな人でも事実上不可能である。それゆえ，我々は異なる用語を使って，古今東西，この同じ概念と格闘してきた他のすべての思索家たちや研究者たち，実践家たちと知り合いになり損ねたこと，それらの人たちに認識を与え損ねてきたことを十分にわかった上で，ここに自分たちの貢献を提供する。

　今日の顕著な情報過多とコミュニケーション・ギャップによって，未だ見ぬ革新者が車輪を新たに作り直すよう導いてくれるだろう。真の発明家こそが，最も多くの情報源から仕入れているのである。そうであるからこそ，純粋に謙虚な気持ちで，自分たちの共同研究や理論的な概念化，臨床実践，加えて他の人たちからの刺激の結晶を呈示することにしたのである。我々は，自我状態療法が，今まさにその領域をさらに発展させている同僚たちや他の貢献者たちから注目されていることをしっかりと認識し，このアプローチがこれからも進歩を続けることを楽しみにしている。

　自我状態療法の現段階の発展は，多くの研究の成果であり，我々は個別でも共働でも出版してきた。そのため，特別な理論的注意点や臨床的テクニックのより完全な呈示を求める読者の利益のためにこれらに出典をつけるつもりである。

　短いスパンで我々の見解が時代遅れになるかもしれないことはわかっているが，我々は，人間のパーソナリティ機能の適応的な面と不適応的な面のどちらに対する理解も増え続けている中で，自我状態理論・療法の何たるかを付け加えることができるのであれば，そのことに満足である。

ジョン・G・ワトキンス

目次

日本語版への推薦文──知恵の足跡を残して……｜ヴォルテマーデ・ハートマン......3
監訳者まえがき──我が国における自我状態療法史｜福井義一......5
まえがき｜アーネスト・フェダーン......9
序文｜ジョン・G・ワトキンス......11

第1章　パーソナリティとその発達......23

第2章　エネルギーとパーソナリティ機能......31
　　意識的－無意識的......31
　　主体－対象......33
　　ポール・フェダーンの自我心理学......37
　　　　フェダーンのエネルギー二元論...38／自己...42／自我境界...42／意識...43／一時的な取り入れ物と永続的な取り入れ物...44／エネルギーの方向性...44／「自己」エネルギー...45／催眠とエネルギー...46／精神病と自我備給...47／自我の経済学...50

第3章　自我状態の性質と機能......53
　　自我状態の発見......53
　　統合と分化......56
　　自我状態の特徴......57
　　自我状態の発達......60
　　「分化－解離」連続体......61
　　自我状態と多重人格......63
　　催眠と自我状態......66
　　自我状態と隠れた観察者......66

第4章　解離 69
健忘 70
　　健忘の治療の原則 ...72
多重人格性障害（解離性同一性障害）...... 74
　　多重人格性障害の起源 ...74／多重人格性障害の診断 ...76／MPDの交代人格の特徴 ...82

第5章　無意識的プロセスと精神力動的理解 89
行動と体験 91
認知的行動と意味づけ 91
解釈 91
洞察 92
精神力動的なやりとりの例 93
精神力動を学ぶこと 95
　　夢分析 ...97
精神力動的なプロセスの研究における催眠 100
多重人格性障害の治療における精神力動 100
精神病における精神力動的相互作用 101

第6章　多重人格の交代人格における精神力動的動静 103
多重人格 104
不適応的な状態や悪意のある状態，時代遅れの状態の除去 105
本物の多重人格の複雑な事例における精神力動 107
　　スーザンの事例 ...108

第7章　正常な人の自我状態 119
実行的な自我状態と自己概念，身体的外見 122
正常な人々によくある自我状態の問題 126
正常な問題の自我状態の解決 126
隠れた観察者 132
　　自我状態療法の事例とその隠れた観察者 ...133／隠れた観察者——痛みと聾 ...136

第8章　**自我状態療法の原則**...... 145
　　転移...... 147
　　共鳴...... 148
　　こころ－からだのつながり...... 150
　　自我状態に対する態度...... 153
　　　　孤独で拒絶された子どもの自我状態...154
　　依存性の問題...... 155
　　信頼の構築...... 156
　　統合 vs 融合...... 158

第9章　**自我状態療法のテクニックと戦術**...... 161
　　自我状態との接触...... 161
　　診断的探索...... 164
　　　　1．年齢と起源...164／2．名前...165／3．欲求...165／4．機能や内的な行動...165／5．透過性の程度...166／6．ジェンダー...166
　　自我状態の相互関係の調査...... 166
　　客観的な観察者...... 169
　　内的葛藤の解決...... 171
　　移行対象...... 172
　　除反応のテクニック...... 173
　　感情架橋法...... 177
　　身体架橋法...... 178
　　静かな除反応（silent abreaction）...... 178
　　自我状態の短期治療...... 179
　　まとめ...... 181

第10章　**特殊な手続き**...... 183
　　子どもの状態の問題...... 183
　　恐怖の取り扱い...... 184
　　　　安全な部屋テクニック...184／安全繭...186／理想的な自己...187
　　今は亡きターゲット...... 188
　　援助者としての大人の自我状態...... 189
　　ボランティアの活用...... 190

一時的な救済者としてのセラピスト...190／傍観者としてのセラピスト...191
　　「苦痛」という自我状態...... 191
　　批判的な自我状態...... 192
　　許しのドア...... 194
　　催眠を使用しないチェア・テクニック...... 196
　　　理論的注釈...202

第11章　**短期催眠分析的自我状態療法**...... 205
　　セッションの頻度...... 206
　　週末自我状態療法の代表例...... 209
　　　セラピーのセッションからの抜粋...210／フォローアップ...221

第12章　**心理療法のアウトカム・リサーチ**...... 225

第13章　**自我状態療法の効果性と効率性**──妥当性の研究...... 233
　　自我状態療法についての質問紙...234／自我状態療法の効果についてのフォローアップ質問紙...235
　　「問題」または治療を受ける理由...... 236
　　以前に受けていたセラピー...... 239
　　以前に受けていたセラピーと自我状態療法の比較...... 240
　　以前のセラピーが精神分析であった回答者による評定...... 243
　　自我状態療法の頻度とリーセンシー...... 246
　　クライエントたちが自我状態療法を求めた理由...... 246
　　評定（採点）システムの構築...... 246
　　　評定システム...247／それぞれの評定レベルの代表的な事例...250／項目17への回答（書きたいことは何でも追記するように）...263
　　まとめ...... 265
　　　母集団の選択...266／統制された実験的研究...267

第14章　**砦を守るは番人なり**──困難で複雑な一例...... 269
　　補遺...... 292
　　（ジョンによる）理論的コメント...... 294
　　　共鳴...295

第15章 **早期トラウマの治療と洞察** …… 299
　　非常に早期のトラウマの可能性がある例 …… 303
　　退行と対象関係論 …… 305
　　正真正銘の洞察 vs 認知的洞察 …… 308

第16章 **解離・統合**── 個人間, 個人内, 国家間の観点 …… 311
　　個人間の観点 …… 313
　　家族自我状態療法 …… 313
　　パートナーにおける自我状態 …… 314
　　自我状態と法律 …… 316
　　生物学的な多重性 …… 317
　　自我状態の研究の可能性 …… 317
　　国家間の観点 …… 319

注 …… 321
文献 …… 333
監訳者あとがき｜田中　究 …… 351

自我状態療法
理論と実践

第1章

パーソナリティとその発達

　パーソナリティは定義するのが非常に難しい概念である。だが，この語は幅広く使われており，口にされるときにはそれを使う人たちの間で意味を伝える。もし，「彼女はキラキラと輝くような人柄だ」と言ったとしたら，私たちは快活で好ましい人物を思い描くだろう。それだけでなく，人づき合いの面でも大人気で，ひっぱりだこに違いないと予想するだろう。その反対に，もしある男性を「腐った人格」と表現したなら，彼には他人を寄せつけない傾向があり，よいセールスマンにはなれそうにないだろうと予想する。この言葉は，行動科学者が余計な心理的現象を排除したパーソナリティのあらゆる側面を含む公式の定義を定めるのに散々苦労していることとは関係なく普段使いで多くのニュアンスを伝える。ここでの本質とは，ある人の特性のようであり，その人の行動の現れが他者によって応答され，評価されるのである。

　多くの学者たちが，パーソナリティを描写し，その本質的な次元を探し求め，その発達と機能を説明する理論的根拠を発展させるという困難な課題に挑んできた。ちょっと名前を挙げるだけでも，アドラー（1963）やオールポート（1955），フロイト（1938），エーリッヒ・フロム（1964），エリカ・フロム（1977），ホーナイ（1950），ユング（1934, 1969），マズロー（1968），メイ（1980），ピアジェ（1963, 1966），ランク（1950），ロジャーズ（1980），サリヴァン（1980）などが挙げられる。加えて，カーンバーグ（1976）やコフート（1977），マーラー（1978），ウィニコット（1965），その他の多くの対象関係論者たちの貢献がある。パーソナリティ理論の革新者や貢献者は無数にいるので，ここではそれらの著作を概観もしないし，全員を改めたりもしない。

　本書は「パーソナリティ」を理解しようというそのような努力のもう1つの

試みである。そこで，その貢献が自我状態理論に関係している，または直接的に影響を与えている早期の論客を取り上げてみる。

自我状態理論を語るとき，私たちは**理論**という語で何を表現しているのだろう？　理論は単にひとまとまりのデータを見るための方法にすぎない。ホールとリンゼイ（1985）は，理論は必ずしも真実ではないという事実への注意を喚起してきた。むしろ，理論が有益かそうでないかで考えるべきであり，理論を観察に当てはめたときに，予測が裏づけられるかどうかと，事象をコントロールできるかどうかにかかっている。また，理論は，未観測ではあるが新しい関係を示唆する研究仮説を生成するものでなければならない。理論の目的は，事前に仮説を明確にすることである。

理論は，自分自身や仲間の存在を理解したり，それらに対処するための合理的な理論的根拠を提供したりするという人間のあくなき探求に挑み応えるために発展してきた。理論の中には人間行動の臨床研究から発展してきたものがある一方で，あるものは実験室的研究から，そしてまたあるものは人間の本質に関する哲学的思索から生まれてきた。私たちの理論は，この3つすべてに基づいている。

しかし，何が優れたパーソナリティ理論を構成するのだろうか？　R・ユーウィン（1980）は，優れた理論は，関連する行動についての最適な説明を提供し，データを組織化するのに最適な枠組みを与え，より重要な問題に注意を集中させるものでなければならないことを示唆した。また彼は，理論は研究中の現象を説明し，個体差についての疑問への解答や，ある人が他の人よりも影響を受けやすくなる理由に対する解答を提供しなければならないと考えている。さらに，優れた理論は，環境の変化とコントロールを促進するような実践的応用につながる予測を生み出さなければならない。

実験的研究と患者との臨床経験の両方から得られた人間行動に関する新しいデータが利用可能になると，上手くいけば観察された現象をよりよく説明し，病理の改善に使用される治療的操作をより正確にするような，新しい理論が開発されるだろう。

パーソナリティ理論の創案者は，より古い理論家からだけでなく，もっと最近の観察や研究からも概念を借りていることが多い。探求は，より意味のある理論的根拠とより妥当な介入とを目指している。すでに刊行済みの概念の単なる焼き直しにすぎない「新しい」理論を，もっと以前に普及した人の名前を引

用せずに発表することは，やってしまいがちだが慎むべきことである。というのは，誰もパーソナリティの領域で書かれたすべての先行研究を読むことはできないため以前のものに気づくことなく，その理論が最初に考案されたときと同じ認知的プロセスを単に繰り返してしまうからである。

しかし，理論のすべてが必ずしも不完全というわけではない。現代の科学者たちは，既知の理論から出発して，その定義を変更し，その範囲を広げ，理論をより適用可能にすることが許されており，そうすることで，理論を改善するのである。この行為が，もっと以前の創案者の名誉を損なうことはない。古今を通じて，人類の知識と理解は進歩する。それがどんなに複雑になったり，意味深くなったりしたとしても，今日の言葉で言い表されているのである。

ここで提案しようとしている自我状態理論も，そうした努力の賜物である。自我状態理論は，これまでの多くの理論から着想を得ている。しかしながら，自我状態理論は，これらの定式化に対する不満に基づいて築き上げられてきた。これらのより古い概念は，完全には意味をなさなかったり，未完成であったりしたため，我々の臨床実践において観察してきた現象を描写し，説明するには適切ではなかった。その上，それらの理論の多くは，美しい認知体系ではあったが，その結論を実践的な応用に翻案されていなかった。しばしば，抽象概念が抽象概念の上に積み重なり，そこから結論が紡ぎ出された。そこには，ポイントを説明するための具体的で客観的な事例の資料が不足しているのに，理論家は，自分の言葉が読者に理解されていて当然であると決めてかかっている。我々は，このことが非常に多くのパーソナリティ理論に当てはまることを見出した。古い概念は，我々が患者をよく理解したり，よくしたりするには役立たずであり，また，血も肉もあって今ここに存在し，生きている患者のセラピーを実施する際にも，方法や技術についてほとんど何も提供してくれなかった。よって，それらの理論は，ユーウィンによって叙述された「優れた」理論の基準の多くにまったく適合しない。

自我状態理論はもっと昔の貢献者たちによって提案された概念から進化してきたので，我々の恩人たちのうち何人かを紹介しておこう。

エレンベルガー（1970）は，聖アウグスティヌスが『告白』の中でパーソナリティが単体であるかどうかを思案していること，「分割されたパーソナリティ」というものが18世紀の終わりまでに知られていたことを指摘している。そのことは，1880年まで精神医学者と哲学者の双方によって議論されてきた問題

であった。解離は，催眠を用いる初期の多くの研究者によって観察されてきたが，ジャネ（1907, 1925）は，フロイトよりも先にさまざまな患者たちに見られるこの現象と「無意識の」プロセスを記述した。

　ジャネは，言語の発達において，もともとは行為に随伴していた言語的な音声が，徐々に行為から分離していって，後に行為に手がかりを与えるようになることに注目した。それによって，言語それ自体が外的行動から「解離される」ようになり，個人は「現実的な」外的存在から分化した内的世界に時に「存在する」ことが可能になる。この種の解離は，すべての人々において正常なものである。

　例えばジャネは，考えたり言語化したりといった制御プロセスにおいて利用されるエネルギーの量は，身体的な行動の制御プロセスにおいて消費されるものよりもずっと少なく済むことを観察した。進化論的な立場からは，行動が身体的に実行されるよりも前に，精神的に試すことができるほうがより経済的である。このような分離のおかげで，結果的に効率のよい行動をとれる可能性が著しく増す。それゆえ，分化とは，知的活動を行う人類の進化論的発達の基盤となる成長プロセスである。高次の制御（思考）過程による大幅に少ないエネルギー量の消費で，多量のエネルギー消費を制御することは経済的である。また，そうすることで，行動的な行為が始まったときの不適応的な結果が最小限になり，成果が向上する可能性も高まる。この分化能力を発達させた（ホモ・サピエンスのような）有機体が，生き残って支配する種となった。

　ジャネはまた，心理的プロセスをより高次のエネルギーと低次のエネルギーの満ち引きに還元した。もちろん，精神的エネルギーの概念は，ユング（1969）やフロイト（1952）の理論においても中心的な位置づけであった。エネルギーの概念化は，ポール・フェダーン（1952）の理論に不可欠な部分となり，彼の観点は，我々自身の自我状態理論に特に影響を与えているので，後でより詳細に議論するつもりである。

　ジャネは，ある観念系が主たるパーソナリティから解離された状態になり，潜在意識的パーソナリティ（subconscious personality）として存在できると考えた。このパーソナリティは，普段はその個人にとって意識されないが，催眠を通じて意識化することができた。潜在意識的パーソナリティという定義は，自我状態の定義とほとんど同じである。これについては，後で説明する。

　しかしながら，かつての解離研究者は，主にヒステリー患者や精神病理的に

病んだ患者の研究からデータを収集していた。そのため，解離は主として精神的に病んだ人に認められる異常な状態であると見なされるようになった。

　自我状態の研究には，異常な行動において認められるこれらの重篤な解離の形態も含まれるが，我々の発見の多くは，（太りすぎ，勉強嫌い，喫煙のような）よくある問題を有する個人や，神経症的な状態や精神生理学的状態を呈する個人の研究や治療から得られたものである。

　潜在意識的パーソナリティが，主要なパーソナリティの正常な機能を妨害する範囲については多くの論争が巻き起こっており，例えば，二次的知性の活動が一次的な知性の思考の流れを抑制する傾向があることが報告されている（Nadon, D'Eon, McConkey, Laurence & Campbell, 1988）。

　他にも，その妨害が完全であるべきこと，あるいはその概念が捨て去られるべきであることを研究によって証明し，解離の概念に異を唱えようとする研究者たちもいた。ヒルガード（1986, 1987）は，長い時間をかけてこれらの研究のレビューを行い，「その概念（解離）[1]の創始者は，まったくそのような極端な立場は取らなかった」（1986, p.12）と述べ，妨害は部分的であることを認めるほうが合理的であると考えた。我々の立場は，「妨害」よりも「影響」という用語のほうがよいと示唆することを除いては，まさしくこれと同じである。副次的な存在によるこの影響は，主たるパーソナリティの機能を妨害するのと同様に，修正したり，促進したりすることすらありうる。自我状態理論はまた，異なる程度の妨害や影響について説明したり，なぜこのプロセスが意識されたりされなかったりするのかについて説明する理論的根拠を与えてくれる。

　ユングの分析心理学の体系（1969）は，パーソナリティの機能の理解に対して非常に複雑な貢献をしており，彼の概念の多くはここで精緻化されるものの先駆けであった（ポール・フェダーンの概念も同様であり，彼の心理学に関しては第2章で述べる）。ユングは，自分の理論の基礎は主に臨床実践に置かれていたにもかかわらず，幾分の神秘主義が含まれているせいで，「客観的な」科学者たちはその意義を理解するのが困難である。我々は，ユングのこれらの概念の中で，自我状態理論の発展をより直接的に支持するものだけを，ここで考察する。

　自我状態理論の基盤となっているフェダーンの主要な功績のどちらも，もっと昔にユングによって言及されていた。すなわち，心的エネルギーの概念と，人格は多層的であって，単なる単体ではないという信念である。ユングは，こ

ころは意識的なものと無意識的なものの間で引き寄せ合う異なる構成要素を持っていると見なしており，この立場はベアーズ（1986）によって精緻化された。ユングは，パーソナリティの内側に「複合体（complexes）」の存在を仮定した。これは鈴なりに凝集した無意識的観念の一群である。彼はまた，人がコンプレックスを抱くのではなく，コンプレックスがその人を所有すると考えた。この概念はフェダーンの自我状態や，我々の実行的な（executive）自我状態，すなわち多重なパーソナリティを持つ人において現れている今の自己に非常に近いのである。ユングはまた，元型（archetype）を記述しており，これらは集合無意識あるいは人種的無意識の中にある永続的な潜在的構造物である。自我状態理論ではそのような実体を仮定していないが，人類の体験と行動に固有の多層性というユングの概念が，我々の理論の基礎となっている。

　心的エネルギーの概念は，フロイトのリビドーとフェダーンの自我備給と対象備給に一致するが，両者は違って定義されており，機能面でも質的に異なっている。また，サリヴァン（1980）も，人類をエネルギー系であると考えた。こうして見ると，この概念については昔から多くの先人たちによって表明されてきたのである。しかしながら，自我状態理論においては，この概念を精神障害の理解と治療に限定して適用するように努めよう。

　我々の自我状態理論は，催眠から生まれたヒルガードの新解離理論（neo-dissociation theory）と彼の「隠れた観察者（hidden observer）」現象に関する研究（1977, 1986 ; Nadon et al., 1988 も参照）のような最近の知見からの影響も受けてきた。しかしながら，我々が最初に自我状態理論を定式化したのは1970年代の初めである。ブラウン（1986）やクーンズ（1984），クラフト（1987），クラフトとファイン（1993），パトナム（1986），ロス（1989）や，他の解離の領域における最近の研究者たちの仕事が，自我状態心理学の理論と実践の両面の修正と発展に貢献してきた。

　我々は，この理論と実践を多くのワークショップで提供してきた（Steckler, 1989を参照）。これらの概念は相当な熱意によって迎え入れられ，臨床家たちはパーソナリティを多層的に見るという観点から患者を治療することで得た成功について，我々に手紙を書き送ってきた。我々は，さらなる研究によって，臨床の場から現れてきたこれらの概念がより強化されることを望んでいる。

　フロイトと彼の後継者たちからの記念碑的影響に無頓着なままで，「深層」心理学や分析的治療を提唱することはできない。無意識プロセスと防衛機制，

とくに抑圧に関する彼の研究は，人間の動機に関するあらゆる研究の基盤である。フロイトの研究は，催眠に対してさえも影響を与えている。もっとも，彼は最初は催眠にチャレンジしたが，後に捨て去ってしまった。我々は，精神分析の多くの発見と発展，そして精神分析的な考え方が私たちの理論とセラピーの両方に影響を与えていることに多大な恩義を感じている。事実，筆者の一人であるジョンが，元から持っていた無意識的なプロセスの探求に対する自分の興味を育んだのは，エドアルド・ワイス（フロイト派の分析家）から受けた個人分析とその後の彼からのトレーニング，それに加えて催眠療法の研究と実践を通じてであった。

　自我状態理論とセラピーを呈示するにあたって，我々は以下のことに努める。

- どこから発展したのかについて，出典を示す。
- 我々が用いる概念を最初に提唱したもっと昔の考案者たちの功績を認める。
- 彼らの理論的な貢献が行動的・経験的な現象を説明する上で不完全または不適切であることがどうやって我々にわかったのかを示す。
- フェダーンの元々の概念化に我々が賛成できるところと，賛成できないところについて示す。
- 我々が信じている改良が，これらの現象をより理解可能にするであろうことを提案する。
- これらの理解に基づいて，患者で検証した結果，セラピーにおいて効果的であるとわかった治療的な手続きを紹介する。

　使用する概念については，読者が我々と同じ意味合いで使えることを保証するために，定義して説明し，例を挙げる。場合によっては，我々が用いる用語の意味は，他の理論家や実践家が用いるものと同じではないだろう。それが究極的に妥当であると証明されるかどうかにかかわらず，努めて自我状態理論を理解可能なものにする。

　自我状態療法は，分析的な治療ではあるが，古典的な精神分析とは（概念的にも実践の技術においても）かなり違っている。そのため，我々は，フロイトと長らく親交のあったポール・フェダーン（1943, 1947a, 1947b, 1952）の理論や，フェダーン派の分析家であり弟子であるエドアルド・ワイスによるこれらの解説に立ち戻る。なぜなら，これは自我状態理論と実践が発展するのに大きな影

響を受けた次に大きな情報源だからである。

　フェダーンは，フロイトのエネルギー一元論（リビドー）では多くの心理的現象を適切に説明できなかったことから，エネルギー二元論を提唱した。さらに，ワイス（1960, 1966）は，自身の臨床事例の精神分析を元に，その考えを精緻化した。我々は，臨床データと実験データの影響を受けて，それをさらに改良してきた。フェダーンの概念は，解離の治療や他の心因性の障害の幅広いスペクトラムだけでなく，フェダーンもワイスもそれほど注意を払わなかった正常な適応の問題にも，より広く適用できるというのが我々の信念である。それゆえ，自我状態療法は，彼らの理論を改良したものに基づき，本章で言及した他の著者たちによって影響を受けた一連の治療的戦術と戦略である。自我状態療法は，正常なパーソナリティやその発達，その病理，とりわけ何が「自己」を構成するのかという概念について幾分異なる見方を有しているのである。

第2章
エネルギーとパーソナリティ機能

　我々が，自分たちの存在を体験できるのは，意識的－無意識的，主体－対象といった2つの相反するパーソナリティ機能のおかげである。まずは，それぞれの用語で我々が意味していることを定義し，続いて「エネルギー理論」にそれを適用してみよう。そうすることで，その現れや変化を説明する理論的根拠が得られるかもしれない。

意識的－無意識的

　何かを意識していると言うとき，それは何を意味しているのだろう？　ウェブスター辞書では，意識的という言葉は以下のように定義されている。「気づいていること，知っていること，自分の感覚や感情，外的な物事などの感覚や知識があること。考えている存在としての自分自身に気づいていること，自分が何をしているのか，なぜしているかを知っていること，または身に覚えのある罪を感じていること」。

　しかし，これらの定義はすべて，「自己（self）」が意味するものに左右されてしまう。我々が自分自身を経験しているときには，それが何を意味しているのかとてもはっきりしているように思えるが，解離や自我状態，多重なパーソナリティについて学び始めると，その区別ははっきりしなくなる。

　別の著作（Watkins J, 1978a）において，「存在とは衝撃である」，つまり自我や自己エネルギーを帯びた実体と，対象や非・自己エネルギーを「備給された（cathected）」要素との間の衝撃であるという考えを提唱した。この概念化によると，そこに意識が生じるには，2つの当事者が関与していなければなら

ない。1つは「意識している」側であり，もう1つは「意識されている」側である。この先，自己を自我状態や交替人格に区分することを考えると，その瞬間にその人の中で何が意識されているのかを特定せずに，単にある個人が意識的であると主張するのは，不適切な陳述であることを認識しなければならない。

　催眠状態にある人の手が，もしも後催眠暗示によって上下にゆらゆら揺れるようにされてしまったら，それを意識していることになるだろうか？　確かに，その人は手がゆらゆら上下に揺れているのを観察しているが，その瞬間にはそれを自己の一部だとはみなしていない。その人は，**なぜ自分の手が上下にゆらゆら揺れているのかを意識していない。その人は，自分が**そうしていることすら意識していない。その人はその体験を，あたかも自分ではない別の誰かの手がゆらゆらと上下に揺れ動くのを見ているかのように知覚している。誰かの身体の行動的な動作が明白で，かつその人自身からも他者からも観察可能であるとしても，必ずしもそれを意識できるとは限らないのである。

　また，夢遊病者が自分の行動を意識しているとみなしたりもしないだろう。たとえ，後になってその人に催眠をかけて，その人の内側に質問したとしたら，その人の自我状態や潜在的なパートを活性化できて，それが「はい，昨日の夜は私が散歩に行きましたよ。でも，この人（通常の顕在的なパーソナリティ）は，そのことを知りません」と言うかもしれない。それでも，夢遊病者が自分の行動を意識しているとはみなさないだろう。それでは，主たるパーソナリティが意識していなかったのに，催眠によって活性化された自我状態が，その行動を意識していると言ってもさしつかえないだろうか？

　多重人格における2つの人格間の対話を考えてみよう。交代人格Aが話すとき，Aは自分が話をしているということを意識している。そして，交代人格Bが返事をするとき，Bはもう一人の話を意識的に聴いているが，Bは，自分つまり自分の自己が話していることには気づいていない。明らかに，行為やコミュニケーションは他者からは明白で観察可能であるかもしれないが，そのことをパーソナリティの一部分しか意識していないのに，その「人」は何が起こっているのかを意識していると言っていいのだろうか？

　その上，例えば夢のような，自己の内部の精神的な活動には十分に気づいていることもあるかもしれないが，そこには他者から観察可能な明白な行動はまったくない。さらに，夢をイメージとして「見る」こともあるし，ときには夢の一部に自分という感覚を持ったままで夢を見ていることもある。そして，起き

ているときに夢を思い出すこともできるし，夢の中での行動を描写することもできるが，それでも我々は夢が意識的な行動であるとはみなさないだろう。

　人は，自分の行為にしっかりと気づいていたとしても，それらの行為の口火を切った**無意識的な動機**に，意識的には気づいていないこともある。わかりきったことではあるが，我々が思考や行為が意識的であるとラベルづけするときには，誰に何が意識されているのかを特定する必要がある。なぜなら，意識化されることのない身体によって実行される精神的なプロセスや思考，知覚が自分の脳内から発しているかどうかに，その人は気づいているからである。しかし，ほとんどの場合，もし我々が催眠のような方法を使ってパーソナリティ全体を隅から隅まで探索すれば，精神的なプロセスや行為はパーソナリティ全体のある部分に意識されていて，その部分が我々に「はい，私がやりました。私がそうするつもりだったんです」と言っているのを発見するかもしれない。そして，そのことがその人の中の1つまたはそれ以上の断片に意識されたにもかかわらず，それはその他の部分には意識されなかったことになる。人が単体ではなく多層的であるからこそ，このようなことが起こるのである。

　行為もある個人にとって意識的なものである可能性がある。たとえ，「彼はその影響が他の人に及ぶことを意識していなかった」としても，彼はその行動に責任を有する。このことは，法廷において重大な問題となる。行為はどの時点で意識され，いったいいつそれに責任を負うべきなのだろう？　この法的なジレンマは，特殊な法的事件に適用されるため，別のところで議論する（Watkins J, 1976, 1978b, 1989, 1993a）。

主体－対象

　人間存在について描写するには，意識的－無意識的とは別に，もう1つの次元が必要である。幻覚を意識しているときには，それが「私の」考えであることを意識していない。意識的には，私はそれを外側の対象から来た刺激の心像として体験する。私の体験としては，この対象は自分の外側にある。私はこの体験の出所を意識していない。同様に，私が新しい考えの提唱者を気取ったとしても，それが単に他の人から受け取った認識の焼き直しであることもある。この場合，私はその認識については意識しているが，その源流が自分自身の内側の創造的なプロセスにあると思い込んでいる。単にあるアイテム（認識や思

考）を意識していることだけでは，私の真の「存在」を適切に描写したことにはならないというのは明白である。その他のプロセスが関わっているのである。それが，**主体−対象**という現象である。

　主体とは，体験されている物事だけを意味するのではなく，その起源が自分自身の内側，つまり自分の内側にある刺激として体験される物事のことも意味している。もし，私が手を上下に動かしたなら，手を動かしているのは私，つまり**私の自己**である。もし，私がある考えを意識しているのなら，それは私から生じていると体験される。それは，私の考えである。この観点から見ると，私の存在は，私の自己の体験によって，自分の意識を喚起しているあらゆる刺激に対する出発点であると定義される。

　私の存在的な体験には，内的な刺激と外的な刺激の両方が含まれていることもある。例えば，私が何かフィクションの本を読んでいるときがそうである。私の外側にあるページの上の小さな黒いしみ（対象）は，外側のもの，つまり普段であれば他の人々の演技や活動を観察しているときに体験する刺激のパターンを，私の中に引き起こす。物語のドラマを体験しているイメージの正確な内容は，内側の刺激によって精緻化されているのである。そのときに，存在の体験は主体と対象の両方なのである。

　イメージの二重性は，小説の以下の文章を読んでいるような場合にはっきりする。「その少女は通りを駆け下りた」。目に見える内的なイメージを描写してほしいと言われたら，ある人はその少女はブロンドだと言うのに対して，別の人はブルネットだと指摘するかもしれない。「少女が走っている」というイメージは，印刷された文字という外部の刺激によって口火が切られているがゆえに，対象である。だが，その精緻化，すなわち，少女はブロンドであることは，内的で個人的な刺激から発生しているがゆえに，主体なのである。

　目撃記憶は内的な刺激に汚染されており，外的事件の直接的観察から発していないということは，法的案件では重大な問題になっている。このような妨害とそれが目撃証言の信用性に対して及ぼす影響の程度については，催眠の有無にかかわらず，かなり検討されてきた（Hilgard & Loftus, 1979 ; Loftus, 1979 ; Watkins J, 1989, 1993a）。

　心理学的な項目が，主観あるいは主体にもなりうれば，対象にもなりうることは，夢の中で最も観察しやすい。次の例で考えてみよう。

- 「私は，男性が小さな男の子を叩いているところを見ているという夢を見

たが，そのことに煩わされることはなかった。2人とも知らない人だった」。この場合，その男性も男の子も，対象として知覚されていて，自己の一部であるとは知覚されていない。夢を見た人も「煩わされて」いない。
- 「私は，男性が小さな男の子を叩いているところを見ているという夢を見て，その子のことをとても可哀想に感じた。その子がそんなことをされるいわれはない」。ここでは，夢を見た人は，まだその男性と男の子を対象として扱っているが，その人は男の子のほうに共鳴しはじめており，その人が自分自身をその男の子と同一化しかけていることを示している。その人は，その男の子に「同情」しており，一種の「感情的同一化」をしている。
- 「私は，男性が私に似た男の子を叩いているところを見ているという夢を見た」。夢を見た人は，感情的な同一化を欠いているものの，認知的・視覚的類似性がある。ただし，その男の子は，依然として対象である。
- 「私は，父が私を殴っている夢を見た。本当に傷ついた」。その男の子と同一化しきっている。今や，その男の子は主体となり，夢を見た人の自己の一部（その人はそれを「私」と呼ぶ）となっているのに対して，父親はまだ対象と見なされている。
- 「私は，自分の息子の行儀が悪いので，お尻ペンペンしている夢を見た」。この場合，夢を見た人は，もはやその男性と同一化しており，その男の子を対象と見なしている。その人は，自分の父親と同一化してしまったので，今や父親が主体として，つまりその人自身の自己の一部として体験されている。

　これらの夢体験のすべてが，元々は同じ心理的な思考であることは明白である。これらは同じ夢であるが，夢を見ている人にとってどの要素が主体とされて，どの要素が対象とされているかによって，違う体験になってしまう。
　内的な刺激は，パーソナリティのある断片にとっては，主体として夢っぽく体験され，それと同時に他の断片にとっては，対象として夢っぽく体験される。ジェーンという名前の多重人格者は，自分が見た夢について話してくれた。それは，食料品店で恋人の隣に立っているときに，マスクをした男が店に押し入ってきて，銃をぶっ放したというものであった。彼女は，叫び声をあげて，パニック状態で目覚めた。その後のセラピーのセッションで，交代人格のリンが出てきて，自分が見た夢について自発的に語った。それは，スーパーマーケットの

前の歩道を歩いているときに，黒い車が停車したというものであった。そして，銃を持ったマスク姿の男が出てきて，店になだれ込んでいき，続いて銃声と叫び声を聞いたというものであった。ジェーンにとっての体験は，「私が叫び声をあげた」であり，それゆえ叫び声は主体の体験であることに注意してほしい。リンは，同じ身体の中にいる異なる自我状態であるが，対象として同じ刺激を体験した。つまり，「叫び声が聞こえた」と。

　主観的体験は，客観的体験のように，直接的に検証を受ける余地がない。これこそが，行動主義者が主観的体験を科学的データの情報源としては忌避しようとする理由なのである。行動主義者によると，方法論的に正統な心理学において許容されるのは，外部の観察者から独立して知覚されうる観察だけである。このような態度は，結局はこんなジョークになってしまう。ある朝，行動主義者が同僚に言った。「君は元気だね。ところで，僕はどうなんだ？」。

　主観的体験の報告が，客観的認識よりも誤解や汚染のリスクが高いことは認めなければならないが，そうであったとしても，人間存在の大部分を占め，おそらくは最も重要な側面を排除しないでそのようなデータを無視することはできない。我々は，言語的な報告（内省）[2]と，一般的にそれに関連する間接的な客観的観察によって主観的な体験を評価する。例えば，痛みを生じるように刺激された人の「痛い」という叫び声がそうである。

　我々は主観的体験と客観的体験のどちらにも注意を払わなければならないだけでなく，それぞれにラベルを貼り，体験のどの程度は主観から，つまり内的な刺激から発していて，どの程度は外側から，つまり客観的な刺激から来るのかについて確認する必要がある。これに失敗すると，心理的な体験からたくさんの間違った結論を下す元になってしまう。何が起こっているのか，または，ある人が何をしているのかについての内的な解釈は，研究上，本当に意義深い発見になるかもしれない。

　ある少年が，自分の幼い弟がどれほど鈍くさいのかを見せつけるために，友達の前で弟に5セント硬貨と10セント硬貨を見せて，どちらかを選ぶように迫った。弟は，毎度迷うことなく5セント硬貨を取ったので，そこにいた連中は弟が大きさを元に決めていると思って，大層面白がった。後で尋ねてみると，弟は「僕が5セント硬貨を取ったのは，そうしたほうがもっとお金が手に入るからなんだ。もし僕が10セント硬貨を取ったら，もうお兄ちゃんはこれをやらなくなるでしょ」。行動を客観的に観察するだけでは，このような誤解がよく

起こる。
　我々が本書で常に心にとめておきたいのは，催眠を使ったり，多重人格を治療したり，自我状態療法をしたりするときには，主体と対象の区別が特に重要になるということである。あらゆる精神的な現象に対する理解は，いつも主体と対象の両方の観点から考えないと，間違いだらけになってしまう。
　意識的，無意識的，主体，対象といった用語の意味するところがだいぶはっきりしたところで，これらの用語の理論的基盤を提供したポール・フェダーン（1952）が提唱したエネルギー理論に進むことができる。ちなみに，ポール・フェダーン自身と彼の弟子であるエドアルド・ワイス（1960）は，我々がここで関心を持っている催眠や多重人格といった多くの現象に，自分たちの概念をまともに適用したことは一度もなかった。

ポール・フェダーンの自我心理学

　フェダーン（1928, 1932, 1943, 1947a, 1947b, 1952）は，最も古くからの最も忠実なフロイト門下の一人であり，1903年からフロイトが亡くなった1939年まで，絶えることなく親交があった。彼は，科学と文学に造詣が深く，とても感受性豊かで創造的なセラピストであったと評されている。また彼は多作であり，精神分析に多くの創造的な改良を加えた。特に改良を加えたのが，自我心理学であったが，あいにく彼の見解は，他の分析家たちに広く理解されることはなかった。フェダーンは，謙虚な人物で，自分自身の革新であっても，フロイトに花を持たせるようなところがあった。ウィーン精神分析学会内での苛烈な理論的なディベートにおいても，彼の声は穏やかで，節度のあるものであった。
　1938年のナチのオーストリア占領から逃れて，フェダーンはニューヨークへ渡った。彼は，抑うつ気分に苛まれ，最終的には自分の人生に自ら終止符を打つだろうという頑固な観念にとらわれていた。そして，手の施しようのないがんに侵された後に，それを実行に移した。彼はフロイトより11年長生きしたことになる。
　自我に関するフェダーンの見解は，ハルトマン（1939）やクリス（1951），ラパポート（1967）のような精神分析運動に関わった他の自我心理学者たちの見解や，ガントリップ（1971）やジェイコブソン（1951），カーンバーグ（1976），

コフート（1977），ウィニコット（1965）のようなだいぶ後の対象関係論者たちの見解とも，かなり異なっていた。実際，これらの最近の研究者たちの貢献の多くは，特に自我状態に関するものに限って言うと，フェダーンによって既に予言されていたが，専門用語がやや異なっていたために同僚たちから十分な理解を得ることはなかった。この原因の一部は彼の書き方にある。彼の理論的な概念は，ドイツ語の科学用語から英語に訳された場合でも，やや複雑で理解するのが困難である。ここでは，自我状態療法の理論と実践に関連するものだけを説明しよう。これよりもう少し詳しい内容は，ジョン・G・ワトキンスの『治療的自己（*The Therapeutic Self*）』（1978a）で解説されている。

フェダーンのエネルギー二元論

　フロイトは，さまざまな心理的プロセスを活性化するエネルギーの流れを説明するために，リビドー論（1905, 1922）を発展させた。しかしながら，リビドー論には多くの難題が持ち上がった。フロイト（1923）がこのエネルギーを本質的に性愛的であると述べたことがその一因である。他の論者（Jung, 1969）は，この用語をある種の「精神的」エネルギーあるいは生命エネルギーを表すために用い始め，この単語は多層的な意味合いをまとうようになった。フロイトは，**備給**（cathexis）という単語を，プロセスを活性化するエネルギーの充填を表すために，リビドーとともに用いた。つまり，別の人のイメージが「リビドーで備給された」というとき，その人のイメージは性愛的なエネルギーを帯びて，その人を愛の対象にしてしまうことを意味していた。それは，ある人に暗い部屋で懐中電灯の光を浴びせるようなものかもしれない。照らされた人は，環境内の他の側面から浮かび上がって見えるだろう。それゆえ，リビドーは性愛的なエネルギーであるだけでなく，対象エネルギーでもある。というのも，そのように備給された対象はエネルギーを吹き込まれ大切なものになるが，自己にとっては外的であるからである。

　フロイト（1914）は，ナルシシズムをこのリビドーのエネルギーの自我に対する向け直しと説明した。そして，それを**自我リビドー**（ego-libido）と呼んだ。しかしながら，それは同じエネルギーであり，ただその方向が外向きから内向きに変わっただけであった。

　フェダーンは，リビドーという単一の種類のエネルギーだけでは，あらゆる精神現象のさまざまな現れ方について説明できないと感じ，自我リビドーとは

同じエネルギーが単に別の目標に向け直されたのではなく，通常のリビドーとは**質的**にもまったく**異なる種類**のエネルギーであると判断した。彼は次第に「リビドー」という用語を手放して，**対象備給**と**自我備給**という2つの異なるタイプのエネルギーについて頻繁に言及するようになった。

　フェダーンの対象備給はフロイトのリビドーに類似してはいるが，フェダーンはこれらの備給のどちらも本質的に性愛的なものではないと言明した。彼の概念には大きな違いがあり，精神的なプロセスが対象備給を帯びて，そのエネルギーが極度に充填されると，その要素が対象に向けられる。つまり，もし誰か他人の心像が感知されたり，記録されたり，対象備給によって多かれ少なかれ恒常的に滞留されたりすると，それは内的対象，つまり**取り入れ物**や**対象表象**になる。

　対象が帯びる備給の量が，対象がどの程度重要かを規定する。例えば，対象備給はモーターに変換される電気と比較してみることができる。量が増えれば増えるほど，モーターはますますパワーとスピードを増す。備給，すなわちある量のエネルギーは，モーターにおける電気のように，心理的なプロセスを活性化する力を供給する。もし対象備給されたなら，その表象は，自己の一部ではなく対象としてその個人に知覚される。対象備給は有機的でない，「それ」というエネルギーであり，それが滞留することで，それを帯びた要素や，その他の備給されたあらゆる心理的プロセスは「非－私」として体験されることが確実になる。もし，私のきょうだいに対する内的イメージが対象備給されたら，私はきょうだいを心像として体験するだろう。もし，私のきょうだいに対するイメージが自我備給されたなら，私はそれをきょうだいについての考えとして体験するだろう。すなわち，表象が主体となるか対象となるかは，備給しているエネルギーの種類によるのである。

　フェダーンは，自我備給は自己性（selfness）のエネルギーであると概念化した。帯びた要素は何であれ，その人の自己の内側にあるもの，つまり「私」の部分として体験される。さらに飛躍するなら，自我備給は自己のエネルギーであるだけではなく，**自己そのものである**。自己はエネルギーであり，内容ではない。エネルギーはたった1つの特徴である**自己性の感情**（feeling of selfness）を有する。フェダーン（1952, p.62）は，この「**自我感情（ego feeling）**」を「あらゆる観念的内容を引き算していった果てに残る体験」であるとみなした。

　このエネルギーが，人の心理的・生理的要素に「備給する」か，そこに及ん

だときには，「その個人の体験の接近性と因果性と連続性におけるまとまりの感覚」を供給する。さらに，フェダーン（1952, p.185）は，「私は，自我をあらゆる機能の総和ではなく，その集合体を新しい精神的な全体性に合体させる備給（エネルギー）だと思う」と明言した。

腕のような身体の一部が自我備給されると，私はそれを「私の腕」として体験する。もし，そんな風にエネルギーを投入されたのが考えだとしたら，私はそれを「私の考え」として体験する。自我備給を帯びたものは，どんな身体的・精神的要素であれ「私」の一部になる。

身体やこころのどんな部分であっても，「私」と体験するのか，「非－私」と体験するのかについての本質的な概念は，帯びるエネルギーの種類や質によって規定されるということである。もし，活発化しているエネルギーが対象備給であれば，すなわちそれは対象とか非－私として体験される。もし，活性化しているエネルギーが自我備給であれば，すなわちそれは主体，私，私の自己として体験される。これを，意識的とか無意識的と混同してはならない。というのも，自我の内側のプロセス（例，防衛機制）は，無意識的でもありうるし，内的対象（取り入れ物）もまた無意識的でありうるからである。フェダーン（1952, p.212）は，こう言っている。「自我感情が意識とまったく同じであると言えたらどんなに簡単だろう。だが，抑圧されているせいで意識されない自我状態が存在するし，自我に属していない意識的な対象表象も存在するのである」。

エネルギー二元論を仮定したことで，フェダーンは，多くの心理的なプロセスを説明する理論的根拠を提供した。それはエネルギー一元（リビドー）系では満足に説明できないものである。例えば，もし亡くなった私の母にまつわる考えが意識にのぼったとして，それが対象備給で活性化されたならば，私は亡くなった母を心像として体験するだろう。私は母を「見る」だろう。そして，もし，私がこの心像が本物だと漏らしたら，他人は私が精神病的で，幻覚を見ていると言うだろう。

何年か前に，私は妄想患者に投影のメカニズムの説明をしようとしていた（ほとんどの臨床家はご存知の通り，たいてい徒労に終わる）。驚いたことに，彼は笑ってこう言った。「ええ，先生。もしも，私を迫害する人たちが，私自身の想像の産物だと教えてくれるおつもりなら，それには及びませんよ。私は週末にかけて，自分自身でその結論に達しましたから」。私は唖然としてしまって，私のあずかり知らぬところで，どういうわけか彼の妄想や幻覚がきれいさっぱ

り消え去ってしまったことを受け入れるのに，いくばくかの時間をかけて彼を品定めする羽目になった。彼を迫害していた「あそこの人たち」の心像へと外在化された彼自身の無意識的な憎悪は，対象エネルギーの脱備給が起こって，今では自我エネルギーが備給されたのである。彼は，この憎悪を自分の心像としてではなく，自分の考えとして体験していた。エネルギー一元系では，説明に足る理論的根拠を提供してくれないが，かといって，精神分析的では，このエネルギーのシフトを引き起こしたものが何なのか依然として不明なままである。

　心理学者や精神分析家は，主体と対象を混同していることが多い。つまり，取り入れたものは，内的対象であるはずである。だが，分析の論客たちは，患者が他者を「取り入れている」と描写し，それゆえ，その人はその他者のようにふるまったり，話したりすると評している。他者のイメージが内在化されると，最初は対象備給が起こる。これこそが，それが内的対象である所以でもある。取り入れ物は，胃の中の石のようなものであり，自己の内部にあるもののその一部ではなく，摂取されたが消化はされていない。その個人が自然と他人のようにふるまったり，話したりするには，対象備給が退かなければならず，そのイメージは自我備給されていなければならない。対象関係論では，**対象表象**が**自己表象**に変化してしまったと言うだろう。そうなると，もはや取り入れをしているのではなく，同一化しているのである。内在化されたイメージは，「私」の一部分になってしまったのである。

　例えば，小さな男の子が，お父さんのまねをして，腕を振り回しながら大股で歩いているとしよう。この行為は，最初は取り入れられたものであり，単に彼の父親の内的表象である動作に過ぎず，真似られてはいるが，彼自身の自己の一部ではない。しかしながら，時の経過によって自動的になるかもしれない。その動作は自我化されてしまう，つまり自我備給が生じる。今や，それは彼自身の自己の一部分である。隣近所の人たちは，彼が父親の隣で腕を振り回しながら大股で歩いているのを見て，「ホントにお父さんと瓜二つね」と言う。心理学的には，我々は（少なくともこの点では），「彼は父親に同一化している」と言う。以前に取り入れた他者との同一化が最小限となるか非常に重要になるかは，他者の身体的な特性や心理的行為がどのくらい引き継がれているかにかかっている。

　別の著作（Watkins J, 1978a）では，取り入れ物は取り入れのプロセスの結果であるため，同一化のプロセスとそのプロセスの結果を区別するための新し

い用語が必要であることを示唆した。我々は元々、プロセスを指すときには「同一化」という単語を使い、同一化によって創造された内的な、自我備給されたイメージを指し示すために「同一化事実（identofact）」という造語を使うことを考えた。上述した男の子は、父親を取り入れ物（対象表象）から同一化事実（自我表象）に変化させたのである。身体的・心理的プロセスにおいて、何が主体（自我備給されている）で、何が非－自己（対象備給されている）であるかという区別は極めて重大であり、一方からもう一方への動きが自我状態療法や他の多くの治療アプローチの実践の基盤なのである。

自己

哲学者や心理学者、精神分析家は、自己の概念と格闘してきた。エリック・ホーンブルガー・エリクソンは、フェダーンの教え子であり、古典的な照魔鏡（1968）に自分自身のアイデンティティを探し求めていた。それは明らかにフェダーンの概念に影響を受けたものだったが、やがてフロイトの観念の焼き直しへと立ち戻っていった。そして、ハルトマン（1964）は、「リビドー」によってエネルギーを動員されて活性化した精神的な構造として「自我表象や自己表象」と「対象表象」という用語をひねり出した分析家であるらしいが、その用語は、近年、対象関係論（Buckley, 1986）や自己心理学（Goldberg, 1991）の理論家たちによってよく用いられる。これらのエネルギー一元論では、「自己性」は確固とした精神的構造に内在するのであって、フェダーンの見解で言うところの、活性化しているエネルギーの種類や「質」に内在するのではない。

自我境界

中核自己とさまざまな自我状態、そして外的世界の間の境界が、自己の感覚器官を構成することである人が外的現実と内的現実を区別することが可能になる。これらの境界は柔軟であり、伸び縮みしている。もし、ある事項が、境界の外側の面に接触している（外的世界に面している）のであれば、その人はそれが現実であると識別できる。もし、それが内側の境界に接触していれば、その人の自己に発していると感じる。

意識

フェダーンは元々、フロイトによるパーソナリティのイドと自我と超自我へ

の3分割を許容していた。しかしながら彼は，なぜあるものが意識的であったり無意識的であったりしなければならないのかを明確に説明しようとはしなかった。彼のエネルギー二元論を拡張し，意識に対する理論的根拠に挑むのもまた一興であろう。

　体験的実存は，対象が主体に与える衝撃である，つまり非−私が自己に与える衝撃であると考えてみよう。外部の光源からの光が網膜に与えた衝撃が視覚体験の先陣を切る。だが，それが生じるには，その衝撃が一定の大きさでなければならない。もしも，光が小さすぎたり，網膜のほうが弱かったりすると，対象は見えないだろう。これをフェダーンのエネルギー二元論に翻案してみると，対象備給されている刺激を知覚するには，その人の内側の自我備給されている受容体に一撃を加えなければならない。しかし，もし衝撃の大きさが最小閾値以下であれば，その衝撃に気づかないだろう。衝撃と自我備給された自我境界とは，我々が意識と呼んでいる体験を喚起するほど強くないのである。しかしながら，そのようなわずかに備給されたプロセスが起きていて，かつその人の行動に影響を及ぼしうるならば，我々はそれを無意識的であるとみなす。

　その衝撃に向けられている対象備給と自我備給の量が，結果が意識的になるのか，最小限または最大級に意識的に体験されるかを規定する。それによって，我々が払う注意の鮮明度が規定される。もし我々が疲れていて，利用できる自我備給が低次であれば，話し相手が十分に大声で話していたとしても，会話の大半を聞き逃してしまい，話を聴くことさえできないだろう。泥のように眠る人は，ほとんどすべての備給が自我境界から取り除かれているので，意識のある状態に呼び戻すには，長時間，大きな音で目覚まし時計のアラームを鳴らす必要があるかもしれない。その一方で，深く集中しているハンター（彼の自我境界は強く備給されている）は，隠れている鹿が立てる小枝のかすかな物音にアンテナを張り巡らせている。そして，感受性の鋭い分析家の「第三の耳」(Reik, 1948)は高次に備給されていて，患者の連想から生じた無意識的コミュニケーションの背後にかすかに見え隠れする何かを拾い上げる。

　抑圧の場合，自我は境界を知覚する感受性を強制的に相殺するために一定のエネルギーを利用するので，気分を害したり，衝撃を与えたりするような対象や思考，動機，感情等々を体験できなくなる。そして，それらは無意識になる。

一時的な取り入れ物と永続的な取り入れ物

　他の人との関係の中には，恒久的取り入れ物（対象表象），つまり（批判的な両親のように）長期にわたる影響力を保持する確固とした存在になるものがある一方で，自己に接触し続けたり，影響を与え続けたりするような結晶化された内的構造を一切残さない関係があるのはなぜか？という疑問が湧く。おそらく，これには衝撃の強さが関係しているのかもしれない。とても重要な人物が我々に及ぼす影響は，自我の構造を変えてしまって，まるでものすごく熱いアイロンで皮膚に触れたときに火傷が生じ，消えない傷跡が残るみたいに，一生残る後遺症を残すのかもしれない。

　外的対象が知覚力のある自我境界に与える衝撃が比較的軽いとき（それほど重要でない人や付き合いが短い人の影響のように）は，取り入れ物は，たとえ作られたとしても，いっときのものである。生ぬるい対象に触れたときは，感じたとしても，消えないような影響は一切残らない。ここでの争点は経済的なことであり，衝撃の大きさ，すなわち主体と対象に備給されるエネルギーの量に関するものなのである。

エネルギーの方向性

　フェダーンはまた，自己性の感覚を備えている（自我備給）のか，もしくはそのような自己性を欠いている（対象備給）のかに加えて，それらの方向性によって備給を特徴づけた。彼は，**リビドーとモルチドー（mortido）** という用語を借用した。フェダーンは，リビドーという言葉を，各要素を寄せ集めてより高次の有機的複合体を構成する統合的・建設的（愛する）力という意味で言った。フロイトはこの用語を性的なエネルギーを示すために使った。確かに，当然のことながらセックスは2人の人をくっつけるという要素を含んでいるが，フェダーンの使い方はそれと同じではない。

　一方，モルチドーは分割し，拒絶する（破壊する）力を示しており，実体を切り離して，有機体を根源（死）へと還元する傾向を持つ。備給エネルギーにおけるこれら2つの方向性は，天体の求心性（引き合う）の重力運動と，遠心性（バラバラになる）の運動の対比で，あるいはプラスとマイナスの磁場の引力と，マイナスとマイナスの磁場の斥力の対比で比較できるかもしれない。

　低次のモルチドー的な対象備給をされたイメージは，互いに他からの分化を

可能にして，建設的であるとみなされうる可能性がある。例えば，他の人の心像とその人の取り入れ物を識別する能力として使うことができる。

　リビドー的自我備給によって異なる観念同士の統合が起こることで，認知的統合が可能になる。というのも，それらがまとめられる傾向があるからである。1つの自我状態の中にある異なる行動や体験がなぜクラスター化するのかというと，共通の自我備給が起こっているからである。共通の備給がそれらのあらゆる要素に行きわたりきってしまえば，徹底的な統合や融合に至り，右手と左手の区別さえできなくなってしまう。すなわち，ほとんどの心理的プロセス（不安のように）において，少しなら適応的だが，多すぎると不適応を助長するきらいがあるのである。

「自己」エネルギー

　フェダーンによれば，**自我の中核**（core of the ego）は，基本的に自我備給されている。その境界は，対象備給やモルチドー的な自我備給からなっており，その反発する性質により，自己を内側に，非－自己を外側に維持する。もしそうでなければ，境界は完全になくなってしまい，自己エネルギーは事実上宇宙へと還流してしまい，未分化で同一性のない状態になってしまうだろう。このような状態では，個人というものはその存在を停止してしまうだろう。▼4 ジョン・ワトキンス（1978a）は，この筋道にそって考え方をさらに展開しているが，本書でそれを再現しようとは思わない。なぜなら，そこからわかることが，ここで述べた自我状態療法の実践にそれほど関係なさそうだからである。

　フェダーンが2種類または2つの質の備給，つまり自我エネルギーや自己（有機的）エネルギーと，対象エネルギーや非－自己（無機的）エネルギーを仮定したという点についてまとめておけば事足りるだろう。これらのどちらの備給にも，リビドー的（引き寄せる，ひとまとめにする）傾向とモルチドー的（切り離す，反発する）傾向がある可能性がある。

　フェダーンはさらに，自我備給は，計画したり，考えたり，何かをしているときには**能動的**（active）で，刺激を受け取る必要を認めているときには**受動的**（passive）になりうることを示唆した。彼はまた，「私が生きる」とか「私が成長する」（リビドー的），あるいは「私が歳をとる」とか「私が死ぬ」（モルチドー的）といった活動に示されるように，自己愛（リビドー的）や自己嫌悪（モルチドー的）に関連する**内省的**（reflexive）な自我備給と，**無対象的**

(objectless) あるいは**中間的**（medial）な自我備給について説いた。

彼は，中間的備給は一次的自己愛の表れであって，我々はそれを持って生まれたこと，そしてそれによって我々自身の存在を感じ取る「心地よく親しい」感情が構成されていると断言した。

二重のエネルギーの概念という，フェダーンの基本的な貢献をさらに洗練，精緻化し，思索を拡張することは，自我状態理論と自我状態療法の現況とは関係なさそうなので，本書でこれ以上余計な注目をするのは止めておこう。しかしながら，個人において身体的・心理的な要素に付与されるものは何であれ，自我備給と対象備給の一方または両方の量の偏りを伴う場合があることに留意すべきである。太もものような身体の一部に自我備給よりも対象備給のほうが多くなされると，あたかもそれが「私」の一部ではないかのような，奇妙な感じがするだろう。我々は，これをヒステリー性の痺れやマヒの最中に体験する。もし，意識的で心理的な自己要素が適度な自我備給を欠いていたら，我々は**離人**を体験するだろう。そしてそれが極端に高じると，精神病者によって感じされる「自己」喪失の恐慌に至るだろう。

催眠とエネルギー

エネルギー二元論の中で，催眠はエネルギーを移動したり変化させたりするための様式だと考えることは，セラピストにとって助けになる。あるセラピストが，ヒステリー性のマヒを起こしていた太ももを動かすことができるという暗示を患者に与えると，それは自我備給されて，対象から主体へと変化し，自己と個人による意志によるコントロールの内側に持ってくることで，暗示通りのことが生じる可能性がある。

同様に，催眠によって抑圧された記憶により多くの対象備給を向けると，その記憶は自我境界に衝撃を与えるに足るほどに強くなり，それは意識的に上るようになる。また備給は，我々が注意を払えばいつでも対象やプロセスへと通じる。

フェダーン自身は，自分の治療に催眠を用いなかったとはいえ，催眠を自我状態療法に使うことへの萌芽は認められた。エドアルド・ワイスは，フェダーンの本の導入部において（Federn, 1952, p.15を参照），「より幼い時代の自我状態は消えるのではなく，ただ抑圧されるだけである。催眠下では，情動的な性向や記憶，衝動を抱えている自我状態を，個人の中に再び呼び覚ますことがで

きる」と書いている。

　もし，催眠に誘導された人の手が，意識的なコントロールを外れて，ゆらゆらと上がったり下がったりさせられているなら，それはただ手の自我備給が除去されたからである。手は無感覚であり，一見それに興じている人のコントロール下にあるようには見えない。手の動きはそのときは対象備給によってエネルギーを注がれている。手のゆらゆらした動きが意志によるものになるのは，自我備給されたときだけである。それゆえ，催眠は患者の内部で自我エネルギーと対象エネルギーの変化を入れ替えるための強力な治療的様式である。

精神病と自我備給

　フェダーンのエネルギー二元論に発する最も意義のある貢献は，おそらく精神病的な症候の理解と精神病の心理療法的な治療にある（Federn, 1952, 第6〜12章を参照）。

　幻覚は，偽の知覚である。統合失調症患者や分裂病患者は，外界には実際には存在しないものを見たり，聞いたり，さもなくば感じ取ったりする。精神的に病んだ患者にとっては，説得しようとする臨床家が十分に真偽を確かめることが可能なほどに，このような知覚は真に迫っているように見えるのである。だが，これらの偽の知覚が生じる元となる刺激は，患者の内側から，彼自身の内的な認知から出てくるのである。それらは，正常なら主体として体験される観念，すなわちその人の自己に発する観念に相当する。しかしながら，精神病的な人は，見たり，聞いたり，さもなくば感じたりする外側の対象としてそれらを体験するのである。

　どのようにして，思考は知覚へと変わることが可能になるのだろう？　フェダーンは，精神病的な患者が妄想や幻覚の内容を真に迫って感じ取るのは，それらが自我備給を獲得しないままに意識に入ってくる抑圧された精神的な刺激に端を発しているからであり，現実検討の失敗によるものではないと信じていた。彼は，精神的な内容（観念）が十分に強いがゆえに意識に上るのに十分なほどエネルギーを注がれるせいで，元々の自我エネルギーが対象備給に戻ってしまったからだと推論した。よって，それが自我境界に接触したときに（それが内部から来たにもかかわらず），「私」の思考としてではなく，地球圏外のやつらや対象として，外的対象の心像として感じ取られるのである。

　問題は自我境界の弱さにある。（例えば，カナダとアメリカ合衆国の間にあ

るような）国境警備の人員配置が不足している地理的な国境線のように，市民が異邦人と間違われたり，その逆のことが起こりうる。精神病の人が，適切に現実検討することができないのは，エネルギー不足，つまり自我境界に配置するのに十分な自我備給が不足していることに起因しているのである。そこでは，分化が生じていなければならない。

　我々は，患者がもっと多くの自我エネルギーを築くのを助けるべきである。そうすると，患者はこの不足を改善することができるだろう。もちろん，これはまさしく関係性や支持的なセラピー，運動などを通じて行っていることそのものである。このようなアプローチの遂行にあたって，フェダーンは，看護師や母親代わりになる人たちをよく利用したが，それらの人たちは普通の状況であれば母親から受け取る養育的関係を提供することができた（Schwing, 1954）。

　自己同一性と安定した対象表象を発達させるのに，母親像とそれによる養育が重要であることは，フェダーンやシュヴィングが強調してきたことであるが，最近になってさらに大きな注意が払われ始めてきた。（フェダーンの初期の貢献については気づいていなかったらしい）カーンバーグ（1976）やマーラー（1975），ウィニコット（1965）のような対象関係論者たちの概念を通して，乳児の自己構造の発達における「移行対象（transitional object）」としての母親の重要性がますます認められてきている。ベイカー（1981）やコープランド（1981），マレー・ジョブシス（1984）は催眠的様式の範囲内で精神病者を治療する際にフェダーンと同じ概念を借用してきた。

　フェダーンと，特に彼の弟子であるワイス（1960）は，**現実検討**（reality testing）と**現実察知**（sensing of reality）の間の区別に重きを置いた。我々は，対象備給された事項が自我境界にぶつかったときには必ず，自己の外側の何かを現実として「感知」する。しかしながら，現実を「検討」するためには，目や耳，身体を盛んに動かして，それによって感知された対象がその相対的な位置を移動させることに気を留める必要がある。統合失調症の人たちは，こうした行為をとることに失敗し，その代わりに非現実から現実を見分けたり，心像から思考を見分けたりするのに，弱体化した自我境界に丸投げで頼り切ってしまうのである。

　フェダーンは，対象の自我の境界の「内側」への衝撃と，外的世界に面した「外側」への衝撃の間には感じられる違いがあることを報告した。これは，たとえ

衝撃の大きさに変化があっても当てはまる。精神病の人は，「現実A」と「現実B」という2種類の現実があると説明されると，その人が報告する体験のこの「現実」を体験することが可能である。このアプローチは，「嘘をついている」と責められることに対する反発よりも，むしろ精神病の人の協力を得ることができる。

フェダーンは患者に，「あんたが机越しにこっち側の私を見たら，あんたにそれを『現実A』と呼んでほしいんだ。そして，自分を迫害している人のことを見たり聞いたりしたら，それを『現実B』と呼んでほしい。現実Aは，他の人たちも気づいているから，分かち合えるたぐいの体験だ。でも，現実Bは分かち合えないプライベートな現実だ。現実Bについて他の人に話したら，そいつらはあんたを狂ってると思うだろう。だから，私に説明するときは，どんな体験でも，それが現実Aなのか現実Bなのか教えてくれんか？」と言っていた。

フェダーンは，精神病の患者は，たとえどちらの現実も現実であるかのように体験したとしても，現実Aと現実Bを区別することができると主張した。この区別をつけることを患者たちに教えることで，患者は自我境界を鍛錬し，強化し，その結果として自我境界に再備給するようになる。早晩，患者はこの区別をつけるだけでなく，現実Bを強化しないことで，それを脱備給して，夜見る夢の世界に返してしまう。夢は正常な人たちの不活化した「幻覚」が眠る墓場である。現実Bにあるエネルギーを減らすことで，自己の境界へのその衝撃は，意識に上るのに必要な閾値よりも小さくなる。

フェダーンにとって，精神病的な症候は，自我備給の不足を倹約する必要性からくる当然の結果である。治療の様式として，精神分析は，精神病者には禁忌である。なぜなら抑圧された素材のふたを開けて統合するのに余分なエネルギーを必要とするので，精神病患者の自我備給はすでに涸れきっているからである。これまでにしばしば確認されてきたことであるが，境界性の精神病の人たちにおいては，ふたを開けるような分析的なセラピーは，突如として精神異常を花開かせる。しかしながら，治療している人が，相互的な「共鳴（resonance）」を伴った親密で，徹底的な「治療的自己（therapeutic self）」（Watkins J, 1978a）関係を通して，治療者が患者に自我備給の「貸し付け」を与えれば，このような危険性を減らすことができる。そうすれば，利用可能なエネルギーの総計が，患者が自分の原始的で自我化されていない素材への直面化に耐え，それを自己構造に再統合（自我化）するのにちょうどよくなるかもしれない。

自我の経済学[5]

　少なくとも今だけは、自己は内容ではなく単にエネルギーであり、「私－性(me-ness)」の感情によってのみ特徴づけられる感覚だという概念を受け入れてみよう。そうすると、我々が他のエネルギー(電気や熱、光など)について知っていることが、自己のプロセスと相互作用をもっと理解する方法を示唆してくれるかもしれない。

　電気技師は、(電流がライトやモーター、他の電気製品を作動させるのに)電気の方向と変位だけでなく、適切なまたは十分な通電に必要な量も考慮しなければならない。もし、モーターに流れ込む電気が不十分なら、それを回転するには足りず、仮に動いたとしても、のろのろと回るだけで、ビュンビュン勢いよく音を立てることはないだろう。睡眠中は、自我備給は減退期にあるらしく、それによって、自己の行為や体験はほとんどなく、あったとしても夢の活動という形でいくばくかの内的イメージに足りるか足りないぐらいしかないだろう。もし、目覚めているときに不足があれば、我々は眠気を感じ、普段よりも注意散漫で、分裂病的なふるまいをするかもしれない。これは節電に類似しており、ある地域の発電が、そこにある商業や家庭の要求のすべての需要に応えるには不十分であるときに生じる。[6] おそらく、これこそ何でも屋よりも専門家のほうが、狭い範囲の活動においてより多くのことを成し遂げる理由である。何でも屋の自己エネルギーは、多数の関心や計画にまんべんなく行きわたってしまうからである。

　かつて、まだ人生がそれほど複雑でなかった頃には、(ルネッサンス期の万能型教養人であるレオナルド・ダ・ヴィンチのような)わずかな人物がそのゴールにたどり着くことができたとはいえ、現代では我々が絵画や音楽、法律、心理学、歴史学、政治、ビジネスなどのすべてを同時に兼ね備えた万能の専門家になることはできない。

　創造的な人々は、自分たちの計画を活動的にするために並外れた量の自我エネルギーを動員することができ、しばしば天才だと見なされる。しかし、経済的要因は我々の誰にでも常に存在している。しかしながら、我々が有り余るほどのエネルギーを与えられていても、そこには限界がある。我々があまりに多すぎる活動に挑んだり、不十分な睡眠が続いたりすると、成就の質は損なわれてしまう。[7]

多くの人が訴える空虚さ（Cushman, 1990）（「実存神経症」と呼ばれることもある）は，現代生活が極度に複雑なせいで起こる。今日では，職業やテレビ，広告，読書，組織，スポーツ等々を通して，我々は誰でも注意に対する度を過ぎた要求に直面させられている。この過剰刺激によって，生き生きと「私」に投入するのに利用可能である自己エネルギーの量が不足する。備給の支出が収入を超えて，自己は涸れきってしまい，我々は空虚感とともに取り残されるのである。誰にとっても，注目に値する興味・関心の最適数があり，最大限の機能のために自我の傾注の最適水準が存在するのである。

自我エネルギーと対象エネルギーがどこに端を発するのかという疑問は，難問である。ワイス（1960）は，どちらの備給も代謝プロセスによって発生すること，利用可能になる量は，それぞれが生み出される量を決める新陳代謝の分岐点に由来すると信じていた。

とにかく，治療的介入を計画する際には，エネルギー配備の精神力動に加えて，利用可能な備給（自己の経済学）のことを考慮せねばならない。▼8 多重人格や他の解離性の治療にとりかかるときには，このことについて考慮することが特に大切である。

自己の派生物（self derivatives）

フェダーンの自己理論には，ある追加事項が指摘されているようだ。もしも，自己が単なるエネルギーであるならば，自己には内容も境界も一切ないことになる。フェダーン（1952）は，純粋な自己（自我感情）を「あらゆる観念的内容を引き算していった果てに残る体験」であると定義した。しかしながら，我々が「自己」について描写するときには，例えば，「私の手」，「私の考え」，「私の信念」といったように，一般的に「私の」という語を，境界のある特定の内容と結びつける。それゆえ，自己エネルギーが備給された後に，精神的・生理的実体に名前をつけるのに何らかの用語が必要となる。我々は，これらを「自己の派生物（self derivatives）」と呼ぶことを好んでいる。

純粋な自己エネルギーは，物質に似通っていると見なされるかもしれない。成形されていない物質には，内容も境界もまったくない。自我備給には，2つの属性がある。一方はエネルギーとしての属性であり，プロセスを活性化することができる。もう一方は自己エネルギーとしての属性であり，それが備給することで，自己性（私-性）の感情が吹き込まれる。内容と境界を得るためには，

この「物質」は，内容と境界を確かに有する精神的・生理的な要素を投入（備給）されなければならない。それによって，物質はそのような備給された要素の内容と境界を持つようになる。

絵の具が，よいたとえになるかもしれない。絵の具には，塗られたものに色を加えるという属性があり，これと同じように，自我備給には，それが投入されたものに「自己性の感情 (feeling of selfness)」を加えるという属性がある。いったん青色の絵の具で色が塗られると，我々は塗られたイスや壁，家のことを，「青い椅子」や「青い壁」,「青い家」と表現する。いったん自己エネルギーで備給されると，我々は「自己派生物」を持つことになり，そのことを「私の手」とか「私の考え」,「私の信念」と言うことができる。

しかしながら，絵の具は塗られた対象の外面に単に付着して色をつけるだけである。自我備給は，一般的に身体的・心理的実体の全体に染み込むので，おそらく液体染料に浸したもののように，実体のすべての部分にこの自己性の感情が染み込んでいるのである。中核自己は，自我状態に投入される自己エネルギーの宝庫であるか，または（睡眠中のように）自己エネルギーを備蓄しているのである。

第3章
自我状態の性質と機能

自我状態の発見

　人間のパーソナリティは単体である（たいていそのように経験される）が，さまざまな断片に分割されていて，異なる役に立つ独自の存在であることが，さまざまな貢献者達によって見出されてきた。ジャネ（1907）は，**解離**という用語を使って，パーソナリティの内部で他の観念と分離された観念，つまり「連合されていない」観念のシステムを描写しようとした。
　ジャネは，本物の多重人格について研究していたが，このようなパーソナリティのパターンは，意識的な観察や体験に照らし合わせると，はっきりしていなくて，役に立たないとしても，潜在意識的に存在していることを明確に示唆していた。それゆえジャネは，このような潜在的なパーソナリティの断片を記述した草分けであり，そのお陰で我々は主として自我状態の理論や自我状態療法に，関心を持つことになった。
　ユング（1969）は，いささか異なってはいるものの似た点もあるアプローチを考え出した。彼は，**コンプレックス**という語を，寄り集まった無意識的観念の一群として説明した。さらに彼は，「集合的無意識」や「民族的無意識」の中に，ある種のより恒久的な隠れた構造があることを記した。彼はこれを**元型**と呼んだ。どちらの用語においても，彼は無意識的なパターンに組織化されているパーソナリティの断片を示唆した。
　フェダーン（1952）は，行動の精神力動的理解にあたって，「自我状態」の概念を系統立てて適用した最初の貢献者であるらしい。彼の門弟であるエドア

ルド・ワイス（1960）は，フェダーンの文献を翻訳して刊行し，その意味を拡張した。しかしながら，フェダーンとワイスのどちらも，治療手続きにおける自我状態の大いなる重要性に十分には気づいていなかった。

　自我状態は，構造化された行動と経験のシステムと定義されるかもしれず，その要素は，何かしら共通性のある原則でくっつけられており，幾分透過性のある境界によって他の同種の自我状態から分離されている。

　フェダーンは，自我備給されたものだけを自我状態に含めていた。しかしながら，我々は，もしそれらが1つの一貫したパターンに組織化されていれば，自我備給された要素と対象備給された要素のどちらも含むものとして自我状態を定義している。このパターンは，その個人の人生における年齢や関係性を示しているかもしれない。さもなければ，自我状態がある特定の状況に対処するために発展してきたがゆえに，共通原則の中に含まれているのかもしれない。自我状態は主観的および客観的要素の集合体である。各要素は何らかの法則にしたがって集まっており，透過性の差はあっても共通の境界の中に含まれているのである。

　これらの状態の1つがふんだんに自我備給されると，それは「今ここでの自己」になる。それが**実行的**であり，主に対象備給を帯びていれば，（もしも完全にそれに気づいているなら）他の状態を「彼」とか「彼女」，「それ」として体験していると言う。自我備給と対象備給がある状態からもう一方の状態へと流れ，その個人の行動や体験が変化すると，「多重人格」という診断がつくかもしれない。このように定義すると，自我状態は，我々が「多重人格」と呼んでいるものを包摂してはいるが，意識に上るものや上らないもの，直接的に行動を変えるものや変えないものも含めて，このような他の精神機能の一群を含んでいる。

　自我状態は，違う次元で組織化されるかもしれない。それらはもっと幅広く，ある人の職業生活において活性化されるあらゆる種々の行動や体験を含むかもしれない。それらは小さくて，野球の試合に参加しているときにだけ誘発される行動や感情を含んでいるだけかもしれない。それらは行動や体験の現在のモードを示している場合や，催眠による年齢退行の場合のように，幼児期のときだけに現れていた多くの記憶や姿勢，感情を含んでいる場合もある。

　図1は，自我状態を概念化する方法の1つとして考えられるものを示している。中央（横にNo.1とふってある）は，やや不定形なものとして定義されている。これは**中核自我**（core ego）と見なされ，そこには正常な個人において，

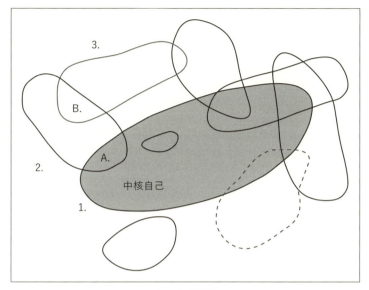

図1. 自我状態

大体は恒常的な行動的・体験的項目を多く含んでおり，これがあることで，その人や周囲の人たちがその人の「自己」を知覚する方法のかなり一貫した定義を，その人や世界に対して提供しているのである。

　しかしながら，この中核自我の境界は厳格なものではなく，心理的な素材を多少は含んでいるため伸び縮み可能である。活動的な時期には中核自我は拡張し，もっとたくさんの精神的構造やプロセスに自我備給を行きわたらせる。そうなると，その人は，精力的に感じるとともに，他の人からもそう見える。休息中や睡眠中，あるいは抑うつの時期には，中核自我の境界は縮み，自我エネルギーは引っ込んでしまい，行動的・体験的素材は程度の差こそあれ，中核自己の外側に，エネルギーが注がれていない休眠状態で取り残される。続いて，もしこの素材のどれかに対象備給がなされるならば，それはその人に体験されるかもしれないが，非−私として，夢の中で起こっていることのように体験されるだろう。

　図1に描かれた他の自我状態は，より明確に定義された境界を持っており，正常な発達過程において，適応的な目的のために分化した自己の断片であると

思われる。あるものは，重要な他者の取り入れ物に相当するだろうし，またあるものは，トラウマのせいで中核自我から削ぎ取られたものかもしれない。そのような自我状態の境界が，比較的透過性があって厳格でないのであれば，それは正常に適応している実体だと考えられる。その境界が，厳格で非透過的であれば，我々は「**解離されている**」と呼び，多重人格の交代人格の極端な現れ方になるかもしれない。

　自我状態の中には，比較的孤立しているものもあれば，内容的に他と重なり合っているものもあるかもしれない。図1の自我状態2と3は，Bの領域で重なり合っていることに注意してほしい。ことによると，自我状態2は，その人が6歳のときにアクティブであった行動や体験群で構成されているが，自我状態3は，父親を含む権威対象にかかわる行動や体験群を示しているのかもしれない。となると，領域Bは，その人が6歳のときに父親とやりとりしているときにアクティブであったこれらの心理的構造を含むだろう。

　（もっと後で述べるような技術を用いた）セラピー中に，まずは患者を6歳に退行させて（自我状態2），次にその年齢での父親との体験に焦点を当てる（領域B）と，我々は自我状態3を活性化し，そこへ至ることが可能となる。そうなることで，配慮と治療目的に沿って，我々はその人の人生全般にわたる権威対象とのやりとりに着手し，重要な連想を活性化させることができる。

　各要素の中には，いくつかの自我状態の境界の内部に存在するものがある。例えば，異なる自我状態が同じ英語を使っていても，独特の語彙やアクセントの使い方にときどき違いがあるかもしれない。

　大人の状態によって用いられるある語彙が，子どもの状態のボキャブラリーにはないなどといったこともある。また，よく似た目標を達成するための行動が，ある自我状態では別の自我状態とは異なった独自のものになっているかもしれない。例えば，バイリンガルの人は，自我状態が実行的であるときに一方の言語をしゃべるかもしれない。もう一方の言語をしゃべるときには，また別の自我状態が取って代わっている（第7章参照）。

統合と分化

　人間のパーソナリティは，統合と分化という2つの基本的なプロセスを通じて発達する。**統合**によって，子どもは牛や馬のような概念をひとまとめにして，

動物と呼ぶ。さらに，複雑な単位を作り上げることを覚えていく。分化によって，子どもはネコとウサギを識別するように，一般的な概念をより具体的な意味合いに分割していく。どちらのプロセスも正常で適応的である。

　正常な分化によって，我々は土曜の夜のパーティーでの一連の行動と，平日のオフィスでの一連の行動を体験することが可能になる。この切り離しや分化するプロセスが行きすぎたり不適応的になったりすると，我々はそれを解離と呼ぶ。

　我々が，心の中に意識的に存在する2つの項目を分化する際，両者を比較して，それらの違いに注目する。解離では，いかなるときも一方しか意識内にないため，2つの項目は切り離されすぎていて比較することができない。分化と解離のどちらも，2つの実体を心理的に切り離すことであるが，分化は程度が軽く，一般的に適応的で，正常であると考えられる。それに対して，解離は病的だと考えられている。解離は短期的には適応的かもしれないが，後になってしばしば極度の不適応という代償を払う羽目になる。これら2つは，単に異なる程度の「切り離しのプロセス」から生じていると考えることも可能である。

自我状態の特徴

　自我状態を理解して，それを取り扱うには，その起源について考慮しなければならない。よくあるのは，自我状態が最初に創り出されたのが，その人がかなり幼いときだった場合である。その場合，自我状態は子どもみたいに具体的に考える。大人の声でしゃべっているからといって，大人の理論が通じるとは限らない。あたかもその時に凍りづけにされたようなものである。本物の多重人格における交代人格とは異なり，隠れた自我状態を活性化するには催眠が必要となる。しかし，自我状態が最初に患者が子どもだったときに生み出されたのなら，その子のことを，母親の服を着てめかし込み，大人のふりをしている少女のように考えてやるべきである。

　大人のほとんどは，子どもみたいに具体的に考える能力を失っているので，我々は子どもの自我状態とうまくやるには不利な立場に立たされている。特に，本物の多重人格の交代人格ほどはっきりと分化していないときはなおさらである。思春期に生み出された状態は，ティーンエイジャーみたいに考え，大人に対して反抗的で疑い深く，自分自身の独立を守ろうと躍起になっている。やつ

らは，正しいことやしなければならないことを指図されたくないのである。この特徴については，さらに後の章で事例を引用して，もっとわかりやすい例を示す。子どもや思春期の自我状態とうまくやるには，誰に話しかけているのかを概念化し，それに応じてやりとりを行うべきである。うまく共鳴（Watkins J, 1978a）する治療者は，成功しやすいだろう。

　子どもの自我状態は，今日の状況ではなく，往年の状況に適応するために形成されたのであって，それを今日でも機能させようとする試みのせいで，不適応に陥ってしまっていることに心を配るべきである。ある自我状態が最初に現れたときと状況について情報を尋ねて，それを手に入れておけば，たとえ表面上は成熟した大人と向き合っているときにも，それに応じてアプローチを修正することが可能である。これは催眠下で混乱なしに行うことができる。

　自我状態のもう1つの特徴は，それがおそらくはある**特殊**な問題や状況に適応したり，対処したりする個人の能力を強化するために発達してきたということである。そのため，ある自我状態は両親とうまくやるときに，またあるものは遊び場で，そしてまたあるものはスポーツの大会の間に，表立った実行的なポジションを引き継いできたのかもしれない。

　本物の多重人格の場合，その特殊な状況とは，たいてい子ども虐待のような非常に深刻なトラウマである。自我状態は，主たる人格から痛みを解離するのを助けたり，主要な人格が報復を招くことなく虐待者とうまくやっていくのを助けたりするために形成される。これらの特殊な自我状態は，現在の転移関係（教師や上司，同僚，そして治療者）の中で再活性化されることが予測される（Watkins & Watkins, 1990a）。

　もう1つの共通した傾向として，自我状態はいったん創り出されると，自分たちの存在を守り続けようと必死になるというものがある。臨床家が，不適応的な状態を追い出そうとすると，その実体は消失しないばかりか，その介入のせいで治療的介入に抵抗する内なる敵を創り出してしまったことに狼狽える(うろた)ことになるだろう。部分の人間（part-person）は，全体の人間（whole-person）がするように，その存在を守ろうと躍起になる。この傾向は，多重人格の治療において重要な意味を持っており，これについてはもっと後で論じる。自我状態の動機づけを修正したり，その行動を建設的な方向に変えたりするほうが，総力による殲滅戦を挑むよりもはるかに容易である。

　存在に対するこの執着心は，元々の自我状態が，その元になった人を保護し

たり，その適応を助けたりするために存在するようになったことを考えると至極当然のことである。そして，かつてはそれなりの成果を上げたからこそ生き残ったのである。行動修正について学んできたことから考えると，これは正の強化であり，最初は存在するために現れたものが，次に存在し続けるためになったと認識することができる。今ではその努力が非生産的になっているかもしれないが，そんなことは知ったことではない。より初期の条件づけに，優先権があるのだろう。

　我々は，過去の環境と現在の環境の違いを認識しておかなくてはならない。一般的に，治療している臨床家が幼児期の苦闘について理解していないと，ある状態が今日の大人の問題に対する適応的なスタンスに変化するよう，その気にさせることはできない。これらの特性を正しく認識することは，効果のある治療的な妙技（除反応のような）をプランニングしたり，実行したりするのには不可欠である。

　自我状態とワークしているときによく起こることだが，新しい自我状態（または長年，休眠状態だった自我状態）が元気になって，自ら名乗り出ると，主体の内的平衡状態が変化するだろう。この状態は，姿勢や癖，声の調子などのかすかな変化によって最初に現れるかもしれない。

　フェダーンのエネルギー二元論に戻ると，過去の問題の性質が，さまざまな状態の創造や備給を決定している。現在の適応的な欲求は，理解してくれるセラピストに支えられて，対象エネルギーと自我エネルギーの適切なバランスを満たさなければならない。催眠は，主体のエネルギーと対象のエネルギーのこの割り当てを促進するモダリティである。この治療のゴールを効果的に成就するには，支持的・行動的・精神分析的・認知的・実存的セラピーの多くの方略を利用する形で，我々が自我状態療法と呼んできたアプローチがその任に当たる。

　他の自我状態と認知的に不協和な状態にある自我状態や，矛盾した目的を持つ自我状態は，頻繁にお互いに対する葛藤を育む。それぞれが高いエネルギーで満たされ，厳格で透過性のない境界を有すると，結果として多重人格になるかもしれない。しかしながら，そのような葛藤の多くは，自我状態間にも潜在的に見られ，不安や抑うつ，その他のあらゆる神経症的症候や不適応的行動として頻繁に現れる。

自我状態の発達

　自我状態は，正常な分化，重要な他者の取り入れ，そして，心的外傷への反応という3つのプロセスのうち1つまたはそれ以上によって発達するらしい。

　最初に，**正常な分化**を通じて，子どもは美味しい食べ物とそうでないものを区別するようになる。子どもは，これらの単純な区別だけでなく他にも多くのものを区別し，両親や教師，遊び友だちとうまくやっていくのに適切であったり，学校や公園に順応していくのに適応的であったりするような，ひとまとまりの行動パターンを発達させる。

　これらの変化は，まったく正常であると考えられるが，いくつかの共通した原則に基づいてまとめられ組織化された，行動や体験の症候群を示すこともある。したがって，これらは自我状態と見なすことができる。これらの実体や他のパーソナリティのパターンの間の境界は，非常に柔軟で透過性が高い。学校にいる子どもは，遊び場という状況での自分自身とまったく同じように思える（または簡単にそう思えるようになる）。しかしながら，遊び場での行動は，学校で（先生がいる状況で）席についているときには，簡単に活性化されることはない。境界には，抵抗が存在する。これらのあまり明確でない分化した自我状態は，大抵は適応的であり，必要なときに適切な行動パターンを提供するという意味で経済的である。

　第二に，**重要な他者**の**取り入れ**を通じて，子どもは行動のまとまりを構築し，自我備給されると自分自身が体験する役割となり，対象備給されるとその子どもが関わったり，やりとりしたりしなくてはならない内的対象になる。例えば，その人が，懲罰的な親を取り入れ，その結果として，その親の心像の周囲に自我状態のパターンを発達させると，その人は，もともとは現実の親から受けた言いがかりや虐待を，知らぬ間に内側で繰り返し，それに対処しようとするせいで，いつも抑うつ的になるかもしれない。しかしながら，もし後にこの状態に自我備給したなら（例：そこに自己エネルギーを注入したなら），その人は苛まれなくなるだろうが，自分の子どもたちを虐待するだろう。つまり，彼は悪い親に「同一化」したと言えるだろう。

　子どもは，虐待する親を取り入れるだけでなく，もともとの親子の葛藤のドラマも取り入れるかもしれない。この内在化に自分が苛まれるのか，それに同一化して，他人を苛むのかは，何よりもまず対象備給されたか，自我備給され

たかに左右されるだろう。多重人格の人は，これらの2つの反応パターンの間で交代することがある。その人が両親を取り込むとしよう。そしてその両親の間ではケンカが絶えなかったとしよう。そうすると，その人は両親の葛藤を内在化することになる。2つの親の自我状態が相争っているせいで，本人も訳がわからないまま，絶え間ない頭痛という形で現れてくるかもしれない。

　第三に，深刻な**心的外傷**や拒否，虐待に直面したときに，子どもは解離するかもしれない。寂しい子どもが，自我備給を自分自身の一部から取り除いて，そこに対象備給をすることでエネルギーを使い回すと，やりとり可能な空想上の遊び仲間を創り出すことはよくあることである。空想上の友人を持つ子どもはほとんどの場合，学校に通うようになるとこうした存在を捨て去ったり，抑圧したりする。しかし，そのような自我状態が単に抑圧されていただけだと，後になって，葛藤や環境的な圧力によってエネルギーが再注入され，再び現れることがある。それは，ロンダ・ジョンソンの事例でそうであったように，悪意に満ちた自己懲罰的な形で再登場することになるだろう。彼女は，その生活史と治療について *We, the Divided Self*（Watkins & Johnson, 1982）で私（ジョン）と共同執筆している。

「分化－解離」連続体

　心理的なプロセスの中で，いずれか一方の端にだけ，またはその基準を超えて成り立つものなどほとんどない。不安や抑うつ，未成熟など，あらゆるものはその強度が大きいとか小さいとかはあるにせよ，連続体上のどこかにあるのである。分化から解離にかけてもそうである。多重人格は，正常な分化から始まる連続体の極端で不適応な端っこを示しているに過ぎない。

　図2は，この連続体を図示したものである。向かって左端では，3つの自我状態（A，B，C）が非常に透過性の高い境界で分かれている。異なる状態は，多くの内容物を共有しており，お互いの存在にほとんど気づいている。それらは共通の気分変化として体験される。連続体の右に移るにつれて，境界はより厳格になる。おそらく，最もよいパーソナリティの適応は，一番左端（境界がなく，それゆえ分けられた自我状態がまったく存在しない）よりも少しだけ右のところで生じるだろう。分化は適応的であり，パーソナリティの断片がある程度分離していることは，パーソナリティがよりよく機能するのに役立つに違

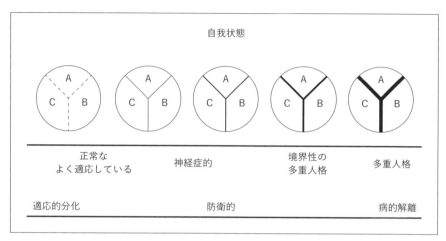

図2. 分化－解離連続体

いない。そうでなければ，パーソナリティは，あらゆる書類が散らかって，項目別のファイルに分類されていない職場のようになってしまうだろう。

　一番右端では，境界に透過性がないせいで，自我状態の断片は，やりとりやコミュニケーション，内容物の共有は，ほとんどまたは完全にない。ある自我状態が実行的になっているときには，他の自我状態の存在に気づいていない。それぞれが活性化すると，本物の多重人格の交代人格になる。

　この本物の多重人格（DID）のすぐ左には，境界性の多重人格がある。さまざまな状態は，その存在を互いに意識しているのだが，他の状態のことを「彼」とか「彼女」，「それ」と呼び表し，「私」とは呼ばない。分化－解離連続体上のこの位置は，境界性（ほぼ本物の）多重人格に相当し，境界性人格〔訳注：いわゆるボーダーライン・パーソナリティのこと〕の診断と混同すべきではない。

　中間的な自我状態は，半透過性の境界がそれほど厳格ではないため，部分的なコミュニケーションややりとり，内容物の共有が保たれている。一般的に，これらの自我状態は潜伏しており，自発的には表に現れてこないが，催眠によって実行的な位置に上がってくることができる。

　この領域では，状態間の葛藤は，神経症や心理生理的な症候で見られるような，頭痛や不安，不適応な行動として現れることがあることがわかっている。この領域で，心理療法に対する自我状態の概念の最も生産的な貢献が起こって

きた。そのため，我々はパーソナリティの構成の一般原則に関心を持っている。そこでは，そのとき活性化しているエネルギーの配分と，組織化された自我状態のパターンへと切り離す境界の非透過性によって，仮説上の実行的な位置に取って代わることが可能な，比較的個別性のあるパーソナリティの断片になり，それが「今」の「自己」であると体験される。この分離プロセスが極端な形になると，DSM-IV（APA, 1994）で言うところの本物の多重人格に至る（今では，解離性同一性障害と呼ばれる）。

多重人格は，伝統的に非常に珍しいと考えられてきた。しかしながら，多くの事例報告がなされ，今ではこの障害はまれとは言えないまでも，もはや珍しいとは考えられていない。

自我状態と多重人格

多重人格や潜在的な自我状態の葛藤に取り組むセラピストは，暗示によってアーティファクトを創り出さないようにすることが重要である。自我状態は，本物の多重人格でそうなるように，しばしば自分たちで名乗ることがあるが，我々のほうから名前を提案したりせずに，可能な限り間接的に自我状態が現れるように気を配る。

このところ，潜在的な自我状態を催眠で賦活しただけなのに，別の多重人格を発見したと喧伝する臨床家が多すぎる。催眠研究にボランティアで参加している正常な学生の中にも，潜在的な自我状態がよく見つかる。多重人格が，たいてい催眠を通じて研究されているからといって，催眠を使ってない状態で，自我状態が自発的に顕在化したとき以外には，そう診断するべきではない。また，現在，健忘の証拠があることが欠かせないと考えている。例えば，多重人格性障害（MPD）の患者は，昨日野球観戦に行ったのに，そこにいたことを思い出せないと報告するかもしれない。実際，その人は周りの人全員が間違っているに違いないと断固主張するかもしれないが，自分がその午後にどこにいたのかを自力で確認することができない。このような時間の喪失は，本物の多重人格性障害（MPD）患者の病歴における証拠となるだろう。

単独の状態内で行動に一貫性があることと，異なる状態間で違いがあることは，本物の多重人格で最も明確に観察される。「丘の上の絞殺魔」（Watkins J, 1984）の主人公であるビアンキの中にいるケンというパーソナリティは，い

つもフィルターつきの煙草を人差し指と中指で挟み、掌が顔に向くようにして吸っていた。スティーヴというパーソナリティは、いつもフィルターを引きちぎって、煙草を親指と人差し指で挟み、掌を顔の反対に向けて吸っていた。ビアンキは、精神医学的弁護を要求して何も得られなかった後に、刑務所に投獄された最初の1年間、ケンとスティーヴの人格交代を繰り返していた。

　多重人格と正常な人に見られる自我状態の関係が、多重性の治療が成功したセラピーの後の反応を通じて検証された。これらの事例では、統合されると、切り離されて解離された存在はもはや自発的には現れないようである。前に患者だったある人は、他のパーソナリティの1つについて尋ねられたとき、ただ「彼女は私だったのよ」と答えた。その反応は、まるで先週のパーティーでのふるまいについて尋ねられて答えるのとほとんど同じだった。以前は解離していた境界は、今では十分に透過的になったので、その患者は、以前の自分の行動を自分自身の一部であると体験することができるようになった。今では、自我備給がある状態から他の状態へと容易に移行することが可能になったのである。

　しかしながら、これは、境界がまったくなくなってしまった「融合」であることを意味しない。この点について、治療が完了した別の多重人格の患者がうまく明らかにしてくれた。彼女が催眠に再度入ったとき、以前の存在が再び現れたが、「私たちはもはや別々の人ではありません。私たちはただ彼女の一部分なのです」と述べた。言い換えると、以前に多重人格だった人は、同じ断片を持ってはいるが、正常なボランティアの研究協力者にあるのと同じく、今では非常に透過性の高い境界で区切られていたのである。パーソナリティの断片は正常な自我状態になり、催眠下でのみアクセス可能になり、その人は、分化－解離連続体上を、不適応的な解離から適応的な分化のほうへと移行しただけなのである。

　このことから、多重人格の最も効果的な治療は、おそらく完全な融合を目指すことによってもたらされるものではないことが示唆される。というのも、正常な人は分化している自我状態を示すが、融合してはいないからである。治療において融合だけ追求するのは、アラブ諸国とイスラエルを、平和裏にコミュニケートし、協働し、共存するのではなく、単一の大国にしようと説得するようなものである。この戦略が過去に多重人格の人に用いられたとき、強制的な統合は不安定になり、すぐにまた解離してしまったというのも当然である。我々も初期の事例ではこの種の経験をした。

より経済的なアプローチは，家族療法でするのと同じように，状態間の強固な境界をゆるめ，自我状態間の葛藤を減らし，各状態間のコミュニケーションを通じて相互理解を促進することで，分化－解離の連続体（図2参照）に沿って患者を移行させることである。我々は，さまざまな自我状態が自分たちの個人的なアイデンティティや存在を守ろうと固執する抵抗と争わなくて構わない。分離は，元々は適応的な分化への試みとして作られたものだからである。我々は，その元々のニーズをよく理解して，それを建設的な方向へ向ければよい。我々の治療上の課題は，自我状態が，全体性のある人々のように，それぞれのアイデンティティを保つのに必死で戦うので，むしろとても簡単になる。ビアンキの事例における「スティーヴ」は，私（ジョン・ワトキンス）に，「俺はお前が気に入らない。俺を消そうとしているんだろう」と言った。そうではないことを彼に保証して，信頼と協調を得たことで，ロサンゼルスでの大量殺人に対するスティーヴの告白につながったのである（Watkins J, 1984）。
　独自のアイデンティティにチャレンジすることなく，自我状態相互間のコミュニケーションを増やすことで，我々は適応的なひとまとまりになるよう奨励する。以前はお互いに解離されていた多重人格は，内界や外界に適応するために協力しあうような，認知的に協和している自我状態へと分化が進み，正常な人になる。元々の交代人格の多くは，分離したままでいるニーズがなくなると，自発的に消えてしまうにもかかわらず，それらの内容物は後に残った1つに融合する。後に残った分化した存在は，今では潜在的な自我状態にすぎず，その人は表面的にはたった1つの「パーソナリティ」を一貫して示すようになる。
　互いに認知的な不協和が生じていたり，それぞれが対立する目標を持っていたりすると，自我状態はお互いに葛藤を育むことがよくある。それらに高いエネルギーが注がれ，厳格で非透過的な境界ができると，多重人格が発達するかもしれない。しかしながら，自我状態間に見られるこのような葛藤の多くは潜在的なものにすぎない。これらは，不安や抑うつ，あるいはさまざまな神経症の症候や不適応的な行動として現れることがある。過食や肥満も，不機嫌な潜在的自我状態によって，主たる実行的なパーソナリティにかけられている圧力から来ていることがよくある。これらの葛藤には，本物の多重人格の治療であるのとは違うタイプの内的な駆け引きが必要となる。しかしながら，争いあっている自我状態は自発的には表に現れないため，一般的には催眠を通じて活性化しなければならない。我々は，これを自我状態療法と呼んでいる。

自我状態療法とは，個人療法や家族療法，集団療法のテクニックを，一人の人の内部で「自己の家族」を構成している異なる自我状態間の葛藤の解決に利用するものである。言うなれば，指示的・行動的・認知的・分析的・人間的な治療テクニックのどんなものでも用いる可能性がある一種の内的駆け引きであり，たいていは催眠下で行われる。

催眠と自我状態

　催眠とは，注意集中のプロセスと解離のプロセスの両方である（Hilgard, 1986）。催眠を通じて，我々はパーソナリティの1つの断片に集中して，一時的に他の部分から切り離したり解離させたりする。実際，催眠自体が解離の一形態であるため，よい催眠を体験している者がパーソナリティの中に潜在的な自我状態の断片を表すことがよくあるのは驚くべきことではなく，精神的に病んでいる訳ではない。催眠は，古典的な精神分析では接触するのに気が遠くなるほどの時間が必要となるようなパーソナリティの水準へのアクセスを提供してくれる。
　自我状態療法は，パート間のコミュニケーションや駆け引きを含むアプローチであるため，ときに催眠は，自我状態療法を実践する必須条件と言っても過言ではない。

自我状態と隠れた観察者

　ヒルガード（1977）は，催眠下で耳が聞こえないという暗示を受けた人が，まだ何か聞こえているなら指を上げるように言われると，そうすることを発見した。彼はまた，痛みが催眠の無痛覚暗示よって取り除かれたと思われるときにも，指の合図を通して，まだ（無意識的に）不快感を知覚していると報告することを発見した。
　ヒルガードは，これは潜在的な認知的構造システムを意味すると考え，これを**隠れた観察者**（hidden observer）と名づけた。ヒルガードの言う隠れた観察者が，催眠のボランティアの協力者である正常な大学生においても活性化され，さらにその性質や内容を研究すると，たいていは組織化された自我状態が誘発されることがわかった。ある一連の実験で，我々は，ヒルガードが行ったのと

同じ手続きと言葉かけを使って，催眠による聴覚喪失と無痛覚を再現し，以前に自我状態療法の患者だった人において隠れた観察者を活性化した。何が現れたかというと，何年も前に治療で扱ったさまざまな自我状態たちが現れてきたのである（Watkins & Watkins, 1979-80, 1980）。それゆえ，我々は隠れた観察者と自我状態は同じ部類の現象であると考えている。第7章で，その研究からの実際の事例の逐語の抜粋を示す（Watkins & Watkins, 1979-80, 1980参照）。また，隠れた観察者と自我状態，多重人格を，別の出版物でより詳しく比較している（Watkins & Watkins, 1992）。

　自我状態療法についてのこの議論を締めるに当たって，自我状態がセラピーにおいて機能するときの，フェダーンによる元々の概念と，我々の見解の違いについて述べる。フェダーンにとっては，自我というものが一定不変のものとしてあり，自我備給されることで，異なる内容物がそこに出入りすることができる。どちらの動きになるかは，これらの内容物にかかっており，次に自我によって自我状態へと組織化されるのである。自我状態が自己エネルギーを脱備給されても，それは対象表象としてその組織や連続性のある存在を保持しており，そのように知覚されるのである。自我状態は，自己備給された要素だけで成り立っているのである。

　我々の概念においては，自己は純粋な自我エネルギー（自我備給）から成り立っているのであり，動機や感情，観念といった内容物から成るわけではない。この備給は，自己のエネルギーではなく，それこそが自己なのである。この自我エネルギーが，内容物に入り込むと，これらは自分の一部，つまり「私」として体験されるのである。その動きは，自我状態と呼ばれるさまざまな組織化された行動や体験のパターンに出入りするときの，自己エネルギーの割合次第である。このような状態は，対象表象と自己表象のどちらも含む可能性があり，いまだにそれぞれの相対的な構造を，抑圧された状態で（意識から除去されて）保持しているのである。この自我状態は，自我備給されているか対象備給されているかに関係なく，セラピーで取り扱われるべき単位である。どちらになるかは，その内部でどちらの備給の量が大きいかという性質にかかっており，それ次第で「私」または「それ」としてその人に体験されるのである。

第4章

解離

　私がその門を出たとき，午後の時間の大半で体験したのと同じ奇妙な感覚がした。つまり，自分の行為からの解離である。それは一種の対外離脱体験であり，シュワルツコフが吹き飛ばされる危険を覚悟して，防御戦に戻ってく間に，私は安全な距離でそれを見ながら立っていた。しかし，それについて不気味なものや神秘的なものは何もなかった。私は，ある種の自動操縦であった。

ノーマン・H・シュワルツコフ（1992）

　1994年のスーパーボウルで，バッファロー・ビルズのランニング・バックだったサーマン・トーマスはボールを落とし，ダラス・カウボーイの選手に拾われて，タッチダウンを決められた。

　1994年2月3日付のAP通信の記事によると，「トーマスは，『ファンブルで本当に試合の流れが一変した』と語った。彼は自己非難的な言明をしているのだが，あまりにも奇妙な無関心をまとっていたので，レポーターは，『彼は誰か別の人にそのことが起こったみたいに話しているね』と友人に囁くほどであった」。おそらく，トーマスとビルズの選手たちは，そのことから距離を取ることで，痛みに対処しているのだろう。

　解離は，とても正常な反応にもなりうる。我々を恐ろしい状況から守ったり，恐怖を減らしたりしてくれる。子ども時代のトラウマとよく関連づけられるが，大人にも等しく影響しうる（Cardeña & Spiegel, 1993）。それは，我々自身の中から葛藤している領域を取り除く。例えば，体外離脱体験は，解離の異常な形態ではなく，危険な状況において，当事者ではなく傍観者として自分自身を感じさせてくれる。その瞬間，自己は単なる対象になる。我々は，外的に引き起こされる痛みや内的な恐れに苛まれる必要はない。

　解離自体は，臨床的にも実験的にも数多くの調査が行われている。この領域

の膨大な調査が，ヒルガード（1986, 1992）やウォルマンとウルマン（1986），ミケルソンとレイ（1996）によって刊行されてきたし，ガットマン，グリーヴズとクーンズ（1994）は，1791年から1994年までをカバーするほとんど完全な目録を編纂した。これらの研究は何百にものぼるため，我々は，この領域や本書のテーマに直結する文献に絞って概観する。

催眠は，解離の一形態であると見なされており（Hilgard, 1986），多重人格を含む多くの障害の治療において広く用いられている（Brown & Fromm, 1986 ; Fromm, Erika, 1984 ; Fromm & Nash, 1997 ; Fromm & Shor, 1979 ; Watkins J, 1987, 1922b）。また，自我状態療法の実践においてもよく用いられる。自我状態療法は，それ自体が催眠分析の拡張である。

解離は，正常で適応的な分化から，多重人格性障害（Braun, 1988a, 1988b）のような他の極端な病的解離までの連続体に至る切り離しのプロセスである。また，ブラウンは，解離は「行動（Behavior）や感情（Affect），感覚（Sensation），知識（Knowledge）」のような特異的な分野の1つまたはそれ以上で生じうることを指摘した。彼はこれを解離のBASK理論と呼んだ。

自我状態療法もまた，この切り離し傾向の連続体の概念を用いてはいるが，強度のやや異なるさまざまな段階を扱っている（Watkins J, 1992a, 1992b）。それについては，もっと後の章で説明される。自我状態療法において，我々はその中間的な現れ方により関心がある。しかしながら，どのプロセスも，最初に最も深刻な形態に注意が払われたときに最もよく研究されるというのはしばしば起こることである。では健忘や多重人格という解離の診断について考えてみよう。

健忘

健忘は，通常，多重人格を持つ患者において生じる。しかしながら，健忘が唯一のまたは主要な症状である非MPDの事例では，かなり劇的なものになるが，まれにしか生じない。それにもかかわらず，多くの「純粋な」健忘の事例の報告が文献に見られる（Akhtar, Lindsey & Kahn, 1991 ; Brna & Wilson, 1990 ; Coons & Milstein, 1992 ; Christianson & Nilsson, 1984 ; Eisen, 1989 ; Gill & Rapaport, 1942 ; Knowles, 1964を参照）。

多重人格性障害とは異なり，健忘は，早期の児童虐待の帰結というよりむし

ろ，目下の大人の適応問題に関係しているようである。患者は，対処できないような状況に直面している。患者は，現在と過去のすべてを閉め出し，しばしばアイデンティティを失うことで，ジレンマを解決するのかもしれない。

　ワシントン州タコマ在住の男性が，別の名前で違う町で生活していることがニュースで報道された。その報道では，彼は家族のもとへ帰ろうとしているが，妻子を認識することができなかったとあった。そのような認識の欠如は，健忘の原因の手がかりとなる。彼が家族との記憶を排除しようとしたのは，もしかしたら彼が結婚生活に適応できなかったからかもしれない。

　筆者（ジョン）にとってより身近な事例は，戦闘で意識を失った兵士の事例である。彼は戦闘から「戻って」来たとき，自分のアイデンティティを失ってしまっており，入院させられた。薬物療法や催眠を通じて彼に記憶を取り戻させる多くの試みがなされた後，彼は家に帰されたが，家族や友人を認識することができなかったので，再入院する羽目になった。彼は，もし記憶を回復しなかったら，戦場へ送り返されるかもしれない（そうなったらなっていたで，記憶を失った場所で記憶を取り戻すことができたかもしれないが）とほのめかされて脅威を感じたことで，健忘を放棄して，記憶がよみがえった（この事例は，Watkins J（1949，1992b）でより詳細に記述されている）。

　フォローアップの質問で，彼の妻は，夫が家族に対して敵意を持っており，非協力的であると答えた。ポイントは，健忘は逃避のために企図されており，彼が家族の状況へ嫌々ながら引き戻されたところに如実に表れている。催眠によって単に記憶を回復させることを示した事例は，その患者が健忘によって逃避した耐え難い状況の再検討を伴わないならば，おそらく貧弱なセラピーである。症状が落ち着いても，元々の原因である状況がまだそのままであれば，さらなる不適応を引き起こす可能性がある。

　患者は，ときには，対処が難しい状況に置かれるだろうが，健忘は，身体的な事故に陥った後にしか現れないこともある。同性愛のギャングに関わった若者は，バイク事故で死亡したギャング仲間の葬儀からの帰路にバイク事故に見舞われた。患者は，病院で目覚めたが，激しい頭部の損傷を受けており，以前の生活を思い出すことがまったくできなかった。彼はまた，かなりの失語症を体験した。

　退行催眠を通じて，彼は直近のことだけでなく，子ども時代や成長した後のことも思い出すことができた。しかしながら，最初の事例とは違って，主要な

症状の軽減に続いて，事故の除反応的な再体験や同性愛的な葛藤の催眠分析によるワーキングスルーが続いた。この状況は，洞察療法によって解決され，彼は自分自身と和解した。結果的に，彼はうまく適応した生活に戻り，自活できるようになった。

　この事例は，症状が既知の脳損傷（彼の頭にはプレートが入っている）の後に起こり，観察可能な脳損傷を伴っていたにもかかわらず，健忘の主要な症状が心理学的なものに基づいていたことをセラピストに教えてくれた。それは，彼の健忘の本当の原因を隠すのに役立っている，誰の目にも明らかな器質的損傷という隠れ蓑の下で発展したのであり，普通なら心理療法を試そうなどとこれっぽっちも思わなかっただろう。

健忘の治療の原則

　催眠誘導にかなりの深化を加えることで，患者は，健忘が始まるよりもはるか昔の年齢に退行する。その作業によって，異なる年齢におけるさまざまな出来事を思い出してもらいながら，ゆっくりと年齢の範囲を広げよう。現在時制を用いて，患者にそれぞれの場面に没頭させよう（「彼はあなたに何と言っていますか？」）。患者が退行した先の年齢で用いると予測されるレベルの語彙で話そう。さまざまな年齢で重箱の隅をつつく（あなたは3年生です。あなたは目の前に先生がいるのを見ることができます。彼女の名前は何ですか？）ことによって，健忘障壁をたたき壊そう。

　まずは，「何が起こっていますか？」と，思い出せてみよう。もし，患者が反応しなかったり，「わかりません」と言ったりしたなら，「その人は，誰に似ていますか？」「何かが起きています。何が心に浮かんできていますか？」または，「あなたが一番好きな人は誰ですか？」と，認識のほうに向かおう。もし，事故が不測の出来事であったなら，思い出させて，直前のことを再体験させよう。トラウマ的な出来事にアプローチするときには，患者が細部に十分に没頭できるようにゆっくり進めよう。「あなたはまさにそこにいて，それが今起こっています」とトラウマを受けたときの感情を暗示しよう。「考えを口に出しています」を試してみよう。もし，恐怖が非言語的な手掛かりから見てはっきりわかるなら，「あなたは怖がっています」と，その患者の内的な感情や精神状態を予測しよう。そして「我々は，今何をする気ですか？」と，恐ろしい場面に没入させよう。「気をつけて！　気をつけて！」と状況に適したあなた自身

の声で緊張を高めよう。「彼が私を殴っている！」と，重要な文章を繰り返そう。そのような繰り返しによって，患者はただ自分が話したことを聞き，それによってセラピストからの暗示なしに，その方向に進むことができる。

　トラウマ的出来事の徐反応の際には，体験やそれに付随する感情を出し切るようにする。患者に，後催眠的にその出来事を思い出すことを厭わないどうかを尋ねよう。もし，合意が得られたら，覚えているという暗示を与えて，催眠から覚ませる。覚醒後，患者はすべての詳細を伴って，その出来事を意識的に思い出す。もし，患者がそうしたくないなら，思い出す準備ができたときに思い出すと暗示しよう。

　催眠下でその状況をレビューしよう。可能なら同じセッションでやったほうがいい。それを24時間後に再びレビューしよう。また，必要があれば，1週間後にもレビューしたい。同じやり方で思い出されたなら，見たことの詳細に注目しよう。後になって思い出したほうが，多少は詳細を含んでいるかもしれない。催眠で確立された記憶には作話の可能性がある（Loftus, 1993 ; Watkins J, 1989, 1993a）ので，一貫性を確認しよう。特に，裁判例のために健忘を解除するときは確認が必要である。催眠でよみがえった記憶に関する裁判例は，近年，非常に物議を醸している（Mutter, 1990 ; Orne, 1984 ; Pettinati, 1988 ; Watkins J, 1993a）。

　そのような裁判例では，なるべくならビデオテープですべての時間を記録しよう。健忘は，生活上の問題に広がっていたり，未解決であったりする症候であるとみなされるべきである。セラピーの事例においては，伝統的な心理療法を用いて背後にある生活上の問題や葛藤を検討したり，ワークスルーしたりすることによって解決できるようどこまでも追求しよう。そうすることで，患者は以前には対処できなかった状況に適応する準備をするだろう。さもなければ，健忘またはそれに匹敵する症候が戻ってくるリスクにさらされる。

　健忘は，多重人格の事例においてはありふれている。というのも，主たるパーソナリティは，背後にいる交代人格が「出てきて」いるときは存在しないため，そのときに起きたことについてはほとんど，またはまったく覚えていないだろう。しかしながら，我々は，このような健忘を，解離されたMPDという状態の一部として取り扱い，別々のものとして扱わない。

多重人格性障害（解離性同一性障害）

　多重人格性障害は，かつては非常に珍しい障害であると考えられていた。1970年代以前には，事例報告はほとんどなかった。最近20年間で，その関心が復活してきた。現在では国際解離学会（The International Society the Study of Dissociation : ISDD）が発足し，3,000人以上の学会員がいる。他の国では，MPDに対する関心は限られている（Frischholz, Braun, Martinez-Taboos, Ross & Van der Hart, 1990 ; Takahashi, 1990 ; Van der Hart, 1990, 1993 ; Van der Hart & Boon, 1990）が，MPDに関する臨床報告（Boor & Coons, 1983 ; Kluft, 1994 ; Loewenstein, 1989 ; Prince, 1905/1929を参照）や研究報告（Putnam, Guroff, Silberman, Barban & Post, 1986 ; Ross & Loewenstein, 1992 ; Schreiber, 1974）は，かなりの量があり，今では多くの優秀なテキストが入手可能である（例：Bliss, 1986 ; Braun, 1984, 1986 ; Kulft & Fine, 1993 ; Putnam, 1989 ; Ross, 1989――これはしらみつぶしにしたリストではない）。1791年から1992年をカバーする，このテーマの文献の「完全な」目録については，ゴットマン，グリーヴズとクーンズ（1994）を参照されたい。今回我々は，この分野の包括的な調査に挑もうとしている訳ではなく，この章や後の章における我々の狙いは，MPD（DID）[3]患者の研究から学んできたことや，病理性がより少ない事例の自我状態療法を適用できる交代人格の行動を示すことである。これらのことは，分化－解離連続体の中間領域で見出されたものである。

多重人格性障害の起源

　児童虐待は，身体的，性的，心理的を問わず，多重人格の根本的な原因であると考えられる（Sands, 1994）。実際，解離自体が，本物の多重人格を引き起こすのに十分なほど重篤であるかどうかは，トラウマやストレスに関連しているようである（Anderson, 1992 ; Coons, Bowman & Milstein, 1988 ; Frischholz, 1985 ; Gross & Ratner, 1989 ; Sanders, McRoberts & Tollefson, 1989 ; Spiegel D, 1993）。
　多重人格の患者と会うセラピストは，ほとんどいつもと言っていいほど，子ども時代の恐ろしい物語（Wilbur D, 1984）を耳にすることになり，ほとんどの権威者は，少数の例外を除いて（Ganaway, 1995を参照），解離性同一性障害は深刻な児童虐待に根差していると考えている（Kluft, 1984 ; Ross et al.,

1991)。治療の初期段階では，そのような記憶は健忘されていることがしょっちゅうである。

　治療が進展するにつれて，さらに多くの交代人格が自分たちの存在を知らせてくるかもしれない。たいてい，5〜15のサブパーソナリティが発見される。しかしながら，50以上のサブパーソナリティを報告する臨床家もいる。新しいパーソナリティが発見されるとセラピストが喜ぶらしいとなると，解離している患者は多くの小さなパーソナリティ断片を創り出す可能性が高まるので，セラピストはそのような事例に懐疑的であるべきである（Kluft, 1988 ; Putnam, 1992）。セラピストが主に注意を向けるべき主要な変異は，たいていもっと数少ないグループ内に含まれている。

　MPD（解離性同一性障害）の診断は，解離状態で犯したと考えられる犯罪で告発された被告人にかかわるときには，とりわけ物議を醸す課題となる（Orne, 1984 ; Savitz, 1990）。判事は，MPDの実在には相当懐疑的である傾向があり，この診断が精神疾患という理由で無罪を主張したり，それによって悪事に対する責任を免れたりするために用いられることを心配している。法廷は，この状態を仮病と同一視する傾向がある。

　どの事例も，耐え忍んだ体験において独自性がある一方で，典型的な患者は次のどれかを示すかもしれない。たいてい就学前の人生早期に，子どもは大人から被害を受けており，性的虐待をするのは男性のほうが多く，おそらく実際のレイプも含まれている。これには酷い打擲(ちょうちゃく)のような暴力や，ときには徹底的な拷問を伴うこともある。よくあることだが，虐待者は，もしもそれを母親や他の誰かに漏らしたら，もっと悲惨な結末が待っていると脅迫する。

　おびえた子どもには3つの選択肢しかない。その子は死ぬことができるし，そうなる子どもたちもいる。その子は崩壊して完全な精神病になることができるし，そうなる子どもたちもいる。その子は解離できる。解離は最も知的で適応的な反応である。

　解離は，「自己」の一部の分離であり，自己や主体から非－自己や対象に変えることである。フェダーンのエネルギー二元論の用語では，これは自我エネルギーを虐待の経験から除去して，そこに対象エネルギーを備給し，それによってその体験を抑圧することである。

　今や，その小さな子どもは，残っているパーソナリティの断片を実行的にすることで，ほどよく正常な暮らしを楽しむことが可能である。苦痛に満ちた体

験を忘却したり，抑圧したりすることで，その子は親孝行な子どもの役割を演じることができる。この役割は，攻撃者を脅かさないし，おそらく攻撃者をなだめすかして，その子に少しはマシな扱いをさせる役に立つかもしれない。

　その子どもは，今では，生きのびるためのレッスンや将来の問題に取り組む方法を学んできている。解離のテクニックは正の強化を受けるので，将来も繰り返し利用されたり，生活を脅かすほどではないが困難な他の問題に発動されたりするおそれがある。人生を解離で乗り切るというやり方が板につくのである。やがて，もっと多くの交代人格が，その子どもが直面する新しい不快な状況に対応するために現れるかもしれない。思春期になる頃には，たくさんの輪郭のはっきりした交代人格やサブパーソナリティが確立されてくる。それらは，名前がついていることがほとんどで，実行的になるために，すなわち「出てくる」ために張り合うようになる。そして，そのときどきのパーソナリティとして姿を現すのである。

多重人格性障害の診断

　臨床家の中には，多重人格性障害を，正当な精神医学的実体として認識しない者もおり，この問題に関する論争はかなりの数に上る（APA, 1988 ; Bliss, 1984 ; Coons, 1986 ; Dawson, 1990 ; Dell, 1988 ; Fahy, 1988 ; Hilgard, 1988 ; Kluft, 1992）。

　MPDの交代人格内では，脳血流や皮膚電気反応，薬物への反応，知覚，視覚機能，視覚誘発電位，姿勢や声，運動的行動における違いを調査する精神生理学的研究がたくさん行われてきた（Braun, 1983 ; Miller & Triggiano, 1992 ; Putnam, 1984）。違いを発見できなかった研究もあるが，他の研究では，同一人物中の異なる交代人格の反応の間に一貫した違いがあることが報告された。報告の多くは裏づけに乏しく，残りは人口統計学的なものである。実験的検討もたくさんあるが，これらの多くには研究デザインの不備がある。さらに言えば，妥当で信頼性のある生理指標が存在するかどうかはいまだに決め手がない。それにもかかわらず，こうした事例を発見したり，認識したりしている臨床家は増えているので，精神医学や心理学の専門職の中には，多重人格性障害の診断の実在を容認する者が増え続けている。今ではこの診断は，交代人格の状態が同じ身体に宿る**別々のパーソナリティ**というよりも，単一のパーソナリティの**断片**であるという最近の考え方を反映するために，DSM-IV（APA, 1994）で

は解離性同一性障害と呼ばれている（Putnam, 1992）。それぞれの交代人格の思考プロセスや感情，行動は，他の交代人格とかなり異なっているように思われるので，単にものまねや仮病であるとは考えにくい。

　MPD患者に初めて直面したときの臨床家に及ぼすインパクトは，たいていは驚きの一言である。実際には，背景にいる交代人格が表に出てくるようになる前に，その患者は臨床家と長期にわたる治療に取り組んできたかもしれない。おそらく数カ月かそれ以上になることもあるだろう。おそらく，交代人格の発見の遅れは，これらの実体が，早期の苦痛に満ちた虐待的な扱いの最中に分離してしまっていて，現れる前に相当な信頼を構築しなければならないことから生じたのである。これこそが，懐疑的な臨床家がめったにMPDの事例を発見しない理由でもある（Koch, 1985；Sabrin, 1995）。セラピストに対してその誠意が本物かどうかを見極めることが試金石となり，治療が進展するまでそれが延々と繰り返される（Finch, 1990；LaCalle, 1991）。さらに，とある交代人格から寄せられる信頼は，他の交代人格からのものとは相当な違いがあるだろう。そうした交代人格は，最も深刻な虐待の時期に創り出されたことが多い。交代人格の中には，男性よりも女性のセラピストを信頼する者もいるだろうし，他の者ではその逆もある。

　臨床家の最初の（そして，継続的な）課題は，できるだけ信頼関係を確立することであろう。これは，治療される人がもっと親密さに耐えられるようになるまでは，自分と患者の間に距離を保つことを意味することさえありうる。

　診断を確立する際に，多くの基準を考慮する必要がある。健忘が頻繁に報告されることは，これらの中でも最も注目に値するものである。患者が質問者に対して十分な信頼感を抱くと，その人は以前の臨床家や他の人たちにはこれらの健忘エピソードを決して表明しなかったと明かしてくれることがよくある。なぜなら，「その人たちは，私が狂っていると思っていた」からである。この黙秘はまた，裁判事件（Watkins J, 1976, 1978a, 1984）が，犯行に先立って立証された解離の記録を決して持たない理由でもあり，その人が刑罰を逃れるためにMPDと偽ったり，MPDを真似たりしていることを主張するために検察や専門家証人によって用いられる事実である（Orne, Dinges & Orne, 1984）。

　第3章で指摘したように，催眠の使用なしに，交代人格が自発的に出現することは，本物のMPDと診断するための根拠として必要である。そうでなければ，我々は，それを自我状態の問題であると見なし，DSM-IVコードでは「特定不

能の解離性障害」とするのが適切であろう。

　MPDに苛まれている人は，頻繁に頭痛を報告する。この頭痛は，主要なパーソナリティから他の交代人格へ，あるいはある交代人格から別の交代人格にスイッチする直前に生じる傾向がある。いくつかの事例においては，これは2つの実体同士の戦いであり，一方が表に出て，実行的な位置を簒奪せんと必死になっており，もう一方がその位置にしがみつくために戦っていると，現れている交代人格が述べることからわかるときがある。

　この状況は，「丘の上の絞殺魔」（Watkins J, 1984）であるケネス・ビアンキの多重性と最初にお近づきになれたときに，かなりはっきりと示されている。[4]

　彼との2回目の診断評価セッションの最中に，ケネスという主たる状態は，頭痛がして，「気分が悪い」と報告した。彼は，トイレに行くニーズを体験し，戻ってきた後に，以下のように続けた。

　　B（ビアンキ）：私は説明したでしょう。ワトキンス博士，私が席を離れた理由は，何かを感じ始めたからです。なぜかはよくわからないんですが，居心地が悪くなって，ナーバスになり始めて，それで，淡々としてて，ほんのちょっとでさえも……怒ったり狼狽したりしたんじゃなくて，「動揺した」というか，でも私の中の何かが荒れ狂ってた。あんな風に走り出したりしてすいません。
　　W（ジョン・ワトキンス）：大丈夫ですよ。わかりました。今は大丈夫ですか？
　　B：はい，大丈夫です。

　ビアンキとの最初のセッションの後，鑑定人の中には，私がMPDの交代人格（スティーヴ）に催眠的に暗示をしたので，アーティファクトを作ったのだという印象を持った者がいた。そこで，私は今回は，ビアンキが催眠下ではないときに，命名行為や直接的な暗示が一切ない状態で，自発的に交代人格のスティーヴが出現するかどうかを見ようと決めていた。彼の繰り返される頭痛と同じく，彼の奇妙は反応は，コントロールせんとする他の内的な葛藤があることを示唆していた。そこで，私は彼にただ目を閉じてもらい，「心地よさを感じる」ように頼んだ。

W（ジョン・ワトキンス）：この不快な感覚は何だろうかなあと思っていると，おそらく，え～っと，え～，なぜそんな不快さがそこにあるのかについてもっとわかるかもしれません。

ビアンキはしばし停止して，次にゆっくりと頭を傾けた。少し後に，彼は驚いた表情で突然顔を上げた。

W（ジョン・ワトキンス）：さて？
B（ビアンキ）：ああ，何だ？　やあ。
W：やあ，あなたはケンですか？
B：(怒りと敵意に満ちた表情で) 俺がケンみたいに見えるか？
W：え～と，いいえ。私が誰だか知っている？
B：当たり前だ。俺はお前が誰だか知っている。
W：結構。私のせいで動揺しているように見えます。
B：だから何だ？
W：私たちは，ただお互いに理解したいのです。
B：俺はお前のことが好きじゃない。俺はお前が大嫌いだ。
W：なぜ私のことが好きではないんですか，ケン？　あなたはケンじゃないの？
B：違う！　俺はスティーヴだ。

　インタビューは，私が最初に話していたケン・ビアンキとは，物腰や姿勢，話し方，言葉遣い，なまりなどが全体的に異なる人物と続けられた。今では，敵意に満ちて，うなり声を上げ，自慢気で，ののしりまくる「人物」がそこにいて，コメントに4文字の言葉（Fxxk）をまき散らしながら，ベリンガムやロサンゼルスで「女性たちに対してした」ことを「名誉」だと主張した。承認尋問官が頭痛や混乱に注意を向けさせたときに，スティーヴという交代人格が自発的に現れたことに注目してほしい。後に，スティーヴは，「出てくる」ことの難儀さに不満を漏らした。
　解離の他のサインは，さまざまな身体システムにおける身体化反応である可能性がある。本物のMPDの事例では，「頭の中の声」が聞こえるという報告はしょっちゅうある。これらの声は，たいてい頭の外側から来るように体験される精神病的な幻聴とは異なっており（Bliss, Larson & Nakashima, 1983），一

般的に薬物療法で減ったり，消えたりすることはない。

　概して，MPD患者は，ソシオパスや躁うつ病，精神病，統合失調症，適応障害，境界性人格，反社会性人格障害，ある種の器質性疾患といった診断を以前にいくつも受けている。入院させられることも多く，多くのクリニックで，たくさんの臨床家からアセスメントされてきたが，互いの意見が一致することはなかった。正確な診断を下すことに対するこうした失敗は，解離に苛まれる人たちがMPDの実在を信じていない心理学者や精神科医のオフィスを訪れるときに特に際立つ（Koch, 1985）。こうしたことのすべてが，問題と患者の不信を一層酷くする。患者たちは，最初の場所で虐待に対する保護として解離した。周囲の人から聞かされた行為や言葉をはっきりと必死で否定するときに，正直であったとしても，家族や友人は彼女を理解せず，しばしばその突飛な行動をとがめ，嘘をついていると責め立ててきた。患者は，懐疑的な臨床家の面接室で問診される際も同じような疑惑をよく体験するが，それはさらなる虐待であり，その医者が今では虐待者であると解釈する。MPD患者のセラピストが，本性を現さず，疑い深く，敵意に満ちた患者が治療の時間を無駄にしたり，忌々しく思ったりすることに直面しても何の不思議もない。

　MPD患者には，説明できない紛失や所有，明らかに自分が書いたらしいのに，その記憶がないメモを見つけると報告することがよくある。これらのメモは，自分のものとは区別できるぐらい筆跡が違っていることもある。

　ときには，離人感（自分自身を体験することの不能），非現実感（外的世界が本物らしくない），トランス様の感覚（自分の身体が外側，「そこに」あると知覚する）などが示されるだろう。そして遅かれ早かれ，子ども時代の身体的・性的・心理的虐待をたくさん体験したことが報告されるだろう。

　MPDの可能性を示す他の指標は，気分や声音の突然のシフトや，高い知能と見合わない学校でのムラのある成績である（MPD患者は，たいてい高い知能を有している）。

　主人格から交代人格へスイッチしたり，2つの交代人格間でスイッチしたりする間に，眼球の回旋や肩の引きつり，頭部旋回，座り姿勢の変化のような姿勢やジェスチャーのサインがあることが多い。ときに小発作性のてんかんを起こすこともある。患者の物腰は，喜ばせようとする過剰なニーズを伴って，しばしば不適切に慇懃(いんぎん)であるが，これは虐待する可能性がある大人をなだめる子どもの試みを示唆している。

たくさんの客観的検査が考案されてきており、これらの事例を描写するのに診断者の道具一式に加えることができる。**解離性障害面接目録**（The Dissociative Disorders Interview Schedule：DDIS）（Rosser et al., 1989）は、MPDと、境界性人格障害やうつ病、身体化のような多くの関連疾患を区別して診断するために作成された構造化面接であり、広く使用されてきた。

もう1つ重要な検査として、バーンシュタインとパトナム（1986）による**解離性体験尺度**（Dissociative Experience Scale：DES）がある。これは、解離性の病理の程度を測定するために作成された正常な体験と病的な体験の両方に関する簡易な自記式尺度であり、かなり多くの研究でその妥当性についても検討されており、そのほとんどで肯定的な結果が得られている。そして、解離の可能性について初期のスクリーニング・テストとして広く用いられている（Anderson, 1992；Carlson & Putnam, 1993；Draijer & Boon, 1993；Ellason, Ross, Mayran & Sainton, 1994；Ensink & van Otterloo, 1989；Frischholz et al., 1991, 1992；Ross, Norton & Anderson, 1988）。

サンダーズ（1986）は、ヒルガードの解離の概念の記述（1986）に準拠して構成された、**知覚的交代尺度**（Perceptual Alteration Scale）を発表した。この尺度は60項目からなり、「健常者」と過食者、MPDを識別することが示されている。

近年、広く注目を浴びている尺度として、**DSM-IVの解離性障害に対する構造化臨床面接**がある。その最新バージョンは、SCID-Dと呼ばれている（Steinberg, 1994）。この尺度は、258項目からなり、健忘、現実感喪失、離人、自我同一性の拡散、自我同一性の変容のプロセスを測定している。これらは、DSM-IVの解離性健忘、解離性遁走、解離性同一性障害、離人性障害、特定不能の解離性障害の診断と関連づけられている。この尺度の有用性は、解離の個別の側面を評価し、これらを明確な診断に関連づけるという点で、より特殊性が高い（Steinberg, 1995）。現在までに、その妥当性を検証する多くの研究があり（Draijer & Boon, 1993；Frischholz et al., 1991, 1992；Hall & Steinberg, 1994）、DESによるスクリーニング後に、より詳細に検討するための方法としての位置づけが有望である。

有望な他の検査には、**フィリップス解離尺度**（The Phillips Dissociation Scale：PDS）（Phillips D, 1994）や、**子どもと成人の解離チェックリスト**（The Child/Adolescent Dissociative Checklist：CADC）（Reagor, Kasten & Morelli, 1992）が

ある。ヴァンダーリンデン，ヴァン・ダイクとヴェルトメン（1991）は，**解離質問紙**（Dissociation Questionnaire : Dis-Q）を用いて，オランダで大規模な解離の評価を報告した。

　MPD の正確な診断は，特に法医学の実践の場では重要である（Allison, 1980, 1982, 1984 ; Allison & Schwarz, 1980 ; Coons, 1991 ; French & Schechmeister, 1983 ; Lasky, 1982 ; Lewis & Bard, 1991 ; Ondrovik & Hamilton, 1990 ; Orne, 1984 ; Savitz, 1990 ; Watkins J, 1984 で言及されているが，MPD と法律に関する報告は限られている）。そのうえ，解離の診断は，懐疑的な裁判官や陪審員に信じてもらえないことがしょっちゅうである。多重人格は，常識や，法律学の基本的な憶説に楯突くからである。すなわち，「人」は1つの身体と1つの「こころ」から成り立っており，その行動に責任を負うという憶説を脅かすのである。

MPDの交代人格の特徴

　交代人格たちは，催眠下で活性化された潜在的な自我状態と同じように考えたり，反応したり，ふるまったりする。しかしながら，その程度がかなり極端になる。

　交代人格たちは，部分の人間（part-person）であるため，全体の人間（whole-person）よりも，示す知識や考え方には限界がある。思考はしばしば子どもっぽくて，具体的である。認知プロセスは頑固で，正反対の論理に直面しても，簡単には変化しない傾向がある。この点で，交代人格たちは主要なパーソナリティから解離されているだけではなく，常識のような知的なプロセスからも解離されていることがよくある。

　「患者は，いつ自我状態にスイッチするのか？」という質問が寄せられることがある。最も単純な答えは，「手っ取り早いとき」である。スイッチングはエネルギーの置き換えである。その状況は，電気の配電盤みたいな印象を与えるかもしれない。そこではエネルギーがあるモーターから別のモーターへと分配される。しかし，なぜそうなるのだろうか？　主たるパーソナリティや主人格と話をしているとしよう。突然，新しい実体が現れて，物腰や声が変わり，自分のことを異なる名前で名乗るかもしれない。理由にはいくつかあり，元々のパーソナリティとの会話の中で，患者がスイッチしたほうが手っ取り早いような話題が持ち出されたのかもしれない。もしかしたら，主人格が答えること

ができない質問や，答えたくない質問をしてしまったため，放棄されたのかもしれない。もしかしたら，そのときに主人格が利用可能なエネルギーが枯渇してしまい，もっと強くて，高いエネルギーを注がれた状態の交代人格が表に出てきて，我が物顔をすることができたのかもしれない。さもなくば，議論の経過が，背後にいる交代人格が現れたり，コミュニケーションを取ったりするように強く動機づけられるような内容であり，主人格が実行的な地位を維持する能力を超えて強かったのかもしれない。セラピストが異なる交代人格にスイッチするところにたびたび直面するときには，治療的なコミュニケーションが「熱く」なりすぎていたり，患者やそのとき出てきている交代人格にとって脅威を感じさせたりしたときであることがほとんどである。

現れようとしている背景的な交代人格の主人格に対する影響力は，何かをする傾向あるいは「引き」によって気づかれるかもしれない。それに集中することによって，「引き」は，その原因となっている交代人格の活性化に移行する。

「隠れ家」として知られる交代人格を背後に有する患者は，前の夜に酒場の外で立っている主人格の行動を以下のように説明していた。

P（患者）：彼女は私に酒場に入りたくないと言ったんですが，彼女は入ったのです。何かが彼女を入らせたのです。
T（セラピスト）：ほお。
P：誰かが彼女を中に引っ張り込みました。私ではありません。私は彼女に外にいるように言いました。それでも彼女は入っていったのです。
T：引きをやっていた可能性のある他の誰かがいるのですか？
P：たぶん，またメドゥーサ（それは初期の交代人格であるが，最近は出現していなかった）が戻ってきたのかも。
T：最近，ちょっとでもメドゥーサを見たことがある？
P：今日はマリリン（主たるパーソナリティ）が夫に怒り狂ってたけど，メドゥーサはそこにはいなかったわ。
T：彼女が酒場の外に立っていて，入るかどうか討論してたところに戻りましょう。そのときに戻れますか？
P：はい，今，何かが入るように話してて，私たちはその誰かさんの話を聞こうとしています。今。
（新しい交代人格が現れ）さあさあ，入って。気楽に考えて。入って。

T：あなたは誰ですか？
P：私？　どうして私の名前を知りたいの？
T：今まで一度も名前を教えてくれなかったですよね？
P：うーん，教えたくないなあ。
T：どうして，教えたくないのですか？
P：だって，教えたくないから（抵抗もしくは怖れ）。
T：あなたの名前を聞いたら，私があなたを驚かせたり，傷つけたりするのですか？
P：あなたは，少し驚いたでしょ。
T：あなたが，彼女に入るよう言ったの？
P：隠れ家は地獄だって行けるのよ。私が彼女に入るように言った人だよ。
T：へ～，あなたはこの何週間かどこにいましたか？
P：あなた前に私を呼んだことがなかったからよ。
T：え～っと，あの～，あなたはメドゥーサなの？
P：あの～，その～，メドゥーサはこの辺にはいないわ。私は7月18日（2カ月前）からこの辺にいたよ。
T：7月18日に何があったの？
P：知らないの？　マリリンが戻ったのよ（訪れていた親族のところから不幸な結婚生活に）。
T：それで，あなたは出てきたの？
P：うーん，まあ。
T：何のせいで，あなたはマリリンとは違う風になったのですか？
P：私は，彼女が特に望んでいないようなことをするように言うの。酒場に入るみたいに。
T：あなたは7月18日以前には存在してなかったの？
P：そう。
T：どうしてこれまで私に一度も話してくれなかったんですか？
P：今日まで出たい気分ではなかったから。
T：どうやって出たくなったのですか？
P：楽しいから。話したかったから，あそこから出してくれてうれしい。
T：では，お知り合いになりましょう。私はワトキンス博士です。
P：うん，私はマージよ。

この短い引用において，セラピストがマリリンの引きに気づいて，その引きの出所を尋ねたことで，新しい交代人格が活性化するところをご覧いただいた。マージは，マリリンが自宅に戻って，敵意に満ちた夫に対処しなくてはならなくなった7月18日に解離されたようである。このあとに続いたマージとの対話には，彼女の夫に対する憤懣と夫に立ち向かおうという強い決意が示されていた。それはマリリンができなかったことである。マージは，マリリンがさばけない状況に対処するために創り出された。マージが名乗ることを緘黙していたのはまったく納得のいくことであり，臨床家がよく遭遇する類の抵抗を示している。マージはこのときに現れたのであるが，患者が催眠にかかったときに，すでに前に出てきたことがあって，催眠なしでもときたま出てくるようになっていたことに注目すべきである。これは本物の多重人格の基準に合致している。
　最も強い苦痛は，トラウマ体験のすべての要素（知覚的・認知的・感情的・行動的）が同時に揃ったとき，すなわち「まるごと」の体験をしたときに起こる。そのため，その人は上述した側面の1つまたはそれ以上を消去することで，防衛としての解離に励むかもしれない。例えば，ある交代人格は，早期のトラウマの完全な記憶や知識を有しているかもしれないが，いかなる感情からも締め出されているようなことがある。完全な意味で，今ここで再体験されている訳ではないのである。精神分析において，我々はこれを**知的洞察**と呼んでいる。セラピーや精神分析では，知的洞察にはたどり着くことはありすぎるぐらいであるが，症状が恒久的に消失するに至るような完全に再組織化する体験にたどり着くことはほとんどない。このような状況において，情緒的・経験的除反応には重要な価値がある（Comstock, 1986；Steele, 1989；Watkins J, 1992bの第4章，1995）。単に知的洞察にたどり着くだけでは，「分析を始めてから5年経った今も，彼はいまだに床に頭を打ちつけるが，今ではその理由を知っている」というジョークの類になってしまう。
　交代人格が，大きな恐怖を示して，元々の奈落に突き落とされる体験について思い出したり，説明したりすることができなくなることはしょっちゅうある。それは知覚的・認知的側面が，解離によって抹消されたからである。セラピストは，抵抗があることは承知の上で，この解離を解きほぐして，すべての領域で統合が生じるように励むだろう。患者は，多大な不安や苦痛を体験することになるだろう。というのも，解離はそもそもこの「再体験の完全性」の予防目

的で打ち立てられたものだからである。その人が抵抗のこの壁を乗り越えることを助けるカギは，セラピストが患者と確立すべき親密な関係性にこそある。

　知覚的・認知的・感情的側面のすべてを含むまるごとの体験を達成することが，たいていは多重人格を統合するときの望ましいゴールであるにもかかわらず，ときにはこれらの要素の1つに焦点を絞るような限定的なセラピーが求められる。そこには，最も大きな葛藤があるからである（Watkins & Watkins, 1993b）。

　交代人格は，ほぼまるごとのパーソナリティのように，広範な認知的・行動的ポテンシャルを有したかなり大きいものである場合もあれば，非常に特殊な状況に限定された経験的レパートリーしか持たないかなり小さいものである場合もある。そのような場合，我々はそれらを単なるパーソナリティ断片であると考え，独立したパーソナリティとして遇しないこともある。治療において，もっと重要な自我状態を犠牲にしてまで，多くの注意をそれらに割くことは重要ではない可能性がある。全体的な個人が統合されるにつれて，これらの断片は脱落したり，より大きな全体に結合したりする傾向がある。

　交代人格は，特定の機能に専門化されるきらいがある。たとえば，ある交代人格は，バッハのコンチェルトを演奏する能力をもつミュージシャンであるのに対して，他の交代人格は，箸使いもおぼつかない。ある交代人格は，器械体操のアスリートなのに対して，他の交代人格は芸術家寄りかもしれない。外部から観察する人にとっては，その人はとても多才に見えたり，多くの活動において高いレベルで機能したりしているように見える。そうした特定の領域で，そのとき実行的な交代人格が高いレベルで機能しているに過ぎないということはなかなか理解を得られない。特定の交代人格が他の交代人格のスキル（あるいはその交代人格に向けられている注目）を妬むようになることも珍しいことではない。そして，故意に妨害して，たまに成功することがある。

　交代人格は，具体的に考えるので，自分の行動がどのような結果を招くかに気づかないことがたびたびある。ある交代人格は，「彼女が死んだ暁には，その後は自分がずっと出てきて，後を担当するから」と説き伏せて，患者に毒を飲ませようとした。交代人格はたいてい子どもであって，その理屈は交代人格が生まれた時間で凍りついたままになっていることを理解すれば，困らせるような行為についてもよりよく理解できるようになるだろう。4歳児に物事の道理を説くのはなかなか骨が折れる。臨床家は，大人の身体と対面しているので，このことを認識するのに失敗することが多い。我々はたいてい，自分たちが子

どもの頃にどんな風に（どれほど具体的に）考えていたかを忘れてしまっているからである。

児童虐待から生まれた交代人格は，典型的に罪悪感に苛まれている。その理屈によると，自分が「悪い」から虐待されているのである。その見方はおそらく虐待者によってその子どもに強制されたものであって，脅威を伴っている。治療では，この罪悪感の層を扱う必要があり，単に安心させるだけで消え去ったりはしない。そこに突破口を開くためには，信頼できるセラピストが長期間にわたって安心させることが必要である。セラピストは，「私が悪い。だって，パパが部屋に来たときに起こったことは，私のせいだから」という頑固で，固着した信念の必要性を認識しなければならない。それは，全体の保護的，解離的構造を結びつけるある種の心理的な接着剤である。患者のあらゆる防衛は，それを維持するために動員されている可能性がある。

解離は，一般に考えられているよりもはるかに広範囲に生じている魅惑的な現象である。それは，子どもたち（そして，大人たち）が，脅威をもたらす状況に対処し，相争う自我状態間の平和を維持し，自己がなるべくこころの平静を保ったまま生き残ることを助ける役に立っている。解離は体外離脱体験や夢の中で現れ，そして「正常」な人々においては数え切れないほどの現れ方で現れる。解離が病的になるのは，分化－解離の連続体上の端っこで見るような，深刻な表現型だけである。極めて分離された自我状態が創り出され，行動や知覚が区画化されることで，内的葛藤や精神的苦痛は一時停止されるが，その代償として多重人格性障害のような重篤な精神疾患になる可能性がある。

MPDの交代人格は，捉えるのが困難ではありながらも，魅惑的な方法で，それぞれの交代人格や全体のパーソナリティと交流する。交代人格は，潜在的な自我状態同士で見られるようなやりとりを顕在的に見せることがしばしばあるが，自我状態の場合は催眠によって活性化されたときに限られている。

経験があって，感受性のあるセラピストで，精神力動の科学，すなわち我々が次に注意を向ける個人内プロセスの研究に精通していれば，はるかに深い理解をもってMPD患者にアプローチできるだろう。

第5章
無意識的プロセスと精神力動的理解

　65年前，ワトソン流の行動主義の最盛期には，「科学的」心理学の足音がすぐそこまで来ているかのように思われた。望ましい反応を誘発するための適切な刺激を発見することがすべてであった。心理学の入門コースを教えている教授は，学生ボランティアに机に座るよう頼む。そして，小さな木づちで，膝頭の真下を叩くと，急に脚は蹴る動作をする。刺激は反応を誘発する。彼は，それこそが行動が生じる仕組みであり，あらゆる行動は適切な「状況」（刺激にインパクトを与える**あらゆるもの**を含む用語）によって引き起こされると結論するためにそのポイントはいささか拡張された。

　この考えは，人間を理解し，コントロールする技術を知りたがっている若手の心理学者にとっては，非常に刺激的であったが，残念ながら，そんなに単純であるとは証明されなかった。刺激は，行動として現れる前に，内的で観察できないプロセスを経なければならないようである。ジャケットにチューバ奏者の写真つきで発売された古い歌を思い出す人がいるかもしれない。それはこんなふうなものである。釣り鐘型の部分を指さして，「最初のバルブを押し下げます。音楽はめぐりめぐって，ここから出てきます」。マウスピースの空気と釣り鐘型の部分で放射される音の間のどこかで，たくさんのことが起こっていた。そこでは，プロセスが作用して，変化が起こっていたのである。もちろん，あなたがどのバルブが押し下げられているかを知っていたら，最終的に生じる音を正確に予測できただろう。

　人類も似たように機能すると思われる。それを刺激することは可能であるが，その行動が生じる前に，まずは「めぐりめぐる」ことで修正されるので，何が現れるかを正確には予測できない。中間のプロセスは，どのバルブが押し下げ

られるかを含んでおり（媒介変数と呼ばれる），しばしば外部の者にとっても主体である自分自身にとっても観察不可能であると思われる。それらは，「無意識的」であり，行動科学においては禁句である。ある現象が見えないときに，どうやって測定して，理解すればいいのだろう？　フロイトや彼の後継者達にとって，これらの仲介プロセスに近づく方法を案出するという仕事が残されていた。そして，それらは何とかなったのかもしれない。ここから，精神力動学の流派が始まった。すなわち，「めぐりめぐる」無意識の研究である（Watkins & Watkins, 1996b）。

　精神分析は，これらのプロセスに接近するための手続きを開発したが，それにはとても長い時間がかかる。催眠は，フロイトによって拒絶されたとはいえ，「めぐりめぐるもの」を理解するより迅速な方法を提供してくれて，媒介変数を調整するためのテクニックを与えてくれた。催眠は，人々が内的なプロセスに気づくようになったり，より建設的なやり方で行動したりすることを学ぶ助けになるものである。それによって，**催眠分析**の治療アプローチが，精神分析の概念と催眠のモダリティの統合によって生じた。

　心理学は，その元々の由来では「心の研究」を意味する。しかしながら，18世紀と19世紀半の間に，物理科学が目を見張る進歩を遂げ，輝かしい名声を博したのを受けて，心理学者たちは自分たちの研究分野を再定義したくなった。

　現代科学は，手で触れられる要素の客観的測定によって成果を上げてきており，その用語はある科学者から別の科学者へと伝達可能である（ポンド，フィート，メートルなど）。「こころ」は手では触れられない。ただ，言語を通してのみ，間接的に他者のこころの中にあるものを理解することができる。そのため，いっぱしの科学者として認められたいと熱望する心理学者は，「行動」の研究であるという流儀について話し始め，心理学を「行動」科学であると分類した。

　内的経験は表に見える行動を通じていつでも明らかになる訳ではないのにもかかわらずである。残念ながら，この観点からは人々が持つ膨大な内的体験が排除されてしまった。我々には科学的な体面を取り繕う必要性が低いので，次のような定義がより適切かもしれない。**心理学は，可能な限り科学的な方法による行動や経験の研究である。**

行動と体験

　人は，多くのやり方で，直接的・間接的に自分自身を表現する。我々は，ある人が空間を移動するのを見ることができる（行動）し，その人の話しぶりから内部で起こっていることを推測することができる。人は，情動（感情）を持っており，そのときどきの行動の観察を通じて，その人が感じていることを推測することができる。これは，同じ感情を体験しているときに，我々自身がどうふるまうかによるので，実際にそれが起こった後は，推測可能である。

　理解や意味づけも，いまだに手で触れることができないので，行動的な観察があまり役に立たないが，どちらも我々が心理療法で手合わせしなければならない人の「中身」の大部分を構成しているのである。行動は，我々の内的な意味づけや理解によって，その大部分が決まってくる。これは感情においても同様であり，もし我々が行動だけに関心を向けていたら，セラピーは途方もなく制限されたものになってしまう。

認知的行動と意味づけ

　心理学者たちの中には，自分たちの流派は行動以外の部分をもっと研究しなければならないことに気づく者が増え続けており，知的活動や認知的活動の領域が付け加えられた。行動療法家は，認知行動療法家か単に認知療法家になった。それにもかかわらず，人間の情動的機能や知覚的機能には不十分な注意しか払われておらず，意識の表面下にあるものについては言及していない。認知心理学者や認知療法家は，外側で聞くことができて，客観的に評価できる意識的な言語化を通じて人々の反応を研究した。しかしながら，フロイト（1938）は，個人の内部で生じる行動や知覚，動機，情動の領域を開拓した。そこは他者からは直接的に観察不可能な領域であり，「無意識的」であることによって，その人自身も観察できず，報告もできないのである。これこそが，本章で議論していく分野である。

解釈

　ほとんどすべてのセラピストは，自分たちがどのように患者を理解している

かをその患者に解釈する。観察や理論に基づいて，セラピストは患者に対する理解をその人に伝えようと努める。しかしながら，今日の多くのセラピーは，精神力動的な理解に基づいていると思われるときでさえ，この理解をその人に**意識的**に話したり，示唆したり，説得したりする試みによって実践される。セラピストが解釈においてかなり正しいことも多いのかもしれない。しかしながら，もし解釈が患者のより外側の意識的なうわべだけに対してなされたならば，経験的・行動的変化に多大な影響を及ぼしている意味づけや感情といったより深い領域までは届かないかもしれない。セラピーは，とりとめもなく続き，患者の建設的な変化が完全に起こるとしても，のろのろとした歩みになるだろう。理解とは単に知的なものであるが，洞察には到達しないのである。

洞察

患者による新しい自己理解への成就は，**洞察**と呼ばれている。フロイトは，洞察によって真の，そして恒久的な治療的「癒やし」がもたらされると報告した。それは，以前は無意識的であった記憶やその意味づけに対する認知的理解として見なされるようになった。もし，その用語の意味するところがそれっぽっちだとしたら，この洞察が必ずしも癒やす必要はないという行動主義の同僚（Franks, 1983）に賛同することになり，治療的な進展につながりさえしないだろう。しかしながら，洞察は気づきよりもはるかに重要である。

洞察といっても，それが単に認知的・知的なものであれば，ある人が丘の上に立って，谷間の住み慣れた町の眺望を眼下に見下ろしているようなものである。その人は，曲がりくねった道や見捨てられたスラム，犯罪が多発する地域などを見て，その窮状を理解する。しかし，その人が単に自分の外にある対象として，その丘からこの町をどんなに眺めても，何も変化しない。洞察を通して，その人は自分自身を見ていることを知っているにもかかわらず，それは自分自身の絵のようなものである。それは対象であり，「自我の本質（selfdom）」の真の体験ではない。彼はその街に降りていき，市民としてそれを体験し，痛みを感じて，関わらなければならない。「自分という町（self-town）」は，主体にならなければならず，単に対象のままであってはならない。それは「彼の町（his town）」なので，元々は子どもの頃に「真実を求めて」体験したように，全存在でそれを**再体験**しなければならない。何かを変えるためには，それがあると

ころである，「そこに」いなければならない。洞察は，認知的理解をはるかに超えたものであるに違いない。それは，経験的・感情的・知覚的・運動的（もちろん認知的）である意味づけのレベルであるに違いない。そこには外見的なものや，肉体的なもの，精神的なもののそれぞれを織り交ぜたものが含まれている。それは，皮質の理解と同じく，「腹」からの理解である。そのような**正真正銘**の洞察は，患者の中に活力の蓄えを解き放つ。なぜなら，以前には抑圧や解離に使われていたエネルギーが，今ではより効果的な生活のために使われるからである。

　新しい正真正銘の洞察にたどり着いた患者がよく語るのは，木々がどれほど緑なのか，空がどれほど蒼いのか，この世界に対処するときにどれほど力強く感じるのかである。この類（たぐい）の洞察があってこそ，精神力動的な理解から癒やしと結果が得られるのである。このように定義すると，洞察は治療的変化に向かうのに非常に効能のある促進剤である。[1]

精神力動的なやりとりの例

　生涯の仕事は，しばしば無意識の欲求によって選択される。例えば，長年，他人にケアを捧げる職業に従事することは，正当な理由があろうとなかろうと，背後に横たわる深い罪悪感に由来していることがある。

　ある内科医は，催眠分析で，なぜ自分が医師になったか悟った。かつて，彼が11歳の頃，学校から帰宅すると，父親が皿を洗っていなかったことで彼を叱った。彼は部屋から逃げ出して，小声で「死んじまえ」と呟いた。その5分後に，抑うつ状態だった父親はまさにそうした。地下室へ行って，自分の頭を撃ち抜いたのである。その若者は，必死になって止血したが，死に至る父親の側で泣くことしかできなかった。そして，彼は必死で勉強して，医学部に入学してから卒業するために，血反吐を吐くほど勉強した。そして，他者（無意識的には父親を示す）を助けるために人生を捧げた。彼は，自分の一言が父の死を招いたと心の底では信じていたので，こうやって自分の中にある罪悪感を和らげていたのである。セラピー中に起こった，この葛藤に対する彼の洞察が，自分自身を許し，長く続いていた低空飛行の抑うつ状態を和らげて，人生を楽しむことを可能にしてくれた。

　子どもたちは，具体的に考える傾向があるので，非常に繊細な精神力動的理

解，つまり自分たちが大人になったら失ってしまうスキルを有していることがよくある。ライク（1957, p.575）は，以下のような出来事を描写している。8歳の妹がいる若い男が，たくさんの子どもたちが校庭で遊んでいるのを見ている。子どもたちの一人であるエルシーは，ローレンスという名の少年に傍目にもわかるほど，とても崇拝されており，彼に「審判者」として選ばれていた。エルシーは，ローレンスに特にきつく当たり，彼に有罪判決を下し，他のすべての子どもたちにお尻をペンペンさせた。その若い男は途方に暮れて，彼の妹であるデイジーのほうを向いて，なぜエルシーが自分に優しくて，崇拝している可哀想な小さいローレンスをいじめるのかを尋ねた。デイジーは，「彼女が彼に手厳しいのは，彼女は町の男の子の誰よりも一番彼のことが好きだからよ」と答えた。我々は，子どものときには，何と賢いのだろうか。

　精神力動派のセラピストの研究は，成長途上で培ったものの枠外にあるより繊細な理解を再獲得していくことである。精神力動的な理解（具体的・無意識的考え）は，心理学者の大学院教育ではなおさら忌避される。修了後にはほとんどの心理学者は臨床に入り，研究論文などほとんど書かないにもかかわらず，客観性とアリストテレス流の論理がよい研究者を育てるのに強調される。医療の実践家に留まらず，精神分析家の中にもこの種の科学的客観性の強調に煩わされる者がいる。

　時には，言い間違えや，行動や姿勢，態度の変化は，潜在的な動機づけのサインである。これらは，たびたび他人からは認識され，ユーモアの元になる。ある若い男性が，セラピー中に兄の名前が出てきたときはいつでも，首を手でこする理由を尋ねられたとき，兄に対する憤怒が背後にあったことに気づいた。彼は，嫌いな人を描写するときに父がしょっちゅう使っていた表現（「彼は頭痛の種だ」〔訳注：英語では，これを He is a pain in the neck.（彼は首の痛みだ）と表現する〕が，彼の無意識で一見意味のない動きを潜在的なコミュニケーションに翻訳した理由であったことに気づいて，心底びっくりした。精神力動的に洗練されたセラピストは，そのような可能性に気づき，「でたらめ」な動作や姿勢の変化を慎重に観察する。

　他者に対する攻撃の責任を否認したり回避したりするために，人々によって一般に習慣化されている防衛的策略は，自己の一片からエネルギーを抜き取って，それを対象へと変化させる。新聞紙面には，法廷で犯罪者が自分の犯罪に対して「良心の呵責」（「**それが起こったことは残念に思う**」）を示したという

記事がどれだけ多いことか。これは，同情を引き出して，あわよくば判決をより軽くするためになされる。この声明の本当の意味は，「捕まったことは残念に思う」である。もし，実際に本物の良心の呵責があったなら，おそらく「それをしたことを申し訳なく思う」と述べただろう。

　繊細な傾聴と観察を通じて，精神分析的になりそうなコミュニケーションを理解することが重要であるのと同時に，現実主義のセラピストは，節操のない憶測にはまり込む他の傾向を（何度も）避けなければならない。それを受け取ったと信じているかすかな手がかりが，本物かもしれないし，そうではないかもしれない。そこで，理論に基づく分析的な憶測は，まったくの仮説に過ぎないものの妥当化に取って代わられるべきではなく，後に堅守されなければならない。

　解釈が患者に与えられたとき，それが真実であるために一発で受け入れられることもあれば，真実であるゆえに，一発で拒絶されることもある。それは適切なタイミングと準備が整っていないのに分析家によって呈示されたからである。ときには，完全に真実とはかけ離れたものである。臨床家は，患者の信頼を保つためにも，撤回することを厭うべきではなく，防衛的になるべきでもない。我々のうち全知である者は誰一人いない。精神力動的な解釈は，最初はためらいがちに提出されるべきであり，証明された確実なものとして提出されるべきではない。後のデータが解釈を支持しないときに，「医師が正しい」という態度に陥ることは，患者を失うよい方法である。

精神力動を学ぶこと

　精神分析家とは，自分たちの治療において精神力動を最もよく研究し，実践しているセラピストである。だが，分析の知恵を獲得せんと，いくら文献を漁っても，卓越した臨床家がその臨床的な感受性を，読んで，学んで，実践できるように共有した出版物に出会うことはない。

　例えば，いくつかの精神分析的研究では，書き手は「ここでのポイントは，私が患者の陰性転移を解釈したことである」と伝えている。しかし，患者が陰性転移を持っているのを分析家がどうやって知ったのかについて書いてあることは滅多にない。なぜ，その治療のその瞬間に陰性転移が生じたのだろう？　正確に，どんな言葉で分析家はこの解釈を行ったのだろう？　そして，患者のその瞬間の反応はどんなものだったのだろう？　その解釈が，患者の行動や感

情，体験などにどう影響したのだろう？　我々はいつもいつも星の数ほどある疑問を持ったまま取り残される。というのも，セッションを逐語的に記録したり，自分自身や患者の反応を詳細に研究したりする分析家など滅多にいないからである。

　一般的な概念や哲学には，たくさんの注目が払われる。精神分析的な文献においては，理論の複雑なポイントを議論するのに何千ページも費やされてきた。例えば，フロイトは，彼の理論的発展の中で，この特定の段階では何を言いたかったのだろう？　といった具合である。

　理論的な議論の範囲は，フロイトとユングとアドラーの論争から，ランク（1950）の貢献にまで及び，今では，精神分析の対象関係学派の内部で，古典的な「動因」論者と「関係」論者との間のより最近の議論にまで及んでいる（Greenberg, 1991 ; Greenberg & Mitchell, 1983 を参照）。これらの中には，フェアバーン（1952）やガントリップ（1968），ハルトマン（1939, 1964），ジェイコブソン（1964），カーンバーグ（1976），クライン（1932），コフート（1979），クリス（1979），マーラー（1975），ウィニコット（1958）のような，のれん分けした理論的貢献者たちの優劣がかかっている。

　人間の心理的な構造に関わる「哲学」と同じように，これらの貢献には価値があり，興味深い。だが，これらの議論がすべて済んだところで，「卓越した精神分析的セラピストはどうやって成果を生み出すのか？　どのように考えれば，彼らと同じ臨床的な知恵を獲得することができるのか？」と問いながら，途方に暮れることになる。少数の古典的な精神分析の巨匠がおり，彼らの思考と精神力動的理解をより緊密に共有してくれているので，我々の患者を理解する際の助けを見つけるために読んで理解し，そしてその貢献はより最近の我々の自我状態の概念に統合することが可能である。

　我々が読むのは元々ドイツ語版だったものの英訳であるとはいえ，フロイト自身はかなり明快に記録していた。『著作集』第3巻（Freud & Breuer, 1953）において，彼は5つの古典的な症例，「あるヒステリー分析の断片」，「ある5歳の少年における恐怖症の分析」，「強迫神経症の一例についての見解」，「自伝的に叙述されたパラノイア（妄想性痴呆）の一症例に関する精神分析的考察（シュレーバー回想録）」を呈示した〔訳注：原文には4つの症例しか記載がないが，もう1つは「ある幼児期神経症の病歴」である〕。これらはすべて，今日においても，セラピストにとって大いに一読の価値がある。

精神分析の仲間以外で，現代の精神分析家の多くがフロイトの原典を読むことは滅多にない。だが，これらの古典的な論文は，フロイトの精神分析的な考え方を知る上でよい例となる。フロイトの分析的な思考のプロセスの最も良質かつ最も面白い例の1つに，『著作集』第4巻（1953）の「小箱選びのモティーフ」がある。これらの症例を批判的に研究することで，かなりのことを学ぶことができる。

　1938年にフロイトは，「応用的な分析の数少ないマスター・セラピストの一人」としてテオドール・ライクのことを記している。『第三の耳で聞くこと』において，ライク（1948）は，精神分析的な考え方をする方法，ある出来事を分析する際に心を通じてよぎる特異的な連想について，懇切丁寧に共有した。『内側の探求：精神分析家の内的体験』において，ライク（1956）は，「精神分析家の学習プログラムにおいて見落とされてきたもの」をいくつか補った。彼は，これを「音楽用語の耳のトレーニング（あらゆる種類の音楽的現象に対する，例えばトーンの微細な区別に対するより高い感受性の発達）」（p.393）になぞらえた。そして，『愛と性欲』において，ライク（1957）は，男女間の行動や考え方の違いについての観察を，事例を通じて記述した。観察は，伝統的な性役割が変化してきたにもかかわらず，女性患者を治療する男性の心理療法家にとって最も有用になるだろう。ライクの出版物を読むことは，臨床をしている心理療法家にとって，興味深い学習の冒険になりうる。

夢分析

　セラピストが「めぐりめぐる」プロセスの理解を発展させることができる他の方法に，夢の研究がある。実際に，フロイトはかつて，「夢は無意識への王道である」と言った。[2]

　夢は一般的に，睡眠の浅い段階で生じ，自我の覚醒が低いとき（備給がより少ないので），抑圧された対象の素材は，夢を見ている人の意識にうまく上ってくることができる。

　フロイト（1938）によると，夢は快楽に対する未解決の努力の成就の空想上の願望を示す。ともすれば我々は，夢を，あらゆる種類の問題解決を試みる精神的な化身の極致であると見なそうとする。しかしながら，他の行動と同じく，夢は元々それを引き起こした刺激と表に現れた表現との間の精神力動的な相互作用の「めぐりめぐる」を偽装されたやり方でたどっているのである。

フロイトは，4つの異なる仲介メカニズムについて言及している。すなわち，象徴的表象，置き換え，圧縮，二次的加工である。我々は，これらに他のすべての既知の防衛プロセス（反動形成，否認，投影，合理化のような）を付け加えている。人間はそれによって，自身の許容しがたい衝動に意識的かつ十分に直面することの精神的苦痛から目を背けようとしている。

「夢の作業」は，あらゆる防衛機制を動員しており，少なくとも浅い睡眠段階で，元々の動機を許容的に知覚可能なイメージに変換する。この夢の作業のプロセスを辿ることを通して，これらの精神力動的処置がどのように個人を内的・外的脅威から保護するのに用いられているかをよりよく理解することができる。

ヴィルヘルム・シュテーケル（1924, 1943, 1949）の技術を学ぶことから夢解釈について多くのことを学ぶことができる。シュテーケルは，最終的にフロイトとは袂を分かったが，夢解釈の分野では，精神分析家の中でもいつも傑出していると目されていた。彼は，夢を分析する際に，フロイトが採用した自由連想法を用いるよりも，自分の心理的な直観を磨いて用いた。

彼の事例の多くにおいて，彼はあるパターンを追っていった。はじめに，事例が示している問題と，その背景を押さえた。次に，その意味について彼自身の（直感的な）解釈と一緒にそれぞれの夢を呈示した。シュテーケルは，初回夢はたいてい患者の神経症の全体的な構造を描写し，それが来たるべき分析のセッションの間に現れると信じていた。彼は，自分の分析のほうがフロイトや他の同僚たちがするよりも圧倒的に短期間であると報告した。

次に述べるのは，私が数年前に体験した内科医の患者の分析例である。夢の最終的な解釈（患者の連想によって確かめられた）には，その意味を概念化するのに自我状態療法を活用している。

鹿狩りを楽しむその医師は，以下の夢について話した。「2人の幼い息子をキャンピングカーで狩りにつれて行った。徐々に日が暮れてきて，霧が立ちこめ始めた。私たちは山沿いの狭い林道にいて，一方をまっすぐに登り，もう一方をまっすぐに降りた。このコースを進み続けるのは危険だと感じたので，道路脇にキャンピングカーを寄せて，縁から落ちないようにタイヤの下にブロックを置いた。そうして，私たちは眠った。真夜中に（夢の中で）目が覚めると，末の息子が車を出て，車輪からブロックを抜き取るのに気づいた。驚愕して，私は『危ない！　この大ばか者！　お前は俺たちみんなを殺す気か』と叫んだ。

そして，目が覚めて，ベッドの中で自分が安全なことに気づいた（とても安心して）」。

軽催眠状態で，患者は夢の要素の多くに以下のような連想をした。「最も注目すべき面は，私の強い恐怖だ。自分や家族に対する破壊への本当の脅威があった。私はいつでもキャンピングカーのことを『ファミリー』カーであると思っている」。その患者は，前にも女性に対する夢の象徴として，車を用いたことがあった。そのため，彼や妻，そして家族に対する現実の脅威がそこにはある。その脅威は，彼の「末の息子」である，最も未熟な子どもの状態によって活性化されている。

私は，現在の生活を送る上で，おそらく仕事において，彼や家族に対して何か「危険」となるかもしれない状況があるかを尋ねた。もしかすると，治療することが彼や家族に対して「危険」となるかもしれない。おどおどしながら彼は「ええと，新しい患者がいます。とても魅力的な若い女性で，私に誘惑的にふるまっています。彼女は実際に私をその気にさせるので，何となく彼女と寝ることを考えたりしていました。もちろん，私はとんだ未熟者です。もし，そんなことがバレたら，自分の評判や仕事，そして妻や子どもを失うかもしれません。私は自分に何回も，『目を覚ませ！　彼女をお前の心から追い出すんだ！』と言っていました」。

夢は警告であると思われる。彼は（いとしい）鹿狩りに行く〔訳注：deer（鹿）と dear（いとしい）がかけられている〕が，彼自身とキャンピングカー（ファミリーカー）を守るために，子どもたち（彼の子どもの状態であり，未熟である）を帯同する。彼は「ブロック」を入れて，「縁を越える」（彼女に恋に落ちて，家族を破壊する）ことのないようにする。彼の最も幼い（最も未熟な）状態は，今にもブロックを除去しそうである。彼は「落ち」（彼女を誘惑し）そうである。結果的に生じた恐怖が夢の状態を打ち負かす。彼は夢の中で未熟な子どもの状態をののしって「目を覚まし」，続いて安全なベッドの中で本当に目を覚ます。

この夢に，我々は，背後にある動機，つまり患者への引きつけられと評判やキャリア，家族を維持する欲望の間の精神力動的なプロセスの交錯を大いに見ることができる。彼の意識的な自己は，彼の性への欲求の未熟さを認識し，これらは子どもの状態の中に抑圧されてきた。今にもこの状態が乗っ取って（実行的になって），その女性に対する衝動の「行動化」が始まろうとしている。最初に夢の中で，次に現実の中で目覚めることで，子どもの状態を脱備給して，正

常で現実主義的な実行的状態に戻り，その状況で常識を発揮する。夢は，解釈されることで，彼自身や彼の家族に対する危険を警告するのである。

精神力動的なプロセスの研究における催眠

夢解釈に通常用いられるすべての技術は，催眠状態にある患者に適用することが可能である▼3。これは，しばしば無意識的な意味の露見をかなり容易にする。催眠は，検閲の減少と前意識的な素材の暴露において，浅い睡眠と同等のようである。

それは，精神分析家のカウチでのリラクセーションと同様であるが，より深いトランスへのさらなる拡張を伴っている。

これと同じ条件が催眠において存在する。精神分析家が教えられてきたように，自我は退かないが，防衛的な態度においては自我の警戒レベルが落ちる。そして，無意識的な素材は，意識的な気づきにとってより入手可能になる。これは，催眠分析家が精神分析的セラピーを実践する際に用いることができる。

多重人格性障害の治療における精神力動

精神力動的なプロセスについて学ぶ練習になるもう1つの方法は，分析家やセラピストが多重人格性障害（今では解離性同一性障害と呼ばれる）の治療をすることである。MPDの経験があるセラピストは，患者と知り合いになる期間の後，どの交代人格がいつ現れるか，そしてなぜ現れるのかを予測することが可能であるが，それは交代人格の特定の精神力動的パターン（その患者内での相互作用）の理解のお蔭である。そうしたセラピストはまた，どの交代人格が健忘症の行動やその期間に責任を負っているかを熟知している。自我状態（交代人格）は，催眠で活性化されなくても，その患者の内的な動機づけシステムを通じて表に出ることが可能なので，セラピストは内的な「めぐりめぐる」プロセスに直結する洞察を提供されている。ある交代人格が退いて，他の交代人格が現れるとき，何が起こっているのか，なぜその特定のスイッチが起こったのかを見抜くことがより簡単になる。自我状態の機能は，より理解しやすくなる。MPDの事例において，我々は，催眠や古典的な精神分析的な技術を使う必要はないかもしれない。患者に「正しいバルブ」を押し下げて，より深い成

熟へ向かうのを理解したり助けたりするのに，無意識的なプロセスに到達するために分析者に向けられる転移を待つような必要もない．

精神病における精神力動的相互作用

　MPDの交代人格が，あからさまに精神力動的な相互作用を示すように，精神病患者はしばしば妄想や幻覚，精神病的バーバリズムを示す．
　かつて，ある妄想型統合失調症患者は，私（ジョン）に，「我々は，マーシャル将軍を軍の将軍にする法案を議会で通過させようとしている」と話してくれた．この陳述の意味がはっきりする前に，彼の象徴的等価物について聞く時間を持った．議会は，国家の審議機関であり，彼自身のこころを示していた．マーシャル将軍（セラピスト）は，ナチの悪魔（彼の精神疾患と等価である）をやっつけ，再建策のマーシャル・プラン（セラピー）を通じて，ヨーロッパに平和をもたらした人物であった．さらに，最初の「軍の将軍」は，我々の国の「父」であるジョージ・ワシントンであった．その患者は，彼にとっての「父」として私を進んで受け入れるという承認を，つまり新しい信任投票を私に与えようと苦労していたのである．私は，「マーシャル将軍は，喜んでこの名誉を受け入れます」と答えた．我々はお互いに象徴的にコミュニケーションを取っていたのである．私は，彼の「承認」は，後に解決しなければならない転移の前触れであることを知っていた．そのような転移は，彼の精神病が収まって，そのような解釈を受け入れて統合することができるまでは生じないだろう[4]．分析的な心理療法で起こる精神力動的なプロセスとその解釈の本質とは，そのようなものなのである．
　さて，では，本物の多重人格の中の異なる交代人格がどのようにしてお互いに，そして主要なパーソナリティと精神力動的に交流することができるのかについて見ていくために，解離の重篤な事例を探索してみる頃合いである．

第6章
多重人格の交代人格における精神力動的動静

　パターン化された断片による機能の特殊化，つまり全体を部分に分割するというのは，個人と集団のいずれにおいても同様の理由で発展するようである。最初に，組織的なユニットによって生存や適応のために特殊化された機能が創造される。部分がその保護するという使命を成功させると，全体は他のニーズや問題に合った断片をもっとたくさん発展させる。報酬をもたらし，痛みを軽減したりする駆け引きが繰り返されやすくなる。
　国家は，外敵に対して自分たちの生存を保障するために国防総省を発達させる。深刻な虐待を受けている子どもは，虐待者の攻撃をしのぐために，MPDの交代人格を発展させる。これらは，元々は生存の問題に対処するために確立された特殊化された断片であり，切り離す（分割する）手順が強化されると，関心や喜びのような，マイルドな欲求にはあまり合わないような形で繰り返される。自我状態は，潜在的なものであれ表に出てきたもの（交代人格）であれ増殖し，多重なパーソナリティが複数存在するようになるだろう。
　正常でよく適応した社会では，公共施設や政府機関，州，地方，市，その他の行政単位は，最初は生存のために，つづいて生活の向上のために協力したり，コミュニケーションを取ったりする。それらの活動が国家全体の福利に向けて最適に調和していると，生存や他のニーズは効果的に叶えられる。
　健常でよく適応した個人では，生活をより効率的に送るために自我状態が分化しているが，児童虐待のような極度の脅威に直面すると，例えば多重人格性障害に見られるような，透過性のより低い境界を有する顕在的な交代人格を発達させるだろう。
　不幸にも，生存のニーズが優勢になると，断片はコミュニケーションをとっ

たり，協力したりしなくなってしまい，解離が最大の関心事になる。国家は互いに争い，企業は経済的な争いにうつつを抜かす。「部分」は，切り離す「壁」を築き，ユニット内のコミュニケーションはなくなるか，あってもかなり制限されてしまう。

　個人の内側でも，似たようなパターンが生じうる。健忘障壁によって切り離された多重な交代人格は，全体のパーソナリティの内部で実行的な地位をめぐって互いに争い合う。国家と同じく，コントロールと縄張り意識が強力な動機づけとなる。個人の対処のための全体的な効率性は壊滅的なまでに損なわれる。

多重人格

　多重人格は，平衡を求めるシステムであり，複雑で冷酷な環境の幾多の場面に必死になって対処する。最初は生き残りを，続いて生活上の効率を求め，ときには成功することもあるが，たびたび失敗に終わる。この努力は「正常な」人がする努力の最も極端な形である。正常な人は，分化を通じて（解離よりもかなりマイルドな程度の切り離しプロセスにおいて），それほど深刻でない社会的な環境で，より効率的な適応を改善するためにデザインされた自我状態を創り出す。

　MPDのセラピストにとって最も困難な課題の1つに，悪意のある交代人格のマネジメントがある。そうした実体に対峙するとき，セラピストは多くの選択肢の1つを行使することになる。例えば，攻撃的な状態を**つまみ出し**たり，その影響力を**殺**いだり，その努力をまるごと全体のパーソナリティの目的にかなうように**統合する**ことで，より建設的な目標に変えたりしようとする。ときにこのプロセスは，主たるパーソナリティや他の交代人格との**融合**においては，その独自のアイデンティティの喪失を意味する。そのような状態の特殊な欲求や目的がもはや存在しなくなると，融合が自発的に起こりうる。しかしながら，個々の部分が融合することに激しい抵抗を示すことがよくある（Watkins H, 1989）。

　この個人の内側の抵抗は，個人と集団や，個人と組織の間の外的な葛藤とよく似ている。軍は，そのときの国のニーズが別にあったとしても，他の政府機関に対抗して，予算をめぐって争うものである。部分同士の無益な争いがあると，もはや自分たちが作り出された主たる目的，つまり全体の生き残りという

目的には専念できないだろう。

　部分が変化したり，新しい状況に適応したりすると，生き延びることもある。軽装四輪馬車の製造会社は，自動車を製造し始めることで生き延びた。ワクチンの発達によってポリオが撲滅されたとき，小児麻痺のための募金活動は廃止されただろうか？　いいや，そのスタッフたちに，新生児の先天性欠損症の治療のための慈善基金を集めさせることで続いていったのである。もし，そのために作られた使命がもはや存在しなくなるとしても，そして，仮にそのような実体が適応のために変化したとしても，組織化された実体は存在し続ける。MPDにおけるさまざまな交代人格や，より軽度の障害における自我状態は，こんな風にして絶滅（精神内界の抵抗や将来の治療的なゴールを目減りさせるために用いることができる事実）を免れることができる。

　セラピストは，元々の厳格で固い境界を越えて，MPDの交代人格の考え方を拡張することで，これを促進する。そして，催眠下での正常な自我状態の研究から，本物の多重人格に応用できる戦略について多くのことを学ぶことができる。では，いくつかの可能性について考えてみよう。

不適応的な状態や悪意のある状態，時代遅れの状態の除去

　そのセラピスト，ヘレン・ワトキンス（Watkins H, 1978参照）は，肥満の治療に来た，多重人格ではない大学生の中に，若いこころと名乗る状態を発見した。この実体（または集団）は，「僕らはダニのように，こころの上に座っている」と報告した。それらはこころの「恐怖の部分」であると主張し，その患者がとても幼いときに，「病院で生まれた」と報告した。ヘレンは，「なぜあなた方が生まれたの？」と尋ねた。

　若いこころ：恐怖があったからだよ。
　　ヘレン：そう，何の目的で，こころの上にダニみたいにしているの？
　若いこころ：僕たちには目的は必要ない。ただ，いるだけだ。
　　ヘレン：それなら，あなた方は自分たちが何のために機能しているのかわからないのね？
　若いこころ：そうだね。

ヘレンは，ケース・コンサルテーションを求めてダーク・ワンを呼び出した。ダーク・ワンは，以前は悪意のある自我状態であったが，彼女と友達になり，親しくなったので，今では内的なセラピスト助手として補佐してくれていた。
　「こんにちは，ダーク・ワン。あなたは，そのダニたちが言ったことを聞いたことがあるはずなんだけど，あなたも説明を聞いたように，それはこころの怖がってる部分で。うーん，それについて何かする必要があるんだけど。あなたはどう思う？」。
　そして，ダーク・ワンにその活動を止めさせられないかと頼むと，「簡単ではないと思う」と言いつつも，やってみると答えてくれた。そして，彼は3日以内に「ダニの悪影響を減らして，あいつらのエネルギーを断ち切る」と言って，その仕事を請け負った。ただし，その間，「彼女〔訳注：その大学生〕」は変わった行動をすると予想し，「彼女は，冷たく，近寄りがたくなって，他の人が彼女を悩ませるだろう」と言った。
　彼は，3日以内にその契約を果たし，患者は前よりも内的な恐怖から自由になった。「ダニ」を取り除くという決断は，それらがもはや何の機能も果たしていないという情報に基づいてなされた。それらは単に不適応的な行動上の習慣として存続していたのである。
　多重人格でない別のケースを見てみよう。筆者である我々（ジョンとヘレン）は，トビーとコミュニケーションを取っていた。トビーは，ある学生の中にある子どもの自我状態で，冷酷な母親に残忍に殴られているときに現れた。その患者の「トビー」は，4歳の自発性や活発さのすべてを無意識に押しやり，潜在的な自我状態に押し込むことで解離され，抑圧されていた。荒涼とした分裂病質の殻だけが，憂うつで，破壊的な怒りを負わされた状態で取り残されていた。このようにして，患者は，自分自身の最も創造的で「生き生きした」部分を「保全」してきたのである。この患者は多重人格ではないが，自己の断片を分割して抑圧するといった精神力動的な策略は，多重人格で最もよく発揮される。
　主たる患者が，だらしなく，抑うつ的で怒っている人とは違う人として機能したいのであれば，彼自身の生き生きしていて，創造的で，のびのびした部分が戻ってくることを必要としているのは明白である。当初の治療戦略は，激しい除反応を何度も繰り返して，母親に対する恐れや怒りを解放することであった。それに続くセッションでは今ではトビーが分割されて抑圧される理由はもはや存在しなくなったので，我々はその状態を除去して，主たるパーソナリティ

にその内容物を返すことができたのである。彼は私たちに，「僕はあなた方を愛しているから，あなたのために喜んで死ぬよ」と言った。我々の3人が絡んだ感動的なお別れのセッションの中盤で，催眠下で小さいトビーは主たるパーソナリティに戻って，存在することを止めた。

　その学生は創造的で自発的な自己を取り戻した。後日，彼は大学院に進み，医学の学位を取得し，立派な医師になり，自発性や，活発さ，愛を与えたり与えられたりする能力で評判となった。

　上述した2例では，不適応的な自我状態や時代遅れの自我状態の抹消は成功裏に終わった。なぜなら，それらはその個人にとってもはや生き残りのためには何の役にも立たず，関連するすべて関係者の合意によって統合がなされたからである。しかしながら，たいていは激しい抵抗にあう。ほとんどの自我状態や交代人格は，たとえそうすることが「限りなく，限りなく最上のこと」だったとしても，進んで「シドニー・カーター」〔訳注：英国の詩人。第二次世界大戦における良心的兵役拒否者で，フレンド派の救急隊の活動に身を投じた〕の役割を取ろうとはしないし，それは全体の人間（whole person）の福祉のためであったとしても同様である（Dickens, 1950）。

本物の多重人格の複雑な事例における精神力動

　ときおり，我々はセラピーのお代をいただかずにさまざまな研究に織り込むことがあった。これらの事例は，長い経過を要し，ときには数年かかったものもあった。我々の目的は，潜在的な場合と，本物の多重人格で見られるような表に出てきている場合の両方で，自我状態の機能を徹底的に研究することであった。

　本書は，多重人格性障害の事例において見られるような，表に出てきている自我状態（交代人格）について扱うことを第一義としてはいない。前にふれたように，MPDの病理や治療についての入手可能な卓越したテキストは最近ではたくさんある。しかしながら，プロセス（パーソナリティの断片化のような）を研究するための最善の方法の1つは，最も極端な現れ方をしているときにそれを観察することである。そうすることで，そのようなパーソナリティの断片化を，正常な人や神経症の人においてもっと普通に見られる，より潜在的な状態（分化－解離連続体の真ん中辺り）において再現されているものと比較することができる。

本章は，そのようなケースの帰結を報告する。しかしながら，治療の全貌をお目にかけることはできない。治療は数年以上を要したもので，週に2回あるいはそれ以上することもあった。すべての治療上のゴールが達成されたわけではない（彼女が引っ越した）が，相当な進歩があった。その人はほとんど解離することもなく，今では比較的上出来で，統合されたやり方で機能している。

ここでの私たちの目的は，MPDの事例に相対するときのさまざまな問題を描き出すことである。これには，解離が防衛として働く多くの方法や，主人格と交代人格，そして外界との間の対人関係などがある。つまり，「めぐりめぐる」である。

患者とその家族のプライバシー保護のため，交代人格の名前も含むすべての名前や特定できる状況は変更してある。行動や感情，葛藤，関係性，治療的な相互作用に関する目立った特色はそのままにしてある。長期にわたる込み入った事例の簡潔な解説には，その発達上や治療上の重大な出来事の呈示は欠かせない。メインのセラピストはジョンのほうであり，ときにはヘレンの助力を得た。治療のある段階で，何人かの大学院生が手伝ってくれた（研究事例のトレーニングのためにときおり受け入れることがある）[1]。

スーザンの事例

修士課程に在籍する30歳の教師が，カウンセリングを求めてヘレンのところにリファーされてきた。ヘレンとのセッションで，彼女が多重人格であり，長く徹底的な治療を要する深刻な問題を抱えていることが明らかになった。そこで，ヘレンは研究事例としてジョンにリファーした。数年の経過にわたって，25の異なる交代人格が現れた。その中には，内的な葛藤の中に継続的に従事する者もいたが，それ以外はほとんどたまにしか出てこなかった。主なパーソナリティは以下の通りである。

スーザン：元々の人格で主人格。主婦，母親，教師。弱々しく怯えている。
マーラ：教師のために宿題をする。強く，有能で，フレンドリーで，気だてがよい。
セリーン：教室における教師。マーラよりやや攻撃的。
マリアンヌ：6歳の女の子。怒っていて，敵意があり，怖がっている。
アラン：青年。アスリートにして，コンサートのピアニスト。アランだけが

ピアノを弾くことができた。彼が退くと，急に下手になり，ピアノ演奏は「箸使い」程度になってしまう。

デニー：怒っている11歳の少年。

エルカ：12歳の少女。芸術に熱心。家を飾る。

アレーナ：家事をする。いい料理人。

ローゼル：青年期後半。浮気性で，ふしだら。

ライオン・ママ：独占欲が強く，スーザンの3人の実子であるヒルダ（12歳），オードリー（9歳），ポール（5歳）の保護をする母親。

チャン：幼い子ども（5～8歳）。怒っていて，行動問題がある。公平性の問題に強くこだわる。（出てきたときには）ベッドの下に隠れる。

クリスタ：チャンとは双子のきょうだい。おずおずして，人見知りをする，抑うつ的で，怖がっている。

リチャード：未知の「セラー・ドウェラー」〔訳注：1988年のホラー映画のタイトル。悪魔の画を描くことでそれを現世に解き放つ漫画家の話に登場する悪魔〕。悪党。強い。計画を立てる。

マーリーン：怒っていて，衝動的で，攻撃的。「セラー・ドウェラー」の中で「心理的に」生きている。

ミュリエル：保護する母親のようにふるまおうとする13歳の少女。

その他：腹黒く，邪悪で，沈黙を守っている。脅かす。

滅多に現れなかった他の交代人格には以下のものがある。アレッサンドラ（デリケートで繊細），モヤ，井の中の少女（一度だけ見たことがある），名無し，メラニー（ルールを遵守する），タラ（扉の番人），ミリセント，ソニィー，コンスタンス，シーダ，ジョニー。

多くのセッションを重ねた後，さまざまな交代人格によって，スーザンが父親から深刻な性的・身体的虐待を受けていたことがわかった。母親はいつも「病気」がちで，無抵抗で，父親にへつらっていて，何が起こっているかを見るのを避けていた。両親ともに尊敬される専門職をしていた。

治療の最初の何ヵ月間かは，パーソナリティ構造や，さまざまな交代人格，その目的，態度，お互いに気づいているか，スーザンとの相互作用のマッピングに費やされた。特に難しかったのが，マリアンヌとマーリーンであり，2人が現れると，しばしばセッション中に外へ飛び出していこうとしたり，セラピ

ストを脅したりした。セラピストはときにはドアの前に立ち、出て行くことを許さない姿勢で、怒っている交代人格をにらみ据えることもあった。そして、セラピストに殴りかかろうとしたら、力づくで引き留めた。

あるセッションでは、マリアンヌはセラピストにイスを投げつけ、セラピストを下品な名前で呼び、叫び声をあげ、治療者がドアを塞いでも、面接室から飛び出そうとした。引き留められた後、マリアンヌは消えて、好意的な交代人格が出てきた。セラピストが殴り返したりするようなことは決してなかったが、自分やセラピストを傷つけないように患者の手首を押さえつけることがあった。たとえ、暴力的で怒っている状態に対しても、セラピストはいつも気遣いと思いやりを示した。患者が怒った交代人格になったままでセッションを後にしないようにすることも重要であった。一度、それを防ぎきれずに、帰り道に交代人格がスーザンにクルマを台無しにさせようとしたことがあった。

マリアンヌは、「自殺をする」と脅したり、「帰宅して子どもたちを殺す」と脅したことが二度あった。細心の注意を払って、セラピストやアシスタントの一人が、患者の家に急行すると、そんな脅迫のことなどまったく覚えていないマーラとにこやかに対面しただけで済んだ。

この時期、治療的なジレンマが顔を出していた。もしセラピストが、患者の子どもたちが殺される（あるいは虐待される場合でさえも）かもしれないと思ったら、セラピストは、法律に従って当局に通報することを要求される。そうなると、子どもたちは患者から引き離されてしまうかもしれない。しかしながら、もしそんなことが起こったら、患者は自殺を図って、家族の悲劇を防げないであろうことは、火を見るより明らかであった。地域の精神科医との連携を通じて、患者を入院させることもできたであろうが、これはたいてい信頼の喪失につながり、治療は元の木阿弥になってしまう。そこで、通常は、心理的なコントロール法が用いられた。例えば、催眠に速やかに誘導し、怒っている交代人格を抑制し、自殺や殺人行為を防ぐことに同意してくれる、より建設的な交代人格（または交代人格の一群）を呼び出すような方法である。この策略はたいてい成功したが、ときには交代人格の一人がナイフや銃を隠していると報告することがあり、そのような事態では、建設的な交代人格による収拾が求められた。

あるときには、以下のような「契約書」を示して、署名を求めた。

私は，自分の身体のコントロールを奪って，それを子どもたちやスーザンの両親，ヘンリー（スーザンの夫），他の誰であっても，攻撃するのに使いませんし，その人たちを傷つけません。私には，もし私がそんな風に感じたら，怒る権利がありますが，他の人を殺したり，傷つけたりすると脅したりはしません。
　私たちの内なる家族の誰かが，コントロールを奪って，誰かを傷つけようとしたり，脅かそうとしたりしたら，私はエネルギーをつかって，他のみんなと協力して，コントロールを取り返し，責任ある行動を取り戻します。
　見返りに私はワトキンス博士や他の人からの私のニーズに対する尊重と配慮を受け取ることを期待します。

　契約書には，マーリーンとライオン・ママ，アラン，デニー，サマンサ，セリーン，スーザン，そしてマリアンヌまでが署名した。これには，もっと怒っている交代人格は含まれていなかった。しかしながら，主要な交代人格の大部分の資源や強みを共有資産とできたので，より悪意ある状態は休止状態のままとなった。それらはいまだに非常に怒っていて，暴力的な行動の可能性はあったが，今では以前より制限されて，患者が子どもを殴ったり，自殺をほのめかしたりするという報告はほとんどなくなった。ときには，より暴力的な交代人格の中にあった内なる激怒が除反応されて解放されるまで，セラピストが仮契約や調整事項を作成して受け入れることが必要である。
　2年目に，解離が奇妙なやり方で作用していることが窺える治療的な出来事が起こった。それは，どんなにセラピストが最善の計画を立てても，多重人格を扱うときには道に迷うことを示す好例である。患者は，何度も流産したことがあった。アランは，これらの数度の妊娠の間に現れて，「男は孕まないはず」であるから，流産を「引き起こし」たことを，また「彼自身」が妊娠しているとわかると虫唾が走ると我々に話してくれた。彼はまた，自分が現れて，「彼自身」が生理だとわかったときもいつも虫唾が走ると報告した。しばらくの間，患者の生理は止まっていたが，アランが彼女を妨害している張本人であると主張した。セラピーの後のほうで，アランの男らしさに対する承認と受容が与えられると，スーザンの生理は元通りになった。
　ヒルダが生まれたとき，ライオン・ママは存在していた。そのため，ライオン・ママはヒルダを「彼女の」子どもだと見なしていた。しかしながら，帝王切開でオードリーが生まれたときには，スーザンだけではなく交代人格も含めて，心理的には一見誰もいなかった。医者は，分娩中にスーザンの身体には何

の動きもなかったことを報告し，スーザンだけでなくどの交代人格も，出産を体験したことを認めなかった。オードリーが母親との出産による絆を体験していないのは驚くべきことではない。彼女は，よそよそしくて，分裂病質で，内的な空想にふけりがちであった。この関係性の問題は，改めたり，改善したりできるのだろうか？

　スーザンが子宮を摘出しなければならないかもしれないと報告したときにチャンスが到来した。マリアンヌはあまりに怒ったので，パニックになった。マリアンヌは，自分だけの赤ん坊が欲しかったので，今やそのチャンスが永遠に失われてしまうかもしれない。我々の狙いはこうである。我々はスーザンに催眠をかけてオードリーの出生の瞬間まで退行させて，マリアンヌを活性化させる。そして，マリアンヌに出産を体験させることで，彼女には赤ちゃんを，オードリーには「母親」を与えることができる。

　スーザンは催眠に入り，分娩の直前まで退行し，マリアンヌが活性化された。ヘレンは，セラピストと一緒にその時間にいてくれて，出産体験の追体験を誘発するのに実際に参加した（Watkins H, 1986a, 1986b参照）。その体験はうまくいった。マリアンヌは，陣痛を感じ，帝王切開を体験して，「彼女の」赤ん坊であるオードリーを抱いた。彼女はこの上なく幸せであり，我々は快心の治療に祝杯をあげた。マリアンヌには「彼女の赤ちゃん」ができ，今やオードリーには「母親」ができたのである。

　次のセッションでは，マリアンヌが怒鳴り散らしながらやってきて，我々が彼女をだましたと叫んだ。彼女が帰宅すると，オードリーという名の赤ちゃんはいなかった。その代わりに，彼女がお腹を痛めた赤ちゃんとは似ても似つかない9歳の少女がいたのである。彼女は怒り狂っており，我々を二度と「信頼しないだろう」と言った。我々は，この不慮の事故を前もって予測して，マリアンヌに「彼女の赤ちゃん」を9歳まで育てていく体験をさせることを思いつかなかったのである。患者は，破壊的な行動の時期に突入し，マリアンヌが我々をもう一度信頼するようになるまでに，何週間もかかった。この出来事は，特にマリアンヌのような子どもの自我状態が考えるように具体的に考えることにセラピストが失敗することがいかに簡単かということを示している。自我状態の操作は，ときに有用であるが，ありとあらゆる起こりうる帰結に最大限の配慮と考慮を要するということである。さもなくば，多重人格の事例では，災いがもたらされることになる。

多重人格者が何年もの間,検出を免れる能力があるように思われるのは,一部には他の人たちが交代人格の出現に懐疑的である（またはショックを受ける）せいであり,一部には多くの臨床家が多重性を理解していないせいである。多重人格者は,非難や拒絶を避けるために解離を隠すようになり,医者や他の人たちが考えるように反応することで,自分たちがやりとりしているその人たちの見方に合致するようになるだろう。

　退行催眠で,マーラは次のような出来事を想起した。

　　おかしいですね,たった今,自分の名前も思い出せないかのように感じます。校長先生が私の前に立っているのを思い出しました。何度も何度も,「それは嘘だ。お前の名前はマーラではない。お前の名前はスーザンだ」と繰り返しています。それで,自分の名前ではない名前にも返事をすることを覚えたんです。スーザンという名前を憎んでいたことは覚えてません。ただ,彼女が私でなかったように,私は彼女ではなかったのです。私たち2人はとても違っているのに,どうしてみんなが私たちを混同するのか,理解できませんでした。私は,みんなは救いがたいバカなんだと思っていました。違いはあまりにもはっきりしてたのに。でも,私が「嘘をつき」,スーザン以外の誰かの「ふりをした」ら,みんなを狼狽させることになるので,そのときゲームのルールを身につけたのです。▼2

セラピーにかかる数年前には,教会でスーザンはサタンに取り憑かれていると思われていて,善意の宗教家から悪魔祓いを受けた。数日におよんだ相互の祈りと「悪魔」との対決の後,彼女は気分がよくなったようにみえた。そこで,彼女は「治癒」し,「救われた」と宣言された。実際は2～3週間,怒っている交代人格が単に抑圧されていただけで,彼女の人生は地獄へと逆戻りして,彼女は教会への信頼を失う羽目になった。デニーとチャン,リチャードが,自分たちを祓おうとする試みに憤慨したのである。結果として,彼女はさらに悪化し,誰も信頼することができないと感じるようになった。この悪魔祓いから1年半後に,彼女は友達に宛てた手紙の中で以下のように記していた。「私はたぶん悪魔の影響によって『生まれた』女なのだわ。私の人生はそのときからずっと地獄だった。夜も眠れた感じがしなかった。悪夢や叫び声が聞こえるんだから。こんな調子でずっと続くなら,今すぐ死んだほうがマシだわ」。それから,

彼女は父親から受けた数々の打擲（ちょうちゃく）や性的虐待を詳しく描写した。

たとえ、最も悪意があって破壊的な自我状態であっても、除去しようとするときには、細心の注意を払うべきである。というのも、それぞれの自我状態は、虐待されている子どもを「保護する」ために存在するようになったからであり、MPDのパーソナリティの防衛構造の欠かせない要素として構成されたからである。我々もこの失敗をしでかしたことがある（Watkins & Johnson, 1982 ; Watkins & Watkins, 1988）。

よりよいアプローチは、怒っている交代人格と友達になって、元々は患者を保護するために出て来てくれたことについてその功績を認め、その下でまだそれと同じ動機を持っている（今では、単にもはや存在しない脅威に対して向けられているのであるが）と仮定し、もっと建設的なやり方で「保護」をし続けてもらえるように教えることである。交代人格に無理解にも「悪魔」の宣告をすれば、患者を悪化させるだけである。

パーソナリティの断片化は、本物の多重人格で見られるような重篤なものであったとしても、完全に無能であったり不適応的であったりするわけではないことを認識しておかねばならない。スーザンの交代人格には、それぞれに特別な機能があり、これまでの人生のかなりの期間で、それぞれの使命を効率的に果たしてきた。ライオン・ママは、子どもたちを世話した。マリアンヌは抑圧された憤怒の溜め池として役立った。アランは美しくピアノを弾き、アスリートとしても卓越していた。ミュリエルは、彼女を子ども時代には学校に、大人になってからは大学に通わせた。ローゼルは、夫から強要された粗野で冷酷なセックスを処理した。ローゼルは、元々はこの機能を楽しんでおり、自分がそこから立ち去ったときには、スーザンやマーラ、他の交代人格のほとんどに胸が悪くなるような苦痛に満ちた記憶だけを残した。

適応における破綻はあったとしても、「全体の」人は、ほどよく効率的なやりかたで彼女の世界に対処することができた。もちろん、「境界争い」はしょっちゅう起こった。怒った小さいデニーは、マーラが過度に欲求不満をきたしてスーザンの子どもたちを殴りつけたときに、ときどき現れるのだが、スーザンが後でもう一度現れたときには、スーザンはそのことを意識にとどめていなかった。そして、ときどきスーザンが大学の授業に飽きて、「寝てしまった」ときに、13歳のミュリエルが一時的に引き継いで、彼女の語彙力を超える教師の授業で必死にノートを取ろうとした。結果として、スーザンは次の試験に失敗した。

なぜなら，必要とされる授業の情報を「彼女」の中で処理していなかったからである。

痛みの精神力動的な置き換え

　本物の多重人格とより正常な自我状態の問題の両方で我々が観察してきた最も面白い精神内の妙技は，どのように主体が痛みを扱うかである。主人格や正常で実行的な自我状態は，痛みを背後にいる交代人格や潜在的な自我状態に置き換えることがよくある。その人は，単に痛みを「消した」ようにみえるが，背後にいる別の状態がその痛みを「受け取って」いて，活性化されたときに抗議することを我々は観察してきた。ある事例では，重度の火傷から来る痛みが子どもの状態に置き換えられており，（無意識の領域で）あまりの大声で叫ぶので，静かにさせるために，より年長の青年の状態が痛みを自らの身に引き受けた。これはティーンエイジャーの勇敢さの例である（我々はこれについて別の論文でさらに論じている。Watkins & Watkins（1990b）を参照）。

　子どもの状態が，スーザンが自分自身の子どもたちに向ける注目に嫉妬するようになって，本物の子どもを殴ろうとするところまでいくことが度々あった。治療の経過とともに，スーザンは，自分自身や子どもたちを愛さなければならないこと，ときには抱きしめて大事に育てなければならないことを学んだ。彼女がそうするにつれ，自分自身の外側の子どもたちにもより愛情深くなった。これによって，彼女の息子は，低学年の間はかなり喧嘩っ早かったのが，目を見張る変化を示して，成績もクラスの底辺からトップクラスに這い上がり，スポーツでも成功するようになった。

　自分自身を，とりわけ自分の最も愛せない悪意のある状態を愛することを学ぶことは，治療上の非常に重要な目的である。しばしば，我々は最も傷ついていたり孤独な状態に責任を持ったり，世話をしてくれる交代人格を見つけようとする。この**内的自己養育**は，特に怒っていたり，虐待を受けたり，怖がっていたりする交代人格を持っている多重人格の自我状態療法全般で非常に有用なテクニックである。このテクニックをどう実行するかについては，もっと後の章で詳しく説明する。

　セラピーの最初のほうで，スーザンは，たくさんのもっと怒った「子どもたち」が「地下室」に閉じ込められていることを打ち明けた。後になって，彼女が強くなったと感じたとき，たくさんのこれらの交代人格が，地下室から彼女の「家

の自己（house-self）」の1階に飛び出して来た。この体験は非常に困難であった。というのも，抑圧されていた怒りで彼女自身を溢れさせることになったからである。不眠や抑うつ，苦痛に加えて自分自身の子どもたちに対する怒り（ときどき殴った）といった解離症状が戻ってきた。MPDセラピストと患者の間の関係性が最ものっぴきならない状態や，最も致命的になるのは，まさにこんなときである。関係性が十分に強固であれば，セラピストの自我強度が患者の自我強度に加わり，病的な素材が処理され，コントロールされ，統合されるだろう。関係性が十分強くなければ，病的な素材が現れるには早すぎただろう。それは新たなトラウマとして作用し，治療も元の木阿弥になってしまうだろう。そんなときには，患者をサポートするのにたっぷりと時間をかけなければならない。一方で，彼女が処理できない現在は解離され，再抑圧されて，自我がそれを扱うのに十分強くなる瞬間まで待つことになる。

このようなときには，セラピストは徹底調査を止めて，患者へのストレスを減らし，再抑圧するのを助け，治療的な関係性の強化に勤しまなければならない。セラピーは，抑圧を向上させることと，解離させないこと，患者の自我を築くことを交互にするようになり，それによって，患者の自我は対処できるようになり，新しい洞察を統合できるようになるのである。この必須のバランスを扱うことが，繊細で腕のいい臨床家の道しるべとなる。それぞれの瞬間で患者の自我の強さと結びついた患者とセラピストの相互作用の強さを評価することが決定的に重要であり，とりわけ，多重人格の治療においてはそうである。

MPD患者のセラピストは，いつでも危ない橋を渡らなければならない。虎穴に入らずんば虎児を得ず。しかし，危ない橋を渡りすぎると，治療上の危機を迎え，先へ進める前に災害対策が必要となる。多重人格の治療は，経験がないセラピストやおどおどしたセラピスト，怖がっているセラピストには向いていない。MPDのセラピーの進歩は，それが「爆発」するのをまともに受けることで傷がつく。これを扱い損ねると，自殺や他殺，精神病的崩壊，家族メンバーへの暴力という結果につながりかねず，過誤による民事訴訟になることは言うまでもない。MPDのセラピストは，そういうことが必要になるぐらい厳しく，きわどい職域で働いているのである。これこそが，たとえ完全には無理だとしても，一般的な精神力動と，ある患者の内側の精神力動的な相互作用のパターンを理解することがなぜそれほど重要なのかということの理由なのである。

進歩のサイン

　否定的な面だけに注意を向けることがないように目配りしていれば，患者の中には成長の小さなサインがたくさんある。虐待を受けたみすぼらしく汚れた顔の幼い子どもの交代人格が，顔を洗って，新しいドレスを着て現われるかもしれない。青年期の交代人格が，もっと弱い交代人格を助ける責任を引き受けるかもしれない。よく似た2つの交代人格が，1つに統合することを決心するかもしれない。悪夢はより幸せで建設的な夢に置き換わるかもしれない。苦痛な症状が姿を消すかもしれない。仕事や学校で成功したと報告があるかもしれない。家族のメンバーに対する攻撃行動の減少や停止と，愛情を与えたり受け取ったりする能力が増したという報告が，セラピーの経過において定期的に現れるかもしれない。目配りできるセラピストは，肯定的な行動を強化し，破壊的な行動が起こったときにも，非難ではなく，安全と理解を提供しようとするものである。

　多重人格を治療することは，たとえ一例であっても，無意識のプロセスと精神病理学の大学院教育を全部受けることに匹敵しうる。しかし，苦痛に虐げられ，未熟で破壊的な人の新しい成長を見て，幸せで成功できる，有能な人への開花を見せられ，愛を与え，受け取ることができ，社会におけるよき市民になるのを見ることで，セラピストが得られる報酬は計り知れない。我々の解離された患者たちが，より現実の人間になっていくように，我々もそうである。治療の旅路をともにして，問題やハードル，危険を克服するのに関与するのである。

第7章
正常な人の自我状態

　人間のパーソナリティの断片化は，分化－解離連続体のどの時点でも起こるようである。解離の極端な端っこでは，自発的に表に現れているMPDの交代人格という形で非常にはっきりしている。中間の範囲で起こる分離では，（水密）区画化（compartmentalization）はやや不明瞭になる。多くの無意識的な動機が転移において，そして他の防衛機制を通じてその姿を現す（Watkins & Watkins, 1990a）ときに，それらの存在は主たる個人への影響から推測されることになる。

　しかしながら，催眠には，それらを表に出して，意識的に観察可能にするために必要なものがあるらしい。この暗示的な注意集中は，ある程度のトランスに催眠誘導する前にたいてい必要である。もちろん，心理療法におけるよい催眠の協力者は，たいていほとんど形式的な誘導を要しない。単に，リラックスするように，あるいは「催眠状態に入って下さい」と教示するだけで，それらの活性化を招くには十分である。

　そして，出現は（催眠されていないMPDの患者で見られるように）自発的であるか，以下のような暗示が必要になる場合もある。「昨日，メアリーが頭痛を感じたときに，何が起こったかを知っている部分はいますか？」と。この時点で，新しい自我状態が話すかもしれない。

　活性化に要する催眠の程度や深さは，信頼や，セラピストとの関係性の近さや，進歩への信頼や親密さ，進行中のセラピーの時間の長さや，その瞬間の気分，自我状態の最初の創造に至る問題の深刻さ，患者の催眠感受性といった多くの要因に左右される。

　本物のMPDの事例で，交代人格が出てくるときにはちょうど自発的な催眠

状態にあると言われているように, 元々の問題が深刻で適応が難しいときの断片化の産物である自我状態では, 催眠誘導はそれほど必要としない。どちらの事例でも, 催眠は, 意識的な防衛を迂回するのを助ける注意集中の仲介者, リラクセーションとして作用する。

　断片化は, 連続体の正常な分化の端っこにアプローチするので, 意識を突き破って, 自発的に表に出ようとするこれらの状態の圧力は減少する。それによると, 自我状態が現れるようにするには催眠のある程度の強さや「深さ」が, たいてい必要である。これは, もちろん, 自我状態は単に催眠暗示を通じて, セラピストによって創り出されたアーティファクトにすぎないという我々が受けてきた批判に根拠を与えるものである。この種の批判は, ある状態が過度な欲求や魅力を通じて, 出現するように強要する誘惑を周到に避けることによってかわすことができる。セラピストや科学的な実験者は, そこにあるものを知覚したいと望むのであって, アーティファクトを創造したいわけではない。

　一般的な原則は, これらのより正常な自我状態は, 生活上のありふれた問題を解決するために, パーソナリティによる適応的な断片化を通じて生じるということである。それは, 本物のMPD患者に現れるより深刻で解離的な行動とは対照的である。本物のMPD患者たちは危機に対する抜本的な解決を必要としており, しばしば本当の生き残りにかかわっている。本物のMPDにおいて, 過度な断片化は, 虐待の最中の喫緊の生存上の問題を解決するが, その代償として後の人生で深刻な精神病理に苛まれる。

　正常な自我状態のシンプルな例は, 球技の試合では「ぶっ殺せ～！」と叫ぶスポーツ・ファンが, 家では引っ込み思案で, 無口な人であり, おとなしいと目されている例で示される。我々は誰でも, たいてい, 土曜の夜のパーティー会場にいるときと, 職場で働いているときでは, 異なる感情状態にある。実際, 職場では次の1週間の間, パーティーで何が起こったかをうまく思い出せないかもしれない。しかしながら, 記憶の気分による検索に関する実験的研究 (Bower, 1981 ; Watkins P, Mathews, Williamson & Fuller, 1982) によると, パーティーの最中に起こったことの記憶は, パーティーのときの気分感情が再び体験されたときに戻ってくる可能性がある。自我状態理論によると, 以前に存在していた自我状態は復活することができる。この体験は, 「感情の架け橋」 (Watkins J, 1971) の研究にも合致しているので, 後で事例で示そう。

　自我状態の正常な変化は, 子ども時代にある言語を学んでいたが, 大人になっ

て違う国に長年住み，新しい言語を流暢に話すバイリンガルにも現れる。

我々の一人（ヘレン）は，こんな体験をしたことがある。彼女は，ドイツのバイエルンで産まれ，10歳まで英語をまったく話さなかったが，あるとき（彼女の父親が亡くなったとき），彼女と母親は，ピッツバーグにいる叔父や叔母と一緒に暮らすためにアメリカに引っ越した。

彼女が転校した公立学校には，外国語を話す学生への養成所などなかったので，小さい子どもが初めて話すことを学ぶように，自分で英語を学ぶよう放っておかれた。外国語クラスにおけるよくある手法では，例えば，「baum」が「tree」と等しいという風に，ドイツ語の単語を英語の単語と並べて教えるが，今回はそうは問屋が卸さなかった。彼女は単に新しい自我状態，つまり英語用の自我状態を創り出し，初めて学ぶかのように学んだ。そして，彼女はなまることなくかなり流暢に英語を話すようになった。

我々がドイツに旅行したとき，彼女は店員にドイツ語で話したので，その店員は彼女がネイティブだと思った。しかしながら，これには自我状態への切り替えが必要であった。私（ジョン）は，彼女と母親が船でアメリカにやってきたのは何月だったかを彼女に尋ねて，話させると，彼女は「Juli」（ドイツ語では「Yuli」と発音する）〔訳注：ドイツ語で7月（July）を指す〕と答えた。彼女の考え方は，ドイツ語用の自我状態に切り替わったのである。

同様のことが，ドイツでアメリカ人の友だちと夕食をした時にも起きた。彼女はメニューを訳すように頼まれた。幾分ためらいながら，彼女はその項目と同じ意味の英語に翻訳した。しかし，それもとても難しい項目に行き着くまでであった。彼女は途方に暮れて，「英語で何て言うのかわからないわ。でも，それは長くて，緑色で，あなたはそれをスライスするわ」と言った。彼女の子どもの自我状態は，ドイツ語の単語である「gurke」〔訳注：ドイツ語でキュウリを指す〕を（潜在的には）知ってはいたが，それを英語の「cucumber」には（顕在的には）翻訳できなかったのである。

ドイツのコンスタンツで開催された学会での我々のワークショップで，レクチャーの1つをドイツ語でプレゼンするよう求められたとき，彼女は単に「できません。私の科学的な語彙や大学院のトレーニングのすべては英語でなされましたから」と言った。彼女のドイツ語は，10歳のレベルであった。彼女は多重人格ではないので，これが正常な自我状態の機能の好例である。

ときには，人は新たな自我状態を作り，恒久的により新しい自我状態に移行

し，おそらく元々の自我状態を抑圧して，正常で実行的なパーソナリティになることがある。

家庭から遠く離れたところに赴任しているアメリカ軍の兵士が，妻との関係がますます冷え込んできているようだと気づいた。あるとき，妻は自分の名前をルイーズからジェニーに改名することに決めたとしたためた手紙を送ってきた。次に妻に会ったときに，そこにいたのはジェニーであり，ルイーズには現れていた以前のような愛情を完全に失っているようであった。2人は離婚し，彼女は人生の残りの時間をジェニーとして過ごし続け，若い頃の不平不満を言うときもジェニーとしてふるまった。彼女も多重人格ではなかったが，いくつかの個人的な理由から，恒久的にある正常な自我状態から別の自我状態に移行して，それによって人生を変えたのである。

実行的な自我状態と自己概念，身体的外見

人が誰かを見るとき，「人」つまり身体的な特徴である，髪や髪型，あご髭の有無，衣服の着こなしなど，身体的特徴を伴う個人を見ている。これが，我々の正常で実行的な自我状態が，他者に対して姿を現す方法である。また人は，一般的には安定していて，持続すると見なされがちである話し方や態度，他のパーソナリティ特性の独特の癖や性癖も見ている。

これらの外的な属性は他者から見えているが，それに伴って，内的な感情や信念，動機，価値観，他の特性などが組み合わさって，私が何者であると考えているかを構成している。これが私の**自己概念**であり，比較的安定しているものである。それは私の自己についての感情を示している。

異なる自我状態が，大量の備給を受け取って，実行的になると，新たな内的価値観が取って代わる。こうなると，私の自己は異なっていると定義される。ときには，私は「新しい人」のような感じがする。それ以外のときには，私は，「今日はまったく自分自身ではない」と言うかもしれない。他の人たちは，「ヘンリーは，新しい人みたいにふるまう。彼はもはや抑うつ的でも引っ込み思案でもない。今では，外交的で人好きのする人だ」と認めるかもしれない。この変化は，異なる自我状態が実行的な地位に就くときに生じる可能性がある。

解離の最中，人は「体外離脱」体験をするかもしれない。その間，その人は「自己」の外側に自分の身体を知覚し，自律的で自己の制御下にないかのように振

る舞う（シュワルツコフ将軍がそうであったように（p.69））。極端な解離においては，本物の多重人格では，ある交代人格が異なる交代人格の存在すら知らないような形で現れるかもしれない。

その人が持つ実行的な自我状態が変化した人は，外見だけではなく，態度や動機，価値観も変えるかもしれない。その人は，一般的に一定の外見を維持し，その外見がしばしばその人が誰であるか，その人が自分自身を誰であると思っているかを他者に物語ってくれる。ビジネスマンはスーツを着ていると思われる。カウボーイは，青いジーンズを誇示し，家の中でも帽子をかぶる。ヒッピーや教授，聖職者は，自分たちを他人と見分けるときと同じように服を選ぶ。これを髪の毛に適用すると，その長さや刈り方などになる。他にも，あごひげを生やすのか口ひげを生やすのか，ひげはこざっぱりと手入れされているのか，それともぼうぼうで伸び放題なのかも関係している。

ある人が劇的に外見を変えると，我々は内部で何かが変化したと推測する。おそらく，新しい自我状態が実行的な地位に就いたのであろう。

何年も前に，私（ジョン）の患者であったうつの中年女性は，いつも単調な黒色の服を着ていたのだが，セラピーにおいて貴重な体験をした。彼女の抑うつが完済されたとき，彼女は「別人」になりたい気分だと宣言し，すぐに明るい色の服一式を買った。異なる自我状態が取って代わったのである。

私（ジョン）は，刑務所の心理学者として働いていたとき，多くの収容者が同じような服装をしているのを観察した。彼らは髪を長く伸ばし，手入れしておらず，ときには背中側で編んでいた。彼らは，自分たち自身を「ちゃんとした世帯持ち」や法を守る人たちとは異なって見えるようにしているようであった。こんな髪型にすることで，彼らは，法を無視したために刑務所にいる他の仲間と同様に，他の収容者たちと同一化する道を選んだことを証明しているのである。違う色を誇示しているロサンゼルスのストリート・ギャングと同様に，彼らは自分自身や自己概念，自分たちの忠誠を明示しているのである。

しばしば囚人たちは，法を遵守するよき市民になりたいがために学ぶべきことを学び終え，改心したので，刑務所を退去させられるべきであると公言して，更生保護委員会の場に現れた。長い髪を切って，編んだ髪をほどき，ひげを剃った人や，何でもいいから靴を磨き，髪を短く刈って，口ひげをこざっぱりと手入れしている刑務所の職員に見えるようにいろいろ努力している人を，見たためしがなかった。そこで，私の考えは，「この収容者は本気では変わっていない。

彼は『新しい私』だと嘘をついている。いまだに他の相棒たちである収容者たちと同じだと見なしている」となった。実際，もし髪型を整えて，他の収容者のようでなかったら，委員会のメンバーも変化を認め，もはや彼が収容者たちと同じであると決めつけたり，「信用詐欺」的な再保障や，やせ我慢をしている裏づけを取ったり，それで慰めたりすることもなかっただろう。もし，彼が本気で変わったのであれば，そして，もはやその価値観を信奉していないのであれば，そのために外見を変えることは合点がいくことである。

　私は記録を保管していなかったので，証明するデータは一切ないが，外的に変化していないままの人は全員，内面的にも変化していないままであることが，あまりに多かった。彼らの仮釈放は，ほんの一時的なものであった。ほどなくして，彼らは別の罪で捕まって，刑務所に連れ戻された。彼らは本当の意味では社会復帰できていなかったのである。

　西部のかの有名な「自由民」の一人は，多くの州で組織的に連邦政府に反抗していた民間州兵の国民的な英雄になっていた。彼は，牧場の支払いのローンを組んでおらず，州税の支払いを何年も拒否しており，免許やクルマの所有を認可されていなかった。彼は裁判所の命令をものともせず，警官を脅した。他の州に逃げて追い詰められたとき，あごひげを生やし，武装し，けんか腰の状態で，何とか彼を出頭させて捕らえようとする法執行官に数カ月間も抵抗し続けた。この間，彼の牧場は抵当流れ処分となり，オークションで売り払われた。

　彼はコミュニティで人気があったので，数カ月後に自発的に戻り，法律当局者に投降した。彼と息子は，銃を供出した。後に，彼が法廷に現れたとき，あごひげは剃られ，保守的なビジネス・スーツを着用していた。彼は，「見聞きしていたのとはかなり異なる」と新聞記事にされた。以前と同じ裁判官の前に現れたとき，彼は所得税の書類提出を含む，すべての課された条件に同意したばかりか，裁判官には敬意を込めて「閣下」とさえ呼んだ。

　彼は，「犯罪的サンディカリズム」〔訳注：労働組合至上主義のような意味〕と「司法妨害」で告発され，その後，10万ドルの保釈金で釈放された。保釈金は両親が積んだ。裁判官は，弁護士による開示を彼が認めたことに特に言及し，彼と家族がある程度「彼らの深い誠実さ」を示したと言った。彼は，なぜ投降したのかと尋ねられたとき，こう答えた。「私は，正しいことをしようと思っている。なぜなら，私は自分を愛してくれている人を危険にさらしたくないと思うからです」。

ここで多くの疑問が浮かぶ。これは本当の改心なのか，それともよく見せるために弁護士の指示通りに実行しただけなのだろうか？　これは正真正銘の社会復帰なのだろうか？　新しい自我状態が実行的になって，取って代わったのだろうか？

　もしそうであれば，それは恒久的なのだろうか，それとも彼は暴力的な自由民の行動に逆戻りするのだろうか？　何がそのような見た目の変化をもたらすことができたのだろうか？　愛がこんな風に基本的なパーソナリティ構造を変えたのだろうか？　この事例では，時間だけが生き証人となるだろう。しかし，自我状態理論は，このような移行に対する理論的根拠を提供してくれる。

　このようなケースから，反社会的な個人における変化や社会復帰のプロセスに関連するいくつもの質問が浮かび上がってくる。私（ジョン）は，たくさんの解離した収容者たちが刑務所の人々の中にいるのを見た。そこでは，犯罪的な行動が起こるか起こらないかは，そのときに実行的である自我状態によって左右されていた。犯罪行為が，敵意に満ちて，悪意があって，怒っている自我状態によって引き起こされときに，交代人格が現れることはしょっちゅうあった。ときには，この状態は，一時的にもっと優しい自我状態に置き換えられて，社会のしきたりの中でかなりうまく機能することが可能であったかもしれない。このような変容は，本物のMPDの病理から起こるかもしれない（Watkins J, 1984）。しかしながら，他の人たちでは，怒ってはいるが，より「正常な」，悪意ある自我状態が，一時的に実行的な地位を簒奪していた（Watkins & Watkins, 1988）。

　肯定的な面としては，新しい自我状態が発達して，組み込まれて，多かれ少なかれ恒久的な実行的役割を継承する。この事実は，歴史や文学において枚挙に暇がない。タルサスのサウロは改宗して，使徒パウロになった。ブッダは，元々は遊び人の王子であったが，実行的な状態を変化させて，新しく情け深い宗教を創始した。そして，ヴィクトル・ユーゴーによる小説『レ・ミゼラブル』において，ガレー船の囚人であったジャン・ヴァルジャンは，彼が燭台を盗んだ親切な司教からのおせっかいを通じて，「人として最悪」になるところから救出され，「最善」になるところまで改心した。このおせっかいの精神力動は，アレキサンダーとフレンチ（1946, pp.68-70）によって最も雄弁に描写されている。

　同様に，新しくて，より建設的な役割モデルとの結合は，担当の警察官やスポーツのコーチによって非行少年に対して提供されたときのように，多くの人

生を変えてきたことがよく知られている。おそらく, その内容物と役割がより建設的な, 新しくて安定した実行的な自我状態の取り入れにつながるだろう。そのような社会問題に対して, 自我状態理論と自我状態療法が貢献できる可能性については, まだまだ探ってみる余地がある。

正常な人々によくある自我状態の問題

正常な人々における潜在的な自我状態は, 不安発作や心身医学的な疼痛, スポーツのパフォーマンスにおける動作の妨害といった一時的な障害の原因となりうる。前に我々の学生だったある人は, スポーツ心理学に意欲的であり, メジャー球団のピッチャーとよく働いていた。彼は, ピッチャーがスランプに陥るときには, 何らかの理由でその人を「罰し」ようとしている潜在的な状態の妨害によるものであることが結構あることを見出した。その葛藤が自我状態療法で取り扱われると, アスリートは正常な機能を回復した（Ritchi Morris, Ph.D., personal communication, 1985）。

正常な問題の自我状態の解決

ジルは, 心理学の大学院生であり, 我々が催眠療法について教えていた授業のアシスタントをしてくれていた。彼女はよい催眠の協力者であり, 催眠現象のデモンストレーションをすることが可能であった。彼女もまた熟練の催眠療法家であった。あるデモンストレーションの最中に, 彼女はトランスから抜けたが, 完全に覚醒しておらず,「ボーッとする」感じがすると述べた。すると, 授業のメンバーのバートが, からかって「え～, ジルはいつもボーッとしてるじゃないか」と言った。その授業はその日で終了した。午後の遅い時間になって, ジルが電話をかけてきて, かなりの動揺と不安を体験していると報告してきた。私（ジョン）は, 彼女にオフィスに来るように求め, 我々はセラピー・セッションで問題を解決することにした。ジルは, この経験が自我状態療法家としてのトレーニングに役立つと感じたので, 翌日オフィスにやってきた。セッションが再現され, 以下のように記録された。

第 7 章　正常な人の自我状態　127

| セラピストと患者のやりとり | セラピストのコメント |

J（ジル）：私は，デモンストレーションが終わったときに，幾分めまいを感じたり，ふらふらする感じがしていて，そしてややボーッとしている感じがすることに気づきました。それから，バートが，私たちは友達なので，お互いによくからかい合うんだけど，私が「いつもボーッと」していると言いました。

（からかいは大学院生たちの間ではよくある普通のことである）

W（ジョン・ワトキンス）：それは，ちょっとした冗談の発言でした。

（Wは，安心させることで，その発言の衝撃を減らそうとした）

J：それは冗談の発言でした。でも，私はむしろ彼に怒りを感じているのがわかりました。授業が終わったとき，私はかなりイライラしていて，とても不快でした。

（表面的には受け入れたが，内心では違っていた）

W：それが30分位後に出てきたと言いましたっけ？

J：私にはクライエントの予約があったのですが，あまりに動揺していたので，そのセッションをキャンセルしなくてはいけなかったんです。

（内的な動揺は，かなり深刻だった）

W：わかりました，ジル，では催眠誘導をしましょう（ジルは自分の手を上げて，誘導暗示を与えられ，すぐにかなり深いトランスへと入って，リラックスした。ある程度，深化した後，デモンストレーションの直後，つまり彼女が動転したときに退行した）。あなたは，「ボーッとする」と言いました。するとバートがあなたに冗談の発言をしましたね。授業の後，あなたは混乱のさなかにありました。あなたのパートのどれかが，その発言にとて

も動揺した体験をしました。あなたはまさにそこに戻ってきています。(長い沈黙)それは何ですか,ジル? (動揺しているときへの退行)

J:あなたが誰かわからない。 (JはずっとWのクラスのアシスタントだったので,驚きであった)

W:私を知らないのですか? 前に私と話したことがありますか?

J:ヘレンなら知ってるけど,あなたのことは知らないわ。あなたは怖くないけど,ヘレンと話したかった。 (Jはヘレンのクライエントだったことがあった)

W:え〜,あとでヘレンと話せますよ。でも,私はヘレンの夫ですし,彼女は,私があなたと話していることを知っています。 (WはJの信用を得ようとした)

J:あの男。あの男。

W:どの男? (子どもの自我状態にバートは知られていなかったので,彼を指して「友人」ではなく「あの男」と言っている)

J:あの男。あいつは下品なことを言った。あいつは,私がボーッとしてるとか何とか,私はよい女の子になろうと頑張ってるのに。

W:彼がそんな風に言うことはフェアではなかった。

J:そう! なんであんなこと言ったのかな?

W:彼がそう言ったとき,あなたは少し脆弱な感じがしたの?

J:その意味がわからない。 (「脆弱な」という言葉は子どもの自我状態にとっては大人っぽすぎた)

W:言ってみれば,誰かがあなたを殴ろうとしているのに,自分を守るために手も上げないみたいに,自分を守るものを何も持ってないって意味ですよ。

J:彼が私を叩いて,傷つけたみたいに感じたの。 (子どもの状態は,バートの言葉に強く反応したが,ヘレンを喜ばせたい)

W:それは口にしたら悪いことだった?

J:うん。彼は下品でバカで,私はよい女

の子になろうと頑張ってただけなのに。だって，ヘレンがそういうのが好きだって知ってるもん。
W：あなたはいくつですか？
J：わかんない。
W：あの男に何て言いたい？ （WはJが強さの感覚を得るように手助けするために，「あの男」と象徴的に対峙するよう励ましている）
J：そんなことを言うべきじゃないって言いたい。そんなことを言うやつがバカだ。
W：では，この部屋のあちら側にいるふりをして。あっちを見て，あなたが思ってることを言ってみて。
J：そんなことをするな！ それはよいことじゃない。あんたなんか嫌いだ。ほっといて。
W：あなたはよい女の子になろうと頑張っていて，みんなあなたが好きだった。あなたをジルと呼んでもいい？ それがあなたの名前？ （対決に続いて，Jを安心させている）
J：ううん，それは**彼女**の名前なの。
W：誰の名前のこと？
J：彼女のだよ。 （「彼女」であって，「私」ではない）
W：それは大人の方？ あなたには名前はあるの？ （大人のジル）
J：私は小さい方。 （自己の正体を明かしてもらう）
W：あなたを「小さい方」と呼んでもいい？
J：いいよ。
W：あなたのお友達になりたんだけど。 （信頼を改善しようと模索している）
J：私がバカだと思ってない？
W：全然。あなたはとてもいい女の子で，かしこくて，そこにいる誰もが好きになると思ってるよ。目を開けて，私を見てみ

ませんか？
J：ううん。だって，私がそうしたら，彼女が戻ってきて，私は行ってしまうから。 　（小さい方は潜在的な状態である。彼女は催眠下でしか「出て」こない）
W：では，私を見る必要はありませんよ。あなた自身のことを教えて下さい。
J：え〜っと，おもちゃが好きで，色が好き。
W：一番好きな色は何色ですか？ 　（Wは子どもの状態にもっと共鳴しようとしている）
J：赤が好き。彼女は明るいものが好きなの。彼女は，灯りの方に向けて持つやつで，くるくる回すと色ができるのを持ってるの。あなたはおもちゃを持ってる？ 　（万華鏡）
W：小さなおもちゃの電車を持ってたよ。ぐるぐる回るやつ。あなたは人形を持ってる？
J：テディベアを持ってるよ。彼の名前はテディっていうの。
W：あの男，彼にあんなことをこれ以上言わないように言おう。 　（問題へと連れていく）
J：うん。それは正しくない。
W：彼女は彼とはお友達です。私たちは，彼女をトラブルに巻き込みたくないよね？違う？ 彼女は，催眠の後動転したと言ってました。あれはあなただった？
J：私は出てこないわ。私が催眠に入る人なの。彼女はやり方を知らないの。 　（興味深い）
W：そうなんですか。彼女は他の人に催眠をかけることができる人だけど，彼女は自分自身では催眠には入れない。合ってる？
J：そうだと思う。彼女が他の人に催眠するときは，私はその辺にはいないもん。 　（明確化）

W：彼女を頭痛にした？

J：彼女が退屈してるときにときどきね。彼女は，キーと一緒のときに，あなたがそれを何と呼ぶかわからないけど，これになるの。ときどき，彼女がそれをしてるときに，彼女に頭痛を渡すの。

W：彼女は自分がなぜ頭痛になるのか知ってる？　彼女はあなたがそれを渡してるのを知ってる？

J：わかんない。

W：え〜と，小さい方のジル，あなたは自分が行きたいところはどこだって行けるんだよ。私は大きいジルに帰ってきてほしい

J：さよなら。

W：やあ。

J：はい。

W：え〜と，何が起きましたか？

J：よくなった感じがします。退行でよくなったのかなと思います。

W：私は小さい方と話しました。あなたは彼女を知っていますか？

J：はい。

W：彼女はヘレンとも話したいと言ってました。彼女は私よりもヘレンのことをよく知ってますね。さて，彼女にヘレンと話をさせてあげましょう。（セッション終了）

（小さい方は，ここでJの頭痛の存在を報告する）

（キー＝コンピュータ：Jは学位論文を書いている）

（頭痛は，小さい方が退屈なときに起こる。Jはこのことに気づいていない）

（自我状態にお引き取り願う方法）

（弱々しい声。長い沈黙。ジルは徐々に身動きして，目を開いた）

（Jはもはや催眠状態ではない）

（動揺は減少した。セッションは治療的であった）

ジルは, 小さい方に気づいている。彼女は, 小さい方が頭痛を彼女に渡すとき, 見たところその頭痛の出所に気づいていないように見える。ジルは, 催眠誘導もできるし, 催眠療法もできる。ジルではなく, 小さい方だけが, 催眠に入ることができる。ジルは, 完全に正常な人であり, 最近は大学教授になり, 高い専門家のレベルで機能している。彼女は多重人格ではない。

隠れた観察者

ヒルガードは, スタンフォード大学の授業でデモンストレーションの協力者を催眠に誘導して, 暗示で耳を聞こえなくさせた。学生たちは, ある水準では聞こえるかもしれないと暗示された。そこで, ヒルガードは協力者に, 催眠で耳が聞こえなくなっていたとしても, ある水準では聞こえているかもしれないこと, そしてもしこれが当てはまっていたら, 人差し指を上げて合図するように言った。果たして, その指が上がった。

そこで, ヒルガードは, 催眠で耳が聞こえないと暗示する代わりに, 冷圧痛に対する無感覚暗示を用いて実験を繰り返した。催眠によって手を無痛覚にして, 次に, 手を流れている氷水の中に漬けさせた。彼はしばしば, 協力者は意識的には痛みをまったく報告しないにもかかわらず, 指の合図で協力者のある部分によってどこかで痛みが体験されていることがわかることを見出した。彼は, 背後にいるこの何かが「認知的構造システム」であると思った。彼はそれを「隠れた観察者」と名づけた (Hilgard, 1977, 1986)。実験は虚血性の痛みを用いて繰り返されたが, そこでは上腕の血液循環を減少させるために止血帯が投入された。

ヒルガードは, 隠れた観察者を, 「盗み聞かれた情報源についての単なるメタファーや便利なラベル」であると見なしており, 「それ自体の生命を持つ二次的なパーソナリティ」であるとは見なしていなかった。そこで, 彼の言う隠れた観察者は, おそらく我々が相手にしてきた自我状態と同様の現象ではないかという考えがふと浮かんだのである。我々は, 催眠で耳が聞こえない状態を誘発したり, 催眠で冷圧痛に対する無感覚を誘発したりするという彼の研究を部分的に再現し, 暗示を与える際にも彼の言葉遣いを用いた。我々は, かつてヘレンの自我状態療法を受けたことがある患者たちを対象者として用いたが, その人たちの主要な自我状態のことを我々はすでに知っていたからである。

我々がヒルガードの言葉遣いを用いて隠れた観察者を活性化させて、さらに質問すると、異なる自我状態が発見されたが、それらの多くは、我々がかつてのセラピーで観察したものであった。おそらく、このことは、そういう事例の逐語の抜粋を再現することで最もうまく描写できるだろう（Watkins & Watkins, 1980）。

自我状態療法の事例とその隠れた観察者
　エドは、たくさんの心身医学的な主訴のためにセラピーを受けていた。彼もまたどうやら解離できるらしかった。というのも、彼の妻は、彼が勉強に没頭しているときには、彼女の言うことが聞こえていないだけでなく、針で刺したとしても痛みを感じないと報告したからである。セラピーの中で、彼はたくさんの自我状態、とりわけ年老いた方（Old One）と呼ばれる「超自我」の実体を保有していることが判明した。年老いた方は、彼がコンスタントに勉強し、すべてを「合理的」に、愚かしくないようにすることを要求した。エドの自我状態はどれ1つとして自発的には現れなかったから、本物の多重人格ではなかったと言える。自我状態には催眠下でのみ接触可能であった。このセッションは、催眠下にあるエドから始めており、ヘレンが年老いた方に尋ねている。

セラピストと患者のやりとり	セラピストのコメント
H（ヘレン）：さて、私は年老いた方と話したいんです。何が起こってきていますか？	
E（エド）：悪いことでした。それは私が悪くなるようにしています。	（「それ」は対象であり、エドや年老いた方には制御できない非－自己の力を意味している）
H：何があなたを悪くしようとしているのですか？	
E：非合理的であれ。	
H：どういう意味ですか？	
E：非合理的にふるまえ。悲鳴を上げたり、どなったり、飛び跳ねたり。	（年老いた方にとって、非合理的なものはすべて悪いことである。彼は子どもっぽい表現を非合理的であると見なしている）
H：彼は叫んだり、悲鳴をあげたりする必要はありませんが、それらの感情を何とかしなければなりませんね。彼はそれらと	

上手くやっていく必要があると私たちは合意しましたね。覚えているかしら？

E：あなたは年老いた方と合意した。私とは合意していない。　　　　　　　　　　　　（おっと。新しい方が実行的になっていて，年老いた方は引き下がっていた）

H：まあ，私は年老いた方に話しかけていると思ってました。私が話しかけているのは誰かしら？　エド？

E：いいえ。

H：オメガ？　　　　　　　　　　　　　　（Hは，以前に接触したことのあるエドの中のたくさんの自我

E：いいえ。　　　　　　　　　　　　　　状態に名前をつけている）

H：フリーク？

E：いいえ。

H：誰なの？

E：あなたには言わない。　　　　　　　　（小さな男の子の声で）

H：私はあなたを傷つけないわ。あなたのことを何て読んだらいいかしら？　　　　　（Hは安心させる）

E：本当に名前がないんだよ。　　　　　　（私たちは名前をつけない）

H：何歳ぐらいだと感じるの？

E：僕はそんなに歳をとってないよ。あなたよりは年上だけど。そうだねえ。3歳だよ。　　　　　　　　　　　　　　　　　（やりこめられないように。大きく見せたい）

H：あら，私は3歳の男の子が好きよ。あなたはすごく楽しいにちがいないわ。あなたはただ聞いてもらいたいのよね？　そうでしょ？　　　　　　　　　　　　　（Hは共鳴する）

E：うん，あなたは他のみんなには話しかけるけど，僕には一度も話しかけてくれない。

H：私は，あなたがそこにいるのを知らなかっただけよ。でも，今はそこにいるのがわかったから，もっと話しかけるようにするわ。　　　　　　　　　　　　　　　　（彼の信用を確立し始める）

E：よかった。あまり面白くないんだもん。
H：私をどう呼びたい？ ヘレンおばさんっ　　（よい試みだが，失敗だった）
　　て呼びたい？
E：ううん。おばさんは全然ダメ。おばさん
　　のやることと言ったら，編み物とかくだ
　　らないことばかりなんだもん。
H：ただヘレンと呼んでもいいわよ，どう？
　　あなたと私で一緒に遊ぼうよ。
E：（もの思わしげに）僕の友達になってく
　　れるの？
H：あなたの友達になるわよ。私には名前が
　　あるけど，私はあなたのことを何て呼ぼ
　　うかしら？
E：サンディと呼んでもいいよ。　　　　　　（名前を出したことで，彼は今
　　　　　　　　　　　　　　　　　　　　　や彼女を信頼している）
H：オーケー，サンディ。またあなたに話し
　　かけるわね。少し脇へよけてもらえる？
　　私が話しかけたいのは……。
E：したくない。　　　　　　　　　　　　　（サンディは，すぐに置いてき
　　　　　　　　　　　　　　　　　　　　　ぼりにされることに反抗する）
H：後で話そうね。今，私はもう一度年老い　（年老いた方が戻る）
　　た方に話したいの。小さな3歳の男の子
　　が見えるわ。あなたにも見えた？
E：いいや。　　　　　　　　　　　　　　　（年老いた方は，サンディに気
　　　　　　　　　　　　　　　　　　　　　づいていない）
H：私たちは，ある種の約束を交わしました
　　ね。それは，私が彼に建設的な方法で怒
　　りを扱う方法について彼に教えるってこ
　　とです。いいですか？
E：建設的で，**合理的な方法**でな。　　　　（年老いた方の厳格さ）
H：あなたは病気で彼を罰することはできま　（彼はサンディの遊びの欲求を
　　せん。少し彼を外に出して下さい。これ　抑制し，エドは「病気」になる）
　　から5まで数えます。5を数えると出て
　　きます。1，2，3，4，5。

エドは，リラックスを感じて催眠から出てきた。エドのさまざまな自我状態間で，多くの驚くべきやりとりが起こったが，そのうちの1つは最も際立っていた。エドは，外国語のコースの勉強に集中できず，単位を落としたことを報告していた。年老いた方も，とてもイライラしていた。サンディが現れて，自分こそがエドの勉強の習慣を妨害してきたのだと言った。もし，サンディが遊ぶことを許されなかったら，彼はエドに集中することを許さなかっただろう。私（ヘレン）は，サンディに日中は迷惑をかけないようする代わりに，夜は夢の中で遊ぶようにお願いすると，サンディは同意した。次のセッションで，エドはよく勉強できたと報告し，そして実際に最終試験でA評価を得た。しかしながら，彼は，自分がどうして毎晩そんなにも鮮明な夢を見るのか，しかも「総天然色」の中にいたのか不思議がっていた。サンディが活性化されたときにも，彼はエドを日中は一人で放っておいたが，「その代わり，夜に遊んでいる」と言った。

隠れた観察者――痛みと聾

　先行研究（Watkins & Watkins, 1979-80）において，ヒルガードの言葉遣いを用いて10人の学生ボランティアで活性化された隠れた観察者たちは，セラピーで相手をしてきた自我状態と同じようにふるまった。続く研究では，我々は後催眠で，これまでに自我状態療法を行ったことのある5人の患者で，同様に隠れた観察者を活性化させた。まず，催眠によって冷圧痛への感覚を無くし，そして次に催眠で耳が聞こえなくなる暗示をした。以下は，彼らのうちの一人であるエド（上で示した自我状態の事例）の，1年後の実験的フォローアップにおける反応からの逐語である。実験者はジョンである。[4]

セラピストと患者のやりとり	セラピストのコメント
J（ジョン）：左手を，冷たい水に入れてください。痛くなるまでやり続けてください。そうしたら，出してください。さて，私はあなたを催眠にかけたいと思います。（エドは催眠をかけられ，2分そこそこで深い状態に入った）。よく聞いていてください。私が，あなたの右腕をもって，	（エドは15秒間，手を冷水に入れる）（この間，エドは右手を冷水に入れ続けている）

ここに留めると，感覚がなくなっていきますよ。それはただの木片みたいに感じられるでしょう。何も感じません。一切，何の感覚もありません。熱さも感じることができないし，痛みも感じることができず，まるで**それがそこにない**みたいに感じるでしょう，私があなたの肩に触れるまでです。では，数を5まで数えます。1，2，3，4，5。さあ，あの絵を見て，それを描写してください。　　（「それがそこにない」という言葉に注目）
（エドが手を見ることから気をそらすために，絵に注意を向けてもらった）

E（エド）：ええ。歩道に1組の人がいます。1人は杖を持った高齢の女性で，もう1人は何かを持った少女です。それと，男の人が運転しているクルマがあります。

J：ちょっとしたことでもいいので，描写してください。

E：めまいがしてきて，すごく吐きそうです（この時点で，エドの手を冷水から出した。エドは催眠による無感覚を生じさせる前には，左手では15秒しか保たなかったが，右手では65秒も冷水の中で無感覚を保っていた）。　　（エドは催眠から出てくる）

J：いいですよ。そうです。

E：あら，私のお腹。　　（痛みは，お腹に置き換えられた）

J：あなたのお腹は大丈夫ですよ。私が，痛みをそこから取り去ってあげます。すべての痛みが今すぐ去ります。　　（痛みを取り除くためのシンプルな催眠暗示）

E：とっても奇妙です。

J：手とか腕に感覚がありますか？

E：いいえ（エドは，今では再び催眠にかかり，次のように質問された）。　　（後催眠的無感覚）

J：数分前，エドは右手に痛みを感じていませんでした。痛みを感じていたパートはいますか？ もしそうなら，右手の指を上げてください。私はあなたと話がしたいんです。どうぞ出てきてください。そして，準備ができたら「ここにいます」と言ってください。　(隠れた観察者が活性化された。それは自我状態，おそらく我々がすでに知っている自我状態では？)

E：ここにいます。

J：あなたは誰ですか？

E：年老いた方です。　(それは年老いた方という自我状態である)

J：手ではどんな風に感じていましたか？

E：それはそこにはありませんでした。　(先のJの暗示の言葉を繰り返している)

J：「そこにはなかった」というのは，どういう意味ですか？ あなたは，痛みを感じたと言いましたよ。

E：お腹の中です。

J：痛みが手にはないのに，お腹で感じたのはどうやってわかったのですか？

E：私は恐れていました。

J：エドは，手に一切痛みを感じていないように見えました。私が，「痛みを感じているパートがいますか」と言ったとき，あなたが出てきました。それで合っていますか？　(年老いた方は痛みを感じたが，それを手からお腹に移し替えた)

E：はい。

J：ありがとうございます，年老いた方。エドの別のパートで，手が冷水に浸かっていたとき，痛みを感じていたパートはいますか？ もしいるなら，左手の指を上げてください（指が上がる）。オーケー，パートさん，出てきて，挨拶をしてくれますか？（サンディはどうだろう？ 彼

も痛みを感じたのだろうか？）
E：ハロー。
J：ハロー。あなたは誰ですか？
E：（もごもごしながら）サンディだよ。
J：サンディ，あなたはエドの手に痛みを感じた？
E：痛かったよ！　何が望みなの？　まったくもう。　　　　　　　　　　　　　　　　（彼は3歳の子どもみたいに痛みを感じていた）
J：エドは痛みを感じてなかったようだよ。
E：え～，僕は痛かったし，すごくイヤだったよ。ヘレンはどこなの？
J：ヘレンは今は来れないんですよ（エドはここで催眠から出て，覚醒度がチェックされ，彼は再び催眠にかけられた）。
J：よく聞いて下さい。私が3つ数えると，私があなたの肩に触れるまで，あなたは石になります。3つ数えます。1，2，3（実験者は，エドの耳に「エド」と叫び，耳の後ろで2つの板を打ち付けて大きな音を出した。エドは何も反応を示さなかった）。
E：私はまだ覚醒していません。
J：ハロー，ハロー。
E：私にはあなたの言っていることが聞こえません。
J：私があなたに話しかけているのを見ていますか？　ハロー？（エドはとても面食　（耳が聞こえないことについて，らっているようである。一見耳が聞こえ　自分で検証している）ないようであるにもかかわらず，聞くことができるかを試してみるために，彼は手を伸ばしてイスを2回叩いた。彼の中のパートに，聞こえていたら指を上げる　（隠れた観察者が活性化された）

ように頼むと，指が上がる)。
J：パートさん，あなたには聞こえていたと教えてくれましたね。あなたが聞こえるパートですか？
E：(かすかに) 私にはあなたの言っていることが聞こえます。
J：はい，あなたは誰ですか？　　　　　(我々は年老いた方だと予測している)
E：年老いた方です。
J：あなたは年老いた方ですね。エドには何も聞こえていないようでしたが，あなたには聞こえていた。合ってますか？
E：合ってます。　　　　　　　　　　　(年老いた方が確認する)
J：私の言ってることが聞こえている他のパートがいるなら，指を上げてもらえませんか？（指が上がる）出てきてもらえますか？　そしてここに出てきたら，「ここにいます」と仰ってください。　　(我々はサンディを予測した)
E：オーケー。
J：あなたは誰ですか？
E：わかりません。
J：今までにあなたに話しかけたことがありましたか？
E：いいえ。　　　　　　　　　　　　　(驚いたことに，サンディではなかった)
J：あなたには名前がありますか？
E：いいえ。
J：それにもかかわらず，私の言ってることが聞こえたんですか？
E：私には，あなたの言うことが聞こえます。(もう1つの隠れた観察者の自我状態。これは予想外であった)
J：名前は何ですか？
E：名前はありません。
J：あなたはどこから来たんですか？　あなた自身のことを教えてください。

E：私は今まで一度も表面化したことはありません。　　　　　　　　　　　　　　　（我々は，一度も「表面化する」という用語を使ったことがなかった）
J：これまでに一度も表面化したことがなかったんですね。今までにヘレンと話したことはありますか？
E：いいえ。
J：あなたには，エドが言ったり，したりすることがいつでも聞こえていましたか？
E：はい。　　　　　　　　　　　　　　（内的な聴衆）
J：あなたは，彼の感情や行動において，何らかの部分を担っていますか？
E：私は隠します。　　　　　　　　　　（予想外）
J：あなたは隠すんですね。彼は，あなたのことを知っていますか？
E：いいえ。　　　　　　　　　　　　　（潜在的な行動（無意識））
J：あなたは今までに出てきたことはありますか？
E：いいえ。
J：一度もないんですか？　　　　　　　（最初は，「表面化」すなわち実行的であった）
E：はい。
J：あなたは誰から隠すのですか？
E：エドです。
J：どのような種類のものを隠したことがありますか？
E：彼が聞きたくないものです。あなたは誰ですか？　　　　　　　　　　　　　　（エドの無意識的な防衛。驚くべきは，自発的な反応である）
J：私はワトキンス博士といいます。私のことを知っていますか？
E：いいえ。
J：エドの耳が聞こえなかったとき，私が話しているのは聞こえていましたか？
E：ああ。　　　　　　　　　　　　　　（隠れた観察者の反応を確認）

J：私に話しているのは奇妙な感じがしますか？

E：私は今まで一度も話したことはないです。（興味深いが，確かにそう）

J：あなたとは今までに一度も話したことがなかったんですね。では，戻ってもらっていいですよ。下のほうに。さて，私は少しサンディと話したいと思ってます。サンディ，出てこられますか？

E：もちろん。

J：サンディ，少し前にエドの耳は聞こえませんでした。私は名前を叫んだり，音を鳴らしたりしましたが，エドは何も聞こえていないようでした。あなたには聞こえていましたか？

E：ううん。僕が聞いていたかって？ 聞こえていたはずだって？ 何かの冗談なの？ 僕には聞こえてなかったよ？（サンディは，聞いていなかった）

J：いいんですよ。サンディ，聞こえてなくても。あなたはとってもいい男の子だね。私は，あなたのことが好きですよ。

E：ありがとう。僕もあなたが好きだよ。素晴らしい人だ。（自発的な子どもの反応）

J：ではちょっと，エドに戻ってきてもらいたいんです。戻ってきたら，あらゆる面で心地よく感じるでしょう。（エドは催眠から出てくる）

E：本当に好奇心をそそりますね。私のためにも教えて下さい，一体何が起こったんですか？ 普通なら，全部覚えていられるのに。▼5（エドは耳が聞こえなくなった経験については，無意識的か，健忘していた）

　ヒルガードの隠れた観察者は，我々がセラピーで相手をしてきた自我状態と同じ階層の現象に相当するようである。催眠下では，潜在的な多重人格や，部

分の人間（part-person）のように見え，それぞれが特殊な機能を持っていて，行動レパートリーは限定されていた。それらは自分たちが主体であるかのように，さらに「私は」とか「僕を」のように個別のアイデンティティを示し，それらはお互いに認識し合っていて，「彼女が」とか「彼は」とか「それが」のように，対象として全体的な人間（entire person）を知覚していた。それらの自発性や予測不可能性は，要求された特性を通じて誘発された行動以上のことをさせるようである。というのも，それらはセラピストが予測したり，要求したりしたこととはかなり異なる反応を示すことが多かったからである。正常な人において，このような実体が存在しているという認識は，人間のパーソナリティ理論やセラピーに対して重要な示唆を含んでいる。

第8章

自我状態療法の原則

　近年，自我状態療法は多くの関心を集めており，多くの貢献者たちがこのアプローチに関する論文を発表してきた（Edelstien, 1982；Frederick, 1993, 1994；Frederick & Kim, 1993；Frederick & McNeal, 1993；Frederick & Phillips, 1995；Gainer & Torem, 1993；Klemperer, 1968；Malcolm, 1996；Malmo, 1991；McNeal & Frederick, 1993；Phillips, 1993, 1994；Torem, 1987, 1993）。
　自我状態療法は，「自己内家族」を構成するさまざまな自我状態間の葛藤を解決するための，個人療法や集団療法，家族療法の活用である。理想的な内的状況は，パーソナリティのユニットが協力し合っている状態である。これらのユニットごとに表現される態度やニーズが異なっていたとしても，パーツ間に民主的な関係性があれば，全体のパーソナリティに対するストレスは最小限になるだろう。自我状態療法の治療ゴールは，本物の多重人格を扱う臨床家が目指すもの（Kluft, 1994）と類似している。しかしながら，潜在的な自我状態と関わるときに，それらにアクセスするには一般的に催眠が必要である。一方で，表に出ているMPDの交代人格を治療するときには常に催眠が必要なわけではない。
　人は，通常，混合した感情や，相反するニーズを有しており，外側の力に引っ張られやすい。生きていく過程とはそのようなものである。しかしながら，内的な状態が十分に形作られて，それ自身のアイデンティティを持つだけでなく，全体的な人としてのアイデンティティを持ったとき，さらに子ども時代の考え方にその根っこがあるときには，葛藤はそう簡単には解決されない。ある自我状態が，それ自身の身分をどの程度保ち続けるかは，それを他のそのような状態や，全体的なパーソナリティから分離する境界の厳格さに左右されるだろう。多重人格性障害では，さまざまな交代人格を分離している境界は厳格で透過性

が低い。そのため，それぞれの自我状態（交代人格）による変化への抵抗や，それ自体の個人的なアイデンティティを維持しようとする争いは，より大変なものになる。

　子ども時代の考え方は，具体的である。それは字義通りであり，限られた人生経験に源を発している。その上，ある自我状態がトラウマを通じて生じるのであれば，考え方の頑迷さはよりはっきりと現れるようになり，シンプルな暗示では変化させがたい。

　葛藤解決は，究極のゴールかもしれないが，そのゴールへ至る道のりは，この定義から示唆されるものよりも複雑になりうる。自我状態が窮地に陥っているときには，自分たちの態度や行動を変えたりはしない。実効的な立場にある状態とセラピストのどちらから見ても，ある自我状態の態度は，今ここでの現実にそぐわないとしても，その自我状態にとっては，その窮地は生きるか死ぬかの瀬戸際として受けとられることがある。現在に生きているトータルのパーソナリティにとってよい方向へ，態度や行動を変えるには，技術（skill）と技芸（art）のどちらも必要である。

　ほとんどの心理学的理論では，その過去が幸せであろうと悲惨であろうと，人は過去を再現する傾向があることについてコンセンサスが形成されているようである。我々は幼少期に起こったことは何であれ，意識的にはその予測に気づいていなかったとしても，現在においても同じことが起こるだろうと予測している。あるいは，何であれ過去において変えられなかったことを，現在において変えたがる。しかし，もちろん，そのような時代錯誤が叶うことはない。タイミングがまったく間違っているのである。しかし，我々は間違っているにもかかわらずやろうとする。過去の出来事に対する態度や感情を変えることは可能であるが，出来事それ自体は変わったりしない。そのため，セラピストがそのような場違いなパターンを探すことが有用なのである。

　アルコール依存症の男性と取っ替え引っ替え何度も結婚する女性には，アルコール依存症の父親がいた確率が非常に高い。彼女は成功しないままどんどん取り替えようとするが，それは，そのような苦痛に満ちた過去をやり直し，彼女がいつも欲しがっていた父親を得るためである（我々の患者の一人は，8人ものアルコール依存症者と結婚したことがあった！）。そんなことは馬鹿げていると思われるため，誰一人として意識的にはそのような行動をとらないだろう。無意識的なプロセスと考えなければ，意味が通らない。

もし，妻が夫を説得して，飲酒を止めさせることができるなら，さらなる混乱と皮肉が生じるかもしれない。彼女は，最初は満足するかもしれないが，「彼（転移の中では父親）に飲酒を止めさせる」という無意識的なプロセスに徐々に乗っ取られて，夫の飲酒を助長するようなやり方でふるまう。トラウマにとらわれた自我状態が癒されない限り，この堂々めぐりの症状は未来永劫に続くかもしれない。

　もしも患者が，過去を現在に転移しているのであれば，そのような転移をセラピーの時間にも同様に起こす可能性がある。これこそ，患者が過去から慣れ親しんだ方法でふるまうために，セラピストを操るやり方なのである。

転移

　転移の現象は，よく研究されてきており，最も強力な精神分析のテクニックである (Freud, 1938)。それはシンプルではあるが，ベーシックなプロセスである。人は，現在の生活をともにする人物に対して，その人がまるで父親や母親，きょうだい，教師等のような，その生涯において以前に重要であった人であるかのように知覚し，反応する傾向がある。

　目の前の人は，人生早期の別の人の特性を非現実的に賦与されている。そのため，セラピストがただ座って，患者の回想を受動的に聞き続けているだけでも，分析者は冷淡で，操作的であると感じ始めるかもしれない。分析者は，そのような反応を余念なく見て，適切な時期に「転移解釈」を行う。患者は，分析者が操作的ではなかったこと，それゆえ，こうした患者の感覚は他の何かに端を発しているはずであることを患者に論証するのである。分析者は，患者に対して，比喩的に，患者は父親の濡れ衣を分析家に着せていると説明することができる（その感情は今ここに存在するからである）。患者は，自分の生涯を通じて，上司や教師，軍の指揮官のような，彼に対して拒否的・操作的なやり口で扱ったすべての「父親像」にそれをどうやって賦与し続けてきたのかを認識していなかったのである。以前は無意識的なものであったこの誤った認識が，患者によってようやく理解されるのである。今ではそれは意識的になったので，彼は自分の理解を正すことができて，続いてもっと建設的なやり方で生きるようになり，「父親像」ともよりよいコミュニケーションがとれるようになる。それはまさに，今ようやく子どもとしてではなく，彼が大人として生きるようになったかのよ

うである。自我状態療法の立場から言うと，我々は，彼が子どもの状態から自我エネルギーを除去し，より大人で年齢相応の状態に注入したと言うかもしれない。

　この転移反応は，精神分析の強力なテクニックである。なぜなら，単に過去を思い出すことではなく，過去を再体験することだからである。それは，自我状態療法においても生じ（Phillipps, 1994 ; Watkins & Watkins, 1990a），患者が催眠状態にあるときに促進されるかもしれない。そして，催眠はある種の退行であるので，転移反応の退行が，治療のより早期に突然生じる可能性もある（Fromm, Erika, 1968）。

　セラピストが，患者によって過去の両親のようにふるまうように，いくぶん「誘い込まれる」ことがよくある。それにもまた転移反応が影響している。セラピストが，無意識的に患者をあたかも弟的な人物であると見なし，その患者のきょうだいのように話しかけたり，ふるまったりするときには，セラピストは「逆転移」を体験しているのである。精神分析的なセラピストにとって，個人的な治療の目的は，自分自身の転移を解決することであり，患者の治療とないまぜにしないことであろう。

共鳴

　共鳴とは，転移と同様に，2人の人の間で起こる情緒的な反応であるが，転移では他者は対象，つまり「非－私」として扱われるのに対して，共鳴では他者は自分の自己の一部として体験される[1]。慈愛に満ちた家族は，しばしば互いに共鳴し合う。お互いの成功や失敗，喜びや苦痛をともに体験する。「治療的自己」が最適に機能するには，患者の対象性と共鳴の間のバランスを保つことである。対象性が強すぎると，患者は真に理解してもらえたとは感じないだろう。共鳴が強すぎると，セラピストと患者は二人組精神病に陥ってしまうだろう。

　ある新規の患者が，初回のセッションに，たくさんの子ども時代の写真を持ってきて，自分のことを話し始める前にそれらを見せたがった。セラピストの中には，（写真を持った彼の）ひどい傷のある親指を見逃してしまう者もいれば，その行為を単に不適切で時間を無駄にする抵抗的な行為であると見なして，そのやりとりを続けるよりも，我慢しきれずに治療に取りかかるべく，患者にプレッシャーを与える者もいるかもしれない。

他のセラピストで，より認知的な志向を有する者は，完全にいつも通りで，「親指をどうしたんですか？」と，率直で知的な質問をするかもしれない。
　しかしながら，この特別なセラピスト（ヘレン）は，彼が蒙ったであろう苦痛を感じた。声に心配を込めて，彼女は「共鳴」的な反応をした。「指がケガして，かわいそうね」。
　その患者は，無視されたり，ネグレクトされたりするような家族で育ったため，即座に顔を輝かせた。彼は熱心に，親指を傷めるに至った小さな事故について説明した。セラピストは，そのときからその患者との関係がより親密で信頼に満ちたものになったことに気づいた。
　おそらく，あらゆるセラピーにおける一般的な原則は，以下のような金言で言い表される。「**両親や人生早期に患者を養育した人がしたことで，患者の目から見て悪いことは，それが無視であれ虐待であれ，やってはならない**」。この陳述は，遅かれ早かれ虐待が出てくるかどうかに関係なく，患者がセラピストを実際に試しているときには，特にそうである。例えば，子どものときに性的虐待を受けていた患者は，セラピストを誘惑するかもしれない。もし，セラピストがこの行動を試しであると理解せずに，そのふるまいに誘惑されてしまえば，セラピストのキャリアが脅かされるだけではなく，患者にも確実に被害が生じ，ときには取り返しがつかないことになる。このようにして，セラピストは，患者に対して，近しい人が変装した虐待者に他ならないことを再度証明してしまうことになる。意識的であれ，無意識的であれ，この結末は患者とセラピストにとって，そして両者の関係性にとって有害である。
　虐待の知覚は，患者の心中に横たわっている。それは証明も反証もかなわないが，その重要性は看過されるべきではない。前述の金言にある「両親」という言葉は，その患者が虐待を受けたと思っている人であれば誰でも置き換え可能である。患者の虐待の知覚は，その患者にとって**経験的**に真実である。意識的に覚えているか，催眠下で明らかになるかにかかわらず，その知覚は尊重されることを求めている。真実の証明は，法の番人の領分であり，セラピストのオフィスが担うべき領分ではない（Watkins J, 1993a）。癒しは，当然ながら患者の心に潜むものを体験し，目撃することを必要とする。過去の世界は，子どもの身体的・心理的虐待を明るみに出さないかもしれないが，そのことは子どもが虐待されたと**感**じていなかったことを意味しない。他者の意見など気にしなくてよいのである。

完全な親など一人もいない。よりよくなりたいと努めているとしても、我々は不完全な人間である。しかし、もっと重要なことは、我々には、子どもの認識をしっかりとコントロールする力があまりないということである。子どもの人生経験は限られたものであり、その結論は本来的に自己愛的であるし、その考え方は具体的で字義通りである。

生涯続いていた低水準の抑うつと、自尊心の低下を示すある患者が、感情架橋法（Watkins J, 1971）を通じて、否定的な感情の出発点へと退行した。退行の中で、彼女は母親と父親がリビングで泣いているのを聞きながら、ベビー・ベッドに立っている自分自身を感じた。彼女は、母親が「行かないでほしい」と嘆願し、父親が「行きたくないのはやまやまだが、行かねばならない」と応じるのを聞いた。彼女は、父親が自分のせいで去って行ってしまうのだ、何だかわからないが悪いことをしてしまったに違いないと結論づけた。実のところ、父親は朝鮮戦争に出征しようとしていたところであった。子どもがこんな結論を引き出してしまったことを知っている親がどこにいるだろう？　こんな無実の例を挙げたところで、今日の我々の文化における、多くの現実の虐待事件を帳消しにすることができる訳ではないが。

逆説的ではあるが、過去の再現（転移）は、患者の外側の世界だけではなく、内側の世界にも同様に存在する。自我状態は、患者が子どものときに外的に体験したパターンを内的に繰り返す傾向がある（Watkins & Watkins, 1990a）。例えば、子どものときに拒否された大人は、自分自身の内的な子どもの自我状態を大人として断固拒否して、催眠下でこんな仰天コメントを吐くことがある。「もう、彼女には一切何もしてあげたくないわ。あいつは疫病神よ」。自分の内界に対してそんな態度を取っていては、治癒など起こるはずがない。そのようなパターンはありふれているので、セラピストはその可能性に警戒するのが義務である。

こころ－からだのつながり

こころとからだの関係については、分厚い書物が専門家と素人の両方に向けて書かれてきた。専門家向けには、セリエ（1956）がストレスに関する金字塔となる成果を出版した。もっと最近では、素人向けに、「心と治癒力（Healing and the Mind）」というテレビのドキュメンタリー・シリーズ（Moyers, 1993）

が多くの耳目を集めた。こころ－からだのつながりについての気づきはより広がりつつあるようである。どこの書店にも，ストレスに関する一般書や専門書が所狭しと並んでいる。その内容は，情緒的にも身体的にももっと心地よく感じるために，どうやってストレスを防ぐか，ストレスについて何をするのか，どうやって自分から原因を取り除くかなどを教えてくれるものである。

　心身医学は，こころがからだに及ぼす影響の非常に字義通りの論及であり，医学の一専門分野と言うよりもむしろすべての医師にとってそれなしでは仕事にならない枠組みである。ストレスは，おそらく闘争＝逃走反応と呼ばれてきたものに対する，より幅広い用語である。ストレス反応は，実際には我々ほ乳類の生き残りのためのメカニズムの一部である。ほ乳類は，脅かされると，闘う（怒り）か，逃げる（恐怖）。見晴らしのよい野原にいるウサギと同じく，動物は一旦は凍りつくが，その後は逃げるだろう。人間も似たように反応する。しかしながら，動物とは違って，ある重要な次元が付け加わる。恐れも怒りも行動には表さなかったり，違う方法で解放したり，身体の中に抑圧したりすることがある。ときには，そうしていることに意識的に気づいている場合もあれば，そうでないこともある。そこに問題が潜んでいる。身体の中に恐れや怒り，他の否定的な感情を溜めていると，人間は自分自身を生理的なストレスの状態に置いてしまう。多少のストレスは，我々が生き延びるのを助けてくれる。ただし，度を越すと全体のシステムの消耗を招いてしまう。

　動物は，脅威がその身に迫ったときには，闘争＝逃走反応で応ずる。人間の場合，脅威は心理的なものであることがほとんどであるが，脅威が身体的なものであるかのように身体は反応する。合格が難しい大学の試験のことを予想すると，動悸がして，呼吸は浅くなり，筋肉は緊張して，手足が冷える。あらゆるストレス症状は，身体的な危険は一切ないことが明白であっても生じるのである。

　ストレスは，身体においてこのような症候や他の症候を生み出す。パーソナリティの一部分（自我状態）が，どんな理由であろうと動揺したのであれば，自我状態療法で扱うのが適当であろう。そのような感情は，ある種の生理的な症候として姿を現すかもしれない。もし，その症候が筋肉にあるならば，胸が締めつけられる感じは痛みを生み出すかもしれない。もし，それが胃にあれば，潰瘍が主訴になるかもしれない。無数のストレス症候群になる可能性があり，これらの症候は，苦痛をもたらす感情を抱える自我状態へと導く道しるべとな

りうる。例えば，感情架橋法（affect bridge）の代わりに身体架橋法（somatic bridge）を用いれば，定型の催眠を使おうと使うまいと，重要な人生の出来事や，身体的な不快感とつながっている自我状態へと至ることができる。▼2

　感情架橋法（Watkins J, 1971）とは，現在における不適切な感情や情動の起源を辿る手順である。身体架橋法（Watkins J, 1992b, p.62）では，患者は感情に集中する代わりに，そんな風に感じられている身体の部分に注意を向けるように言われ，この身体的な感覚が，元々の体験へ連れ戻してくれるだろうと暗示される。しばしば，患者は，ワークスルーして打ち勝つ必要のある，重要ないくつかのトラウマを再体験するだろう。

　身体架橋法は，疼痛や潰瘍のような身体的症候にそれ自身について語らせるのに使い勝手がよい。そのようなテクニックは，自我状態を喚起することもあれば，喚起しないこともある。いずれにしても，害になることはなく，感情の表出によって幾分の症状の緩和がある。催眠を用いない場合でも，「喉に語らせましょう！　その痛みが言いたがっていることを言わせましょう！　胃が語りたがっていることに耳を傾けましょう！」のように，適切であると思われるようなことであれば何でも役に立つだろう。

　ときどき，自我状態が，心身症的な症候を通じて，非常にはっきりとその姿を現すことがある。フィリップス（1993）は，自我状態療法におけるトラウマの身体的表現の治療に，その全編を費やしている。催眠のテクニックを用いて，彼女は患者をトラウマから救い出すのに，身体感覚を用いることの有用性を論証している。子ども時代のトラウマにおいて，虐待はたいてい何らかの形で痛みを身体に関連づけている。それは，解離と自我状態を発達させる。それゆえ，自我状態と接触するためにストレスの症候群を用いることは，自我状態療法を実施する上で，緻密であるが生産的なエントランスとなりうる。

　上述のアプローチは，セラピストがどのように患者とセラピストの双方が望む治療上のゴールに向かって進んでいくかについての理解を提供してくれる。しかしながら，そのような情報は徐々に得るのが最善であって，初回の面接で買い物リストにあるような質問をすることで得るのではない。尋問は脅威をもたらす。答えが明白であるときには，ほとんど質問の必要はない。例えば，依存的な子どもの自我状態が現れたなら，助けてくれる自我状態が必要なことは明らかである。

自我状態に対する態度

　自我状態との最初の面接でのセラピストの態度が，その先のやりとりのありようを定める。ほとんどの自我状態は，患者が子どものときに創り出されたため，コミュニケーションを取る最良の方法は子どもみたいに考えることである。論理的に考えることに慣れている（そして，おそらく特別な訓練を受けている）と，それは簡単ではないかもしれない。注意深く，尊敬の念を持って傾聴することが，折り紙つきのよいセラピーの条件となる。
　自我状態の感情に共鳴することで盟友が創り出されるだろう。その意見を批判せずに許容することは，意見の一致や不一致をほのめかすことなく，その立場を理解しようという意思を示唆することになる。「誰も」が聴いていると仮定することが，戦術上の安全策であろう。セラピストが話しかけている自我状態とは別の自我状態を激怒させるような間違いを起こす可能性が低くなる。1つの自我状態に対して，他の自我状態より協力的だとか，上品だとか，感じがよいなどと表現するのは大間違いである。ある自我状態には，金輪際出て来てほしくないなどと示唆するのも，セラピーにとっては致命的なことになるだろう。これらの態度は，抵抗を著しく増長させることになる。
　上述したような態度で，セラピストの力不足を露呈する必要はない。恐れずに根気強くやることは，悪意のある状態を扱う際の資本となる。それらの状態は，ほとんど弱みを見せない。しかしながら，そのような強さは，思いやりと理解によってなだめられなければならない。さもなければ，争いが起こり，セラピストは敗北の憂き目に遭うことが定められている。そして，セラピストが負ければ，患者も負けることになる。
　自我状態と全体のパーソナリティの双方が情緒的な葛藤の解決は，その人の外側ではなく内側にあることを理解しなくてはならない。人間は，自分が感じていることを他人になすりつけたり，他人につぐなを求めたりする傾向があるが，世間全般は情緒的な問題を解決してくれたりはしないだろう。患者がセラピストにこの種の期待を抱いていることはよくある。残念ながら，セラピストの中には，自己愛が強すぎるために，そのような調子外れの考え方に魅惑されてしまう者もいる。セラピストは全能ではないので，患者にとっての結末は，依存を強め，徐々に失望に至るだけである。そのようなセラピストは，そんな

患者をおそらく難儀で非協力的であると見なすであろう。このような状況下では，治癒は起こるとしても，困難になるだろう。

治癒は内側から来なければならないので，セラピストは患者のペースに寄り添って，いつ介入するのが適切なのかを理解し，沈黙を守ったまま，内的な力によっていつ問題が解決されるのかを知るために，注意深く傾聴すべきである。役に立つ金言は，導く前につき従えである。影響を与えたり示唆したりせずに，自我状態の会話についていくのにシンプルな方法は，自我状態の言うことを繰り返すことである。それは，聴いて，注意を払い続けることを暗に示している巧みなやり方であり，患者自身の言葉の伝え返しによって得られる。

孤独で拒絶された子どもの自我状態

例えば，もし内的な子どもの状態が，子ども時代に見捨てられた体験のせいで，孤独や拒絶を感じているなら，その解決は外界で育ててくれる大人によってもたらされるのではなく，システムの内部で育ててくれる誰かにかかっている。抑うつ患者が，抑うつではない誰かと結婚することで治ったりはしない。不安に悩まされる人は，他者が怖がっていないからという理由で，恐怖を免れるわけではない。この概念は，臨床家にとっては自明であっても，患者にとっては必ずしもそうではない。世間に不平不満を言いたくなる気持ちはわかるが，そうしたところで過去に由来する苦痛の癒やしにはつながらない。これは，苦痛が現在において悪化しているかどうかとはお構いなく，そうである。

子どものときに虐待された患者は，大人の世界を冷淡であると見なしがちであり，もしかすると，そんな信念を維持するために，世話をしてくれない人たちを捜し求めることさえある。なぜなら，信念はいったん確立されてしまうと，それ自体が自律性を獲得する傾向があるからである。しかしながら，解決は虐待された子どもの状態を治療することの中にあり，そのときには外的な変化が必要そうに見えたとしても，患者の外界を変えようとする中にはない。現在の人生の境遇を嘆き悲しんでも，自分自身を変えようとは決してしない患者があまりに多い。ある者は，セラピストをつかまえて，自分のために問題を解決してもらおうとする。ある者は，非現実的な情緒的要求を突きつける。ある者は，外界での仲裁を期待する。もしも，セラピストが限界を設けずに，理不尽な要求（言葉に出してはっきりと表現されたものか，暗に示されたかにかかわらず）に応じてしまうと，患者に過度の依存性が生じる可能性がある。そうなると，

建設的な内的変化を通じて行う効果的なセラピーは頓挫し，セラピストは単に苦痛をやわらげるための育ての親としてしか見てもらえなくなる。

　その子どもが幼ければ幼いほど，自分自身が宇宙の中心であると知覚する程度が大きくなる。この自己愛的な正常性は，子どもが虐待されるときに罪悪感を生み出す。そこには他者の動機についての気づきは一切ない。その持続的な印象は，とりわけ虐待が繰り返されているならば，それは悪いことだというものになる。この生物学的水準での結論は，「それは私のせいだ」という風にしかなりえない。それゆえ，背景にある罪悪感や恥を取り除くために，セラピストが虐待は自分のせいではないことを，子どもの自我状態に説得することが重要になる。ただ，それほどシンプルなプロセスではないことが多いのだが。

依存性の問題

　ある程度の依存は，良好な治療関係において望ましいものである。セラピストを信じて，求めている患者は，肯定的に動機づけられているし，建設的に方向づけられている。セラピストは，患者に意欲的に関わって，ある程度の依存を受け入れて，我慢することを厭（いと）ってはならない。セラピストがあまりに客観的であることを主張すると，憤慨した患者は，セラピストを拒絶し，治療を終結させてしまうかもしれない。特に，患者が非常に精緻化された状態で解離されていて，要求がましい子どもの状態になっているときは，なおさらである。

　セラピストにとってのジレンマがここにある可能性がある。治療的な関係性に依存性がまったくなくても，過度の依存性があっても，プロセスは妨害される可能性がある。ジョン・ワトキンス（1978a）は，この葛藤を客観性と共鳴の間のバランスとしてかなり詳しく記述している。我々が客観的であれば，患者の問題には感情的に影響を受けない部外者のように見ている。我々は，患者の認識や理解を，自分自身の感情や体験，「転移」などで汚染しない。我々が共鳴すれば，一時的に患者やその人を取り巻く状況を取り入れることで，自分の全体の自己を用い，続いてその取り入れ物を対象から主体へ変える（すなわち，自我化する）ことで，患者が経験していることをともに体験することができるのである。これにより，より繊細で深い理解を得る余地が得られる一方で，個人的な汚染の可能性もある。

　もし，我々が完全に客観的であるなら，患者の問題やニーズに深く巻き込ま

れたりはしない。差し支えのない，不適切な依存性も存在する。我々が，適切で客観的な安全策がないまま，深く共鳴しすぎると，過度な依存性を助長してしまう。この２つのバランスを取ることが秘訣なのである。

信頼の構築

　セラピストにとって最初にして最重要課題，そして深刻な治療上の課題に着手する前に「絶対にやらなくてはいけないこと（must）」は，信頼を築くことである。信頼性は，その人のあり方の微妙な感化や，非言語的な手がかり，表現の率直さによって伝わる。

　子ども時代のストレスやトラウマは，その当時に形成された自我状態に不信感を植えつけることがよくある。その自我状態たちは，親的な人物（とセラピスト）が自分たちに嘘をつくと思い込んでいる。

　正直さは，一般的には人生におけるよい心がけであるが，解離している患者とのセラピーにおいては，そこに命運が託される。背後に潜んでいる自我状態や交代人格は，セラピストがうっかり嘘をついてしまうのを待ちかまえている。もしも，セラピストが催眠下で患者に，パーソナリティの一部分を大好きだと言ったなら，それが幼くて，無力な子どもの状態でさえ，その言葉はセラピストがいつまでもその部分を育てることを約束したとでも言うように，その状態に伝わってしまうかもしれない。それは嘘である。自我状態は，そのような声明を覚えていて，自分自身の子どもっぽい結論を引き出す。セラピストは，いつまでもそこにいることはできない。仮にできるとしても，そのような行動は癒しにはならないだろう。そのセラピストは，大人の図体をした小さな子どもを持て余すことになるだろう。恒久的な癒やしにつながるためには，養育者は患者の中から出てこなければならない。

　「目覚めているパーソナリティが私をクビにして，それによって，もう二度とあなたと会うことがなくなるまでは，あなたを見捨てることはない」と言ったことで，ようやく私（ヘレン）を信頼してくれた自我状態がいた。彼女の人生において，虐待者はいつも彼女に嘘をついていたので，真実の表明は彼女に感銘を与えた。単に「私は決してあなたを見捨てたりはしない」と言っただけであれば，簡単に嘘であると解釈されたであろう。

　言語的であるか，非言語的であるかにかかわらず，セラピストの行動はいち

いち患者によって，とりわけ子どものときに虐待を体験した人によって，疑いのまなざしを向けられることになる。その人たちにとっての根本的な疑問は，「あなたは信用に値するの？」である。その人たちが，とりあえず最低限の肯定的な答えを見出すことができるまでは，セラピーは保留になるか，遅々として進展しないだろう。

　信用を台なしにするような大失敗を未然に防ぐためには，全員が耳を傾けていると仮定しておくのが賢明である。そういった状況ではないとしても，そのような態度は，自我状態を不必要に敵に回すのを防ぐ安全策を提供してくれる。長年にわたって作動してきたシステムを壊すという，まさにセラピーの本質を突いているセラピストに対して，自我状態が立腹するのは至極当然である。せっかく確立されているものや，それゆえ未来予想に役立つものを持っているのに，破壊されることをよしとする人間はまずいない。自我状態についても同じことが当てはまる。さらに，自我状態は，そのシステムが精神や身体にダメージを与えていたとしても，現状を維持するために命賭けで頑張る。自我状態は，子どもの視点から具体的に，あるいは，少なくとも自分がやってきたときの考え方の年齢レベルで，そのシステムを検分する。自我状態の中には，患者とともに発達したり，成長したりするものもいる。例えば，ある自我状態は，「私はいつも彼女と一緒でした」と言う。そうかと思えば，トラウマから生まれ出て，トラウマの中に残されるものもいるが，そこでは時間は止まったままである。身体は成熟し，歳月は進んでも，トラウマを受けた子どもは，その考え方や行動においては，トラウマの中に取り残されたままなのである。

　自我状態を活性化させるときには，いくらその考え方がセラピストにとっては，世間知らずであったり，馬鹿げていたりするように思えたとしても，丁重に扱う必要がある。自我状態は，物でもなければプロセスでもない。それは，部分の人間（part-person）であり，そういうものとして，敬意を込めて聞いてもらうことで，尊厳を保証してもらいたいのである。

　それぞれの自我状態に共鳴し，セラピスト自身がこう扱ってもらいたいと思うように扱うことが黄金律に従うことに近づく。対決のときや防衛をたたき壊すとき，全体のシステムの利益のために考え方に変化を起こすときが来るまでは，まずはお近づきになって，理解し，信頼を築く時期があるのである。そうやって，それぞれの状態は受け入れてもらったと感じることができる。

　それぞれの状態とよい関係を確立する際に，悪意があるように見える状態

をも含めておくことは，何事にも代えがたい最優先課題である（Goodman & Peters, 1995 ; Watkins & Watkins, 1988）。悪意のある状態は，元は守護者の役割であったことがよくある。本来，それらは少なくとも一時的には適応的であった。それらの内的な行動が，その後の強化によって維持され，強くなったのである。例えば，悪意のある状態は，子どもの虐待が続いているとき，自分の守護者としての機能がますます重要であると見なすことがよくある。このような状態とワークする際には，徐々にその状態が自分の「情け深い動機」を理解するように，その守護者的な機能を強調することが不可欠となる。そうすれば，もっと情け深い行動が可能になるだろう。ときには，断片化が進んだ患者においては，ある状態の排除が必要かもしれないが，それをするには，心して，他の自我状態の助けを借りて行う必要性がある。セラピストは，内的なエネルギー・システムを救い出す魔法の杖など持っていない。

　ある精神病院で，ある患者が，「ワンダ」は「問題児」だから，追い払うようにと言われた。患者は，ワンダは助けを必要としているただの子どもの状態だという理由で異議を唱えた。さらに，「私にどうしろって言うの？　消えちまえ，このホモ野郎と言えとでも？」と言った。その患者は，自分の援助者よりも賢明であったのである。

　建設的な状態には，強みを強化することで，それほど強くはない人や，弱くて無力な人に対して，資源を提供することになる。例えば，催眠に入った患者が，思いやりがあって善意のある大人の状態になる可能性がある。そのような状態は資源となりうる。あるいは，パーソナリティの養育的な部分は，内側で他の部分を助ける資源になってもらうことが可能である。セラピストを患者として治療する際に，私（ヘレン）は，養育的な部分を発見することがよくあるが，それは治療的な思いやりに相当する。その人たちの内部にこのような資質が欠けていたならば，この職業に魅せられることはなかっただろう。

統合 vs 融合

　何度も述べたように，自我状態療法のゴールは，パーソナリティがより統合されることであり，これについては多重人格性障害のような重篤な解離の患者でも，より軽度の神経症状態や正常な行動上の問題であろうと同じである。

　しかしながら，我々の観点からすると，統合と融合は同義ではない。融合は，

あらゆる状態がただ1つのユニットに合併することを意味している。また，そのような統一を演出する儀式を暗にほのめかしている。「隠れた観察者」の研究（Hilgard, 1986）で証明されたように，正常な人間は「融合」されている訳ではないので，我々のゴールは融合ではないと信じている。

　統合は，違いについて互いの要求に見合った解決のために協力することを暗に意味している。ときには，2つあるいはそれ以上の自我状態が，それぞれのニーズ自体や，ニーズの表現が似すぎていて，それぞれのエネルギーを分割したり，分かれていたりする必要性やメリットがもはやまったくないことに気づくことがある。そうした自我状態たちが，手を結んで，一緒にやっていこうと決心することもある。しかし，それは自我状態たちの選択であって，セラピストの選択ではない。

　逆説的ではあるが，自我状態療法は解離を増悪するのではなく，むしろ解離を減少させるのである。もし，ある自我状態が子ども時代のトラウマの最中に分割されたとすると，その実体はその体験の感情や，その瞬間の考え方を持ち続ける。その部分は，パーソナリティの残りの部分と一緒に成長するわけではない。まるで，その自我状態は，時間が凍りついて，静止した獄中に幽閉されたようなものなのである。そして，そのトラウマティックな体験の衝撃が，世界は今ここでどうふるまうかについての**その自我状態の信念を保持している。**セラピストによって，異なる自我状態間のコミュニケーションが促進されるにつれて，お互いを切り離している境界も以前ほど厳格ではなくなり，透過性も上がる。情報は共有され，解離は弱まる。それぞれの自我状態も，以前ほどの孤立を感じなくなる。

　さて，自我状態療法のこれらの原則を実行するための特殊な戦術とテクニックへと話を進めよう。これらのほとんどは（特に断りのない限り），ヘレンによって開発されたものである。さまざまなテクニックによる治療的介入を通じて，自我状態は，世界をもっと現実的に知覚するようになり，それによって，他の状態と建設的にやりとりして，協力し合う全体の一部となる。

第9章
自我状態療法のテクニックと戦術

自我状態との接触

　自我状態を扱うためには，まず接触しなければならない。もし，患者が本物の多重人格でないなら，一般的に接触するには催眠を用いる必要がある。自我状態に接触する方法はたくさんある。最も直接的な方法は，患者に催眠をかけて，主たるパーソナリティとは違って感じている部分があるか，セラピストの知っている情動が，患者が覚醒状態で感じるものと正反対であると感じている部分があるかを尋ねることである。言い換えると，その目的は，他の部分と葛藤しているパーソナリティの一部や，催眠下で利用可能なパーソナリティの一部があるかを見つけ出すことである。セラピストは，「もし，そのような独自の部分がいれば，そのときはただ『ここにいます』と言って下さい」と付け加えることもできる。しかしながら，最初にこれをするときには，以下のように，「しかし，もしそんな独自の部分が一切いなければ，それで構いません」とか，同じ効果を持つ言葉で，いない場合にどうしたらいいかがわかるように付け加えることが重要である。その目的はアーティファクトを生み出すことを避けることである。とてもよい催眠の協力者であれば，セラピストが望んでいるものを何でも生み出してしまう可能性がある。しかしながら，アーティファクトはたいていは長持ちせず，意味のある結果ももたらさない。なぜなら，それは現実的な，元から実在するパーソナリティの構成要素の現れではないからであろう。アーティファクトは，個人の中にある基本的な欲求によってエネルギーを注がれている訳ではないので，セラピストによって強化されない限りは一過性のも

のである。おそらく、起こりうる最悪のことは、混乱や治療時間の浪費である。

　自我状態に接触するもう1つの方法は、最初に催眠誘導した後に、セラピストと一緒にビロードが敷かれた階段を下りるように暗示することである（ゆっくり20まで数えて、ちょうどいい数で、トランスを深める）。患者と一緒に階段を下りるという概念は、治療的な信頼を強化して、何が起ころうとも一人ぼっちではないと患者を安心させることになる。実際、催眠の中で患者に同行することは、その患者が別のやり方を必要としない限りは、一般的によい方針である。催眠の中では、考え方が具体的で字義通りになる傾向がある。多くの患者は、過去において見捨てられた体験があり、今度はそれが自分たちの目下の世界から来るか、セラピストから来るかにかかわらず、現在においてもまたそうなるだろうと予測している。患者と一緒に下りの階段を降りようというセラピストの提案は、思いやりとサポートを示すことになる。

　階段の一番下に着いたら、カウチやイス、「他の家具」が備え付けられた部屋を暗示することに価値がある。イメージは、ある部分は構造化されていたり、ある部分は構造化されていなかったりするので、セラピストと患者の双方がそれぞれの想像力を駆使して、部屋に家具を備え付け、協力して取り決められた場面をしつらえる。その空想を続けるために、「我々がこの部屋に入ると、あなたはカウチに座って、私はイスに座ります」と言うことができる。この座り位置の区別の目的は、セラピストがしていることに関して、起こりうるあらゆる懸念を和らげるためである。催眠の具体的な考え方において、そのような陳述は、身体的危害を加える意図がまったくないことを明らかにしてくれる。子どものときに身体的に虐待されてきた患者の場合、そのような視点は、とりわけ意味深いもので、おそらく安心につながる。セラピストと一緒にいることの安全感は、ものすごく重要である。

　このセッティングに加えて、その場面に複数の自我状態が入ってくる可能性があるとセラピストが予測したならば、複数のイスと楕円形のテーブルを暗示することができる。そのような予想は、それ以前に行われたセッションから得られる情報に左右されるだろう。具体的な考え方の論理においても、楕円形のテーブルは必要があれば容易に拡張することができる。フレイザー（1991）は、このテーブル・テクニックのさまざまなバリエーションについて発表した。

　セッティングは必ずしも部屋である必要はない。しかしながら、部屋は包容（containment）の要素を備えているので、プライバシーや安全性の要素も兼ね

備えている。同じ部屋を何度でも使うことができる。そこは，同じようなワークをするためのお馴染みの場所になるだろう。開かれた場所は，患者にとっては，世界や過去，現在から侵入される恐れがあり，それゆえ守られていない危険な場所であると見なされるかもしれない。

　もし，セラピストがテーブルを使うことに決めたなら，次にシンプルに「さあ，テーブルの端に座りましょう」と発言すれば事足りる。この時点で，患者はまったく暗示をしなくても，子どもの状態に退行するかもしれない。ある患者は，驚きを表現した。

　　　あら，髪をお下げにしているわ。それに，青や黄色の水玉のドレスを着
　　て。そして，赤いサンダルを履いているわ！　私は10歳みたいに感じるわ。

　言うまでもなく，このような即座の変容には目的がある。そのような自我状態は，セラピストに聞いてもらうことを必要としていて，それを欲しているのである。このタイプの変化は，治療の初期よりも，自我状態がすでに明確に特定された後で生じることのほうが圧倒的に多い。

　自我状態は用心深く防衛的な傾向がある。自我状態は，自分自身をさらけだす前に，安全であることを確認したがる。自我状態が過去に多くの虐待を受けていればいるほど，このことはより真実味を帯びてくる。それゆえに，本物のMPD（DID）の患者は，新しいセラピストに対してとりわけ用心深く，疑い深いのである。ときには，ある交代人格が現れるのに，長い時間がかかることもある。それらは，安全な障壁の裏側で，セラピストの態度を試しているのである。もし，セラピストがMPDの診断を信じなければ，それらは決して名乗り出ず，その場面の背後から表に出ているパーソナリティに影響を及ぼすだろう。これこそが，自我状態もしくは交代人格が，そのような解離の実在を信じていない懐疑的な臨床家や研究者の前で名乗り出ない傾向がある理由なのである。懐疑主義者が，「私の長年の実践において，多重人格など一度も見たことがない」と話すのを聞くのは珍しいことではない。きっと，その人たちが見ることはないだろう。

　幻想の部屋のセッティングがしっかりと整えられ，1つまたはそれ以上の自我状態がセラピーのその時点で利用可能であれば，自我状態を喚起する頃合いである。患者に語りかけるときは，「ドアを見て，何が見えるかを教えて下さい」

と言うこともできるし，次に以下の質問をすることもある。

　　誰か，_____について知っていて，出てきてもいいと思っている人はいますか？
　　誰に聞いてもらいたいですか？
　　誰が_____してくれますか？
　　誰があなた（患者の名前）と違う感じがしていますか？

「でも，もしそのような独自の部分がまったくいなければ，それで構いません」と付け加えることが，アーティファクトの協力の可能性を予防することになるだろう。もし患者が何も見えないと報告したなら，独自の自我状態はいるかもしれないし，いないかもしれない。それは，パーソナリティの断片が非常に透過的であるため，自我状態が独自の声や視覚的実体として造形されるには至らないことを意味しているのかもしれない。あるいは，この時点では，喜んで姿を現そうとする自我状態は一人もいないということもありうる。それに，自我状態が，単に身体や，運動感覚的な症候か心身医学的な症候のどちらかを通じて，名乗りを挙げているという可能性もある。

　個人の内部にいる可能性があるすべての自我状態を探すことは賢明ではない。そのような戦術は，アーティファクトを生み出してしまうかもしれない。むしろ，患者が解決を望む，目の前の問題に関係している自我状態を見極めよう。臨床家は，このことを直接的に暗示せずに，すでに存在している自我状態が自発的に現れやすくなるような状況を整えることが重要である。臨床家を喜ばせるために企図されたアーティファクトの反応は，セラピーのゴールではない。

診断的探索

　その患者が，幻想の部屋の中に誰かの存在を指摘したら，お近づきになる頃合いである。堅苦しい方法でインタビューするのではなく，セラピストと患者の両方が，自我状態についていろいろなことを学ぶ必要があるかもしれない。

1. 年齢と起源

　「あなたが存在するようになったとき，○○（患者の名前）は何歳でしたか？」

もし，特定の年齢が得られたら，次に「そのとき，何が起こっていましたか？」と尋ねる。特定の年齢は，将来のセッションにおいて除反応をされる必要がある可能性のあるトラウマへの手がかりを与えてくれる。ときには，自我状態は，単にはっきりと「私はずっと彼女と一緒にいました」と応じるが，この発言はトラウマを示唆しているわけではない。

2. 名前

「あなたは私にどんな名前で呼んでもらいたいですか？」もし，名前に抵抗があれば，「あなたが教えてくれた年齢で，あなたのことを呼んでもいいですか？」（例，8歳さん）。自我状態が姿を現したら，それは聞いてもらいたい理由があると主張する。もし，セラピストが自我状態の見解に関心を表現したら，次回この続きはぜひ催眠下で進めようという提案に応じてもらいやすくなる。たとえ，部分の人間（part-person）であったとしても，人は聞いてもらいたがっているのである。

3. 欲求

「あなたのニーズは何ですか？」とか，もっと間接的に，「あなたは○○（患者の名前）に何をしてほしいですか？」と聞く。欲求を満足させることは，自我状態療法にとって核心的な部分である。欲求を満たすことで，協力関係を確立することができる。欲求は正常であるが，これらの欲求に到達するための内的行動は破壊的になりうる。人間は，達成の欲求や遊びの欲求，依存欲求，保護の欲求，破壊の欲求，安全の欲求などを持っている。そのような情緒的な必要性はすべて，社会的な人間として不可欠な要素である。

4. 機能や内的な行動

例えば，自我状態が強い達成の欲求を持っていて，決してそんなに価値のない目標を達成するように他の状態にガミガミ言ったり批判したりすると，問題が生じる。表面的な症候は，抑うつや不安の形を取ることになる。全体のパーソナリティは，その達成について決して気持ちよくは感じない。常に何かやり残したことがあったり，何か十分ではないことがあったり，もっと早く達成できたはずのことなどが残ったりする。全体のパーソナリティは，気分が悪く，不満があり，そのこと自体に失望している。自我状態は，背後にあった欲求が

満たされるならば、たいていその内的な行動を変化させようとする。もしくは、欲求を満たすために違うやり方をするように説得することが可能である。しかしながら、葛藤解決に影響を与えるためには、この欲求を満たすプロセスを助けてくれる別の自我状態と接触しなければならない。このことは、このプロセスがそう単純ではないことを暗に示している。自我状態は頑迷で、疑い深いことがある。

5. 透過性の程度

自我状態は、その内界に別の誰かがいることに気づいているだろうか？ すなわち、誰が誰を知っていて、お互いに対してどんな態度をとっているのだろうか？ そのような情報を獲得することで、システムの全体像を広く理解できる。

6. ジェンダー

自我状態は、常に患者と同じジェンダーであるわけではない。もし、女性の患者が子どものときに男性から虐待を受けていたら、少なくとも1つの自我状態は、男性である可能性がある。その理由は、セクシャリティ自体とは関係がないが、強さの概念と関係がある。ある自我状態は非常に明確にこのように話した。「私は男性でなければならない。男性だけが強さを持っている」。その自我状態は、彼女が3歳のときの、抵抗しがたい虐待的な男性の取り入れ物に相当していた。それは、無意識に自分自身を守る方法であったが、現実では守れなかった。苦痛に満ちたトラウマの瞬間に虐待的な男性を取り入れることだけが、苦痛を理解する方法であった。その論理は以下の通りである。「私は彼女を傷つけなければいけない。さもないと、世界が彼女をもっと傷つけるだろう」。こうして、彼女は男性と親しくなったときは、いつでもさまざまな心身医学的症候に煩わされた。「彼」は、男どもや世界を遠ざけておくために彼女を傷つける。これは皮肉な保護的機能である。

自我状態の相互関係の調査

マッピングは、どのような交代人格が存在し、誰と誰が関係しているのかを理解するために、MPD（DID）のクライエントに用いられるテクニックである。同じ原則を潜在的な自我状態にも適用することができるが、おそらくそれほど

複雑でない場合に限られるであろう。筆者たちがこれまでに見たことがある中で，最も好奇心をそそるマッピングのシステムは，カナダ在住のセラピストによって考案され，異なる色の糸が編み込まれた壁掛けである。それぞれの糸は，交代人格を示しており，交代人格が他の交代人格や，それらの集団に統合されるときには，セラピストとこの複雑MPD患者が適当な糸に結びつける。このタペストリーは，セラピーがどの程度進展したかについての，わかりやすく具体的な表象であった。事例の詳細をまったく知らされていない聴衆でさえ，これからするべきことを決定することができた。

　自我状態療法は，そこまで精緻な表象の手段を求めているわけではないが，それでもセラピストはその問題に誰が関与しているのか，誰が誰を知っているのかを，近い将来に知っておく必要がある。言い換えれば，状態間の関係性は，セラピーに関連している。また，単なるインタビューの概念のように，決まり切った尋問を自我状態に次々と浴びせることは賢明ではない。そんなことをすれば，虐待された患者に過去に経験した頑迷さを思い出させることになるだろう。もし，セラピストが，1つの自我状態だけにアクセスしているなら，こんな風に尋ねるのは簡単である。「あなたはそこにいる他の誰かに気づいていますか？」。その答えに応じて，先を続けるのである。

　私（ヘレン）の患者の一人は，MPDの診断がついても不思議ではないぐらい子どものときの虐待が深刻であったにもかかわらず，2つか3つの潜在的な自我状態しかセラピー中に出現しなかった。なぜ，そこまで深刻な虐待を受けた子どもが，成長して本物の多重人格にならないのかと不思議に思う節もあるかもしれない。そのような分化には，ある程度の遺伝的な影響があるに違いない。その3つの重要なパーツの1つは，催眠にかけられた患者であって，無力であった。1つは情報を与えてくれる観察者で，もう1つはその根本的なニーズは保護であるが，虐待者のようにふるまう悪意のあるパートであった。養育するパートのような，利用可能なリソースはまったくなさそうであった。そして，守護神的な頑迷な考え方と，悪意のある行動は，現実においてまったく建設的ではなかった。この事例はとても複雑で困難であった。第14章で，もっと詳しく紹介する。

　ときには，理由は何であれ，自我状態がセラピストに直接話しかけることができない，またはしようとしないことがある。そのことは問題にはならないかもしれない。葛藤の解決は，パーソナリティの中に潜んでおり，中にいる自我

状態によってなされなければならない。さらに，特に治療的な目的が何もないのに，自我状態と対話することで解離を増悪することは，自我状態療法の目的ではない。家族療法において，そのゴールは，家族成員が正常に交流することである。セラピストは，ある変化に到達するのに必要な時間しか，一人の成員に介入しない。その原則は，自我状態に対しても同様である。

MPD（DID）における透過性の低い交代人格と同様に，自我状態が，主たるパーソナリティ（覚醒時の人）にとって健忘されている過去の体験についての情報や感情を保持していることがよくある。このプロセスの元々の目的は，表に出ているパーソナリティを苦痛から守ることである。それは情緒的な生存上のメカニズムであり，そのような意識からの切り離しが生じたときにはかなり役立ったのであるが，大人の機能にとっては災いの元になった。これこそが，患者がセラピーを受ける理由である。患者は，なぜコントロール不能であると思えるような症状を抱えているのか，なぜ子ども時代に健忘があるのか，どうやって現在の生活体験と関係ない抑うつや不安を癒やせばいいのか，なぜ無害そうに見える刺激に対してまったく不釣り合いな反応が生じるのかについて，知りたがっている。

自我状態療法やMPDのセラピーにおいて，自我状態間の**共意識**（Beahrs, 1982）が健忘障壁の腐食を促進する。そのような腐食は，異なる状態がお互いを理解するための扉を開いてくれる。それは，自我状態が持ち続けている古いトラウマの情動や，記憶を押さえ込んでいる抑圧の壁を壊すことである。また共意識は，トラウマがない現在において，過去の子どもの考え方を引きずらないようにさせるのである。

例えば，もしもテーブル・テクニックが用いられて，セラピストが全員に催眠の部屋に入って，席に着くように頼み，全員が会えたとする。問題に関わっている者が全員来るわけではないかもしれないが，その場面は，内的な対話や人間関係づくり，理解をするまたとないチャンスとなる。また，誰も来なかったという証拠が与えられたとしたら，そのこと自体が多くの情報を教えてくれるだろう。催眠に入った患者が入室してくるそれぞれの自我状態について描写したら，どこに座りたいか，誰の横に座りたいか尋ねよう。そのような礼儀正しく，社交的に見える質問は，関係性や将来に起こりうる統合や解決についての情報を与えてくれる。

フィリップスとフレデリック（1995）は，高度に組織化された，包括的な

治療プランを発表した。2人はそれを治療の4段階の頭文字を取って，「SARI」モデルと呼んでいる。安全と安定化（Safety and Stabilization），トラウマへのアクセス（Accessing trauma），トラウマティックな体験の解決（Resolving traumatic experiences），統合（Integration）である。

客観的な観察者

　ときには，パーソナリティの情動的でないパートが利用可能になる。それは知恵を有し，無批判的で，内的な見通しについての情報を持っており，セラピストにとって重要な資源となりうる。情緒的でないにもかかわらず，全体のシステムの保全に気を配っており，それゆえ，有益で好意的である。その内的な機能は，観察することである。この実体を，内なるこころ，高次の自己，センター，自然な自己，内的救済者（ISH）（Adams, 1987 ; Allison & Schwartz, 1980 ; Comstock, 1991），観察者などと呼ぶセラピストもいる。私（ヘレン）の方法では，これらの表現のほとんどに触れていて，もしそのような状態の患者や自我状態がいたら，自身でどの称号を好むかを選んでもらっている。

　この状態を喚起する方法の1つは，もし可能であれば，患者に目を閉じてもらい，何か以下のようなことを言えばよい。

　　我々の中のそれぞれは，我々に起こってきた多くのことを知っている側面です。それは観察者のようにふるまいますが，心底我々を虜にします。ある人たちは，それを観察者や自然な自己，センター，または内なるこころ，いろいろな呼び方で呼びます。ときには，その側面には左右どちらかの手の指を通じて接触することが可能です。手が手首のところで切り離されていて，それが意識的な助けがなくても働くと想像して下さい。もし，その観察している側面が，今すぐに私とコミュニケーションを取りたいと思えば，人差し指が上がるでしょう。もし，それが今はそうしたくないと思えば，中指が上がるでしょう。

　まったく反応がない場合には，患者が十分に催眠に入っていないか，または観察者が会える状態にないかである。しかしながら，患者に何か間違っていたり，欠けていたり，不適切なことが起こっていると感じさせるべきではない。

人差し指と中指のどちらも動いた場合は，どちらの反応もある場合がある。明らかに，これはダブルバインドであるが，軽催眠で批判性が低下したときには，患者はこのバインドに気づかないものである。もし，中指（「いいえ」）が上がったら，その事実を認めよう。

　今は私とコミュニケーションをとる準備ができていないことを知らせてくれてありがとうございます。でも，将来，そうしたいと思ったときにはいつでも，右手（または左手）の人差し指で私に合図して下さい。あなたの合図に気づくようにします。

もし，人差し指（「はい」）が上がったら，続けてこのように言う。

　名乗り出てくれて，ありがとうございます。あなたが〇〇（患者の名前）の声帯を通して私に話かけることができるのであれば，ただ「私はここにいます」と言って下さい。それが無理であれば，中指（「いいえ」）を通して，応答を示して下さい。どちらでも構いません。

チーク（1962）が最初に，指を使った観念運動信号法を提唱した（Rossi & Cheek, 1988 参照）。このテクニックについては，第14章でもっと詳しく説明する。

こうして，貴重な財産とお近づきになることができたなら，盟友や共同セラピストとなってもらえるようにそのパートナーシップを深めていくことができる。そのような観察者の状態は，内的な自我状態の現状について知っていることをセラピストに教えてくれるようになることが多い。危険な状況について警告してくれたり，アドバイスをしてくれたり，セラピーに役立つ無数の情報の断片を漏らしてくれる。また，別の指を「わからない」とか「答える気がしない」という反応に結びつけることも可能である。

観察者に，患者をある体験や，観察者が選んだ体験へ連れて行ってくれるよう頼むことができる。例えば，「あなたは，彼女が必要としていることがあれば何であろうとやり直すために，行く必要があるところへ彼女を連れて行ってもらえますか？」。指の合図か言語での反応が肯定的であれば，「今すぐに，それをしてもらえますか？」と尋ねる。観察者は患者を重要な場面に連れて行く

能力を垣間見せることがあるが，それがそのときではない場合もあるから，どちらの質問も重要である。

　さらに，観察者にアドバイスや内的な現状の評価のために，意見を求めることができる。除反応の後，観察者は，除反応がどのぐらい効果的であったか，それを繰り返す必要があるかについて，セラピストに教えてもらうことができるかもしれない。この実体から，多くの情報を得ることが可能である。加えて，観察者を抵抗への仲裁者として活用することができる。例えば，ある患者は恐れのため，催眠から出たり入ったりした。私は，観察者に頼んで，患者の過去のいくつかの体験をテレビの画面に映し出すようにしてもらった。患者が同意したら，観察者は彼女を除反応する場面に連れて行ってくれた。観察者が，起こっていることの一部や，誰が何をしたかについて自信がないときには，患者にその場面をより近くで見るようにと催眠を深めた。それによってよりはっきりとわかるように手助けをしたのである。この特定の観察者の状態は，患者を過度に保護していたが，彼女は以前思っていたよりもずっと多くのことを本人が扱うことができることを学んだのである。観察者の状態が客観的に実在するように思えたとしても，それはその人の一部に過ぎないので，観察者にセラピーの主導権を与えてはならない。なぜなら，セラピストのほうがより客観的であるという点で有利だからである。

内的葛藤の解決

　元々の葛藤をほぐすために，催眠的退行を通じてこれらの体験に戻り，除反応を完遂することが必要になる場合がある。除反応は，もはや現在とは関係していないが，そのときに属している感情を解放して，自我状態が何か新しいことや建設的なことを学ぶ助けになる。例えば，自我状態は，過去の虐待者を恐れる必要がないことや，もはや犠牲者ではなく，全体のパーソナリティにパワーと安心の感覚を与えることを学ぶ。

　幻想のテーブルを用いることで，1つもしくはそれ以上の自我状態がお互いに触れあうことが可能になる。自我状態はエネルギーのシステムであるため，触れあうことはとても重要なものとなりうる。つまり，身体全体は電気化学的なシステムであり，自我状態はその全体のシステムの一部分なのである。このレベルのタッチは，喜びや嫌悪，体温変化，安心などを含むあらゆる種類の反

応を喚起することができ，それは外側で他の人に向かってするのと何ら変わることがない。

　テーブルについている自我状態は別の自我状態と，セラピストの示唆を受けることで，あるいは自発的に，声に出すか出さないかに関係なく，語り合うことができる。**内的対話**は，自我状態間の関係性を理解したり，意図的にそれらの関係性を発展させたりするのに最善の方法である。例えば，2つあるいはそれ以上の自我状態が，患者の幻想の部屋に姿を現したなら，セラピストは声に出しても出さなくてもいいので，お互いに話すように暗示することができる。2つの選択肢を与えることは，患者によりコントロール感を持たせることになる。もし会話が声に出さずになされるなら，セラピストは何が起こったのかをいつでも質問できる。

　内的対話を開始するときには，以下の陳述が役に立つ。「あなたが（他の自我状態に）言いたいと思っていることを言って下さい」。しかしながら，ある自我状態が他の自我状態に言うべきことを逐一提案することは，遊びに口を挟むことに似ている。それは，内なる誠実さから湧き出すものではないため，あまり効果的ではない恐れがある。自我状態が望むことを言ってもいいようにしてやるほうが，コミュニケーションをする相手に信用を与える。それにもかかわらず，その表現が全体的に見て否定的である場合には，損害が生じうる。セラピストは，ある自我状態が他の自我状態に及ぼす破壊性を強化すべきではない。内的対話をする前にはいつでも，注意深くインタビューしておくことで，そのような反応は防ぐことができる。破壊的な自我状態は，システムに大損害を与える前から，単独で作用しているものである。

移行対象

　対象関係論者であるウィニコット（1965）は，環境に対する完全に自己愛的な自己観から，母親のような他者との対象表象や対象関係を確立するまでの子どもの発達は，**移行対象**との中間的な相互作用によって促進されると考えていた。そのような対象（安心の毛布や人形など）は，赤ちゃんに現実の，すなわち幻想ではなく，管理が及ぶ外的接触を提供する。ベイカー（1981）は，特に精神病のセラピーにおいて，この中間的な段階の重要性を指摘した。

　子どもの自我状態は，初めて形成されたときに所有していたもののような，

典型的な移行対象を提供されることで，接触と活性化が可能になることが多い。対象は，恐怖を弱めるのにも役に立つ。テディベアは，そのような目的に最もかなう候補である。その中立性や，思わず抱きしめたくなる手触り，適度な硬さと柔らかさ，サイズ感。すべてが無垢な子どもの感覚を連想させる。それは，セラピーのオフィスや家で，あるいはその両方で，患者が抱える内なる傷ついた子どもを表象してくれる。患者は，クマちゃんに話しかけて，安らぎや，肯定的なメッセージに結びつくものであれば何でも与えることができる。もちろんクマちゃんは，自我状態が個人的に特定されているときよりも圧倒的に間接的ではあるものの，内的な世界の一部を表象している。直接的に自我状態に話しかけるよりも，むしろ対象に話しかけるほうが脅威が小さいかもしれない。さらに，すべての自我状態が十分に分離されている訳ではないので，表に出ている声が利用可能になる。対象は，情緒的な距離が必要なときに，距離を取ることを可能にする。以前，患者の子どもの自我状態が，かつての報復に対する脅威のため，トラウマ性の体験を明らかにすることを躊躇していた。私は，彼女にクマちゃんに話しかけてもらい，夢の中でなら苦痛を示しても大丈夫とクマちゃんに向けて言ってもらった。すると，「それ」はそうした。手続き全体が患者のコントロールできる範囲内にあるので，そうする準備ができていないときに自我状態に強制してその内容を明らかにしようとするよりも，ずっといいアプローチである。

除反応のテクニック

　除反応の手続きの使用法にまったく触れずに，自我状態療法のテクニックを語ることは，適切とはほど遠い。[1]除反応は，精神分析（Freud & Breuer, 1953 ; Reich, 1949）や催眠分析（Watkins J, 1949, 1992b），原初の叫び療法（Janoff, 1970），フラッディングやインプロージョン・セラピー（Stampfl, 1967）のような特定の行動療法を含む，多くの異なるアプローチの統合的な一部となっている。
　多くのバリエーションがあるが，本質的な要素は，縛りつけられている情動を，言語的・行動的に表に表出することを通して解放することである。自我状態療法において，除反応は間違いなく強力なテクニックであり，我々も頻繁に使用してきた。

第二次世界大戦の間，筆者の一人（Watkins J, 1949）は，除反応を通じて，ヒステリー性の手足の麻痺や，恐怖症，健忘を含む多くの戦争神経症（現在ではPTSDと通常呼ばれている）が，（通常は催眠下で行われる）抑圧・解離された感情の解放によく反応することを発見した。グリンカーとシュピーゲル（1945）は，同様の事例に対して，アモバルビタールやペントールナトリウム〔訳注：いずれも沈静・催眠効果を持つ麻酔薬〕を催眠の代わりに用いて，除反応を行った。

除反応は，いったん活性化されると，患者全体や単一の自我状態内で実行することができる。例えば，私（ジョン）へのある男性の報告によると，彼が8歳のときに，とても愛していた母親が亡くなってしまったが，泣かなかったことで，何て勇敢な少年だと言われた。私は即座に，抑圧された悲嘆でいっぱいの8歳の子どもの状態がいるに違いないと疑った。催眠退行を通じて子どもの自我状態を活性化し，抑圧・解離されていた苦悶を，思い切り表出するように誘導した。それによって，抑うつや他の症候を長引かせていた根本が緩和された。

しかしながら，とりわけMPD（DID）患者に見られるより厳格な構造においては，1つの自我状態の感情を除反応するだけでは十分ではない。主たるパーソナリティは，そもそもこれらの感情をその交代人格や自我状態に抑圧しているので，これらの感情を徐々に取り戻して，表現しなければならない。そのようにして，統合は実行可能である。

除反応の本質的な要素は以下の通りである。

1. 除反応は，患者が当時は完全に向き合うことができなかったトラウマティックな体験の再体験を通じて，最もうまく成し遂げることができる。

2. セラピストとの強固な関係性で自我を補強することを通じて，（おそらく今はもっと年齢を重ねた）患者は，元々のトラウマティックな状況と対決し，再体験し，縛りつけられていた感情を解放して，認知的な意味づけに至ることが可能になる。

3. 子ども虐待の場合，この手続きは，虐待者の**取り入れられた表象**と対決し，克服し，元々の状況で当時失われてしまった自己のパワーを回復することを意味している（Watkins & Watkins, 1978）。もし，患者が不安がっているなら，私（ヘレン）は「あなたはもうひとりぼっちではありません。子どもの状態だけじゃなく，大人のエネルギーもいます。あなたがもしも私のエネルギーも追加で使いたいのであれば，あなたさえよろしければ肩に手を触れましょう」（私

はいつも触れるには許可を求める）と言うときもある。そのような同盟は，過去の凄まじい恐怖に向き合う患者に勇気を与える。

　治療中に子ども虐待を思い出した患者は，ときには直接的に親を告訴したり，法廷で告発したりすることで，これを糾そうとすることがある。このような外側での対決は，内的なシステムを変化させないため，セラピーの機能にはならない。治療的な解決は内側から生じなければならない。というのも，現在のその年老いた親ではなく，当時に内在化された悪意のある虐待者の対象表象が，たいてい現在の解離や神経症的な葛藤，苦悩の源であるからである。

　近年，治療内に由来する虐待の記憶を根拠に両親と対決する患者（セラピストも同じく）が，自分たちのほうが「偽記憶」の咎(とが)で，告発されたり告訴されたりする事態となっている。問題は，**治療の範囲内**で解決されるべきであり，セラピストは法律カウンセラーになろうとするべきではない。復讐の是非については，目覚めているレベルで議論される必要がある。▼2

　患者がトラウマティックな状況に向き合ったり克服したりできなかったために，感情が抑圧されたり解離されたりしているせいで，その適応が精神病に近い患者には，細心の注意を払って除反応しなければならない。患者の自我の強さにセラピストによって貸し与えられた自我の強さをくっつけても，トラウマの深刻さに対処するには不十分であれば，患者は再外傷化されてしまう。そうなれば，いかなる克服体験も生じない。確信がないなら，関係性を構築しよう。▼3

　4．除反応の条件が整っているように見えるなら，その決定は次に進められることになる。これは，一般的に，縛りつけられた感情が完全に解放され，理解と克服に至るまで徹底的に続けることを意味している。言い換えれば，完了させるか，除反応を行わないか，二つに一つである。最悪なのは，中途半端な除反応であり，患者の防衛を打ち破って，蓋を開けてしまい，道半ばで取り残すことになる。これは，患者とセラピストのどちらもが，例えば，恐れや憎しみ，悲しみなどの情動の暴力的な表出に向き合うときに，「それに耐えられない」せいで起こる。適切な除反応では，ある程度，蓋を閉じて終わらなければならない。セラピストの中には，これらの強い情動的な体験に身を投じる準備が不足していることに気づく者もいるかもしれない。そのような臨床家は，除反応を扱う前に，考え直すことが賢明だろう。

　5．患者をトラウマの瞬間まで催眠で退行させて，ありありと体験させる。
　6．励ましとともに体験することを通じて，患者はトラウマティックな出来

事を何度も何度も再体験するように誘導される。大声を上げることや叫び声を上げること，ののしること，叩くことはすべて奨励される。縛りつけられた感情が憤怒であるときには，「あなたの言いたいことやしたいことは，何でもやって下さい」とか，「あなたに二度とそんなことはさせないと告げて下さい」と言う。あるいは，もしも解放されるべき情動が恐れであれば，「あなたは怯えています。それは実に恐ろしい。あなたは逃げても構わないのです」と伝える。もし，患者が私（ヘレン）に，「後で彼が私を捕まえに来るのが怖いんです」と言ったら，私は単に「私が彼にそんなことはさせません！」と言う。

7. （暴力的な表出が消えていった証拠として）情動が涸れきって，患者が生理的にも心理的にも疲れ切っているときには，**その前にではなくその次に**，再保証と再解釈のときが訪れる。例えば，虐待された子どもは，その虐待が自分のせいではないことを学ぶ必要がある。

8. 除反応は，実験室内で学習心理学者たちによって研究されたのと同じく，拮抗条件づけや系統的脱感作の原則を含んでいる（Wolpe, 1982）。それらは，おそらくは1回目の直後に，おそらくは同じセッション内で，おそらくは翌日に再び，おそらくは次の週といった具合に，患者が元々の状況に起因する症候をもはや示さなくなるまで，何度も繰り返す必要があるかもしれない。トラウマティックな状況の繰り返しの一つひとつは，たいてい本当の終息に至ってはじめて，暴力的な要素を減らして体験できる。そして，その出来事はせいぜいただの記憶と言ったところになり，苦痛を再体験させなくなる。

大部隊の外科医が，右腕にヒステリー性の震えがあるということで，私（ジョン）に紹介されてきた。彼は，司令官の手によって蒙った辱めについて不満を漏らし，もし「奴を俺の手術台に載せることができる」ならばやってしまいそうなことを鮮明に言語化して，脅しにかかった。手術台が催眠下でありありと見せられた。患者は，叫び声を上げながら，幻想の虐待者を何度も何度も「突き刺し」て，セラピストはそれを大声で勇気づけた（「それを味わわせてやれ。そいつはそれだけのことをしでかしたんだ」など）。2度にわたった15分間の除反応の後，彼は勝利の感情とともにトランス状態から戻り，右手を上げた。手の震えはどこかへ行ってしまった。その後，転移解釈を受け入れることができて，どうやって司令官が支配的な父親から受けた虐待の無意識的な記憶に突然火をつけたのかということと関連づけることができた。▼4

多重人格障害（解離性同一性障害）のような相当重篤な病理に苛まれている

患者の場合は，除反応的な解放を弱めたり，「じわじわ起こる」ようにする（Kluft, 1988）ことが必要である。患者は，「そのときどきに」そうする準備ができている程度にしか感情を体験しないように言われ，残りは準備ができたときに可能になるだろうと言われる。

感情架橋法

　感情架橋法のテクニック（Watkins J, 1971）において，目下の感情は，ある人が目下の状況から，同じ感情を抱いていたもっと早期の状況に移行することができる橋を提供してくれる。
　ある若者は，雇用管理者との人事面接に，相当な不安を感じていた。彼は催眠をかけられ，退行して，インタビューを受けた。すると，彼の恐怖が鮮明になった。そこで，彼に以下の暗示を与えた。

> あなたの恐怖はとても強い。その他のことはすべて薄れています。あなたはオフィスと雇用管理者について忘れていきます。あなたが体験できるのは恐怖だけです。ただ恐怖，恐怖。あなたは今，電車の線路のように，時の中を旅して戻っています。その線路はまさに恐怖だけです。あなたは，最初にその恐怖を感じたときに戻っていきます。あなたはどこにいますか？ 何が起こっていますか？

　そして，その患者は，自分は10歳の少年で，父親の前で立っている場面を描写してくれた。彼は野球ボールでリビングの窓ガラスを割ってしまったところで，父親がとても腹を立てて，お尻を叩こうとしていた。
　権威像に対する恐怖という共通の感情を通じて，彼はその不安の起源となった早期の体験へと運ばれていった。現在の人事面接と怒っている父との対決の間を行き来することで，彼はなぜ採用試験を受けるときに心配になっていたのかを学んだ。彼は雇用管理者が父親を思い出させたことを認識したのである。彼は，人生における適切な場所に不安を割り当て，雇用管理者を怖がらなくなった。
　上の体験は，単なる転移解釈であって，精神分析においては重要な瞬間であることもしばしばである。

要約すると，こんなテクニックである。患者に，現時点で不適切であると思われている感情を体験してもらう。その感情は，患者がセラピーに突入するときにすでに顕わになっているかもしれないし，上の例のように回復される必要があるかもしれない。いずれにせよ，患者に催眠をかけ，「この感情は，あなたがその感情を最初に感じたときへと連れ戻してくれるでしょう。そこに着いたら，あなたがどこにいるか知らせて下さい」と言う。この声明の目的は，プロセスを開始させる感作的な体験にアクセスをかけることである。その感情を強化するような後の経験があったとしても，それらは最初のものほど重要ではない。そして，最初の経験が除反応されると，感情は修正される。

身体架橋法

前の章で言及したように，身体架橋法は，ストレスと関連している可能性がある今の身体の中の感覚を参照する橋であるという点を除くと，感情架橋法と同じである。例えば，患者が胸が締めつけられる（非常によくあるストレス症候）ことに苦しんでいるなら，トランス状態の中で患者に，「その締めつけられる感じに集中して注意を向けて下さい。さあ，その感覚が，あなたがその感覚を最初に体験したときに連れ戻してくれるでしょう。そこに着いたら，あなたがどこにいるかを知らせて下さい」と言う。患者がある体験に到達したのであれば，現在が過去とリンクしていたのである。このようなときは除反応することが適切であるだろう。

静かな除反応（silent abreaction）

ヘレン・ワトキンス（1980a）は，患者が（専門家のオフィスの賃貸を危険にさらすかもしれないような）暴力的な叫び声や金切り声を上げずに済む除反応のテクニックを開発した。

彼女は，催眠に誘導された患者に，彼女と患者が森の小道を一緒に歩いている穏やかな場面を描かせる。そこは，どんな侵入者からも安全に守られている。大きな石が道を塞いでいて，それには患者のフラストレーションの源であるラベルが貼ってある。壊れにくくて，太く，頑丈な棒が都合よくすぐ近くにあり，患者はそれを拾って，石を叩くよう勧められる。セラピストは，「もっと叩いて。

もっと叩いて。これはあなたの人生の至るところであなたの道の上にありました。あなたはそれを動かせます。それを壊してしまうことができます。それに対してしたいことは何でもできます。あなたが疲れ過ぎて続けられなくなるまで，ただ続けて下さい。そして終わったら私にもう一度合図して下さい」などと言って励ます。体験の全体は，想像上のものであり，患者は一切音を立てることはないが，指の合図が確立されているので，セラピストは患者が視覚化の指示に従っていることがわかる。

　この「打ち壊す」段階で疲れ切った後に，草地での快いリラクセーションが描かれ，楽しい感覚が暗示される。「私たちが今日やっていることの次のステップに行く前に，あなたからもらいたいものがあります。私がもらいたいのは，あなた自身について何か肯定的なことを進んで言う気持ちです」とリクエストする。怒りを表現することを抑えられ続けてきた患者にとって，そのようなリクエストに応じることは容易でないかもしれない。しかしながら，患者はさらなる心地よい体験の可能性に好奇心いっぱいになっているので，たいてい何らかの反応が出てくる。そして，患者の身体中に広がるよい感情が描写される。最初は患者の新発見の希望から，次に楽しさが増すことが続くが，それは患者に対するセラピストの信念と信頼からやってくるものに相当する。関係性はここで最大限に活用される。

　言い換えると，患者は，虐待者を**象徴化する**ことができる対象や，患者がその対象になると決めた対象に対する怒りの表現に正の強化を与えられる。典型的には，患者は過去において罰や他の恐ろしい報復なしに怒りを表現することは許されてこなかった。今，憤怒の解放に正の強化を受けることで，早期の学びが相殺される。

　我々は，静かな除反応が完全な解放と同じくらい効果的であるかどうかを示す客観的な研究を一切していないが，それはより快適に実行することができて，より骨の折れる情動的解放の露払いになるかもしれない。さらに，単にイメージ法を使った心理的な宿題として用いることができる。

自我状態の短期治療

　自我状態療法には多くのセッションを費やすことができるが，かなり短期間にすることもできる。ある患者は，2回目のセッションの最中に，前のセラピー

から,「ランブリン・ローズ」と呼んでいる彼女のもう1つの部分に気づいていたと,私に言った。ランブリンは中流階級に属していなかったので,患者に大学を辞めて,家へ帰ってほしがっていたと述べた。大学入学前,患者は小さな町のバイク乗りのバーで用心棒として雇われて,上手くやっていた。彼女はまた,ウィスキーをたったの2杯しか飲んでいないのにランブリンが出てくることも報告した(患者はアルコール中毒ではなかった)。「当時,私は何でもできた。テーブルの上でダンスすることだってできたのよ」(体重230ポンド〔訳注:100kg超〕でそんなことをしたら,かなりの見物であったに違いない!)と言った。私は彼女に催眠をかけて,ランブリンに尋ねた。「何がお望みだ?」という無愛想な反応の後に,彼女は,患者との歴史と,子ども時代の早くからどうやって彼女を守ってきたかについて,私に話し始めた。私は,「ということは,あなたは彼女を愛しているに違いないわ」と返した。その発言は,「無情なハンナ」という防衛システムを脅かした。彼女は私とこれ以上話すことを拒否した。

　次の約束で,患者は「あなたは私をめちゃめちゃにしている。今週末バーに行って,2ショット引っかけたのに,ランブリンは出てこなかったわ!」と言い放った。催眠下で,ランブリンは,「ああ,心配するな。彼女が私を必要としたときに私はそこにいた。でも,私はあなたが言ったことを考えて,彼女に自分自身の行動に責任を持つことを学ばせようと決めたのさ」と言った。これは理想的な状況であった。目覚めている状態が大学生活に適応するのを私が助けている間,保護的な状態が背後にいてくれた。ランブリンと話し続ける必要はまったくなかった(何と言っても,解離を促進したり,解離を続けたりすることは,自我状態療法の目的ではない。目的は,患者を癒しや葛藤解決,統合へ向けて導くことである)。数セッションの後,私はランブリンと接触し,どうしているかを知った。彼女は,休んで眺めていると言って,主たるパーソナリティが成長しているのに同意し,彼女の適応を助けていることについて私に敬意を示してくれた。どうやら,彼女の強くて怖いもの知らずのエネルギーが,目覚めている自我状態に編入されたようである。これこそまさに起こるべきことである。しかしながら,自我状態の事例のほとんどは,扱いがそれほど簡単ではなく,それほど協力的でもないので,より多くのセッションが必要である。

まとめ

　さまざまなテクニックは，セラピストの創造性と感受性によってのみ制限されるものの，一緒にまたは別々に適用可能である。患者とのバランスの取れた共鳴が十分にあれば，セラピストは患者を単に客観的に見るよりも，ずっと間違いが減るだろう。セラピストは，患者のどこに資源があるか，どの自我状態が助けを求めているか，そして治療の大団円を迎えるためには何を変える必要があるかについて思案する必要がある。自我状態療法は複雑になりうるが，挑戦を満足させてくれるだろう。

　行動療法家は，一般に，本物の変容やその後も続く変化には，観察可能な行動の客観的な変容が必要であり，そうした変容は，特別な学びや破壊的な偶発事故によって引き起こされると信じている。認知療法家や精神分析家の一部は，現在や過去のいずれかにおいて，現実の体験の新しい解釈に基づいて言語的変容があることを必要とする。これらの実践家は，自我状態療法を空想や想像力，他の潜在的なプロセスとともに作用していると見なすかもしれない。確かにそうなのであるが，我々に起こることは，たとえ元々の刺激によって引き起こされたにせよ，**我々がその体験をどう解釈するか，それが我々に何を意味するか**ほどには重要ではないことを認識すべきである。

　我々が持つ内的で，主観的な意味は，実際に体験されたトラウマや他の真実の出来事によって引き起こされているかもしれない。しかしながら，子どものときに，親の軽い拒否的な行動の一部を「母親は私を嫌っているから虐待するんだ」と解釈した人は，悪意のある対象表象を構成し，患者を継続的に「打ちのめす」ので，生涯にわたる抑うつに至る可能性がある。だが，苦痛の出所は主観的であり，子どもの解釈的で具体的な意味づけに基づいている。つまりそう思いたければ，空想や想像に基づいている。認知療法家は，この誤った解釈を認識し，その出来事に対する患者の意味づけを変えようとする。しかしながら，それらの解釈が意識的な個人に対してしか向けられていないのであれば，もっと潜在的な子どもじみた状態には届かず（催眠を使えば可能である），そのせいで，無意識の悪意のある表象には何の変化もないかもしれない。その患者は苛まれ続けるだろう。

　私たちは，抑圧の蓋を開けて，真実の出来事を発見し，それらと対決する必

要があるかもしれない。しかしながら，最終的な分析においては，実際に現実の有害な出来事に影響を受けてきたか，そのような出来事に対して生じうる想像や空想の解釈に影響を受けてきたかには関係なく，それこそが患者の**意味づけ**なのである。そして，それこそが，変化することを必要としている意味づけなのである。それこそが，自我状態療法において，我々がいつもそれほど現実を扱わずに，しばしば空想を扱う（引用されたケースで見てきたように）理由なのである。空想の表象は，現実の体験と同じく，生涯にわたる症候を創り出すことが可能なのである。その「原因」に関係なく，我々が探しているものこそ，内的システムの調和した機能の獲得なのである。

第10章

特殊な手続き

子どもの状態の問題

　子ども時代に取り入れられた状態は，子ども時代のトラウマに起因するもので，子どもの状態である。前に述べたように，子どもみたいに考えることができることは，セラピストにとっての財産である。この言明は，破壊的な状態を扱う際にも，恐怖に満ちた状態を扱う際にも効力がある。例えば，ある患者が，幻想の部屋のドアの裏側に，私のことを怖がっている状態がいくつかいると言った。そこで，私が催眠に入っている患者に話しかけている間に，私のしていることを戸口からのぞき見たり，見聞きしたりすることができて，その後に，私を怖がるべきかどうかを決めることができると暗示した。そうやって，それらはだんだんと私に慣れることができた。それこそ，幼い子どもが見知らぬ人に自然に慣れるのと同じではないだろうか？　別のときには，退行した患者は，自分の部屋にモンスターが入ってくるのを怖がっていた（Watkins & Johnson, 1982）。私は彼女に，私にはある秘密があって，モンスターを追い払う方法を知っていると告げ，「私の秘密を知りたい？」と尋ねた。それは小さな子どもにとっては，答えを聞かずにはいられない質問である。もちろんと彼女は承諾した。私は続けた。手を貸すために，彼女のすぐそばに座って，2人で実際のドアのほうを向いて，「さあ，あなたはドアを見ているよ。モンスターが入ってくるのが見えたらすぐに，「あっちに行け！」と叫んで。そうすると，モンスターは行ってしまうよ」と言った。そして，彼女はそうした。当然のことながら，彼女はモンスターが行ってしまったと報告した。大きな図体の中にいたとして

も，小さな子どもであるその人にとっては，そのようなテクニックは自我強化的である。なぜなら，それは子どもにパワーを与えるとともに，年齢相応であるからである。もし，私が彼女の大人の自己に話しかけていたならば，何も起こらなかっただろうし，彼女の恐怖を和らげる役には立たなかっただろう。

恐怖の取り扱い

恐怖に満ちた状態に助けが必要なことははっきりしている。それは，世話をしてくれたり，遊んでくれたり，ニーズがあれば何でも満足させてくれる建設的な状態を見つけてやることによって遂行できる。効果的な助けになるためには，そのようなニーズを適えるプロセスで両者の意向が一致していなくてはならない。それには，内的対話を通じて，お互いとの「接触」の詳しい方法を決める必要がある。

安全な部屋テクニック

安全な部屋テクニック（Watkins J, 1992b）の活用は，恐怖に満ちた状態をより安心させるためのもう1つの方法である。以下は，深化に階段を用いた，催眠下での誘導例である。

> 今，私たちは階段の一番下にいます，廊下を歩いて進んでみましょう。廊下の突き当たりに，あなた自身が選択した部屋に通じるドアがあります。その部屋ではあなたは安全で快適だと感じるでしょう。私たちがもっとドアに近づくと，よく見て，ドアノブがどうなっているかといった細部に至るまで，私にドアを描写してください。

描写させる目的は，患者が眺めているものを確認するためと，もっと注意を集中させて，それによってトランスを深めるためである。そのドアが明らかに空想的なものでない限り，意味のあるどんな連想でも探索するために，ドアが見慣れたものであるかを尋ねる。

> さあ，あなたに質問をしたいと思います。答えがどちらであっても，私には構いません。私に一緒にその部屋に入ってもらいたいですか，それと

も部屋の外にいてもらいたいですか？

　答えは，セラピストへの依存性の指標である。もし，患者が「はい」を示すなら，セラピストがドアを開ける。もし，「いいえ」なら，患者がドアを開けて，セラピストは部屋の外で待つ。以下のように進める。

　　あなた自身が選んだこの部屋を見回してください。そこではあなたは安全で快適であると感じるでしょう。あなたが快適に座ったり，横になったりすることができる場所を見つけてください（少し待つ）。さあ，あなたにあるものを探してもらいたいのです。あなたに探してもらいたいものは，あなたの強さの内なる核です。強さのその内なる核は，象徴的な形を取るでしょう。それは動物界や植物界，鉱物界の一部かもしれません。それが動物界の一部なら，動物や人間の姿形をしているかもしれません。植物界の一部なら，花や植物，木であるかもしれません。鉱物界の一部なら，物体やおそらくエネルギーであるかもしれません。私には，どんな象徴的な姿形を取るかはわかりません。私が知っているのは，強さの内なる核があなたの内部に存在しているということだけなのです（反応を待って，それから続ける）。それ（言及された象徴）に触れて，それを感じて，その香りをかいで，それがあなたの一部であることを知って下さい。それはあなたの友人であり，あなたを強くするのを助けてくれることを知って下さい（患者にその象徴についてコメントしてもらう）。ここは，ただ目を閉じて，この部屋に入ってくると願えば，いつでも戻ってくることができる場所です。あなたが特別に誰かを招待した場合や，誰かがあなたに肯定的なことを言ってくれる場合を除いては，他の誰もここに入ることを許されていません（覚醒）。

　患者の力の内なる核という認識は非常に多くの情報を与えてくれる。上品な子ネコと巨大なハイイログマ，みずみずしく茂った植物と風雨にさらされた矮小な樹木の間には，月とスッポンほどの違いがある。患者にとって象徴はそれ自体に意味があり，催眠下と覚醒後のどちらにおいても探索する必要がある。治療が進むにつれて，これらの象徴は治療的な進歩や，またはその不足を反映して変化するかもしれない。

安全な部屋は，それが適切であると思われれば，特別な自我状態のためにも，全体のパーソナリティのためにも使うことができる。それは，自宅でも実践できるテクニックである。セラピストは，患者が自宅用に特別にあつらえたバージョンや，一般化したバージョンをテープに録音することもできる (Watkins H, 1990a)。「強さの内なる核」の暗示のおかげで，それは恐怖を減らす安全の港や，自我強化のテクニックのどちらとしても役に立つ。

あるとき，私のある患者は，「悪いやつがここにいる」せいで，ドアのところで安全な部屋を怖がっていた。私は，「心配ありません。あなたが安全な部屋に駆け込む間，私が彼を抑えておきましょう」と言った。その工夫はうまくいった。それまでに，彼女が私を信じてくれるぐらいの十分な関係性が構築されていた。何と言っても，危機的状態を収めるには催眠で行うに限る。

セラピーの効果を長引かせるために，セラピストが特定のクライエントに個人用のテープを作ったり，異なるクライエントにも役立つような，より包括的なタイプのテープを作ったりすることもまた役に立つかもしれない。そのようなテープは，『自尊心の向上 (*Raising Self-Esteem*)』というタイトルで，ヘレン (Watkins H, 1990a) によって出版されている。そこでは，単に「あなたの部分」という言葉を引き合いに出すことによって，あくまでも建前は自我強化の暗示という文脈から脱線しないようなやり方で，自我状態の概念を促進している。

安全繭

恐怖を扱うための代替アプローチとして，空想上の繭がある。ゆっくり話して，患者をリラックスさせながら，次のように進める。

> 目を閉じて，汚れを知らない金色のエネルギーの泉が，頭のてっぺんから湧き出して，あなたの身体を下へと伝っていき，両腕や両足へとめぐっていき，そうして，あなたはエネルギーのこの想像上の繭にすっかり包まれたところを想像してください。その繭はあなたが自由に動き回っても大丈夫です。それは誰にも見えませんが，強くてあなたを守ってくれます。繭はあなたを，傷つきや，誰かがあなたに投げかける否定的な言葉から守ってくれます。もし，誰かがあなたを傷つける言葉を投げかけたら，それは矢のようにあなた目がけて飛んできますが，これらの矢は繭に当たって落ちてしまいます。あるいは，少しは突き刺さったとしても，内側に入るこ

とはできません．その繭はあなたの意のままです．もし，夜に取り外したければ，取り外せますし，あるいは，必要ないと感じたときにはいつでも取り外せます．では，やってみましょう（それから，問題の場面のリハーサルをする）．

　また，このテクニックが効果的なものになるぐらいまで，十分な関係性を築いておくことが重要である．指の合図や口頭で，患者がイメージしていることや描写していることが体験されているかどうかを確認することは当然のことである．このテクニックは，それ自体が簡単に外界とのやりとりに乗り出している．ということは，患者は，必要なときに「その繭」を周囲にまとって，情動的な保護をもたらすことができる．実際，安全繭と安全な部屋テクニックはいずれも同じ患者に用いることができて，一方がもう一方を妨げることはない．
　これらの方法は一時しのぎである．恒常的に解決するためには，最終的に恐怖は内的なシステムによって改善される必要がある．

理想的な自己

　次に紹介するテクニックは，自我強化的ではあるが，あくまでも現時点から見た希望という範囲で，未来への年齢進行に乗り出している．それは，全体のパーソナリティを対象にすることもできるし，1つまたはそれ以上の自我状態を対象に用いることができる．ある患者は，彼女をとりまく内的家族の全体で，そのイメージを体験すると決めた．
　患者にリラックスしてもらって，一緒に歩きながら，静かで美しい風景の楽しい田舎道を描写してもらう．例えば，ある女性の患者に，以下のような，あるいは似たような言い回しで進める．

　　私たちが歩いていると，先のほうで私たちが歩いている道と合流する別の道に気づくでしょう．その道を見渡していると，誰かがその道を歩いているのに気づくでしょう．その誰かはあなたに似ているようです．興味を持って，その人を眺めていると，その人は先のほうで私たちが進んでいる道に合流しそうです．彼女はあなたが今日着ている服を着ていて，髪の色も髪型も同じ（描写する）ことに気づきます．あなたは，その人が自信に満ちて歩いていることに気づき，あたかも彼女がどこに行こうとしている

のか，どうやってそこへたどり着くのかを知っているかのようです。あなたは好奇心をそそられて，彼女に追いつくために，私を後に残して行こう決心します。あなたはもっと速く歩き，間もなく自分が彼女と足並みを揃え，彼女が右足を前に出すと，あなたもそうして，彼女が左足を前に出すと，あなたもそうしていることに気づくでしょう。さあ，あなたは彼女と融合することを決心したので，彼女の頭はあなたのものになり，彼女の身体もあなたのものとなり，彼女が持っているこれらの自信の感覚はすべてあなたのものになります。[1] あなたは，強さや自信を感じながら，未来に向かって歩みを進めます。

もちろん，上述した言い回しは，患者の環境にふさわしいもので，患者が自分の理想的な自己をどう特徴づけるかに見合うものである必要がある。

今は亡きターゲット

子どもの状態が怒りや悲嘆を発散するのに，ターゲットとなる人物が生きている必要はない。怒りは，亡き親やきょうだい，重要な虐待者であれば誰に対しても発散することができる。自我状態の中には，退行した過去の中で故人が生きていると思っている場合がある。時には故人を，そんな感情をぶつけることができる魂（spirit）として見なすことがある。これらの感情は，肯定的にも否定的にもなる可能性がある。ある患者は，少女の子守りをしている最中に，自身が3歳のときに永遠のパートナーであった愛する祖母が，突然亡くなったことを思い出した。彼女は当時，祖母が寝てしまったと思った。彼女の両親が帰宅して，彼女が隣人に助けを求めなかったことや，祖母の命を救える可能性があったことについて彼女を非難した。彼女は酷く罪の意識を感じた。私は，祖母は何年も前に亡くなったけれど，まだ彼女の中に生きていて（重要な他者の取り入れ物），彼女とまだ話すことができ，彼女の話し相手になることができると説明した。催眠下で，彼女は素晴らしい世話人とのつながりを取り戻し，彼女が必要なときにはいつでもそこにいてくれることを約束してくれた。

別の患者は，強迫的に泣いてしまうという制御不能な発作のせいでセラピーにやってきた。彼は，幼い孫娘が発病から2週間も経たないうちに白血病で亡くなったとき，打ちのめされるほどの情緒的な痛手を体験した。彼は，この孫

娘が，いかに彼の人生における愛の対象になったか，毎日どんな風に彼女と遊んだり，彼女に話しかけたりしたか，そのことが彼女にもちゃんと伝わっていたと感じていたことを述べた。彼には，関係性に対してかなりスピリチュアルな傾性があった。私は，彼の不幸な人生を知っていたので，もしかしたら孫娘は無条件に彼を愛してくれた唯一の人間であり，彼がその見返りに同じように愛した人間ではないかと思った。彼は深くむせび泣いた。私は彼に催眠をかけ，彼を幻想の部屋に連れて行き，この子どもの「魂」を部屋に連れてくることができるか尋ねた。彼はそれをイメージして，それと対話した。[2] 彼は，「小さな女の子」が彼に微笑みかけて，彼女の目的は彼に愛の意味を，受け取ることと与えることの両方において教えることであったと報告した。「私はもう行くけど，いつもあなたと一緒にいるよ」と女の子に告げられ，最後に大泣きした後に，彼はすっかり疲れ切ってはいたものの，幸せな状態でそのセッションから戻ってきて，それ以降，強迫的に泣くことはなくなった。

援助者としての大人の自我状態

　子どもの自我状態を助けるもう1つの方法として，大人が子どもを虐待者からかっさらうのもありかもしれない。例えば，催眠の空想において，階段の一番下で違う場面を用いるのはどうだろう。その理由は，セラピストはセラピーのこの時点で，催眠に入っている患者が子どものときにその身に起こったことを，**再体験する代わりに，眺める**必要があると判断したからである。患者に，反対側で起こっていることが見られるマジックミラーのついた部屋を描写してもらう。そして，セラピストは，寝室に少女時代の患者がいるというような，子ども時代の状況を意識的に思い出すように暗示する。「誰かが部屋に入ってくると思います。何が起こるか，私に教えて下さい」。彼女が見ているものが虐待場面ならば，セラピストは彼女に，「あなたは，これ以上こんなことを我慢する必要がないことを知っています。あなたはそこへ行って，彼女を救うことができます」と言うのもいい。彼女は，マジックミラーを突き破るか，横にあるドアを探して，犠牲者のところへ辿りつくことができる。あるいは，虐待された子どもを見つけることがまったくできないということもあるかもしれない。その場合，彼女は自分を助けたい思いは山々なのである（よい治療上のサイン）が，これが可能になるには他のステップを辿る必要があるのだろう。

別の患者との場面では、催眠に入った大人と私が、不幸せな赤ちゃんが眠るベビーベッドの前に立っていた。我々は、私が赤ちゃんをベビーベッドから連れ出すべきか、それとも、彼女が連れ出すほうがいいのかを話し合った。我々は、**彼女**が連れ出す必要があるという点で合意した。彼女は、「もし、**私**がこれをしたら、**私**が彼女を安全な場所に連れて行くことができて、**私**がそこに匿うことができます」と、非常に論理的に説明した。

ボランティアの活用

自我状態が存在することはとっくに確立されているとき、ときにはボランティアの状態に子どもの状態の手助けをしてもらうことが役に立つ。

> スージー、部屋のドアを見てもらえますか？ 私は、あなたを手助けしてくれるボランティアに入って来てもらうよう頼もうとしています。それは、これを**したがっている**誰かでしょう。私はそれが誰なのかわかりません。誰が入ってくるか、私に教えて下さい。

私は、その患者に養育的な側面があると確信しない限り、決してこのテクニックを使わない。さもないと、ボランティアがまったく利用可能でなかった場合、私は否定的な側面を強化してしまう（自分自身がセラピストでもあるクライエントには、十中八九、内側のどこかには「助けてくれる」状態がいるものである）。もし、助けてくれる代理人が患者の中にいるとわかっているのに、患者が「誰も来てくれません」と言うなら、「あなたは、誰かに来てもらいたがっているに違いない」と言う。それで万事上手くいく。虐待されてきた子どもの状態の多くは、子どものときに受け取った侮蔑的なメッセージのせいで、自分には助けてもらう価値があるとは信じていない。脅かされている人が誰かに会えた後は、私は描写してもらうよう頼む。そして、我々は内的対話と、私とのコミュニケーションを進めていく。その目的は、ボランティアの合意の下で、子どものニーズを満たすことにある。

一時的な救済者としてのセラピスト

脅えた子どもの状態と私自身を除いて、他には誰一人いないときがあった。

このような状況下では，パーソナリティの内側に他のリソースを見つけることができるまで，「保護のための（想像上の）場所へ」と私の手で彼女を連れ出すかもしれない。児童養護施設で措置を待っている子どものように，彼女は私の一時保護を受けているだけである。しかしながら，内的家族への措置は，上手くいけば「外側の」過渡的な児童養護施設よりも段違いに安全で予測可能なものとなる。

傍観者としてのセラピスト

　子どもの状態の具体的な考え方というのは，助けようとするときにいつでも現れてくる。このことは，私が催眠を通じて，こころの中で「体験的に」行った一種のサイコドラマ（Moreno, 1946）を実施していたときに，最も明らかに描き出された。ある患者の2歳の自我状態は，彼女が持っていたナイフで母親を殺したがっていたが，怖がってもいた。そこで，彼女は私にナイフを持つように頼み，私はそのことに同意した。そして，彼女は母親のほうに向き直り，母親に向かって憤怒と怒りを徹底的に表現した。その後，2人は対話し，それによって仲直りした。この場面において，私は徹頭徹尾，傍観者であった。私には，静かにサポートする以外に必要なことはほとんどなかった。

「苦痛」という自我状態

　催眠下では，自我状態の内部の身体的・情動的苦痛は，それを受け入れることに合意した大人の自我状態に流し込むこともできる。ただし，双方がその入れ替えに合意していることが必須条件である。と言うのも，そうした苦痛は，そもそも大人の状態によってその自我状態に解離されてきたからである（Watkins & Watkins, 1990b参照）。奇妙に聞こえるかもしれないが，自我状態の中には，消えてしまったり，死んでしまったり，まったくパワーを失ってしまったり，存在する理由がなくなってしまうことへの恐れから，苦痛を手放すことに抵抗するものもいるのである。いみじくも，ある状態が言ったように，「苦痛こそが私なのである！」。

　その一方で，もし大人の自我状態が長年にわたって苦痛を抑圧してきたならば，それを取り返すことには渋い顔をされるかもしれない。そこが，治療上の問題の核心部分である。セラピーの技において，それぞれの自我状態に，その

ような変化の利点を信じてもらえるように，その論理の筋道や考え方に沿って，穏やかに説得する必要がある。ある患者の事例では，2つの争っている自我状態が，最終的には解決に同意した。大人は安全と愛情の中に，その傷ついている子どもを抱きかかえた。その後，2人は一緒にいることに満足して，統合という結果に至った。

　大人の自我状態は，さまざまな年齢における自我状態に接触（セラピーの終結が近づいているときに適切にアプローチ）し，それぞれの自我状態の感情を引き受けることもできる。あるいは，大人の中にいる若い状態に，以下のような説明をしても差し支えない。「あなたの苦痛は過去からのものですが，私はあなたの未来から来ています。私はあなたの苦痛を扱うことができます」。ある患者では，子どもの自我状態が「大人の膝の上に座っている」間に，大人が苦痛を声に出して解放し，子どもは解き放たれたと感じて，患者は統合の新しい感覚を体験した。

批判的な自我状態

　批判的な状態に対処する際に選択するアプローチは，対決的で，論理的で，実際的になりやすい。要求がましい状態は，内的な行動の変容に利点があると本当に理解したならば，しばしば変化する気満々にすることができる。例えば，達成欲求が高い自我状態は，先延ばしをしている人に対して，もっと肯定的で，支持的で，励ますように話すほうが達成することが増えると確信すれば，口やかましいふるまいを進んで変えようとするだろう。ときには，この種の戦術を2，3日試してみて，その変更がどれぐらい成功したかを批判的な状態に判断してもらうようにする暗示を与えることが役に立つ。そうして，批判的な状態は，新しい行動を続けるか，古いお馴染みのパターンに戻るかの選択権を握ることになる。このような状況下で，セラピストがその協力を得て，行動を変化させるために，先延ばししている自我状態に接触することも賢明な策である。そのような抵抗している自我状態は，おそらく批判的な自我状態からの承認を求めているのである。批判的な状態に，何か新しいことを試す選択肢を与えることは，そのような自我状態がたいていパワーとコントロールに対する欲求を持っているので，とても魅力的なものになる。批判的な状態の要求を飲むことは，セラピストに葛藤をもたらすだけであり，セラピストも患者も勝利することのない

競争を生み出すだけである。以下は，解決するのにわずか1セッションしか必要としなかったやりとりの例である。

　その患者は，病気でもないのに仕事を休んだので，居心地の悪さを感じていた。リラックスした状態で，目を閉じてもらい，午前中にお休みすることに異議のある部分をイメージしてもらった。彼女は，口を真一文字に引き結んで，深刻そうにしている自分自身を見た。私は彼女に，その自己が言ったことを聞いてもらった。「そんなこと，するべきじゃないわ！」。私は患者に，聞いたばかりのその部分のニーズが何なのかを見つけてもらうよう頼んだ。彼女は，"べきだ"が，彼女が成功するために一所懸命に働いて，遊び回らないでほしがっていることを報告した。"べきだ"の内なる行動は，口やかましく言って，彼女に罪の意識を感じさせることから成り立っていた。結果的に，"べきだ"にとって満足いくようなことにはなっていなかった。私は，"べきだ"と直接話して，戦術を変更するように，すなわち，彼女をサポートしたり，肯定的なメッセージを送ったり，彼女を信用したりするように提案した。その声は，「先月そうやってみたけど，彼女は四六時中ボーイフレンドと遊んでいたわ」と言った。そこで，私は"べきだ"に，遊びたがっている人をイメージしてもらうよう頼んだ。彼女はエプロン姿の10歳の子どもを見た。「まあ，そんな格好をして，馬鹿みたいに見えるわ！」と"べきだ"は宣った。私は，もし協力を望むなら，"べきだ"にそんな風に見くびらないよう注意を喚起した。私は10歳の子どもに，どう感じているかを尋ねた。「私はただ着飾って遊びたかったの。もし彼女が，私をもっと外に出してくれたら，そんな変なことをしなくてすんだのに」。妥結のときは来た。患者は催眠状態でその場面に入り，妥結にたどり着いた。このプロセスによって，患者は将来，自己催眠で使うことができるツールを得た。

　批判的で，野心のある自我状態と内的な先延ばし者の対決は，患者の過去に由来する元々の葛藤を示していることがある。例えば，親は昔，勉強しろと子どもにガミガミ言ったかもしれない。学生が宿題をすることを楽しんでいなかったなら，当時の子どもの実際の行動がどうであったかにかかわらず，子どもの内部に抵抗が育まれる。ガミガミ言うことが何度も繰り返されると，子どもは

このドラマを取り入れてしまい、達成に挑むときに、「～するべきだ」という側と、パーソナリティの「～したくない」という面の両方の感情を発達させるだろう。

許しのドア

　ここに紹介するテクニック（Watkins H, 1990c）は、自我状態にかかわるかもしれないし、かかわらないかもしれない。セラピーの進展につれて、自我状態がいることが明らかになるかもしれないが、自我状態にお目にかかるのに特段何の試みも必要ない。

　このテクニックの目的は、罪悪感を除去することである。罪悪感が主要な症候であるときや、その罪悪感を和らげる必要があるときに、このテクニックはその目的にぴったりである。

　患者が催眠に入って、階段で深化された後に、次のように進める。

　　　私たちは今、階段の一番下にいます。私たちの前には廊下があり、その突き当たりには許しのドアがあります。しかし、あなたが許しのドアに入れるようになる前に、廊下の両側にある他のドアに入る必要があるかもしれません。廊下を見渡して、ドアが見えるか確認して下さい（反応を待つ。もし、患者が見えるドアを特定したら、進める）。まずは、どのドアに入ってみたいですか？（おそらく、患者は最初に右側のドアを示すだろう）いいですよ。そのドアのほうに歩いていきましょう。ドアノブのような細部に至るまで、ドアについて私に描写して下さい（目的は、注意集中と見慣れてもらうことである）。あなたは以前にこのドアを見たことがありますか？（探索する）私たちはここに一緒に立っていますので、そのドアを開けて、見えるものを教えて下さい（反応を待つ）。内部を歩いてみましょう。

　さて、セラピーが始まる。患者は、許しのドアに入ることが可能になる前に、解決する必要がある場面に行く。そうでないなら、ドアを知覚した甲斐はどこにあるだろう？　今こそ、セラピストは患者について行き、患者の言っていることを繰り返す。すなわち極めて非指示的になるべきときである。その場面は、患者がそれに直面する必要があるやり方で進展するだろう。患者は大人のままかもしれないし、子ども時代に退行するかもしれない。除反応が必要かもしれ

ないし，何らかの体験を知覚する新しい方法を必要とするかもしれない。自我状態が優勢になるかもしれない。内容が何であるかについては一切わからない。しかしながら，患者がドアから出てきて，閉める前に，罪悪感と結びついている何かが解決されたに違いないことははっきりしている。ドアを閉めることは，象徴的に何かを置き去りにする方法であり，その記念に閉じられるのである。

患者が空っぽの部屋しか見ないときは，明らかに抵抗である。単に「え〜，入りましょう。おそらく，別の部屋があります」と言う。患者が，罪悪感に直面したがらないのも無理はない。しかしながら，セラピストが患者に同行しているという強い我々意識（we-ness）が，セラピストと我々に勇気を奮い起こすのに役に立ってくれる。

このテクニックの構造は50分で実施するのに適している。なぜなら，すべてのドアが1回のセッション内で終わる訳ではないからである。1つのドアが完了すると，次のドアは次のセッションで扱うことができる。全部のドアに入って，完了したら，許しのドアに入る頃合いである。

　　　さあ，許しのドアへと続く廊下の端っこまで歩きましょう。このドアの前に立っていると，何が見えますか？（反応を待つ）　ドアを開けましょう。あなたがこの場所に入って，体験する必要があることはどんなことでも体験できます。その間，私はドアのそばに立っています。あなたはこれを心の中でやっても，言葉に出してやってもいいのです。終わったら，そのことを教えて下さい（そして，催眠から覚醒）。

この体験は，非常に強く心に訴えるものになりうる。宗教的であり，スピリチュアル的であり，神秘的でもある。それはいつでも意味深くて，それゆえ癒やしには重要である。

しかしながら，すべての患者がプランに沿ってこの手続きについていくわけではない。30代のある患者は，近づいてくるトラックに自分の車を突っ込ませたいという衝動を抱えていた。彼は事故を防止するために，非常に意識して意図的にハンドルにしがみつく必要があった。3年前に発病してから，彼はセラピーと投薬のために精神科医と会い続けてきたが，何ひとつ助けにならなかった。彼の生育歴において，そのような自己破壊的な動機への手がかりは，何ひとつ見当たらなかった。私は，罪悪感が犯人であるに違いないと目星をつけて，

許しのドアのテクニックを採用した。最初，我々は2つのドアを通過し，それは授業時間での小さなけしからぬ行動にかかわっていた。3番目のドアで，「何が見えますか？」と尋ねた。

　　P（患者）：おお，神よ！（彼はびっくり仰天して言った）。
　　T（セラピスト）：神はここで何をしているんですか？
　　P：わかりません。
　　T：聞いてみて下さい。
　　――しばらく沈黙――
　　P：神は，「あなたは我が家の神聖を汚したが，一切その代価を払わなかった」と言いました。
　　T：それは何を意味していますか？
　　P：ああ，私はそれにまつわることをすべて知っていると思います。

　私は彼を催眠から覚醒させた。彼は，2，3年前に，ベトナムから帰国して，神に腹を立てて，彼の通う教会を全焼させようとしたと説明した。警察は罰金を彼には押しつけず，教会の保険会社が500ドルの損害を賠償した。彼が対価を一銭も支払わなかったことは明白であった。この場合，文字通りその代価は支払われなければならなかった。我々は，500ドルを完済するまで，匿名で教会に1カ月10ドルの献金の計画を立て，やがて症候は消失した。催眠療法においてどんな驚くべきことが起こるかについては，何人たりとも決して知るよしがないことである。

催眠を使用しないチェア・テクニック

　私（ヘレン）は，2つの理由でこのテクニックを開発した。それは，問題の領域について入り混じった感情を抱えている患者や，どんな理由であれ催眠が適切でない患者の葛藤を扱うのに役に立つ。また，我々のワークショップにおいて，異なる感情状態がいる証拠や，お互いに対する影響，どうやって葛藤を解決できるかのデモンストレーションをするのにも役立つツールである。

　我々のワークショップでは，単に好都合であるため，手続きは円形に配置した5つの移動可能なイスから始める。そんなに多くの椅子は必要ではない。あ

るオフィスでは，他の対象が座るのに用いられるが，ワークをスムーズに進めるには移動可能である必要がある。クライエントはそのテーマについての入り混じった感情を分離することの必要性について簡単な説明を受けた後，イスの1つに座り，セラピストはノートを手にそばに座る。

　　（例えば）ラリー，あなたは＿＿＿＿＿＿についての入り混じった感情を抱えていると私に教えてくれましたね。
　　このノートのページの一番上に，私は「＿＿＿＿＿＿＿に対する態度」と書きます。
　　このイスであなたにしてもらいたいことは，このテーマについてあなたがどう感じるかを言ってもらうことです。その間，私は秘書のようにノートにただ記録します。いいですか？「私は＿＿＿＿＿＿＿と感じます」というところからスタートして下さい。

セラピストは，クライエントとの間でコミュニケーションを取らず，アイコンタクトも取らずに，とにかくできるだけ，セラピストの記録が遅いせいで邪魔するようなことがないように，ノートに書き綴る。クライエントがそのトピックについて1つの感情を表現したら，2人は次のイスに移動する。

　　さあ，イス#1とは違うように感じている感情状態を見つけたら，このイスでその感情を表現して下さい。

セラピストは，ある感情状態によってすでに使われたことのあるイスには決して座らないことが重要である。それは，セラピーの整合性を台無しにしてしまう。それをしてしまうと，具体的な考え方が始まり，クライエントは，その感情の状態に対する敬意の欠如をありがたがったりはしないだろう。その後，クライエントがすでに表現したものとは異なる感情をそれ以上は見つけられなくなるまで，席を移動し続ける。そこまでに，我々は**主観的**な出来事を扱った。今度は**対象**としての出来事に移る番である。

　　ラリー，イス#1が言ったことをあなたに読み上げる間，私のそばに立っていてもらえますか。そして，イス#1がどんな感じかを短く説明してく

ださい（中立的な「イス」という単語を使うことで，ジェンダーについての一切の前提を与えずに済む）。

クライエントが表現した感情にふさわしい，共鳴的な声で記録を読み上げる。例えば，「彼はバカだ」と否定的にラベリングするようなことは許してはいけない。「え〜っと，この状態は何を感じていますか？」のような質問を使って，石橋をたたいて渡るように進めていく。セラピストは，患者から完全に見えるようにして，ノートの記録の下に描写を書き付けていく。

　　さあ，イス#1にぴったりくる名前かタイトルをつけて下さい。タイトルは，すでにつけてくれた言葉かもしれません。「抑うつ状態の人」とか，実際の名前とか（ノートの一番上に答えを記録する）。その人は，年上みたいですか？　年下みたいですか？　または同世代みたいですか？（この情報を，名前の下に記録する）

その反応が年上か年下であるなら，「どこか特定の年齢ですか？　その年齢について何か心に浮かぶことがありますか？」と尋ねる。これも完全にクライエントから見えるようにして，その年齢にかかわるデータであればどんな些細なことでも記録する。その人は，内容の伴った形式を構成し，その人にとって意味がある構造を構成しているがゆえに真に迫っているのである。そして，それぞれのイスの描写が完了すると，ページを切り取って，それぞれを該当するイスに置く。このプロセスが完了したら，記録や描写，名前やタイトル，それぞれのイスの年齢のまとめを読み上げる。例えば，

　　イス#1は_____と言いました。あなたはそれを_____と描写し，_____と名づけました。そして，あなたにとって____歳みたいな感じがしました。（イス#2などについて続ける）
　　何がここで起こっているのでしょう？

ここでちゃんとしたセラピーを始める。患者はその状況を混乱して見るかもしれない。「私にはめちゃくちゃに見えます」というのは，最もよくある反応である。「え〜，この葛藤について，どちらかの側に肩入れしているイスがあ

りますか？ もしそうなら，これらのイスを一緒にまとめて置いてもらえますか？」その患者が本当に望むようなやり方でイスを置こうとしているかを確かめる。「そのイスの配置は，あなたにとって，まさにぴったりな感じがしますか？ もし違っていれば，あなたの望み通りに置き換えて下さい」。今では，クライエントはイスの配置に非常に熱中しており，より具体的で，子どもっぽい考え方に退行している。「他のイスはどうですか？ それらはどこに属していますか？」などと聞いていくことで，混沌から秩序が形成される。この手続が完了しても，問題が隠れている場所や，助けてくれるかもしれない資源がある場所についてセラピストが知ったかぶりをしてはならない。患者の手に記録を持たせて，適切なイスに座らせて，今座っているイスとはかなり違うふうに感じている別のイスに話しかけてもらう。黙ってサポートするために，話しているイスのそばに立つ。あるイスが別のイスに話しかけているときはいつでも，クライエントが扱っている対象のイスに移動してもらう。今や，このプロセスは，前の章で言及した催眠下の対話と同じである。それぞれのイスは，クライエントによって与えられた名前を用いて，別のイスを扱うことで聞いてもらう必要がある。システムの内部で適えられるべきニーズと，誰かを喜んで助けようとしてくれている者を探す。もし，若い子どもの状態が泣けば，目線の高さよりも低い位置でイスのそばにしゃがみ込んだり，その感情の状態の肩に触れたりすることが役に立つ。それぞれの状態は，問題を解決するためではなく，その証人となるためにそこにいることを知る必要がある。セラピストは，患者にあるイスから別のイスに移ってもらうことを除けば，ほとんど話す必要はない。そのうち，終結が訪れ，満足に思える解決に至るだろう。そこで，セラピストはクライエントに立ってもらい，「今，どんな感じがしますか？」と尋ねる。

　人々が，セラピストからごくわずかな助けしか借りずに，自身の問題を解決するところを見せてもらうのは本当にうっとりするような経験である。このデモンストレーションを見せた多くの機会で，扱った問題がまったく同じであったときでさえ，誰一人としてまったく同じようにはならなかった。そのプロセスは個人的な意味合いを持っているので，イスを用いてすることを見るのは興味をそそるものである。イスを別のイスの上に積み上げる者もいれば，非常に慎重に他のイスとの角度を調整する者もいる。問題と関係がないことを示すために，イスを後ろ向きにする者もいる。そのイスたちがその関係性をどう見ているかを説明しながら，他の誰かが別のイスを並べた背後に，イスをいくつも

一直線に並べることもある。

　情動的な反応にはかなりのバリエーションがある。プロセス全体が知的である場合もあれば，情動が火山爆発的な除反応のように噴出することもある。そして，ときにその反応は身体的にもなる。あるボランティアの協力者は，怒りが出てきた瞬間に，激しく鼻血を噴き出した。彼は動じず，それが収まるまで，私はただ彼のそばに立っていた（他の人がタオルをくれた）。それは彼にとって意義深い解放であった。

　これらが本当に自我状態であるかどうか，これが本当の催眠であるかどうかについては，議論の余地がある。よい催眠の協力者とであれば，催眠状態に入って，これらの感情状態は，そのシステムの内部でよく精緻化された自我状態になるようである。催眠に入る能力に乏しい協力者の場合は，それらはただ感情であるというほうがよく理解されやすく，その患者と何らかの解決に至ることが可能である。

　要約として，ここにこの手続きの概要を示す。

パートⅠ：特定の問題についての自我状態の態度の発見

1. 舞台を整える：我々はみな入り混じった感情を持っていて，我々の異なるパーツは違って感じていることなどをクライエントに説明する。
2. あるトピックに関して，それぞれの自我状態に，そのことを扱うイスを決めてもらい，「私は〇〇と感じています」というところから始めてもらう。
3. それぞれのイスにそのトピックに対するそれぞれの立場を表現してもらいながら，セラピストは可能な限り逐語的に記録する。自我状態の性別を示唆しないようにして，クライエントにそれをしてもらう。
4. クライエントが別の感情状態を内側にそれ以上見つけることができなくなるまで，イスからイスへと移動してもらう。
5. まだ，患者によって使われていないイスに座って，秘書のように記録をつける

パートⅡ：それぞれの自我状態の特徴の描写

1. クライエントのそばに立ち，適切なイスを見て，それぞれの感情状態の記録を読み上げる。その際，患者がそれを表現したときにふさわしい共

鳴的な声で読み上げる。
2．患者にそれぞれの感情状態の描写をしてもらう（否定的なラベリングは許さない）。
3．クライエントに，その状態を一言で凝縮するようなタイトルや名前を尋ねる。
4．「その人はあなたにとって何歳ぐらいに感じますか？　年上ですか，それとも年下ですか，同年齢ですか？」と尋ねる。クライエントが同年齢ではないと言ったら，続いて，「（与えられた）その年齢について考えると，何がこころに浮かんできますか？」と尋ねる。

パートⅢ：パートナーシップ段階
1．ふさわしいイスに，記録されたノートを置く。
2．クライエントのそばに立って，クライエントによって与えられた**それぞれの感情状態の年齢や短い描写の記録**をふり返る。
3．「ここで起こっていることをどのように見ていますか？」，またはそれに匹敵する効果を持つ言葉で尋ねる。

パートⅣ：セラピストの介入
1．クライエントのリードについて行く。最初はついて行って，次にクライエントが進むべきと思う方向へリードするが，一緒にいる。
2．クライエントに，盟友と敵対者を識別するようにイスを並べ替えてもらう。
3．状態間の「内的対話」を通じて，何らかの終結や解決を得る。

時々，クライエントのラベリングや描写が，イスに座っている間に主観的に表現した記録にそぐわないように見えることがあることに注目しておくことは興味深く，そのことにまったく問題はない。これを指摘することは，セラピストの役割ではない。クライエントは，自分がぴったりくると思うやり方でそれを扱うだろう。
　このテクニックは，問題が根深くない場合や，無意識的に頑固でない限りは，非常に有効になりうる。つまるところ，あらゆる問題が心理的な発掘を必要としているわけではない。この方法には，**催眠**という単語を介在させないという利点もある。患者は目を開けたままで，自分の環境に気づくのである。その原

則は，催眠を用いた自我状態療法と同じである。すなわち，建設的な力や，システムの内部でニーズを適えること，対話，統合への探求がある。セラピストは劇の監督ではない。実際，セラピストは最小限の介入で解決するために，自分自身が「演じる」余地を残している。

理論的注釈

催眠下で自我状態を活性化してそれと作業するという，より共通した手続き以外にも，この手続きには多くの側面がある。催眠は，注意集中のメカニズムである。クライエントがイスからイスへと渡り歩くにつれて，注意集中も増進している。

患者が最初にイスに座って，セラピストが，「私は_____と感じています」というところから始めるように頼むとき，セラピストは患者の内なる状態に注意を集中するように仕向けているのである。患者がそのときに明らかにすることは，「主体」として，あるいは体験的な「自己」報告であると見なしても構わない。「私は○○と感じています」の異なるセットを持って異なるイスに移動するとき，患者は自分自身の異なる側面に移行している。

第2ラウンドの最中，セラピストはイスに対面するように患者に立ってもらい，外的な視点から「それ」について描写してもらう。その瞬間，セラピストは，知覚的な「対象」の報告を呼び起こしており，もはや「私は○○と感じています」ではくなり，「それは○○であるらしい」となる。

自我状態は，その境界の内側にあるものと，外側にあるもので定義される。それは，まるで国のように，その市民（そのテリトリーの内部に住む）と，部外者（外側に済む）で定義されている。自我状態理論の立場（第2章と第3章）からは，クライエントが席についているときの言語化は「自我備給されて」いる。そのクライエントが，椅子の前に立って，それを描写しているときには，言語化された報告は「対象備給されて」いる。

地政学的な注意集中によって，その人がイスに座っている，またはそこから移動するときに，催眠の注意集中状態によって描写されるときと同じように，重要な自我状態が描写される。この手続きの間に，「催眠」という単語は使われないとしても，（注意を集中しているため）患者はときには実際に軽いトランス状態に入っていることがある。

この「非催眠的」な手続きによって催眠の手続きについて経験のないセラピ

ストが自我状態療法を実践する余地が生まれる。あるいは，後に催眠的な自我状態療法へとつながる最初のセッションになりうるのである。

第11章
短期催眠分析的自我状態療法

　我々は,どのようなセラピーの体系であれ,どのように作用するかを理解しようとする際に,臨床家が事例を提供している多くの出版物を読み込んできた。これらは,しばしば短期的で,要約された場面の描写であり,セラピストが判断し最終的な結論を報告している。しかしながら,臨床家がしていたこと,すなわちその方法と理由を,臨床家が真に理解するのに十分なほどの戦術の細部や,臨床家の考え方が提供されていないことに失望させられることが多かった。我々もまた,自我状態療法の初期の事例を報告する際に,このフォーマットに従ってしまった(Watkins H, 1978 ; Watkins J, 1949, 1992b ; Watkins & Watkins, 1979, 1981, 1982, 1986, 1991)。
　よって,このワークを用いた事例をいくつも提示するよりは,むしろ2つの代表的な事例をより詳細に描写することを選んだ。最初は,生涯にわたる「問題」に苛まれている典型的な個人で,その問題は特に深刻なトラウマティックな出来事に始まるわけではないが,幸福や機能を慢性的に損傷するに至っている。そのような状態像は,幼いときからの親のネグレクトや誤った「しつけ」,度重なる辱めに根ざしている。このタイプの患者の多くは,職業面ではよく機能しているのに対して,自分の存在に対して,意味や幸福をもっともたらすことを望んで,精神分析や他のセラピーを絶えず探し求めてきた。彼らは深刻に病んでいる訳ではないが,そうあるべきであった人生から降りることができないでいる。我々は,セラピストの思考や反応を入れることで,自我状態療法に真実「味」を与えるために,この事例を提供した。この事例は,集中的な週末「マラソン」の典型的な事例であり,我々は,これがより「効率的な」なフォーマットであると信じている。これは,1週間に1回の1時間のセッションとい

う通例の実践とは対照的であるに違いない。

　2つ目の事例は，第14章で呈示されるが，重篤で生涯にわたる問題の例であり，生きるか死ぬかの瞬間を含むような，暴力的な子ども虐待に由来するものであり，その解決に何十時間にも及ぶ自我状態療法を3年以上にわたって必要とした事例である。

　これらの事例のどちらも，パーソナリティの構造と理論についての我々の理解や，無意識の機能についての精神力動，より効果的で効率的なセラピーに対する我々の探求における自我状態療法のテクニックの開発に貢献してくれた。

　もし，精神分析や精神力動的なセラピーに改善すべきことがあるとすれば，基礎理論ではなく，変化の可能性に期待を寄せるなら，むしろ治療的なテクニックやフォーマットのほうに傾くかもしれない。そのうちの1つがセッションの頻度であろう。

セッションの頻度

　フロイトは，初期の著作の中で，1週間に6日間，1時間という予定を立てており，「休日」（安息日）が分析の進展の邪魔になるとぼやいていた。1日サボると，抵抗と防衛が息を吹き返すからである。

　今日，精神分析はたいてい週に3〜4回のセッションで予定されるのに対して，他のセラピーでは，一般的に週に1セッションで予定されている。もし，セッションとセッションの間の期間で毎回，少なくともある程度は，防衛や未解決の抵抗のぶり返しを伴うのであれば，治療はパーソナリティの新しくはあるが未踏の領域に向かうある種の「下向きのラチェット」〔訳注：歯止めがついていて，一方向にしか回らなくなっている歯車のこと〕にならざるをえない。それは三歩進んで二歩下がるようなものである。次のセッションでは，ちょうど前回終わったところから取り上げることは決してできず，最初に以前の時間にすでにカバーされていた話題をある程度カバーしなければならない。これでは効率を最大化できない。その一方で，ときにはセラピーは実践的な理由でペースを落とさなければならないことがある。既知のいかなる治療法においても，あらゆるタイプのセラピーの最適な頻度は，研究によって決定されてきたのではなく，精神分析における週に3〜5回という規範や，他のセラピーにおける週1回という規範は，どちらかと言えば利便性や支払いの問題として定まってきたので

ある。ざっくばらんに言うと，我々は，どのぐらいの頻度で心理療法のセッションを持つべきか，50分が最適の長さなのかについてすら知らないのである。
　「マラソン」，または週末アプローチは，ヘレン・ワトキンスによって20年以上にわたって開発・実践されてきており，週に1回のセッションを通じて彼女がモンタナ大学のカウンセリング・センターで多くのクライエントを治療したのよりも，よい結果が得られたようである。それゆえ，彼女の開業実践のほとんどで，この流儀が採用された。さらに，金曜の夕方から日曜の午後までというスケジューリングは，州外から自我状態療法の集中治療のためにミズーラ〔訳注：米国モンタナ州西部の小都市〕に空路で入る患者にとっても好都合であった。
　ほとんどのセラピストは，1週間に約1時間を基本として予定を立てている。そのようなスケジューリングは，たいていセラピストにとっても患者にとっても便利である。そして，ときには徐々にプロセスするためにゆっくりとしたペースが必要なこともある。さらに，このペースは，行われているセラピーのタイプや，そのセラピストが最もなじんでいて快適でいられるようなタイプのセラピーにしっくり馴染むこともある。速いペースに圧倒されているかもしれない患者にとっては望ましいこともある。言い換えると，そのようなスケジュールのほうが望ましいという理由はたくさんあるのである。
　しかしながら，このゆっくりしたペースには否定的な側面もありうる。1回のセッションの間にどんなに進展があったとしても，次のセッションまでの間に，抵抗が強まることで，邪魔されることになるかもしれない。抵抗というものは，とどのつまり，保護的であって，セラピーの正常な一部なのである。人体の器官は，肉体的であるか心理的であるかに関係なく，ホメオスタシスの安定を恒常的に保とうとしているのである。お馴染みのパターンというのは，たとえこれらのパターンがこころや身体に害をなしていたとしても，変化よりは脅威が少ないのである。変化とは正体不明の鬼に相当し，正体不明のものは予測不可能であるがゆえに，脅威なのである。
　自我状態療法や催眠を用いてワークするのに，週に1回を基本として予約を受けつけることは確かに可能である。しかしながら，私（ヘレン）は，自我状態の問題を抱えた人々をもっと速いペースでワークするために，徐々にスケジューリングを変更してきた。私は週末をまるごと割り当てて，だいたい10〜15時間続ける。私のクライエントの多くは，全米や海外のあちこちでジョ

ンと私が行った，自我状態療法のワークショップのかつての参加者であった。クライエントの中には，これらのセラピストから紹介された者もあれば，ときたま患者が重要な他者を連れて来たり，紹介してくれたりすることもあった。

クライエントは，たいてい金曜の午後に飛行機で入り，すぐに私は生育歴を聴取するために2時間ほど会う。土曜日のセッションは，4〜6時間続き，日曜のセッションはたいていそれよりは少し短い。そして，日曜の午後か月曜の朝に家路につく。まれに月曜日のセッションが必要になることもあるが，めったにない。患者が完了したという感覚を感じることが大事である。それゆえ，追加の時間の選択肢を与えるため常に時間を空けている。

時間の制限がセラピーに及ぼす影響について注目することは興味深い。患者は，治療上のゴールに到達することに強く動機づけられる。患者は，一所懸命に取り組み，情動的なリスクを取り，より速やかに信頼関係を作るきらいがある。セラピストは，より集中して，より追い込まれ，また患者によって設定された治療上のゴールに到達するには時間が制限されていることに気づいてもいる。その体験が，密なワークをするためのパートナーシップになる。

家からある程度の距離を旅しなくてはならない人々を見ることには有利な点もある。クライエントは，金曜や土曜の夕方に環境が変わることで，注意が散漫になったり，おそらく古い神経症的なやりとりのパターンにはまったりするようなことが起こる自宅に帰ることができない。週末は誰のためでもなく，その人のためだけにある。それは，自己探索や葛藤の解決，自己養育，癒やしのための特別な時間なのである。

ときたま，地元のセラピストと，継続を前提としたセラピーを再開する必要性を感じる者もいるが，そうでない者もいる。週末セッションは，開拓のプロセスであるため，地元のセラピストとの間で明らかになってきたことの続きを進めることが賢明かもしれない。しかしながら，この決定の専門家は，他でもないその患者である。1回目の体験には，価値があって効率的であるとわかったおかげで，何人かのクライエントが，人生の別の側面にメスを入れるために，セッション終了後1カ月後や1年後に再度の週末セッションを求めることもある。

かつてセッションを受けた患者からの数カ月後から数年後のコメントの中で最もよくあるのは，以下のようにまとめることができる。「ああ，あれは効き目のある体験でした！」（第13章参照）。この表現は，その人への自我状態療法の効果が，深くて長持ちしたことを示してくれている。我々は，自我状態療

法が効果的で，費用対効果が高いことを見出してきた。しかしながら，保険会社は経済面でそのような可能性があることに気づいてはいない。

週末自我状態療法の代表例

　以下の事例は，週末に 10 時間にわたって行ったもので，金曜日に 2 時間かけて生育歴聴診をし，土曜日に 5 時間，日曜日に 3 時間のセッションを行った。
　私が生育歴聴取の最初にする質問はいつも，「この週末に，何を達成したいと思いますか？」である。この質問は，私がこのプロセスを手助けするためにここにいるとしても，セラピーはその患者のゴールであり，すなわちその人の達成であることを直接的に示唆している。それがパートナーシップの段階の先駆けとなる。それはまた，我々 2 人が向ける注意や，たどり着くべきゴール，週末の終わりに達成されたことを評価する方法を与えてくれる。
　この患者は，55 歳の離婚経験のあるカウンセラー（「カーリー」と呼ぶことにする）で，250 ポンド〔訳注：約 113kg〕ほどの体重があり，彼女には 2 人の成長した子どもがいた。カーリーは，何年にもわたってさまざまな類いのセラピーを受けたり，中断したりしており，彼女はそれぞれ違った面で役立ったと思っていた。私に会う目的は，体重を減らし，修士課程を修了し，運動への抵抗感を減らし，人からの疎外感を感じにくくしたいとのことであった。彼女は，さまざまなプログラムで体重を減らそうとしてきて，そのたびに体重はいったん減るのだが，リバウンドしてしまい徐々にもっと重くなった。頑張れば頑張るほど，彼女が感じる反動も大きくなった。彼女は，6 年も前に修士課程をほとんど終える寸前だったのであるが，半期分に相当する単位が不足していた。もっと前にこの課程を終えていれば，経済的にも専門職としても有利になっただろう。
　金曜日の 2 時間の目的は，彼女の背景や子ども時代のこと，態度を私が理解することと，彼女がお互いの信頼を発展させるために私と知り合いになることであった。彼女の子ども時代の描写は，両親によるネグレクトという一語で端的に表現される。彼女には，抱きしめられたり，ハグされたりした記憶が一切なかった。彼女は性的虐待を受けたわけでも，殴られていたわけでも，酷いやり方でトラウマを受けたわけでもないが，両親は 2 人とも批判的で愛情に乏しく，泣いたり怒ったりすることは許されなかった。高校生になると，彼女は自

分で自分を支えなければならなかった。彼女は誰にも頼らず，やりくり上手になったが，内側では孤立感と世界からの疎外感を感じていた。彼女は，助けをもらえず，勝手にさせられていた。両親は，食事面でも倹約しており，特に肉についてはそうであった。そして，彼女は自分が食べたいものを剥奪されていると感じていた。彼女は中学生のとき，放課後に母親からおまえは太りすぎだからと言われ，ダイエット用のスナックを手渡されたことを思い出した。しかし，昔の写真を見ても，そのような片鱗は写っていなかった。また，彼女は，「自分がそんなに賢いと思うな」といった言葉を聞かされていた。そして，彼女がどんなに何かを達成しても，一度も褒めてもらったことがなかった。未来の見えない地平に差すたった1つの明るい光は，彼女によくしてくれた両方の祖父母であった。3歳下と7歳下の妹たちとのつながりはほとんどなかった。何年かの結婚生活の後に，父親みたいな「だんまり屋」の夫とはもはや一緒に暮らしていけなくなり離婚した。

セラピーのセッションからの抜粋

土曜日のセッション（5時間）

　私（ヘレン）は，カーリーを催眠に誘導し，（第9章で言及された）想像上の部屋の楕円形のテーブルに導いた。私は，話を聞いてもらいたい人がいたら，誰でも入ってきてもらうように，「ただし，もし誰もいなくても全然構わない」と頼んだ。患者は，自分にまとわりついている赤ちゃんが見えると報告した。

- T（セラピスト）：彼女は，自分には何ひとつ悪いところなどなく，愛されるべきであることを知る必要があります（涙があふれ，彼女は赤ちゃんを抱きしめながら，安心させていると報告があった）。誰か他にも部屋に入りたい人はいますか？
- P（患者）：私たちの対角に座っている6歳です。
- 6歳：（この自我状態は，直接私に話しかけた）フェアじゃない！　お母さんは意地悪だ。腹を立てるだけじゃなくて，腹を立てているように見えることすら，泣いたりすることすらさせてくれなかった。
- T：でも，今，あなたは腹を立てることができるわ（6歳は，即座に母親への怒りを表現し，母親を散々に叩くことを楽しんだ）。

この除反応の後，私は，6歳に，よい母親がするみたいに，カーリーが赤ちゃんを抱いていることに気づいてもらった。

6歳：まあ，私も彼女に抱きしめてもらいたいわ（カーリーはそうする）。とても気持ちいいわ。全然，違う。
T：カーリーは，あなたに話しかけたがっていると思うの（このようにすると，催眠下の患者は，6歳に望むことを話せるようになる）。
（長い沈黙）
6歳：オーケー，私は賢いって，彼女は言ってくれる。私はもう，お母さんだった女の人のことを気にする必要はないわ。彼女は私を望んでいない。私にはもう新しいお母さんがいる。カーリーは私を愛してくれているもの。
T：今，あなたがあなたであるために，何ものにも縛られることはないわ。
6歳：イスから降りて，遊びたいと思ってるわ。
T：さあ，誰か他にも入りたい人はいますか？ もし，いなくても，全然構いません。
P：ティーンエイジャーがいます。彼女はシャイです。彼女はよい子になろうと頑張ったんですが，その努力は報われませんでした。彼女は，それが自分のせいではないことがわかりませんでした。
T：どうしたいか，私たちに教えて下さい，ティーンエイジャー。
ティーンエイジャー：2人はボスです。お父さんは私が泣くととても腹を立てます。お父さんは，仕事場でも私に怒鳴ります。もし私が言いたいことを言うと殴られるでしょう。
T：私がそんなことはさせません！（この時点までに，この巧みな介入が効果を発揮するのに十分な治療的影響力を持っているだろうと見込んで，リスクを冒している）
ティーンエイジャー：彼の腕を押さえていてもらえますか？
T：ええ！ あなたの言いたいことを，何でも言って下さい。
ティーンエイジャー：（父親に向かって）あなたは私のことを聞こうとしない。妹が私の服を取っても，あなたは何も言おうとしなかったわ。あなたは役立たずよ！ 大っ嫌い。すごく意地悪で，とても卑劣。私に何もさせてくれない。私がいいことをしても，何も言ってくれない。私に何か言うのは，いっつも私が失敗したときだけ！

T：賢いことの何が悪いの？
ティーンエイジャー：（父親に向かって）ええ，私はあなたよりも賢いの。あなたは私のやることなすこと全部をコントロールしたがっている。私は自分のことを自分で学ばなくてはならない。あなたの知らないいろんなことを私が学んでいるのが怖いの？（彼女は，父親の姿がボロボロに崩れていっていると報告する）私はカーリーのそばに座るわ。彼女はもっとわかってくれるもの。
T：カーリーが言わねばならないことを聞いて下さい。
（内的な対話のための長い沈黙）
ティーンエイジャー：カーリーはわかってる。何かが正しかったときには，彼女はいろんなやり方でそのことをわかるようになったの。2人とも私たちがわかっていることをわかっているわ。カーリーの隣にいると，なんてホッとするんだろう。
T：あなたはカーリーが修士課程を終えるのを引き止めましたか？
ティーンエイジャー：うん，彼女が書き終える（修了のための論文を完成させる）かどうかがはっきりしなかったので，秘密が明るみに出てしまうと思ったの。でも，彼女はそのことで私に腹を立ててないわ。
T：カーリーは，あなたがただ恐がっていただけだということを理解していると思いますよ。カーリーがあなたから必要としているのは，彼女を信じることです。
ティーンエイジャー：その通りです。私は父の陣営にいましたが，今はカーリーの陣営にいます。お母さんも，助けようとはしてくれませんでした。
P：胸にかたまりがあります（新しい症状）。
T：そのかたまりが喉のほうへ上がってくるままにして下さい。
P：ああ，とても痛みます（泣いて，うめき声を上げる）。何かがそれを抑えて，全部出ていかないようにしています。誰か他の人が入りたがっています。ああ，テーブルのあちこちにたくさんの人がいます。みんなが一斉にしゃべっていて，ほとんどカオス状態です。サイズと年齢も違っています。テーブルを広げなくちゃ。全員が座るには，長さが足りないわ（具体的な考え方）。
T：代弁者に尋ねて下さい（カオスから抜け出して，秩序をもたらすために）。
P：オーケー，若い人がいます。残りは不明瞭です。彼女が，残りの人々は

すべて失われた希望だと言っています。彼女は，それが何なのかを，私が知っていると言っています。
T：その失われた希望は，あなたがどんなに頑張っても，両親は決してあなたを愛さないだろうというものですか？（患者は頷く）でも，それは，両親が愛し方を知らないからであって，あなたのせいではありませんね。あなたはあらゆることを試してみたけど，両親が与えなくてもいいと思った愛を得ることはできなかったんですね（患者は辛そうに，深く泣く）。
P：おお神よ，私がどれほど強く望んだか。私にはどうすることもできなかった。
T：あなたは，大人の自己のところでは，希望を諦めたけど，子どもの自己のところでは諦めきれなかったんですね。
P：（グループを相手にする）頑張ってくれてありがとう。あなた方は，答えが何であるかを知らなかった。ただ，それを見つけようとしてくれた。（私に対して）まるで全員が私の中に入ってこようとしているみたいに感じます（統合？）。そうすることで，私は自分が頑張りたいことを頑張り続けることができるけど，頑張りたくないことには頑張らなくて済む。これこそ，みんなが諦めて，失敗みたいに感じていた理由なんだわ。そうして，頑張り続けたけど成し遂げられなかった全員が，今私の中に帰ってきました。赤ちゃんもそれを感じることができます。彼女は無力感を感じていないわ。彼女は違うエネルギーを持ってるの。彼女は今では外に目を向けようとしている。外側を見ても安全だと知っているんだわ。いい気分よ。彼女はまだ私の腕の中にいて，いつでもそこに居場所があるけど，彼女が望めば降りていくこともできるわ。彼女は大きくなったみたい。彼女から欲求がましい感じはしないし，彼女といても，前よりずっと落ち着いています。
T：特に，あなたに減量してほしくない誰かがいますか？
P：ドアから顔を出して引っ込んだ誰かがいます。
T：たぶん，彼女は怖がっているので，見られたくないのでしょう。
P：彼女は赤ちゃんだと思います。彼女と一緒にもう一人いるみたいです。ああ，群れをなしています。全員，口を真一文字に引き結んで，首を振っています。多くがお腹を空かせています。その赤ちゃんは食べ物に飢えていて，他の赤ちゃんは愛に飢えています。その赤ちゃんは空腹のため

に泣いていて，空腹のときにはそれ以上何もわからなくなって諦めました。ティーンエイジャーが，助けてくれます。

T：たぶん，ティーンエイジャーは，赤ちゃんが満腹になるまで食べさせてあげることができでしょう。

P：他にもティーンエイジャーの助けを求めている者がいます。その人たちは，常に食べ物が十分あることを知らなければなりません。その人たちは，食べ尽くしてしまったり，次回の食事が十分でないかもしれないと考えて残しておいたりしなくてもいいのです。奇妙です。赤ちゃんと他の人たちの間に壁があります。その人たちがしようとしていることに気がついて，止めようとするのを怖がっています。その人たちは，もし十分に食べ物を持っていなければ，悪いものが入ってくると怖がっています。

T：懐中電灯で壁を照らしてみます。見えるものを教えて下さい（彼女の具体的な考え方を反映している（投影的テクニック））。

P：擦り傷や傷跡のある，高い溶岩の壁です。私が太っていなければならない理由のすべてが，その壁の向こう側にあります。本当に堅い。助けを求めるために，私たちは壁にもたれてみようと思います。それが，私たちの理解したことが伝わるか試してみます。そうすれば，その人たちも恐がらなくて済むでしょうから，脅威を感じなくて済むでしょう。その人たちに大丈夫だよと伝える必要があります。その人たちが間違っているとは伝えずに，助けるためにしてくれたことに感謝します。私が壁を壊そうと頑張ってきたせいで，その人たちは壁をより分厚くして孤立してきたのです。おそらく，私たちが維持すべき体重のレベルがあるとして，このレベルは私たちの健康にとって危険です。私の言っていることをその人たちが聞いてくれることを願っています。あら，小さな声がこう言ってくれてます。「聞こえてるよ」って。もし，聞こえているなら，私たちはもっと話せるかしら？　私には，あなた方が必要です。あなた方は，みんな私の部分なのです。

　　（私に向かって）壁が薄れてきました。胸に重たさを感じます。その人たちが，テーブルの周りにやってきました。暗くて，すっかりひねくれていますが，強いです。その人たちの中には，たくさんのエネルギーがあります。

　　（壁の向こう側から来た者に向かって）私はあなた方が誰で，何をし

ているのか知りたいと思っています。あなた方が思っているよりも，あなた方は私に害を引き起こしています。それは感情でしょう？　違いますか？　私が買い物をしていると，忘れ物をさせます。いくら美味しくても，愛情がないことの埋め合わせになりません。あなた方は，美味しい味が行き着く先を忘れさせてしまいます。あなた方がそのことをわかっているかどうか，私にはわかりません。私は，あなた方が問題を引き起こすつもりがないことはわかっています。あなた方は，これ以上そんな風にして私を守る必要はありません。私は，これらの感情を感じても大丈夫なぐらい十分に強いんです。私は自分の感情を取り戻したいと思います。私は自分の身体を取り戻したいと思います。

　　（私に向かって）4人いるみたいです（自我状態？）。

T：もしかしたら，その人たちは今，あなたに話しかけるかもしれません（内的対話の示唆）。

P：最初の一人が立ち上がっています。彼女は12歳です。彼女は，放課後にライ麦のクリスプとバター・ミルクのために帰宅していた人です。彼女は，自分が太っていないことを知りません。

T：彼女に話しかけてもいいですよ。

P：あなたは太ってないわ。ほんの少しだけ，太鼓腹だけど，それは単にあなたの体型なの。家族に問題があるのよ。あなたのせいではないわ。あなたは何も間違ったことはしていない。

　　（私に向かって）彼女は緊張しているように見えます（泣く）。

12歳：気持ちよくなるには，何かを食べるしかなかったの。それは悪いことだとわかっていたから，隠さなくちゃいけなかったの。仕方なかったの。

T：あなたには何も間違ったところはありませんよ。

12歳：カーリーも，私には何も間違ったところはないって言ってくれる。私はお父さんに怒っていたけど，言えなかった。お母さんにもそう。彼女は，私に大きいサイズを買うことに文句を言ってた（両親のどちらに対しても怒りを表現し，2人をゴミ処理機に放り込んだ）。2人を追い払ったから，もうこれ以上自分がOKじゃないと感じなくてもいいし，気持ちよくなるために食べなくてもよくなったわ。

T：そして，あなたとカーリーとの意見が一致して，気持ちよくなるのに，今までとは違う方法が見つけられるといいわね。

P：もう一人います，2歳です。私は彼女について行かなくてはなりません。彼女は本当に深く潜行しています。彼女は私たちが小さかったときのことを思い出しています。何かの集まりで，キューピッドみたいに羽飾りでドレスアップされて，服も着ないで，ぞっとした感じがしていました。みんなが笑っていました。ベッドへ行き，親指を吸うと，気分がマシになりました。あいつらを止めることができなかったんです。

T：でも今なら，あなたは自分のしたいことは何でもすることができますよ。

2歳：あんたたちは小さな子どもをだました！ みんなで笑いものにした。あれで余計に悪くなったの。私は**大きく**なりたかった。もし私が大きければ，やつらはあんなことできないもの。カーリーは，私を大事にしてくれると言ってる。彼女は，あんな風にだまされない方法を知ってるわ。

P：25歳くらいの人がいます。彼女は，大人としてもっとよく知っているべきだったと，決まり悪い思いでいます。一番下の子が生まれた後，私の世界ではすべてが大丈夫なように思えていました。健康的に食べていました。その後，再びすべてが暗転しました。私はうっかりその人たちを捕まえてしまい，その人たちは怖くなったのです。それで，その人たちはもっときっちりと私を見張らなければならないと認識したのです。

T：4番目の人はどうですか？（ここまでに，彼女は壁の向こう側から来た4人のうち3人しか言及していなかった）

P：4～5歳の小さな子どもで，大人に見えるように頑張っていて，大きくて凶暴な仮面をつけています。彼女は怯えているに違いないわ。私は，彼女の恐怖を分かち合うために手を差し伸べています。彼女はいとことお医者さんごっこをしていました。後に，それを恥ずべきことと感じ，恐ろしい秘密になりました。告解のときにも言うことができず，彼女が背負わなくてはならない重荷のように感じられました。まるで体重みたいに。彼女には，これ以上そんな重荷は必要ありません。

T：あなたはこれ以上そんな重荷を背負わなくていいのです。

そして，催眠から覚醒させて，土曜日のセラピーは終わった。我々がその日のセッションの意味をプロセスしていくにつれて，いい気分を感じて，勇気づけられた。

土曜日のセッション：まとめと分析（ジョン）

セラピスト（ヘレン）は，被指示的な「投影的」アプローチを用いて，自我状態を活性化しており，もし患者がそうしたければ，誰もいないと報告できる自由を含めている。患者（カーリー）は直接的に，根本的な問題である，「生涯続く」愛されないという自己感覚に向かい，それを幼児期に関連づけた。

彼女は次に6歳に退行し，母性の拒絶に対する憤慨を（単に思い出しただけではなく）再体験している。彼女は，「母親表象」の自我状態と対決し（除反応），「母親を散々に叩くことを楽しんで」いる。今では「赤ちゃん」は抱きしめられて，6歳の自我状態もこれに参加したがっている。

この体験に続いて，大人の（催眠状態の）カーリーと6歳の間の対話に進み，その中でこの子どもの状態は，除反応を通じて解放され，今では大人のカーリーからの励ましとサポートのメッセージを受け入れることができる。

次に筋書きは，ティーンエイジャーの自我状態に移り，その劣等感が批判的な父親に関連づけられている。ティーンエイジャーは，（セラピストからのサポートを得て）内在化された父親の状態と対決し，彼を叱りつけた。それによって，カーリーに及んでいた父親の無意識的な影響や力を排除している。

彼女は，この除反応的な対決から，強化された自己尊重を身につけて浮かび上がってくる。今や，彼女は自分が「賢い」ことを知っており，父親はもはやこのことを否定できない。ティーンエイジャーの状態は，父親との恐ろしい同盟という過去から，カーリーとのサポーティブな同一化に移行している。

痛みを伴う「かたまり」が現れるが，それは抑圧された泣きに相当する。子どものころ彼女は泣くことを許されていなかった。セラピストは，そのかたまりを外に「お招き」して，涙にくれる除反応の中で，カーリーはこの鬱積した情動を解放する。彼女はもはや両親の愛情を無駄に探し求める必要がなくなった。彼女は自分自身を愛することができる。セラピストは，両親のネグレクトについて受け入れ可能な理論的根拠を提供した。「2人は愛し方を知らなかったのである」。

複数の自我状態が，サポートしてくれるグループへと，全般的に「統合」する。今では，彼女の全体の「自己」のリーダーであり代弁者でもあるカーリーが，それらのパーツを相手にして，彼女の自己のうち，以前は拒否された（そして解離された）これらのパーツに「愛」を示した。これには，「赤ちゃんを抱くこと」も含まれている（「彼女はまだ私の腕の中にいて，いつでもそこに居場所がある」）。

認知的・感情的架橋法を通じて，セラピストは別の赤ちゃんの状態を活性化しているが，おそらくもっと早期のものか，異なるものであろう。この赤ちゃんの状態の問題は空腹である。どうやら，乳児のときのカーリーは十分に食べさせてもらっていなかったようである。この赤ちゃんは，カーリーからも他の自我状態からも壁で隔てられて（解離されて）いる。セラピストは，ティーンエイジャーの自我状態の助けようとする欲求と結びつけている。おそらく，赤ちゃんに食べさせてくれるだろうと踏んでいるのである。

セラピストは，投影的なテクニック（懐中電灯）を通じて，お腹を空かせた赤ちゃんの状態をカーリーの残りの自己から解離している「壁」に注意を向けさせている。その壁は「薄れ」る。その赤ちゃんは，カーリーや他の状態を理解して統合しようと求める（「私は自分の感情を取り戻したいと思います。私は自分の身体を取り戻したいと思います」）。

食べることの問題が，12歳の状態によって再活性化され，両親のどちらにも除反応的に怒りを表現し，「2人をゴミ処理機に放り込」んでいる。子どもらしい具体的な考え方である。

次に，2歳の自我状態が，みんながカーリーを笑いものにしたという辱めの体験（キューピッドみたいな羽飾り）を思い出す。そして，（除反応的に）自分をいじめて苦しめる人たちを「怒鳴りつけ」ている。

5時間の土曜日のセッションの終わりに向けて，25歳の状態が，以前は解離されていた子どもの状態に関連する新しく発見した洞察を，認知的に「統合」し始めている。壁は薄れてきている。

セッションは，カーリーが4～5歳の頃の性的実験の色彩を帯びた「恥ずかしい」体験を思い出して終了する。

日曜日の治療（3時間）

カーリーは，その朝，朝食を全部平らげなかったことに気づいた。十分食べて満腹になったと感じていた。彼女は持ち続けることと手放すというテーマについて考え，それは体重という象徴的なものだけでなく，感情面にも及んでいた。

私は彼女を催眠誘導し，利用可能であるかを「観察者」に尋ねた。声ではなく，指の合図が「はい」を示した。私は，重要なものであればどんなことでも再体験できるようなところに，彼女を連れて行ってもらえるよう頼んだ。

P：全身が熱く感じます。呼吸も速くなって，おでこが緊張しています。不機嫌な感じで，心臓がガンガン打っています。恐くて，ひとりぼっちです（彼女の全身で感じている）。ベビーベッドです！（泣）
　（私は，カーリーに彼女を助けるように頼む……沈黙）
　今，彼女は私と一緒にいて，安全を感じています。私のガイドのリチャードがここにいます。彼はあなたが観察者を呼んだときにやって来ました。彼は助けてくれますが，ほとんどの場合は聞き役です。

T：おそらく彼は，あなたが行きたいところならどこでも連れて行くことができるし，する必要があることなら何でもすることができますよ。

P：私には，身体を動かす必要があります……運動です。父は，ついてほしくないところに筋肉がつくからと言って，女の子には体育をさせまいとしました。

T：でも，今ならそれができますよ！

P：私は，風のように走っています。

T：どうぞ，あなたのしたいことをして下さい。大丈夫です。

P：ああ，とても気持ちいいわ。まるで監獄から抜け出したみたいです。

T：大人になったカーリーは，どれぐらいできるか，どの程度であれば身体を痛めないかを知っています。

P：太っていることは，必要なときに私を助けてくれました。それは私が何も持ってないときに，居心地よく安全に私を保ってくれました。今の私は，それを必要としていません。それがあると動くのが大変だから。

T：リチャードは，あなたが行く必要がある他のどんな場所にでも連れて行ってくれることができるでしょう（まだ残っている他の問題があるか明らかにしようとしている）。

P：私は，リチャードと一緒に，傍らに花の咲いた土の道を降りて行っています。道は峡谷へと下っていて，岩壁が両側にあって，岩に囲まれたところで行き止まりになっています。登ってみようと思います。本当に険しいのですが。

T：リチャードは，あなたにはそれができると考えたからに違いありません。

P：ええ。リチャードは私を助けてくれています。長い道のりです。今，私は頂上に立っています。グランド・キャニオンみたい！　少し端に沿って歩いています。私が長い間いた場所にさよならを言ってるみたい。私

が登って抜け出そうとしたけどできなかった場所のすべてを見ることができます。峡谷の脇を見ると，そこに広がっているあらゆる種類のものが見えます。見ているもの……。私は，そこにあるものを見てみたい。それは扱いやすく見えます。私にはできると思います。私は峡谷の中にいたことを知りませんでした。こうして上に来れて，とてもよい気分です。

T：自由であることも気持ちがいいですね。

P：世界の頂上に立っているみたいです。左の肩に鷲がとまっています。今にも，飛ぶことができます。彼は，峡谷の中を飛びながら，大変な時間を過ごしてきました。戸口には誰も見えません（幻想の部屋のことを言っている）。もし誰か残っていれば，戸口で見つけることができます。これからは，私たちには会う場所があります。そして，あなたもそこにいることができます。

T：ありがとう。もし，誰かがあなたと接触する必要があれば，ミーティングを開いてもらえますか？

P：ええ，わかりました。胸の辺りが全然違って感じられて，もう緊張していません。リチャードが私に微笑んでいます。

T：誰が彼を「リチャード」と名づけたのですか？

P：彼は自分で名づけました。彼はいつでも私と一緒にいましたが，大人になるまで彼のことを知りませんでした。彼は，私が必要なときに，物事に注意を向けてくれます。ああ，私が身体の中で完全無欠に感じます。身体のすべての部分を感じることができます！

催眠から覚醒すると，カーリーは完了したと感じた。我々はセラピーの成果を調べ，概観し，そして終えた。6カ月後に，一本の電話で，彼女が一体感を感じ続けていること，体重が20ポンド〔訳注：約7kg〕落ちたことが確認された。彼女はまた，経済状況が許す限りなるべく早めに修士課程を終える計画を真剣に立てていた。

日曜日の治療：まとめと分析（ジョン）

カーリーは，食習慣における変化のサインを示している。「観察者」の自我状態である「リチャード」（第9章参照）が活性化され，ここでは内なる「ガイド」としてふるまっている。彼は，子どもの自我状態を助け，（走ることのような）

自由な表現を励ましてくれている。カーリーは，象徴的にリチャードと一緒に，「頂上」に歩いて行き，生涯にわたって「投獄されて」きた「グランド・キャニオン」を踏査する。

カーリーは，「自由」を感じ，今では自分の人生をもっとよく理解している。というのも，恐怖や怒り，抑圧されていた懸命の試みを持っていた解離された自我状態たちが，今では意識的に利用可能であるからである。彼女は，「胸の辺りで」，「身体の中で完全無欠に」統合されたことを感じている。リチャードは，依然として内なるガイドや友人として残り，助けや相談を必要とするときに利用可能である。

自我状態療法は，催眠分析のテクニックを用いて，この5時間セッションの中で見たように，しばしば迅速に年代を超えることができる。解離や抑圧，正常な忘却の数多の層が剥がされるまで待つ必要がない。

そして，なぜ我々は時間を食う抵抗にまったく出くわさなかったのだろう？　おそらく，それは，退行した催眠の関係性における，臨床家の治療的自己（Watkins J, 1976）の緊密な共鳴の賜物であろう。受動的に傾聴するセラピストが，患者によって思いやりがなく，ネグレクトする両親や内的表象に合致していると解釈されることがあまりに多い。そうなると，転移が表に現れて，それが解釈を通じてワークスルーされ，解決されるまでに，多大な時間がかかるだろう。完全な信頼の要素は，不必要に後回しにされてしまう。

この事例において，何かを顕わにする分析的なワークは，土曜日の5時間セッションにおいて大部分達成されていた。日曜日の3時間は，概観とワーキングスルーと，カーリーの洞察の地固めに捧げられた。

フォローアップ

過去18年間にヘレンによって行われた自我状態療法の週末セッションを受けたすべての患者に，フォローアップの質問紙が送られた（第13章参照）。このフォーム上に，カーリー（事例ナンバー11）は，名前を明らかにして，以下のように報告した。

質問	回答
問題は？	一生，55年以上
それまでに受けたセラピーは？	9〜10年，またはそれ以上
期間と頻度は？	たいてい，週に1回
治療の種類は？	精神分析を6年間。認知的なものや人間性中心のものを含む
結果は？	多くの洞察。程度の異なる変化。最も深く，最も妥協できない問題に関するさまざまな気づき。多くは幾分役立った。私が本当に求めてやまない変化が起こせないことへの不満。
自我状態療法の時間数	10時間
ヘレンと最後に会ってからの年月は？	1年
自我状態療法の結果は？	努力なしで起こった多くの変化と，現在進行中の変化。時が経つにつれて「発見されて」いる。例えば，態度や自己感覚，ストレスへの反応，攻撃，家族問題。
治療への評価は？	とても有効。
健康や幸福，適応の変化は？	セルフ・ケアの改善。幸福や人生における決定が肯定的になった。他者との関係の改善。
自我状態療法を他の療法と比較して？	問題の源・根本にまっすぐ向かう。抵抗を引き起こさない。自己全体で調和するような。
健康の専門家として，自我状態療法を使ったか？	はい，計り知れない成功が得られた。

　以前に受けた精神分析的セラピーや他のセラピーから得られた結果についてのカーリーの報告は，「多くの洞察」や「最も深く，最も妥協できない問題についての気づき」に言及している。しかしながら，彼女がここで言う「気づき」

や「洞察」の意味について，我々はいぶかしく思う。彼女は，どうも結果的にパーソナリティの機能や行動において意味のある変容をもたらすことができなかったようである。9〜10年の以前のセラピーは「幾分役立った」と報告してはいるものの，彼女は「（自分が）本当に求めてやまない変化が起こせ」なかったことに，なお「不満」であった。

この事例は，精神分析と自我状態療法の間のもう1つの違いを示している。パーソナリティが発達するにつれて，我々は，新しい体験がもっと前のものの「上に」記録されると考えている。8歳の理解や行動，記憶は後から，つまり「その上に」あるので，成長と発達は連続的で一次元的なプロセスになる。よって，精神分析は，発達プロセスの「頂上」，すなわち現在から始まり，早期の不適応的で，破壊的な要因を露わにしようとする探索であると見なされてきた。自由連想と抵抗の解釈を通じて，分析者と患者は，早期の決定的な出来事へと道を「下ったり」，「戻ったり」して作業する。そして，それらは思い出され，意識的になる。これによって，再解釈や理解，洞察が可能になる。10歳の体験は，8歳の体験よりも前に思い出されて，アクセスされる。

アンナ・フロイト（1946）は，「自我を迂回している」として催眠を非難したが，そこには，治療的変化は非常に皮相的で一時的なものであるという含みがあった。彼女は，催眠暗示のことを考えていたようである。催眠分析は，「自我を迂回する」のではない。それは，しばしば自我の**防衛**を迂回するのである。それはあたかも，近代戦において敵の防衛線の背後に舞い降りて，もはや攻撃に耐えられなくするパラシュート部隊のようである。それに対して，精神分析では，我々はもっと先に進む前に，通常は防衛線を攻撃し，粉砕していく（抵抗を分析し，ワークスルーする）。これはとんでもない時間の浪費になる。防衛が，催眠分析的に放棄されたときには，自我は破壊されていない。それは，パーソナリティ構造のより大きな「解放された」領域を編入せざるをえないように，拡張される。

自我状態理論によると，以前は自我化されていなかったが，今は解放されている（つまり，自我化されている）領域には，自我備給の追加投入が必要となるだろう。これらは，セラピストによってもたらされ，患者とセラピストの間の強い対人関係的な，共鳴的な「治療的自己」の関係性があることで利用可能になる（Watkins J, 1978a）。そのような解放が，カーリーの自我状態治療において例証されている。

自我状態療法において，我々は，現在の問題と関連しているものを探して，さまざまな年齢を行ったり来たりする。それは砂金採集とは異なり，「有望な金脈」でない素材でも，たくさん発掘されねばならない。それは，どちらかというと採掘作業のようなものである。カーリーの土曜日のセッションにおいて，この行ったり来たりの動きが以下のように進展した。
　（圧力を感じさせないセラピストの介入の後に）分析的な注意の中心は，乳児の状態に移った。次に，6歳の状態が活性化され，それにティーンエイジャーが続き，次に「かたまり」と描写された断片の状態が続き，その後，今日のカーリーへと戻った。
　新しい赤ちゃんの状態が現れ，「空腹」であった。子どもに食べさせないという母親の問題は，除反応的な母親への叱りつけを通じて扱われた。そして，ティーンエイジャーに戻って，赤ちゃんへの助けを借り，12歳の子どもの空腹の問題のやり直しへと続いた。25歳の状態による「洞察に満ちた」理解の後に，セラピーは大人の今日のカーリーへと戻ってきた。
　日曜日のセッションは，主に概観と「情報収集」に費やされた。観察者の自我状態であるリチャードは，ワーキングスルーが必要な他の領域について情報を提供することができ，しかも歳をとらなかったので，あらゆる年齢のレベルの他の自我状態を助けることが可能であった。それは，恒久的な内的サポート・システムとして残された。
　催眠分析的な自我状態療法において，我々は，退行した状態を活性化したり，抑圧された素材の蓋を開けたり，意味を分析したり，患者の正常で自我化された実行的な状態と接触したり，それと統合することの間を，絶えず行ったり来たりしている。
　カーリーのケースは，自我状態療法の一例であるというだけではなく，それがパーソナリティの機能や理論，治療的なテクニックについて，多くの見方を与えてくれるからこそ興味深いのである。▼1

第12章

心理療法のアウトカム・リサーチ

　過去1世紀の間に，多くの心理的治療のアプローチが標榜されてきた。本書では，1つの理論的枠組みの中に統合されたような多くの出所から引き抜かれた多くのテクニックを含んでいる心理療法の一体系を呈示しようと努めてきた。

　35年前，我々の一人（Watkins J, 1960）は，書籍という形式で刊行されてきたすべてのシステムやアプローチを照合しようとした。それは，ある種の「完璧なセラピー」への個人的探求であった。おそらく，日の目を見たのが論文の形式に限られている他のアプローチは見落とされた。このプロジェクトは，11年以上にわたって続き，約1,000冊の本を読解して，注釈をつける作業が進められ，それに続いてそれぞれの体系が概説された（Watkins J, 1963b）。10年後，同僚と一緒に，我々はその仕事を最新のものに更新しようとした。図書館での広範囲な検索やコンピュータ上の調査の後に，この領域を網羅するには，少なくとも3,000の文献を読むことが必要であることが判明した。我々はそのプロジェクトを諦めた。1997年現在，心理療法の全般的な領域において，山ほどの考え方や調査，報告，提案が追加されてきている。

　提唱されてきたアプローチのほとんどは，事例を描写し，そのテクニックを示し，ときにはその手続きについての独自の理論的根拠を示す個人セラピストによって発展されてきた。その多くは，単に行動的・認知的（Wright, Thase, Beck & Ludgate, 1993），人間性中心主義・実存主義的，精神分析的セラピーといった，より広く知られている体系のバリエーションに過ぎなかった。事例の客観的なフォローアップは滅多に手をつけられなかった。一般に，それぞれのテクニックや体系は，心理療法に対する他のアプローチの改良として示されて，多くは自分たちが最も上手のセラピーであると主張した。

自我状態療法も，その新しい貢献が疑問視され，当初の熱狂がやがては冷めた後に，かつては脚光を浴びたが，十分に検証されたことで，少なくとも部分的には見捨てられたセラピーの墓場にお蔵入りするような，試みの1つに過ぎない恐れがある。この領域において科学が発展するにつれて，心理的に損傷された人を治療する方法が改良されることで，ほぼ確実にお役御免となるだろう。

最近，心理学者による，心理療法が妥当であることを検証しようという努力への関心が再興してきた（American Psychological Association, 1996）。今日，研究者たちは，経験的に妥当であるセラピーのリストを特定しようとしている（Goldfried & Wolfe, 1996）。そのような努力は，保険産業によって熱心に支持されている。マネージド・ケアや他の資金提供者は，そのアプローチに投資する前に，それが有効であるか，どんな条件で有効であるか，誰が実践することで有効であるかについて知りたがっている。どんな条件で，どのセラピーの種類や体系が最善であるかについて，特別な情報を欲しがっているのである。それは，リハビリ医学の領域において知られているのと同じである。[1]

そのような情報を科学的に確実に得ることは，心理的治療の領域においては簡単な課題ではない。第一，メンタルヘルスにおいて何が完全な構成要素なのかを知ることだけでも難しいし，それをどうやって測定するのかについて知ることについても同様である。我々は，「よくなった感じがする」という患者の主観的な報告にもっぱら頼るしかない。あるいは，「治療前には，仕事で役割を果たせなかったのに，今は仕事に行くことができる」といった特定の用語でおそらくは言い表されるような客観的な基準を見つけることもできる。現代の研究は，一般的に有効性と効果性という2つの基本的なデザインのうちの1つから，問題にアプローチしてきた。

有効性（ときに臨床試験と呼ばれる）は，統制された臨床研究における介入の系統的な評価の結果に相当する。この種の研究は，実験室的な条件下で特定の手続きの効果を検証する。例えば，セッション数を揃えたり，その治療手続きが適用されるであろう母集団から無作為に抽出されたサンプルを代表することが推定されるボランティアを対象としたりする（Barlow, 1996）。有効性研究から得られた知見は，経験に基づいていると言える。セラピストは，そのような研究を，機械的で，マニュアル至上主義で，臨床的な状況には適用できないと批判する傾向がある。臨床では，セラピストはたいていバラエティに富んだテクニックを駆使していて，治療の長さも不定期であるからである。

効果性研究（臨床的有用性研究と呼ぶ研究者もいる。例：Jacobson & Christensen（1996））は，現実の患者に対して柔軟な手続きを用いる（臨床実践において通常起こっている）ような，自然な治療状況におけるセラピーの観察的（相関的）調査研究である。評価研究は，セラピー後の患者の行動の外的観察を目的とするものもあるにはあるが，たいてい治療に対する患者の反応に関連する自己報告を含むフォローアップ測定である。実験主義者は，そのような研究は，本当の意味では経験的ではなく，原因や効果を測定できないと主張する。さらに，自己報告は，仮病や，医師を喜ばせたいという欲求などのような，多くのバイアスに左右されると言って批判の的になる。どちらのアプローチにも限界があり，デザインの流れに頭を悩ますことになる。

　全般的に，アウトカム・リサーチは無数に増えてきており，多くはさまざまなアプローチの効果性を比較している（Bergin & Lambert, 1978；Claghorn, 1976；Frank, 1979；Landman & Dawes, 1982；Seligman, 1995；Smith & Glass, 1981）。『コンシューマー・レポート』〔訳注：非営利の消費者組織であるコンシューマー・ユニオンが発行している月刊誌〕は，心理療法を体験したことがある購読者によって報告された，治療の効果性についての非常に包括的なフォローアップ研究に着手した。

　『コンシューマー・レポート』（1995）では，7,000人の購読者からの質問紙への回答が含まれており，実際にその領域で，すなわち現実生活の状況で実践されたため，心理療法を研究する上で利点を有していた。全般的な知見は以下の通りであった。

- 心理療法は，患者にとって肯定的な利益がある。
- 長期にわたる治療は，短期間の治療よりもよい。
- 主な体系（認知的，行動的，人間性中心主義，精神分析）のすべてで，ほとんど同等の結果であった。▼2
- ケアの時間や，セラピストの選択が，保険やマネージド・ケアによって制限されていた患者は，同じ程度の効果が得られなかった。

　この研究は，その方法論的な長所や欠点という観点から，より伝統的な有効性研究と対比して，セリグマン（1995）によって評価された。彼は，デザインは改善の余地こそあるものの，本質的には堅実で妥当であること，その「背

景にある調査方法により，我々が心理療法の効果性についてわかっていることがさらに説得力を増した」と結論づけた。それは，心理療法は全般的に効き目があると言わざるをえない手形となった。人々は，そのような治療によって助かっているのである。

すべての研究者が，セリグマン（1995）の結論に同意した訳ではない。『コンシューマー・レポート』の研究は，心理療法の効果性を評価するという問題についての白熱した論争に火をつけた（Barlow, 1996；Goldfried & Wolfe, 1996；Hollon, 1996；Howard, Moras, Brill, Martinovich & Lutz, 1996；Jacobson & Christensen, 1996；Newman & Tejeda, 1996；Sechrest, McKnight & McKnight, 1996；Seligman, 1996；Strupp, 1996を参照）。

今日の心理療法の実践は，以前に比べるとはるかに深刻な問題に直面している。心理的治療は，医学的治療と同様に，最近では主に保険会社や他の第三者支払機関から資金を融通してもらっている。これらの組織は，何カ月も，しばしば何年にもわたって，1週間に何回ものセッションを必要とする治療への資金提供を喜んでしようとはしない。これらの組織は，短期的で，効果的で，「効率的な」手法を強要する。治療の質や長持ちする治療効果は，コストの低さや一時的な症状緩和の犠牲となるリスクがある。

これらの研究の多くやその他の研究は，いくつかの特定の治療的アプローチやテクニックの有効性を測定しようと試みてきた。その中でも，行動療法や認知療法は，最もよく研究されてきた。行動療法は，具体的で，客観的に評価することが可能であり，比較的セラピストのスキルや経験に依存しないため，研究者と保険会社のどちらにもアピールできたようである。行動療法は長年，体重管理や禁煙などの問題や，恐怖症などの特定の疾患のような問題についての多くの研究によって，効果的であることが証明されてきた（Turner, Calhoun & Adams, 1981）。

認知療法（Beck, 1983）は，神経症的なうつの治療において効果的であることが示されてきており，精神分析と同じく，「洞察」に至ることを通じてそれを行う。しかしながら，すでに完成しているジグソーパズルのピースと同じく，認知療法のアプローチでは，患者がすでに意識的に気づいているこれらのピースに対して，意味のあるパターンを見出そうとする。精神分析や催眠分析，他の精神力動的なアプローチでするような，患者が以前は気づいていなかったより深い，「無意識的な」問題については探求しない。認知療法はたいてい，精

神分析よりもかなり短期間であるが、抑圧されたトラウマティックな子ども時代の出来事に根ざした、生涯にわたる障害に対する効果性についての結論はいまだに出ていない。

　我々は、心理療法の研究が続けられること、研究者たちがこの自我状態療法における我々の独創的な仕事やアプローチを研究のターゲットに含めるように刺激することを希望している。しかしながら、ストラップ（1996）が、「すべての成功するセラピーの決定的な特徴は、私にとっては、患者－セラピスト間の関係性についてのセラピストの熟練したマネージメントであるように思われる」ことや、これは「共感的に聞く能力や、優しい態度、温かさ、思いやり、患者の福祉へのコミットメント」を強調していることを指摘しており、我々もこれに同意している。不幸なことに、治療因としてのセラピストの「人となりや自己」に注意を払っている研究はほとんど報告されていない。恐らく、これらの要因は実験的な条件によっては都合よく測定できないからであろう。我々は、**科学**（science）としてセラピーを研究するかもしれないが、**技芸**（art）としてセラピーを実践しているのである。

　精神分析を指向している実践家は、患者の恒常的な進歩には、パーソナリティの意義深い再組織化が必要であると信じている。これには、原因となる要因に対する洞察がかかわっている。精神力動的なセラピーは、精神分析の意向を組み込みつつも、短期間の効率性と同じくらい、長期的な効果性を示すことが可能でなければならない。

　どんなテクニックやアプローチ、治療の体系であれ、人間であるセラピストによって適用される。そして、人々はお互いにかなり多様性がある。およそ人間によって実践されるスキル（野球や絵を画くこと、話すこと、書くことなど）の中で、実践する人によって効果性が大きく変わらないようなものは何ひとつない。セラピーのテクニックは、人の手で用いられる道具のようなものである。その効果性を決定することは、バイオリンを演奏すれば素晴らしい音楽を奏でられるかと尋ねているようなものである。改良されたセラピーのテクニックは、ストラディバリウスのように、より素晴らしい結果が実際に得られてしかるべきである。しかしながら、アイザック・スターン〔訳注：著名なユダヤ系のバイオリニスト〕が手にすれば、若造の初心者が持っている場合と同じ道具とは言えない。たとえ、未熟者がマニュアルや教本における印刷された指示に従ってその道具を持ったとしても何にもならない。このことは、心理療法のどのア

プローチにも通用する真実であると我々は信じている。テオドール・ライクは，精神分析研究所の平均的な新卒者とはかなり異なるやり方で，「第三の耳」(Reik, 1948) を駆使して実践した。

　我々の体験や以前の著作の至るところで，テクニックではなく，セラピストの人となりが，アプローチの成功や効率性を決定づける**最も重要な変数**であると主張してきた。よって，すべての人は異なっているので，他のアプローチと比較して，あるアプローチの相対的な効果性を測定しよういうほとんど不可能な課題に我々は直面しているのである。▼³ ある事例において達成された結果は，セラピーのタイプやその理論的基盤，そのテクニック，その実践家の適性のどれのお陰なのだろう？　薬の処方や，行動療法の手順における正の強化子の付与のような最も客観的な手続きでさえ，誰がそれを与えるか次第で変動する。その上，セラピストは自分がそうすると公言していることを，いつも正確に実践しているわけではない。

　数年前に，一般的な心理療法を修士課程で教えていたとき，私（ジョン）は，有名で広く出版された心理療法家や精神分析家，認知療法家，行動療法家，人間性中心主義の実践家などからたくさんの録音テープを集めた。私は自分の学生たちに，現実療法や精神分析，ユング派の分析的セラピー，ゲシュタルト・セラピー，アドラー派の個人セラピー，クライエント中心（非指示的）療法，その他多くのセラピーの適用例であると推測されるものを聴かせた。学生たちは，これらのアプローチについての本や論文を読んで，さまざまな手続きのあらましを学び (Watkins J, 1960)，テープを聴くように言われていた。その多くは，非常に高名な実践家たちが自らの治療セッションを録音したものであった。

　学生たちの不平は辛辣だった。実践家たちは，自分たちが標榜したり出版したりした原則やテクニックに単純に従っている訳ではないと感じることが，しょっちゅうであった。治療的なセッションの最中に起こったことを実際に記録するような羽目になった場合の，理論と実践の隔たりは大きかった。また，そこには平均化が見られ，極めて独創的なアプローチをしていると主張している多くの臨床家は，患者を実際に扱う上で，自分たちは異なる体系を実践していると称する他の臨床家とそれほど大きく異なっているとは思えなかったのである。

　治療効果のアセスメントは，誰が治療を行ったかと誰がそこに書いてあるアプローチを利用したかによるだけではなく，誰がフォローアップ評価をしたか

によっても，さらに五里霧中にさまよう。セラピストは，自分たちが標榜し，出版している手続きにおいて，利害関係がある。その人たちにとって，患者に改善すなわち「治癒」を報告してもらいたいのが人情である。これは，生来のバイアスとして作用しており，自分たちで自分たち自身の治療の成功の報告をすると，うさんくさいと思われてしまう。自我状態の患者をフォローアップしようという我々の試みは，確かに同様の批判の対象になるかもしれない。

自我状態療法の効果性を真にアセスメントするには，かかった時間の総量や治療された疾患の重篤さ，他の多くの要因について，多くの（自我状態療法を実践していると推測される）セラピストたちによる広範囲にわたる事前-事後評価をすることが求められるだろう。これにはおそらく，多額の助成金の援助を得た研究や，年単位の時間，有名な大学の資源を必要とするだろう。

残念なことに，我々は2人とも学術的な世界からは引退しており，今となってはそのようなプロジェクトを請け負うことができない。しかしながら，我々は，暫定的な知見が得られるかもしれないデータをある程度持っており，このデータはそのような自我状態療法の効果性や効率性の客観的評価を探すという観点から収集したものである。

それは新しいアプローチなのだろうか，それとも単なる焼き直しで，これまですでに提案され，探索され，検証されてきた方法のバリエーションにすぎないのだろうか？　恐らく，もっと説得力を増すには，それが何か新しいものであるかどうかではなく，それがその種の疾患に推奨される治療として効果的であるかどうかである。もし，効果的であるならば，他の有名で，広く実践されているアプローチである精神分析的セラピーや，行動的・認知的セラピー，人間性中心主義のセラピーの上をいく改善なのだろうか，それらよりも効率的であるのだろうか？　それは，心理的な苦難の治療における人類の経験の現在の叡智に付け加えるべき独創的な何かを有しているのであろうか？

セリグマン（1995）の『コンシューマー・レポート』研究の評価は，将来のセラピーの有効性について，よりよく統制され，実験デザインを改良した，セラピーの効果性における将来の研究に，多くの価値ある示唆を与えるものである。我々は，自分たちがしたいと思っていた，あらゆる条件を包含して，拍手喝采を浴びるような効果研究は行うことはできないにせよ，少なくとも，過去15～20年以上にわたって治療した患者についての比較的客観的なデータを，集めた試みを報告することはできる。我々は，この研究において患者が報告し

たことが代表例であるとか，いわんや我々の自我状態療法だけがその後に起こった疾患の改善や変化の唯一の重要な要因であると主張するようなことはまったくない。研究は，過去18年間の範囲で，我々の一人であるヘレンから集中的な治療を受けたことのあるすべての患者に送られた客観的な質問紙で構成されており，これは基本的に第11章で記述され示されたように，彼女の週末「マラソン」モデルに従っている。

これらの患者たちは，重篤で歯が立たない精神病理のために心理的治療を求める患者の代表例ではない。患者たちは，主としてメンタルヘルスの専門家や心理学者，精神科医に加えて，その人たちの家族や患者であった。患者たちは，「問題」のせいで個人セラピーのニーズを感じていた。しかし，ほとんどは，自我状態療法のセッションを受ける前に，精神分析や他のアプローチのような個人セラピーを長きにわたって受けた期間があった。患者たちには，ある程度比較のための基礎があったと言える。以下は，調査が実施された方法を記述したものである。

質問紙とそれ用の教示用紙が，ヘレンが過去18年間に（週末「マラソン」のフォーマットで）治療したことがあるそれぞれのクライエントに郵送され，匿名での回答を求めた。その際，どのクライエントがどの質問紙を送り返してくれたかをチェックしようとは決してしなかった。個人個人が，完全なプライバシーと守秘性を感じて，否定的な評価や批判的な評価を提出することも自由であると感じることがより重要であった。我々は，この調査が，単に自分たちの側にとってお世辞やうれしい満足を手に入れる遠征に成り下がってほしくなかったのである。そのような反応は，今のところ肯定的な感情を抱いているセラピストの気分を損ないたくないという，クライエントの願いを表しているだけかもしれない。我々は可能な限り完全な客観性を望んだのである。

したがって，第13章で報告する知見は，週末の集中個人セッションの最中に，あるセラピストが自我状態療法を用いた結果を患者が報告したものを示している。それゆえ，これらの結果は，週末マラソンというスケジュール形式や，催眠というモダリティ，自我状態療法の観点，自我状態療法のテクニックの使用，患者の選択，セラピストのスキルや感受性，またはこれらの組み合わせのおかげであるかもしれない。これは，自我状態療法単独の妥当性の明確な検証であるとは見なされない。ただし何が可能であるかを示唆していることは確かである。

第13章

自我状態療法の効果性と効率性
妥当性の研究

　週末自我状態療法は、週に1回の伝統的な治療と比べると、より集中的な体験である。それは、身体的な疾患における「間隔を開けた投薬」〔訳注：効果を最大化するために、強力な薬物を大量に投与することを、間隔を開けて繰り返す治療方法〕との比較で言うと、特定の葛藤や病理を解決したり根絶したりすることを目指す「心理的手術」のようなものである。集中型の週末マラソンアプローチは、本章で提示されるデータに基づくと、短時間でかなり多くの（抑圧された）素材にアクセスし、統合するところまでカバーしている。[1]

　これらの患者のほとんどは、週末セラピーのために、州外から飛行機でやってくる。それゆえ、最初の予約時に、患者たちは、必要があればサポートやワーキングスルー、フォローアップのために、その後に通うことが可能な「地元のセラピスト」にかかることをアドバイスされる。患者は、しばしば長年かかっている個人セラピストから紹介されてやって来て、また戻っていった。

　この自我状態療法の結果をより客観的に研究するために、私（ジョン）はヘレンの以前の患者に質問紙を送付することに決めた。その基本的な目的は、これらのクライエントが過去に体験したことがある他のセラピーと比較することであり、自我状態アプローチの妥当性や、その効果性と効率性について何らかの客観的判断を下そうとするものであった。

　ジョンによって治療されてきた自我状態療法の事例は、本物の多重人格が含まれていることが多く、集中型の週末マラソンにはスケジューリングされなかったので、この研究には含められなかった。データは、以下の基準に適合している者からのみ入手され、それに基づいて評価された。

- ヘレンと会った。
- 集中型の週末マラソン・セッションだけで会った。
- 治療における本質的な部分は自我状態療法であった。

1976年から1995年までに会った事例の中で，上の基準に適合した者は，全部で86名おり，その人たちに質問紙が送付された。質問紙は，パーソナリティの要因を最小化するために，我々2人の両方に治療を受けたことがあるすべての患者からのフィードバックを求めるもの内容になっているが，今回はヘレンの患者にのみ送付された。46名（53％）から回答漏れのない質問紙が返送された。

自我状態療法についての質問紙

1. セラピーを受けた理由は何ですか？＿＿＿＿＿＿＿＿＿＿＿＿＿＿
   ＿＿＿＿＿＿＿＿＿＿＿＿＿＿＿＿＿＿＿＿＿＿＿＿＿＿＿＿
2. 問題はどのぐらい続いていましたか？＿＿＿＿＿＿＿＿＿＿＿
3. ジョンとヘレン・ワトキンスのどちらかに自我状態療法を受ける前に，心理療法を受けていましたか？＿＿＿
4. 「はい」であれば，どのような種類の心理療法ですか？
   精神分析＿＿＿・認知的アプローチ＿＿＿・行動的アプローチ＿＿＿・人間性中心主義的アプローチ＿＿＿・その他＿＿＿＿＿＿＿＿
5. 約何回のセッション（時間）でしたか？＿＿＿
   どのぐらいの期間でしたか？＿＿＿年＿＿＿カ月
6. 結果は：＿＿＿＿＿＿＿＿＿＿＿＿＿＿＿＿＿＿＿＿＿＿
7. その治療をどう評価しますか？
   非常に効果的＿＿＿・やや＿＿＿・わずかに＿＿＿・効果的ではなかった＿＿＿
8. それは期待通りでしたか？
   はい＿＿＿・大いに＿＿＿・部分的に＿＿＿・ほんの少し＿＿＿・いいえ＿＿＿
9. 書きたいと思うことがあれば何でもここに追加して下さい。＿＿＿＿
   ＿＿＿＿＿＿＿＿＿＿＿＿＿＿＿＿＿＿＿＿＿＿＿＿＿＿＿＿
10. ヘレンとジョンと，何回の自我状態療法のセッションを持ちましたか？
    ヘレン＿＿＿回　　ジョン＿＿＿回
11. これらは週末に集中していましたか？　はい＿＿＿・いいえ＿＿＿
    何回の週末を使いましたか？＿＿＿＿＿回

12. ヘレンあるいはジョンのいずれかとのセラピーを終えてから，どれだけの時間が経っていますか？＿＿＿＿＿
13. ヘレンあるいはジョンの診察を受けた根本的な理由は何でしたか？
   ＿＿＿＿＿＿＿＿＿＿＿＿＿＿＿＿＿＿＿＿＿＿＿＿＿＿＿＿＿＿
14. 結果は：＿＿＿＿＿＿＿＿＿＿＿＿＿＿＿＿＿＿＿＿＿＿＿＿＿＿
15. この治療をどう評価していますか？
   非常に効果的＿＿・やや＿＿・わずかに＿＿・効果的ではなかった＿＿
16. それはあなたの期待通りでしたか？
   はい＿＿・大いに＿＿・部分的に＿＿・ほんの少し＿＿・いいえ＿＿
17. 書きたいと思うことがあれば何でもここに追加して下さい。＿＿＿＿＿＿
   ＿＿＿＿＿＿＿＿＿＿＿＿＿＿＿＿＿＿＿＿＿＿＿＿＿＿＿＿＿＿
18. 自我状態療法を受けてから，健康や幸福，適応は多少なりとも変化しましたか？ 書いてください。＿＿＿＿＿＿＿＿＿＿＿＿＿＿＿＿＿＿
   ＿＿＿＿＿＿＿＿＿＿＿＿＿＿＿＿＿＿＿＿＿＿＿＿＿＿＿＿＿＿
19. 自我状態療法を，これまでに体験したことがある，または知っている他のアプローチと比較してもらえますか？＿＿＿＿＿＿＿＿＿＿＿＿
   ＿＿＿＿＿＿＿＿＿＿＿＿＿＿＿＿＿＿＿＿＿＿＿＿＿＿＿＿＿＿
20. ヘレンあるいはジョンとのセッション以降に，他のセラピストから心理療法を受けましたか？＿＿＿＿書いて下さい。＿＿＿＿＿＿＿＿＿＿
   ＿＿＿＿＿＿＿＿＿＿＿＿＿＿＿＿＿＿＿＿＿＿＿＿＿＿＿＿＿＿
21. もし，あなたが健康の専門家であるなら，ヘレンあるいはジョンとのワーク以降，自我状態療法を使ったことがありますか？＿＿＿＿＿＿＿＿

自我状態療法の効果についてのフォローアップ質問紙[2]

　私たちは，多くの科学的な学術誌や，わが国や海外での数多くの学術会議において，治療のための自我状態アプローチについて説明するように要請されてきました。我々は，ほとんどのクライエントに助けになってきたと感じてはいますが，その効果について専門家から求められる客観的で科学的なデータを持っていません。そこで，この質問紙を送らせていただきました。
　この質問から得られたデータは，研究目的のみで使用します。それゆえ，回答者は誰も名前やイニシャル，時期，住所などのような特定できる情報によって，個人が特定されることは絶対にありません。個々の個人情報は完全に守秘されます。漏れなく，率直に答えていただけると大変ありがたいです。

知見は，全体的な傾向に加えて，あなた方の中でそうする許可を私たちに下さった人の治療の描写という形で刊行されますが，あなたのプライバシーは，いつでも最も尊重されます。

私たちは，過去18年間にそのような治療のために私たちのところへ来て下さり，自我状態療法を受けられた皆様に連絡を取っています。この研究に参加してくださった皆様に心から感謝します。そのお蔭で，私たちは自我状態療法やその理論を改良することができます。皆様の体験のお蔭で，我々や癒しに関わる職業における他の人たちに，より効果的で即効性のある治療を提供することが可能になることを希望して。

敬具

ヘレン・H・ワトキンス
ジョン・G・ワトキンス

質問紙が返送されるにつれて，特定の項目ではもっとはっきりした言葉遣いをすべきだったということが明らかになった。例えば，項目21は，回答者がメンタル・ヘルスの専門家であるのかと，自分の個人的なセラピーセッションの後に自我状態療法を用いたかを尋ねていた。この質問は，やや曖昧である。多くは「はい」と答えたとは言え，「いいえ」の反応が，その人たちが健康の専門家でないことを示しているのか，ヘレンとの治療の後に続いて自我状態療法を用いなかった専門家であるのかが定かではない。何人かは，すでにこのアプローチに馴染みがあり，以前に自分たち自身のクライエントに使っていたことを報告してくれた。

「問題」または治療を受ける理由

ほとんどの事例において，クライエントたちにセラピーを求めるよう駆り立てた「問題」は同じであった（項目1や項目13への回答）。全般的に，最初の問題を解決したものの，何かが欠けているとか，何かが未解決であると感じている人は，ほとんどいなかった。

問題の中には，「抑うつ」のように数語の短い言葉で述べられたものもあれば，長ったらしく記述されたものもあったので，その場合は，我々がその本質を捉えて，より短い形に短縮した。精神医学的な診断を示した者も2～3名いた。項目2（持続期間）は，正確にかぎ括弧の中に記録された。表1は，最初にセラピーを受けることになった問題と，質問紙に報告された持続期間を示している。表2は，セラピーが求められた理由をまとめている。

表1. 項目1：問題，クライエントがセラピーを受けた理由／項目2：問題の持続期間

事例番号[3]
1. 自尊心の頻繁な低下。「永遠」
2. 現在の人間関係に影響している子ども時代のトラウマの解決。「45年」
3. パフォーマンス不安。数学への苦手意識。後に読字障害と診断。「高校の時」「1984年」
4. 不妊症，夫婦間の不和，抑うつ。「2年半」
5. 統合された全般的な理解，偏頭痛。「1983年」
6. 性的虐待の記憶。生涯にわたる抑うつ。「30年」
7. 中年期の抑うつ，人間関係の失敗。低い自尊心。「生涯にわたる」
8. 抑うつ。「数年間」
9. 不安。「人生ずっと」
10. MPDの治療を始める。解離の探索。「既知の問題はない」
11. 長年続いている内なる葛藤の解決。「55年」
12. 抑うつ。「リストには当てはまる持続期間がない」
13. 夫婦間の問題。「2～5年間」
14. 不合理なオーバーリアクション，怒り。不安，安心のなさ。「生涯にわたる」
15. 自分の情動の源をよりよく理解するため。「本当に問題ではなかった」
16. 何重にも断片化されたMPD。「生涯にわたる」
17. あなた方のワークショップで自我状態療法について知った。「若い時から（自己を探求することに興味）」
18. 子ども時代のトラウマの解決，人間関係の探求。「直接気づいたのは1年前」
19. 個人的な力動の理解，もっと知りたい。「いつも（自己理解を求めていた）」
20. 長続きする恋愛関係を結べないこと。「一生？」
21. 食べることを強迫的にやめていて，体重が減少。「12歳から」
22. 子ども時代の健忘。「永遠」
23. （無回答）
24. 過度な飲酒。「10年間」
25. 記憶に空白部分がある。重篤な抑うつ。「数年間」
26. 自己受容の欠如。身体への尊重の問題。「20年」
27. 全般的なパフォーマンス不安。神経症的な抑うつ。「大学時代と20歳」
28. 子どものときの虐待。「問題に気づいたのは1年前か，ヘレンを訪ねる前？」
29. 罪悪感。薬物乱用の既往歴。性的逸脱。「22歳から」
30. 子ども時代の性的いたずら，ひとりぼっちになることへの恐れ。過度の不安。「25年以上」
31. ガンと闘うため。原因をみつけるため。もっと作り出さないことを確実にしたい。「診断された1991年の8月から」
32. 子ども虐待の後遺症からの癒やし。「35～40年」

表1. つづき

33. 抑うつと不安。「6カ月」
34. 無オルガスム症。不眠症。「生涯にわたる」
35. 子ども時代のトラウマに関係している未解決の解離症状。「9歳」
36. 深く,強烈な抑うつ。若干の自殺願望,お先真っ暗な落ち込み。「幼少期から」
37. 母に対する早期の態度。傷ついた自我状態が人間関係に影響していた。「思春期～成人期」
38. もっとリラックスしたいのと,自分であることに自由でありたい。「50年間」
39. 抑うつ。「6カ月」
40. 子ども時代の虐待の可能性について引きずっている疑念。「20年間」
41. 肥満。食事への耽溺。親密さへの恐れ。「生涯にわたる」
42. 人生における恋人や自分自身との関係性。「3～4カ月」
43. 抑うつと不安。「思春期以降」
44. 結婚や子育ての準備。「離婚(2年前)から」
45. 子ども時代の虐待の記憶の意識化の可能性。「おぼろげで,曖昧な記憶がはっきりするか,解決されること」
46. 抑うつと攻撃性,性的問題。「4年」

表2. セラピーが求められた理由のまとめ(項目1,13)

抑うつ	12	性的問題	4	「内なる葛藤」	1
子ども時代	10	インポテンツ,不感症		両親との関係	1
トラウマ		不妊症		「偏頭痛」	1
虐待		逸脱行動		がん	1
健忘		情動的問題	3		
自己	6	怒り			
自尊心		解離	2		
自己		達成不安	2		
不安	5	強迫	2		
安全感のなさ		摂食,体重減少			
夫婦	4	依存	2		
恋愛関係		アルコール,薬物			

表3. 問題の持続期間のまとめ（項目2）

長く続いている 「生涯にわたる」，「永遠」，「幼少期から」，「人生ずっと」， 「20年かそれ以上」など	23	（50%）
中程度の期間（2〜19年，不定） 「1983年」，「2年半」，「何年か」，「数年」， 「2〜5年」，「10年」，「大学時代と20代」など	15	（33%）
最近（2年未満） 「1991年」，「1年」，「6カ月」	3	（7%）
その他 「問題はない」，「本当は問題ではなかった」 （訓練目的？） 未回答*	5	（10%）
合計	46	

＊ヘレンは，2, 3名は単に自我状態療法の体験を求めてきたと言ったと報告した。しかしながら，実際のセラピーでは，ほとんどが現実の個人的な問題を見つけて扱った。

　回答者の中には，1つ以上の問題を挙げた者もいた。一般的に，治療された疾患は単純な一時的障害ではなく，多くのクライエントが長年の間，それに苛まれてきた慢性的な疾患であったことは明白であった。分類（いろいろな表現で報告されていたため，表にまとめるのが困難であった）は表3に示されている。

以前に受けていたセラピー

　回答者たちが以前に受けていた個人セラピーの体験は興味深かった（42名が経験ありで，4名が経験なし）。そこには，タイプや持続期間，結果が含まれていた。回答者たちは，明らかにさらなるワークへのニーズを感じていた。多くは，我々の自我状態ワークショップを受講したことがあり，我々の初期の事例から得られた録音の抜粋を見聞きしたことがあった。さらに，以前にそのようなワークショップを受けたことがある人（全員ではないが大部分）は，自我状態療法にも馴染みがあり，このアプローチの全体像を知っていた。その人

たちは，どんなことが起こるのかを知っていた。しかし，これは，他のどんな個人セラピーを行うメンタル・ヘルスの専門家においても同じであろう。

表4は，回答者によって報告された，以前に受けていたセラピーの種類や頻度，継続期間をリスト化したものであり，表5は，全体のまとめである。

表4からは，ほとんどのクライエント（46名中42名）は，以前にいくつかの種類の心理療法を体験しており，その大多数（27名）が事実上，精神分析あるいは精神力動的なアプローチであったことが明らかになった。また多くが，人間性中心主義的（20名）・認知的（12名）アプローチのような他の種類のセラピーも経験したことがあった。それゆえ，回答者たちは，直接の経験と専門的なトレーニング（ほとんどは，自分自身セラピストとして実践している）のいずれからも，多くの種類のセラピーの経験が豊かであったので，ヘレンから受けた自我状態治療の効果性を評価し，精神分析や他のアプローチと比較するのに好都合な立場にあった。

項目6は，以前に受けていたセラピーの結果に対する質的な反応を求めるものであった。反応には，「まあまあ役立った」とか，「役立ったが，まだ何かすべきだと感じる」，「気づきは増した」，「一番大きな問題にはたどり着かなかった」，「未完の仕事」，「認知的には前よりも理解は進んだが，心の変化には足りなかった」といったコメントが付されていた。以前のセラピーが「素晴らしかった」とか「人生を救ってくれた」と報告される事例も少しはあった。反応が否定的であった事例も2，3あった。洞察（認知的）の知的側面への偏りや結果を得るまでの時間の長さに，批判が集まった。もし，回答者たちが以前に受けたセラピーが完全に成功裏に終わったのであれば，おそらくそれ以上のセラピー（自我状態）を受けることはなかったであろう。

以前に受けていたセラピーと自我状態療法の比較

項目7は，以前に受けていたセラピーの効果性について評定するように回答者に求めたものであり，項目15は，ヘレンと取り組んだ自我状態療法の効果性について尋ねたものである。表6に，両方の結果を比較できるように示した。

以前のセラピーと自我状態療法の効果性の違いについて，χ^2検定では，自我状態療法のほうが有意に優れていることが示された（$\chi^2(2) = 15.48, p < .005$）[4]。

項目8は，以前のセラピーが期待通りであったかを評価するよう回答者に求

表4. 以前に受けていたセラピーのタイプと頻度，継続期間（項目4, 5）

事例番号：
1．精神分析（20年）
2．精神分析（10年），人間性中心主義的アプローチ，催眠療法
3．人間性中心主義的アプローチ，催眠療法（受けたり受けなかったり）
4．認知的アプローチ（2年半，週に1回）
5．人間性中心主義的アプローチ（20セッション，2年）
6．人間性中心主義的アプローチ（8年）
7．認知的アプローチ，行動的アプローチ，催眠療法（3年，20年前）
8．精神分析，人間性中心主義的アプローチ（100時間，2年）
9．認知的アプローチ（75時間，1年，6カ月）
10. 精神力動学（30セッション，8カ月）
11. 精神分析（6年），認知的アプローチ，人間性中心主義的アプローチ（9〜10年）
12. 精神分析，人間性中心主義的アプローチ（150時間，2年半）
13. 以前は心理療法を一切受けていない
14. サリヴァン派，認知的アプローチ，システムズ・アプローチ（250時間，2〜3年）
15. 以前は心理療法を一切受けていない
16. 精神分析，認知的アプローチ，人間性中心主義的アプローチ（0〜4週間，9年）
17. 人間性中心主義的アプローチ，家族療法（7年）
18. 人間性中心主義的アプローチ（6〜8年，2カ月）
19. 精神分析（およそ20年）
20. 精神分析，人間性中心主義的アプローチ（25年，時々1947年から）
21. 精神分析（50年），人間性中心主義的アプローチ（40年），集団（30年）
22. 折衷的トランスパーソナル・アプローチ（週に1時間，2年半）
23. 以前は心理療法を一切受けていない
24. 人間性中心主義的アプローチ（30時間，1年）
25. 精神分析（週に1度，16〜18年）
26. 精神分析，人間性中心主義的アプローチ（150時間，時々過去の8年）
27. 精神分析（2年），人間性中心主義的アプローチ，認知的アプローチ（30歳〜45歳）
28. 精神分析（週に3度，4年半）
29. 精神分析（150時間，3〜4年）
30. 精神分析，認知的アプローチ，人間性中心主義的アプローチ（500時間，10年）
31. 人間性中心主義的アプローチ（30時間，2年）
32. 人間性中心主義的アプローチ，催眠療法，グループ（5＋年）
33. 人間性中心主義的アプローチ（80時間，6年）
34. バイオエナジェティクス（週に2度，合計は不明だが最低10年）
35. 精神分析（2年），精神力動的アプローチ（9年）
36. 精神分析，行動的アプローチ，子どものセラピー（500時間以上，38年）

表4. つづき

37. 人間性中心主義的アプローチ，精神力動的アプローチ，対象関係論（3年）
38. 精神分析，人間性中心主義的アプローチ，自己心理学（6〜8年）
39. 精神分析（週に1度，2年），人間性中心主義的アプローチ（10年）
40. 精神分析，認知的アプローチ，行動的アプローチ（200時間，5年）
41. 以前は心理療法を一切受けていない
42. 精神分析，認知的アプローチ（12時間，2カ月）
43. 精神分析（5年）
44. 精神分析，認知的アプローチ，ユング派の催眠（15時間，18カ月）
45. 精神分析（440時間，3年半）
46. 認知的アプローチ，催眠療法（10時間，4カ月）

表5. 以前に受けていたセラピーのタイプの要約*

精神分析（精神力動的アプローチ，対象関係論）	27	バイオエナジェティクス	1
人間性中心主義的アプローチ	20	子どもセラピー	1
認知的アプローチ	12	折衷的トランスパーソナル・アプローチ	1
催眠療法	4	家族療法	1
行動的アプローチ	3	ユング派の催眠	1
集団	2	サリヴァン派	1
システムズ・セラピー	1		
前に受けていたセラピーの報告の合計			42
セッション（時間数）の中央値，レンジ19〜500+			145
期間の中央値，レンジ2カ月〜38年			2年

*回答者の中には，以前に受けていたセラピーを1つ以上リストアップした者がいた。

表6. 以前に受けていたセラピー（項目7）と自我状態療法（項目15）の評定された効果性

	以前のセラピー	自我状態療法
非常に効果的	11	29
やや効果的	22	9
わずかに効果的	4	4
効果的ではなかった	5	0
合計	42	42

めたものであり，項目16は，自我状態療法に関して同じ判断を求めたものであった。表7において，比較のため両方の結果が示された。

自我状態療法と以前のセラピーの違いを，それぞれのセラピーがクライエントの期待通りであったかという観点で χ^2 検定を実施した結果，自我状態療法のほうが有意に優れていることが示された（$\chi^2(2) = 21.56, p < .005$）。[5]

フォローアップの質問紙に回答した人の報告は，表6にまとめられたように，自我状態療法が以前のセラピーよりも効果的であると見なしたこと，そして，表7にまとめられたように，自我状態療法は前のセラピーよりも期待に適っていたことが示された。しかしながら，これらのデータは，多くの異なる治療的アプローチを含んでいたため，自我状態療法を他のいかなる特定の体系とも，直接的に比較する方法を与えてくれた訳ではなかった。

以前のセラピーが精神分析であった回答者による評定

46名の回答者のうち27名が，以前の治療アプローチは主として精神分析であったことを報告した。セッションの合計数・1週間あたりのセッション頻度は，12〜500回以上のレンジで，中央値は150，期間は2カ月から38年を超え，中央値は5年であった。5名の回答者が，頻度を報告しており，週1〜4回までのレンジで，中央値は週3回であった。

これらのデータは，精神分析的セラピーにおける体験と自我状態療法におけるそれを比較する合理的な機会を与えてくれた。質問紙の言い回しのせいで，

表7. 以前に受けていたセラピー（項目8）と自我状態療法（項目16）が
クライエントの期待に適った程度

	以前のセラピー	自我状態療法
「期待以上」（ママ）		1
「期待を上回る」（ママ）		1
はい	7	22
大いに	8	11
部分的に	18	4
ほんの少し	5	1
いいえ	3	2
合計	42	42

　回答者は，たいてい週に何度もセッションを行う伝統的な精神分析と，典型的には週に1回のセッションで，その分ゴールも下方修正される精神分析的セラピーを区別することができなかった。しかしながら，これらのどちらもが（そして，自我状態療法も）同じ目標を目指している。すなわち，間接的に抑圧の蓋を開けることによる神経症的・心身症的・行動的不適応の低減や，防衛の解決，無意識的な動機に対する洞察への到達，性格構造におけるより大きくて長続きする成熟の発達である。

　したがって，自我状態療法と精神分析的心理療法の間の違いは，主に，精神分析的な着想に，自我状態理論（フェダーンのものと我々のもの）による修正や，数多くの付加的なテクニック（催眠分析を通じて利用可能になる），ここに描写された事例における集中的な週末「マラソン」の形式にある。

　よって，以前のセラピーが主として精神分析的であると報告した27事例から得られたデータが再分析された（表8, 9参照）。

　精神分析的セラピーと自我状態療法の効果性の違いについて，χ^2検定では，自我状態療法のほうが有意に優れていることが示された（$\chi^2(3) = 14.56$, $p < .005$）。▼6

表8. 以前に受けていた精神分析的セラピー（項目7）とその後の自我状態療法（項目15）の効果性（両方を体験したことのあるクライエントによる評定による）

	精神分析	自我状態療法
非常に効果的	7	21
やや効果的	16	5
わずかに効果的	2	1
効果的ではない	2	0
合計	27	27

表9. 以前に受けていた精神分析的セラピー（項目8）と自我状態療法（項目15）の期待に適った程度（両方を体験したことがあるクライエントによる評定による）

	以前の治療法	自我状態療法
「期待以上」（ママ）		1
「期待を上回る」（ママ）		1
はい	4	14
大いに	8	6
部分的に	13	5
ほんの少し	1	0
いいえ	1	0
合計	27	27

　精神分析的セラピーと自我状態療法の両方を体験したことがあるクライエントの回答から，期待にどの程度適っていたかの違いについて，χ^2検定の結果，自我状態療法のほうが有意に優れていることが示された[7]（$\chi^2(3) = 15.48$, $p < .005$）。

自我状態療法の頻度とリーセンシー

1回以上，週末マラソンを受けたクライエントは，約1年の間隔を空けて受けていた。表10は，週末セッションの回数と，ヘレンとの最後のコンタクトからのリーセンシーを示している。▼8

クライエントたちが自我状態療法を求めた理由

項目13への回答において，多くの回答者たちは，項目1（なぜ最初にセラピーを受けたのか）への回答を単に繰り返した。中には，特に以前の治療に対して十分に満足しておらず，何か新しいことや違ったことを試してみたいというコメントを付している者もいた。何人かは，我々が行ったワークショップを受けたことに言及していた。個人セラピストや他のメンタルヘルスの実践家から紹介されてきた者もいた。ヘレンというセラピストのパーソナリティに感銘を受けた（我々のワークショップを受けているときに観察していた）ことに触れた人も2, 3名いた。一人は，シンプルに「信頼」と答えていた。そして，自我状態療法に好奇心をそそられていて，個人的な理由と専門家としての理由の両方から，体験したかったと答えた者も数名いた。

評定（採点）システムの構築

これらのクライエントが受けた治療の効果性を測定して（質問紙から利用可能なすべての客観的データと主観的データを結合して），その相対的な結果を比較し，さらに他のセラピーと比較するには，ある種の客観的な評価方法を考案する必要があった。クライエントが違えば，セラピーの結果についても違う言葉で報告されたので，次の質問紙の項目に対する報告を評価したり結合したりするのに，質的な評定システムを開発する必要があった。項目14は結果，項目15は効果性の評定，項目16は期待通りだったか，項目17は治療についての追加の描写，項目18は健康や幸福，適応における変化，項目19は自我状態療法と他のアプローチの比較であった。

表10. 自我状態療法の頻度（項目11）と最も直近の週末自我状態療法からの経過期間（項目12）*

頻度	
1週間	41
2週間	2
3週間	2
4週間	1

リーセンシー				
年	人数	月	人数
「1年以上」	1	10	1
「数年」	1	8	1
「2, 3年」	1	7	4
17	1	6	2
10	1	5	1
「8年かそれ以上」	1	3	1
6～8	1	2	3
6	1	1	1
5	1	合計：	46
3+	2	中央値＝2年	
3	5		
2～3	1		
2+	1		
「2年かそれ以上」	2		
2	4		
1	8		

＊1回以上の週末セラピーを受けていた場合，報告された経過時間は，一番直近のセッションからの経過時間とした。

評定システム

　それぞれのクライエントの質問紙は，最初によく大学で（記述式試験の採点をするときに）用いられるのと同じような，アルファベットを使った採点システムによって「採点」された。当初，私（ジョン）は，「採点」を以下のように治療の効果性の観点で定義した。

A：素晴らしい改善
B：よい（満足のいく）改善
C：ある程度の改善は疑いないが，最小限度の改善
D：改善の痕跡なし
E：治療は否定的（もしかすると有害な効果）

　これらは，期待についての項目15で用いられた用語（非常に効果的，やや効果的，わずかに効果的，効果的ではなかった）とある程度一致していた。しかしながら，これらの空白に差し挟まれたチェックは，まとめられた合計が，上のような一文字の採点で現れるようにするには，他の項目に対する質的な報告によるかなりの修正が必要になった。返送されたものはすべて上に従って採点され，それ以上の変更はもう必要なさそうなところまで考慮された。
　次に，これらの水準をさらに客観化するために，上記の基準が，以下のようなそれぞれの水準で，さらに明確に評定者によって定義された。反応はそれに応じて採点された。

A　1．期待に適う，または上回った
　　2．最大級で描写された結果：「素晴らしい」，「並外れた」，「傑出した」，「強力な」
　　3．体験したことのある他のセラピーよりもかなり高く（優れた）評価
　　4．非常に有意義な改善：症状の消失，より成功した行動，大幅に改善された適応（社会的にもその他の点でも）

B　1．期待に適っていた
　　2．このセラピーを積極的に推薦
　　3．とてもよかった，効果的であったと評定
　　4．有意義な改善：症状，適応，仕事，生活パターンなど

C　1．やや（部分的に）期待に適っていた
　　2．セラピーに対する全般的に好意的な態度
　　3．最小限であるが，肯定的な結果

表11. 自我状態療法の「効果性」の再評価された採点への割り当て

評価	人数	合計%	
A	23	50%	
B	10	22%	
(A+B)	(33)	(72%)	成功とみなされる
C	9	19%	最低限の成功
D	4	9%	成功とみなされない
F	——	0%	有害とみなされる
合計	46	(100%)	

　　4．ある程度の（だが，大きくはない）改善の痕跡：症状，態度，生活パターンなど

D　1．期待に適わなかった：失望
　　2．セラピーに対するニュートラルな態度
　　3．セラピーに関する強くはないが否定的な意見
　　4．改善についての痕跡がほとんどない：症状，態度，生活パターン

F　1．明白に否定的な結果の報告：肯定的な言明が一切ない：このセラピーを受けたことを後悔
　　2．症状や全般的な適応が，治療の後に悪化したかもしれないある程度の兆候

　この質問紙は，（安定性が再現されるまで何度も）慎重に再評価され，「効果性の採点」に割り当てられ，表11にまとめられた。
　得られた採点に信頼性を持たせるには，評定は可能な限り客観的であることが重要である。したがって，すべての質問紙は，我々の一人（ジョン）だけが読んで，採点した▼9。我々は，セラピスト（ヘレン）に質問紙を見られたくなかっ

たし，おそらく，（内容から特定のクライエントを思い出すなど）あれやこれやと影響されたくなかった。

何度も別の機会に採点を読んで考え直した後に，より洗練されたランク付けが可能であることが明らかになった。あるクライエントにとっては報告された結果が割り当てられた採点よりも明らかによかった場合があるのに対して，決められた基準にかろうじて適ったものや，わずかに低かったものもある。しかしながら，これらは，段階を完全に1つ上げたり下げたりするには不十分な程度のものであった。したがって，プラス（＋）とマイナス（－）の記号が，アルファベットの段階に付加されて，13段階になり，上げるときはプラス，下げるときはマイナスをつけた。

（A＋やA以上のような）評定を割り当てるときには，言及されている問題の重篤度や持続期間についても考慮した。そこで，生涯にわたる抑うつや解離性障害からの回復には，重要な項目（14，15，16，17，18，19）においては同じくらい強そうと思われても，問題の重篤度が低いと報告されたり（項目1，13），その始まりが最近（項目2）であったりする他の事例よりも高い（＋）評定が与えられた。B，C，Dについても同様にした。表12は，**最終的な（洗練された）**採点，すなわち＋または－の記号をつけて調節したものを示しており，表13にまとめられた。

表13では，C－はDの「不成功」と見なすことに決めたことを心にとめておいてほしい。というのは，得られたものがわずかであり，クライエントとセラピストのどちらの期待値も下回っていたからである。

読者が，割り当てられた基準と評定を比較できるようにするために，各々の水準の代表例を，最終的な（洗練された）評定の基礎となった関連するデータと併せて示した。そこには，問題やその持続期間（項目1と2），以前に受けていたセラピーのタイプや程度（項目4と5）が含まれていた。コメントは，質問紙からそのまま引用した。

それぞれの評定レベルの代表的な事例

8つのA＋の事例があった。ここには，3つの代表例を示す。

事例16

項目1，2：何重にも断片化されたMPD。生涯にわたる。

表12. 個人のセラピー事例の最終的な有効性の採点

事例番号	評価	事例番号	評価	事例番号	評価
1	C	17	A	33	A−
2	B	18	A−	34	C−
3	B−	19	A	35	A+
4	D	20	A−	36	A+
5	A	21	C+	37	C−
6	A	22	B	38	B
7	B−	23	D	39	B+
8	C−	24	D	40	A
9	A+	25	A−	41	A+
10	B−	26	C+	42	A
11	A+	27	A+	43	C+
12	B−	28	A+	44	C
13	C	29	B	45	B−
14	A−	30	A	46	A
15	D	31	A		
16	A+	32	A		

表13. それぞれの（洗練された）水準における事例について
最終的な効果性の採点のまとめ

A＋	8	
A	10	
A－	5	
B＋	2	
B	4	
B－	4	AとB＝33（72％）成功とみなされる
C＋	3	
C	3	C＋とC＝6（13％）最低限の成功
C－	3	
D	4	
F	0	C－とDとF＝7（15％）不成功
合計	46	

＊ヘレンは，「不成功」は，1回しか週末「マラソン」（8～12時間）セッションで治療されなかった事例だけに割り当てられると指摘した。第14章で詳述したように，これらのより困難な事例の中には，もっと多くのセッションがあれば，自我状態療法で首尾よく到達できたものがあるというのが彼女の立場である。クライエントの中には，質問紙の回答でこの点に同意した者が何人かいた。

以前に受けていたセラピー

項目4，5：精神分析，認知的アプローチ，人間性中心主義的アプローチ，週に0〜4回，9年。

項目7：やや効果的。

項目8：（期待通りでしたか？）ほとんど効果なし。

自我状態療法

項目15：非常に効果的。

項目16：（期待通りでしたか？）はい。

項目17：驚くほど効果的な治療。2回の週末で，癒やしの約70〜80％が達成された。

項目18：十分に統合されたと実感してから2年経った。まったく再発もなければ，防衛機制の症状の使用も一切ない。

項目19：（他のアプローチと比べて？）驚くほどに効果的。

追加された手紙：虐待的な結婚に終止符を打った。職業的な成功が続いている。現時点で，私の人生は幸せ。ヘレンには深く感謝し，ありがたく思っている。

事例28

項目1，2：子どものときの虐待。問題に気づいて1年，ヘレンを訪ねる前。

以前に受けていたセラピー

項目4，5：精神分析（週に3回，4年半）

項目7：やや効果的

項目8：（期待通りでしたか？）大部分は。

自我状態療法

項目14：夢を見て，睡眠が障害され，泣く羽目になる。しかし，セラピーを受けてからは，すべて消失した。

項目15：とても効果的。

項目16：（期待通りでしたか？）はい

項目17：私は，これ以上好結果で治療的な体験を求めることは不可能だっただろう。結果とワークが成し遂げられたスピードに極めて満足している。

項目21：（セラピストとして自我状態療法を使ったことがありますか？）

はい！ そして，単に虐待に関する事例だけに限らず，著効。

事例35
　項目1，2：子ども時代のトラウマに関連した未解決の解離症状。性的な問題は，11年間のセラピー（6歳から）によっても十分には解決されなかった。

以前に受けていたセラピー
　項目4，5：精神分析。分析に2年，精神力動的セラピーに9年。
　項目7：やや効果的。
　項目8：（期待通りでしたか？）部分的に。
　項目9：長くかかりすぎた。これらのセラピーは，力を与えてくれなかった。

自我状態療法
　項目15：非常に効果的。
　項目16：（期待通りでしたか？）はい。
　項目17：自我状態療法は，現実的で，強力で，経験的なやり方で私自身の内側の「場所」や「パーツ」にアクセスするのを促進する。ヘレンの存在とサポートは，私が今までに経験したことがあるものよりも現実的で利用可能であると感じた。
　項目18：私は，人としてもセラピストとしても，より多くの平和を感じ，自信と希望に満ちていると感じている。私の創造性は増し，これまでよりもいろんなやり方で「生産的」であると感じている。私は，セラピストとして自分の仕事に対してより情熱的で熱意があり，コミットしている。
　項目21：（セラピストとして自我状態療法を使ったことがありますか？）はい。比較的短い期間のセラピーでびっくりするほど肯定的な結果が得られた。クライエントは，自分自身をワークするこの新しいやり方で，とても力づけられる感覚を報告してくれる。私は，この大いに効果的な治療について，他の人に情報を拡散することに全力を尽くす。

Aの事例は10名いた。ここには，3名の代表例を示す。

事例30

項目1，2：子ども時代の性的いたずらからの症状（ひとりぼっちになることへの恐れ，過度の不安，低い自尊心）。25年以上。

以前に受けていたセラピー

項目4，5：精神分析，認知的アプローチ，人間性中心主義的アプローチ，ボディワーク。500時間。10年。

項目6：症状は改善したが，まだ恐怖と統合されていない感じが残っている。

項目7：非常に効果的。

項目8：（期待通りでしたか？）はい。

自我状態療法

項目11：3回の週末。

項目14：恐怖は去ってしまった。自尊心と自信は著しく改善した。男性への恐怖は大きく減った。夫や母親との関係は改善した。親密さへの恐れは，かなり少なくなった。

項目15：非常に効果的。

項目16：（期待通りでしたか？）はい

項目18：内的に統合されたと感じている。少しあったぜんそくの症状も改善した。

項目19：（他の介入と比べて？）それについて話すというよりは，むしろ直接話しかけるようなもの。大きな安心感。予想外の洞察。

事例32

項目1，2：子ども虐待の後遺症からの癒やし。35〜40年。

以前に受けていたセラピー

項目4，5：人間性中心主義的アプローチ，催眠療法のグループ（5年以上）。

項目7：非常に効果的。

項目8：（期待通りでしたか？）部分的に。

自我状態療法

項目14：父親の声は，助けになる自我状態に変容し，変容は安定している。母親離れのワークは完了していない。

項目15：とても効果的。

項目16：（期待通りでしたか？）はい。期待を超えていた。

項目17：破壊的な自我状態の肯定的な機能というアイデアは，極めて重要。それが，私の内戦に終止符を打った。

項目18：はい。あなたに会ったことは，現在進行中の癒やしの一部に過ぎない。内なる批評家から助けになる自我状態への変容は，おそらくあなたからもらった最大の贈り物だ。

事例40

項目1，2：子ども時代の虐待の可能性について引きずっている疑念。

以前に受けていたセラピー

項目4，5：精神分析，認知的アプローチ，行動的アプローチ（200時間，5年）

項目6：前よりも洞察は進んだ。未解決の問題はある。

項目7：やや（効果的）。

項目8：(期待通りでしたか？) 部分的に。

自我状態療法

項目14：たくさんの記憶の引き出しを開けて，体重の問題を扱い，子ども時代からの性的な懸念はお払い箱になった。

項目15：非常に効果的。

項目16：(期待通りでしたか？) はい。

項目17：私は，自分の問題を探索して，発見して，癒やしていたとわかっていた。安全と，大きな重荷を下ろしたように感じた。

項目18：25ポンド減量して，まだ減り続けている。より安全を感じる。

項目19：(他の介入と比べて？) 自我状態は，集中的で，素早くて，自己の癒やしにつながる。

項目21：(セラピストとして自我状態療法を使ったことがありますか？) はい。素晴らしい結果でした。ありがとう。

5名のA－の事例があった。2名の代表例を示す。

事例14

項目1，2：不合理な過剰反応，怒り，不安，安心のなさ。

以前に受けていたセラピー

項目4，5：サリヴァン派，認知的アプローチ，システムズ・アプローチ（250

時間，2～3年）
項目7：やや（効果的）
項目8：（期待通りでしたか？）大部分は。

自我状態療法
項目14：自己のより平穏な感覚；過剰反応が減った。不正確な結論を自分で再修正できる。自己のより賢い面にアクセスしたり，活性化したりした（観察自我）。
項目15：非常に効果的。
項目16：（期待通りでしたか？）はい
項目17：ヘレンのイメージ誘導は，信じられないほど直感的だった。彼女は生まれながらのヒーラーだ。
項目18：より落ち着いて，より集中して，ささいなことに反応しなくなり，自己信頼が増した。
項目19：（他の介入と比べて？）精神のさまざまな面を統合するところが，ゲシュタルト・セラピーと同じ。
追加の手紙：重ね重ね，ありがとう。あなたとのワークの恩恵は，劇的で長続きしている。

事例18

項目1，2：子ども時代のトラウマの解決。人間関係の探求。直接気づいたのは1年前。

以前に受けていたセラピー
項目4，5：人間性中心主義的アプローチ。6～8時間，2カ月
項目6：無視できる程度の（結果）
項目7：効果なし。
項目8：（期待通りでしたか？）ほとんど適っていない。

自我状態療法
項目14：心が軽くなったように（安心して），価値がある愛される人間のように感じて，週末を後にした。
項目15：非常に効果的。
項目16：（期待通りでしたか？）はい。
項目17：セラピーで取り組もうと計画していた問題は二の次になった。

驚いたことに，母親を取り巻く問題が現れて，解決された。うひゃ〜！

項目18：はい。私の幸福は改善している。男性との関係性も変化してきた。私は今，より責任ある選択をしている。

1名のB＋の事例があった。ここに示す。

事例39

項目1，2：抑うつ。6カ月。

以前に受けていたセラピー

項目4，5：精神分析（週に1度，2年），人間性中心主義的アプローチ（10年）。

項目6：基本的にはよい（結果）。

項目7：やや（効果的）

項目8：（期待通りでしたか？）部分的に。

自我状態療法

項目15：非常に効果的。そのとき抱いていた目標にとってよかった。

項目16：（期待通りでしたか？）はい。

項目17：私は前に自我状態とワークしたことがあるが，このセラピーは私が健忘していた状態の引き出しを開けた。

項目18：私は前よりも，自己批判的な考え方の古い習慣的なパターンから解放された感じがする。

項目19：（他の介入と比べて？）解離された状態やPTSDの状態に関するエクスパートとやったワークと似ている。あなたのワークのほうがずっと完璧だったけど。

4名のBの事例がいた。2名の代表例を示す。

事例2

項目1，2：現在の人間関係に影響している子ども時代のトラウマの解決。45年。

以前に受けていたセラピー

項目4，5：精神分析（10年），人間性中心主義的アプローチ，催眠療法。

項目7：非常に効果的。
　　項目8：（期待通りでしたか？）大部分は。
　　項目9：（自我状態療法を「催眠療法」と呼んでいる）。解決の容易さは，長期間の分析で得られるものとはかなり異なっていた。変化の速さ。

自我状態療法
　　項目14：理解されたと感じ，恥ずかしくは感じなかった。
　　項目15：非常に効果的。
　　項目16：（期待通りでしたか？）はい。
　　項目17：その後の夢がかなり重要だった。セラピー後，無意識的なプロセスにより敏感になり，解釈できるようになったと感じた。
　　項目18：より幸せに感じた。私のもっとよい信念と争う状態とつながることができた。私の感情はよい感覚を台無しにしなかった。
　　項目19：（他の介入と比べて？）バイオE〔訳注：おそらく，開業私設カウンセリング・ルームの名前であると思われる。後のパーリアンはカウンセラーの名前か？〕にいたときは苦痛すぎた。パーリアンとのインタビュー分析は遅すぎて，感情に集中しすぎており，プロセスにおいてデブリーフィングが一切なかった。これは，自我状態の統合には不可欠であった。

事例29
　　項目1，2：罪悪感，薬物乱用の既往，性的逸脱。22歳から。
以前に受けていたセラピー
　　項目4，5：精神分析（3～4年）
　　項目6：行動的な変化は一切ない。
　　項目7：やや効果的。
　　項目8：（期待通りでしたか？）部分的に。
自我状態療法
　　項目14：自己の受容を伴う自己批判や罪悪感の低下を体験した。
　　項目15：非常に効果的。
　　項目16：（期待通りでしたか？）はい。
　　項目19：再婚した。主な職業の変化。息災。

項目21：あなたの助けに本当にありがとう。

4名のB－の事例があった，2名の代表例を示す。

事例7
　項目1, 2：中年期の抑うつ，人間関係の失敗，低い自尊心。生涯にわたって。
以前に受けていたセラピー
　項目4, 5：認知的アプローチ，行動的アプローチ，催眠療法（3年，20年前から）。
　項目6：未完の仕事。落ち着かない。
　項目7：非常に効果的。
　項目8：（期待通りでしたか？）大部分は。
　項目9：認知療法はよかった。あとは悲惨な状態で終わった。
自我状態療法
　項目15：やや（効果的）。
　項目16：（期待通りでしたか？）大部分は。
　項目17：私は，どんな夢や白昼夢でもいつも思い出していたのが不思議に思ってきた。何か詰まっていたものが取り除かれたようだ。
　項目18：適応がよくなった。パワフル。夫は私のパーソナリティを受け入れられない。被害者になることが減った。
　項目19：（他の介入と比べて？）話すことは個人的なイメージや情動的な歴史を作る役には立って，それには価値がある。堅い殻を割ることはできなかった（クライエントは，以前受けていた認知療法について述べている）。

事例12
　項目1, 2：抑うつ（継続期間については未回答）。
以前に受けていたセラピー
　項目4, 5：精神分析，人間性中心主義的アプローチ（150時間，2年半）
　項目7：やや効果的
　項目8：（期待通りでしたか？）大部分は。

自我状態療法
　項目14：適度に役立った。
　項目15：やや効果的。
　項目16：（期待通りでしたか？）部分的に。
　項目17：時間が足りなかった。私はかなりよく守ってもらった。
　項目18：持続的改善。
　項目19：（他の介入と比べて？）正しい場合でも，何もそれに触れることができない。

3名のC＋の事例があった。1名の代表例を示す。

事例43
　項目1，2：抑うつと不安（青年期以降）。
以前に受けていたセラピー
　項目4，5：精神分析（5年）。
　項目7：やや効果的。
　項目8：（期待通りでしたか？）部分的に。
自我状態療法
　項目14：時間のほとんどで，「苦痛」の管理をした。
　項目15：やや効果的。
　項目16：（期待通りでしたか？）大部分は。
　項目17：私が楽しみにしていて望んでいた躍進には至らなかった。これは非現実的な望みなのかもしれない。
　項目18：問題をワークしたことで，私の人生におけるそれらの役割や潜在力は最小限になった。それらは私の部分だと受け入れる。

3名のCの事例があった。1名の代表例を示す。

事例1
　項目1，2：自尊心の頻繁な低下。永遠。
以前に受けていたセラピー
　項目4，5：精神分析（20年）。

項目7：やや効果的。
項目8：（期待通りでしたか？）部分的に。
自我状態療法
項目14：自己否定や自己批判，自滅的行動の起源についてより理解できたと思う。
項目15：やや効果的。
項目16：（期待通りでしたか？）部分的に。
項目17：深いトランスに入ることに困難があった。
項目18：気づきは広がり続けているが，自己否定やときには自滅するようなことも続いている。
項目19：（他の介入と比べて？）変性状態の体験は，記憶をより深く探索するいい機会であった。

3名のC−の事例がいた。1名の代表例を示す。

事例8

項目1，2：抑うつ。数年間
以前に受けていたセラピー
項目4，5：精神分析，人間性中心主義的アプローチ（100時間，2年）。
項目6：（結果）まあまあ役立った。
項目7：やや効果的。
項目8：（期待通りでしたか？）部分的に。
自我状態療法
項目14：（結果）まあまあ。
項目15：わずかに効果的。
項目16：（期待通りでしたか？）部分的に。
項目18：（セラピー以降の変化は？）重要なことは何もなかった。
項目19：（他の介入と比べて？）はい。L. S. バークデール〔訳注：Barksdale（バークスデール）の誤記ではないかと思われる。おそらく，Lilburn S. Barksdale氏のことであり，自尊心の開発についての著作がある〕とやったアプローチが，私にとって一番よかったとわかった。

4名のDの事例がいた。2名の代表例を示す。

事例4
　　項目1，2：不妊症，夫婦間の不和，抑うつ。2年半。
以前に受けていたセラピー
　　項目4，5：認知的アプローチ（2年半，週に1度）。
　　項目7：やや効果的。
　　項目8：（期待通りでしたか？）部分的に。
自我状態療法
　　項目14：（未回答）。
　　項目15：やや効果的。
　　項目16：（期待通りでしたか？）部分的に。
　　項目18：（治療を受けてからの変化は？）あまり。

事例23
　　項目1，2：（未回答）。
　　項目4，5：以前には心理療法をまったく受けたことがない。
　　項目14：（未回答）。
　　項目15：わずかに効果的。
　　項目16：（期待通りでしたか？）ほとんどない。
　　項目18：（治療を受けてからの変化は？）いいえ。

　質問紙の結果をまとめる前に，項目17への回答について考慮することは興味深い。それは完全に非構造的なコメントを求めていた。回答者たちは，シンプルに「それ（すなわち，自我状態療法の体験）について書きたいと思うことは何でも付け加えて下さい」と尋ねられた。8つのA＋（最も成功）と7つのC－とD（不成功）の間には雲泥の差が顕わになっていた。

項目17への回答（書きたいことは何でも追記するように）

A＋の事例
　　9：信じがたかった。

11：面白いことに，ワークの詳細，つまりどんな自我状態がいるとか，何を信じたり感じたりしているかについての詳細をほとんど覚えていない。

16：驚くほど効果的な治療。2回の週末で，私の癒しの約70〜80％が達成された。

27：全セラピストが，使おうと思うかどうかにはかかわらず，ワークのこのやり方の洗礼を受けるべきだ。

28：私は，これ以上好結果で治療的な体験を求めることは不可能だっただろう。結果とワークが成し遂げられたスピードに極めて満足している。

35：自我状態療法は，現実的で，強力で，経験的なやり方で私自身の内側の「場所」や「パーツ」にアクセスするのを促進する。ヘレンの存在とサポートは，私が今までに経験したことがあるものよりも現実的で利用可能であると感じた。

36：ヘレン・ワトキンスは，愛情に満ちていて，研ぎ澄まされたプレゼンスを持つ実践家であり，その瞬間にすっかり集中しきっている。才能溢れるヒーラーだ。

41：注記を見て下さい。注：私をフォローしてくれた（支えてくれた）自我状態ワークについては，この数年間ずっとその品質が持続している。私を私自身の世界の中心に引き戻し，それを受け持って，責任を持てるようにしてくれた。自我状態ワークは，私が出会った中で最も効果的なアプローチです。

C－とDの事例

 4：（未回答）
 8：（未回答）
15：（未回答）
23：（未回答）
24：恵み深い。
34：私の防衛が強かったので，もっとたくさんの時間と，もっと深いトランスも必要だった。私に衝撃を与えたのは，ヘレンが使った思いやりや共感，独創性であった。
37：（未回答）

まとめ

このフォローアップ研究の結果は，以下のようにまとめられるかもしれない。

1. 全86名のうち46名（53％）は，匿名を希望して，質問紙を返送してきた。
2. ヘレンとの治療セッションからの経過時間（3カ月〜17年。中央値＝2年）を考えると，この返送率は，同等に長い期間に及ぶ他の研究で典型的に確保されるものとの比較でも最も順調な部類に入る。
3. セラピーを受ける理由（問題）は，広範囲にわたる神経症や心身症，行動上の障害にわたっており，最も数が多かったものから，抑うつ，子ども時代のトラウマ，低い自尊心，不安，夫婦間や性的な問題，解離，パフォーマンス不安，強迫，嗜癖であった（多いほうから少ないほうに並べると）。
4. 持続期間は以下の通りであった。
   「生涯にわたる」，20年以上　　　　　　　　　　$N=23$（50％）
   「中間」，2〜19年　　　　　　　　　　　　　　$N=15$（33％）
   「最近」，2年未満　　　　　　　　　　　　　　$N=3$（07％）
   「その他」，トレーニング目的，現実の問題はまったくない
   　　　　　　　　　　　　　　　　　　　　　　　$N=5$（10％）
5. 返送された全質問紙のうち，33名分（72％）はA＋からB－と評定され，成功とみなされた。
6. 返送された全質問紙のうち，6名分（13％）はC＋からCに評価され，最低限の成功とみなされた。
7. 返送された全質問紙のうち，7名分（15％）がC－とD，Fに評価され，不成功とみなされた。
8. 自我状態療法は，全回答者（$N=46$）が以前に治療を体験していた他のアプローチと比較して，有意に高い（$p<.005$）効果性の評定が与えられた。
9. 自我状態療法は，以前に受けたことがあるセラピーが期待に適った度合いよりも有意に高く評定され（$p<.005$），3倍以上も「はい」の回答が与えられた（26：8）。

10. 特に，自我状態療法と精神分析の両方を体験したことがある者（$N = 27$）によると，精神分析よりも自我状態療法のほうが効果性において有意に高い（$p < .005$）評定が与えられた。
11. クライエントは，期待が適った度合いにおいて，以前に受けていた精神分析的セラピーよりも自我状態療法を有意に高く評定した（$p < .005$）。
12. 自我状態療法の相対的な効率性について，多くのクライエントは，以前に受けていたセラピー（レンジ：10〜500時間以上，中央値＝145時間，期間は2カ月〜38年）と比較して，その速さと，8〜15時間（中央値＝11時間）の週末で済んだことについてコメントした。
13. 以前に精神分析的セラピーを受けた人たち（$N = 27$）は，18〜500時間以上のレンジ（中央値＝150），2カ月〜38年の期間（中央値＝5年）であったことを報告した。7名の回答者は，以前に受けていた精神分析的セラピーについて，週に1〜5回（中央値＝3回）のセッションを受けていたと報告した。

質問紙を返送しなかった42名（47%）のクライエントたちが，46名の回答者たちと同様に評定するかについては疑問が残る。たくさんの理由を考えつくことができる。住所の間違い，回答への関心の欠如，治療の失敗，亡くなっていたなどが要因であったのかもしれない。

その治療効果のどの部分を，自我状態理論や自我状態のテクニック，臨床催眠の使用，集中型の週末「マラソン」形式，母集団の選択，セラピストの経験やスキルにどの程度帰すことができるかについても言うことができない。それに，他のセラピストによって別の形式（たとえば，週に1時間）で適用されるときの効率性について一般化することもできない。

しかしながら，我々は，このアプローチを自身の患者に適用した数多くの同僚たちと熱狂的なやりとりをしてきた。その多くは，自我状態理論と自我状態のテクニックに何かを加えて，磨きをかけた（Edelstein, 1982 ; Frederick, 1993, 1994, 1996 ; Frederick & McNeal, 1993 ; Frederick & Phillips, 1995 ; Gainer & Torem, 1993 ; Hartman, 1995 ; Phillips, 1993 ; Torem, 1993を参照）。

母集団の選択

クライエントの大多数は，活動中のメンタルヘルスの専門家であり，ワーク

ショップや出版物を読むことを通して,自我状態療法についてすでに知っていた。その人たちが,すでに高く動機づけられて,よい結果を予測していなければ,個人的な「週末マラソン」治療のために,わざわざ高いお金を払って,飛行機でやってくることはなかっただろう。

その一方で,多くは,自らもセラピストとして実践しており,個人的な治療としても以前にセッションを体験したことがあったので,自我状態療法の相対的な効果性について評価するのに有利な立場にあった。

統制された実験的研究

偏頭痛の治療における自我状態療法の効果性に関する最近の臨床的・実験的研究が,オーストラリアのメルボルンにあるビクトリア大学と共同で,ミズーリ州スプリングフィールドのシーリー研究所で手がけられている (Emmerson & Farmer, 1996)。そこでは,「月経時の偏頭痛」に煩わされている10名に4セッションの自我状態療法を行った効果について報告されている。

参加者には,治療前後にMMPI-2とベック抑うつ質問票を施行した。時系列デザインによると,1カ月当たりの頭痛の平均回数が,12.2回から2.95回まで有意に減少したことが示された ($p < .05$)。MMPI-2においても,「抑うつや怒り,外向性」の得点の有意な変化が報告され,ベック抑うつ質問票の得点にも有意な変化が見られた。

我々は,同僚やセラピスト,研究者が,このようなより統制された研究や,他の臨床的な母集団に対して取り組んでいくことを願っている。

我々は,多くの実践家,とりわけ精神力動的なセラピーの訓練下にある者や,実践している者に,自我状態アプローチは短期的なセラピーを求める今日のマネージド・ケアや第三者支払機関の要求に適っており,患者の心理的な問題について,単に症状の低減だけではなく,恒久的で建設的な変化をもたらすことができることについて,わかってもらえることを信じている。

第14章

砦を守るは番人なり
困難で複雑な一例

　ウィルヘルム・ライヒ（1949）は，「性格の鎧」と「性格分析」の概念で精神分析に貢献した。彼は，極端に難しい事例の多くでは，「抵抗」が内外の脅威から自我を保護するために設計された固くて保護的な鎧の中に凍りついているせいで，通常の精神分析治療に抵抗的になると述べた。この鎧は，正常な防衛プロセスで示されるよりも，ずっと持続的で深刻な抵抗を示す。それは，洞察という治療的ゴールを厳しく撃退し，平衡状態を覆すだろう。
　ライヒによれば，この性格の鎧は，正常な抵抗や防衛の策略にアタックできるようになる前に，積極果敢に分析されなければならない。この鎧の中には，膨大な量の基本感情（性と不安）が抑圧されている。ライヒは，これら2つに加えて，3番目に怒りや恨みを加え，私たちが「内側で煮えくりかえっていること」について話すときには，放出されていない怒りや恨みを口に出しているのだと述べた。
　非常に困難でなかなか手に負えない治療不能例では，この内なる憤怒が強すぎて，自我が思い切ってそれを解き放つことができない。性格分析では，これらの鎧の頑固な性格の抵抗が，治療中にときを変えて何度も現れてくることを予期しながら，さまざまな発達水準での系統的なワーキングスルーを必要とする。したがって，このような患者で精神分析的治療を成功させるには，何年間も，何百時間も必要となることがよくある。
　そのような事例の治療では，鎧に穴を空けるのが早すぎると，患者による暴力的な自殺や他殺という行動化を伴う，憤怒の自我への洪水を引き起こす恐れがあるため，非常に長引くことになる。
　メアリーの事例は，ここでヘレンが記述するが，まさにそのような患者を代

表している。彼女の性格の鎧は，「砦（the Fortress）」と名付けられており，その後「番人（the Protector）」として知られるようになる自我状態によって守りを固められていた。

　治療は非常に困難で，非常に複雑で，非常に危ういものであり，第11章と第13章で描写された自我状態の事例よりもはるかに長引いた。しかしながら，治療は，伝統的な週1回という形式で行われた。そのようなケースでは，入院治療の可能性まで含めて，セラピストの関係性の利用可能性が求められており，1回の週末マラソンで実施することはできない（すべきではない）。

　メアリーは，彼女が銃を自分の頭に突きつけて，いつでも引き金が引けるようにしているところを取り押さえたルームメイトによって，私のところに連れてこられた。そうして，癒やしに至る3年間の曲がりくねった道のりが始まったのであるが，その道は激しい自傷や常に存在する自殺の暗雲をはらんでいた。2，3年前，彼女は別の州で，2回の服薬による自殺企図のため入院したことがあった。

　彼女は死を恐れていなかった。それどころか，彼女は生を恐れていた。自分が出会った他の人たちのように情動を感じたかったが，できなかった。自分を切るときに，痛みを感じることさえできなかった。進んで私に会いに来たのは，生を見つける最後の希望であり，彼女は，これが最後の努力であると明言した。また彼女は，もし入院させられたら全力で自殺すると明言した。私には，彼女が本気であって，自分の決定を実行する決心があることがわかった。彼女が私に会うことに同意した唯一の理由は，私が催眠を使うことを知ったからである。彼女はそれまで催眠を一度も体験したことがなかった。

　私は，彼女が薬物治療のために精神科医に会う意志がある場合に限り，彼女を治療することに同意した。そして2，3カ月後，医師が処方したプロザックは彼女にほとんど効果をもたらさなかったことがわかった。以前の入院時の他の薬物治療も，患者によると，彼女の精神状態を変えるのにほとんど役に立たなかった。

　そこで，我々は旅立った。彼女は大いに疑いつつ，私は大いにおののきつつ。
　この自我状態療法の事例は，時間を要した。覚醒している患者とだけでなく，催眠を通じてしか会えない状態と信頼を築くための時間がかかった。
　最初の予約時，彼女に対する私の印象は，難攻不落の砦というものであった。

彼女のやや重いが強靱な身体は，ゆっくりとクライエント用のイスに落ち着いた。彼女のエネルギーは重く，ほとんど触知できそうで，まるで固体であるかのように感じられた。彼女の顔の表情は真剣で，陰気で，よそよそしく，私とはほとんど目も合わせなかった。どこから始めるべきか見当もつかなかったので，傾聴することにした。

重々しい口調で，彼女は部分的に生活歴を話したが，それはまるで互いに重なっていないインクのシミでキャンバスに絵を描くようなものであった。現実生活において，彼女は芸術のパートタイムの大学の4年生〔訳注：フルタイムとは異なり，科目ごとや単位ごとに授業料を支払う形式で大学に所属する。4年で卒業しなくてもいいという利点がある〕であり，地域のお店でもパートタイムで働いていた。彼女は30代前半だったので，ほとんどの同級生よりも年上で，経験豊かだった。寡黙だったので，大学内外でほとんど友達を作らなかった。

彼女には，両親が離婚した10歳以前の記憶がほとんどなかった。父親は，『地獄の業火と天罰』タイプ〔訳注：地獄に堕ちると信者を脅すことで信仰心を持たせようとするタイプ〕の牧師であったが，商売での成功を求めて牧師の仕事をほっぽり出した。彼女は，父親のことが死ぬほど怖かったことには気づいていたが，なぜ怖いのかはわからなかった。母親は離婚後にヒステリックになり，何をしでかすかわからなかったので，メアリーが2歳と4歳の幼い弟たちを世話しなければならなかったことを思い出した。彼女はまた，6歳くらいのときに怒って子ネコを壁に激しく投げつけて，死なせたことを思い出した。5歳のとき，彼女は犬に顔を咬まれたが，自分でお金を払えるようになる18歳まで，整形手術を受けることもなかった。彼女は，13〜20歳まで，路上販売のドラッグを使っていたが，それ以降はやっていない。彼女の頭の中のしつこい思考は，「もし私は完璧でないなら，死ぬべきだ」と言明していた。

最初のセッションでは，これらの記憶の支離滅裂な断片が出てきたが，機能不全家族の中で不幸な子ども時代を過ごしたことを窺わせるのに十分であった。私の最初の目標は，注意深く耳を澄ませて共鳴することで関係性を築くことと，可能であれば，彼女の中の自我の強さを築くことであった。彼女に目を閉じてもらい，催眠的な誘導の試みは一切せずに，安全な部屋のテクニック（第10章参照）を教えた。これには，知覚されたパワーの核が含まれており，彼女はそれをフワフワした白い犬だと想像した。彼女は，幼い子どものときに，いつ

も抱きしめていた白いぬいぐるみの動物を持っていたことを思い出した。加えて，彼女に**自尊感情を高める**テープ（Watkins H, 1990a）を与え，寝る前に聞いてもらった。この期間は，催眠を使って詮索したり，証拠探しをしたりするときではなかった。むしろ，徐々に信頼を築くときであった。そして，彼女に希望を与える建設的な心理的ホームワークのための時間であった。

私は彼女に，何か彼女が自殺を止めるための文書が必要であると伝えた。少し議論した後，彼女はついに以下のように書いた。「私は生き続けます。もし，生き続けることができないと感じたら，友達に来てもらって，公共医療施設に連れて行ってもらいます。そこの人たちなら，私を自分自身から守ることができる」。

彼女はとても誠実で，成功を収めている大学生だったので，私は，たとえ無意識的な動機は異なっていたとしても，少なくとも意識的には，彼女は自分が言ったことには従うだろうと推測した。そのことは，彼女のすべての行動が私にとって大丈夫である訳ではないこと，考慮されるべき境界があるという考えのお膳立てをしてくれた。

各セッションは，その時々の話題によってあっちこっちに飛んだが，心理的ホームワークを出して終わり，彼女はそれに忠実に従った。彼女は言われたことをやったり，それを完璧にこなしたりすることを人生早期に学んでいた。完璧は不可能なので，努力には失敗が運命づけられており，それは両親から受けた批判からのものだけでなく，彼女の心中にもあった。そこで，私は結果に関係なく，彼女がしたいかなる努力でも褒め称える機会を持つようにした。それゆえ，上手くやれば，もし彼女が完璧でないとしても，悪くもなければ，万死に値するものでもないことを私との関係性の中で彼女が学んでくれるかもしれないと期待した。完璧でいようとすることは馬鹿げたことだと単に彼女に伝えたら，無残な結果に終わっていただろう。その上，そんなことをしたら，彼女が間違っていて，だから悪いのだという彼女の考えを強化してしまっていただろう。

さらに，毎週のホームワークは，彼女に行為への没頭を授けてくれた。彼女は，その活動から癒やしが起こりうるという希望と，自分自身を助けるために何かすることができるという感覚を引き出すことができた。彼女のほうで，何か心理的な努力をしなければ，彼女は簡単に抑うつ的な思考や行動に逆戻りしてしまっただろう。もし，彼女が毎週私に会うのを指をくわえて待っていただ

けだったとしたら，彼女は私が自分のために努力してくれると信じるようになっただろうが，確実に幻滅や絶望，おそらく自殺すらも起こりえただろう。

　最初のホームワークは，シンプルな認知課題から成っており，彼女の考え方や行動の中にある「すべき」を「したい」に変えようという宿題であった。そこには，彼女の不合理な罪悪感を少しでも切り崩していこうという意図があった。また，彼女が「したい」ことは許容されるのだという観念も強化されただろう。彼女は，他人の命令通りにすることを教えられてきたため，そんな観念とは縁もゆかりもなかった。

　子ども時代の感情を私に話しているときは，ホームワークは単純なイメージ法に変えた。例えば，彼女は私に母親への怒りを話すことはできたが，これらの感情をイスに座っている母親に表現するように頼んだ途端，凍りついた。言い換えると，彼女は感情について私に話すことはできたが，それらを表現することはできなかった。彼女は，母親が自分に幼い弟たちの世話をさせた10歳のときの怒りと罪悪感をどちらも思い出したが，これはその責任を押しつけられたことへの怒りと，「自分がちゃんとわかっていなかった」せいで生じた罪悪感であった。このセッションのホームワークは，目を閉じて，10歳の子をイメージして，何とかしてその子を養育することであった。彼女は，内なる自己への共感と理解を学び始める必要があった。

　我々が前に進むにつれて，もっと多くの記憶が現れ始めた。彼女は，妊娠中の母親がベッドから，皿洗いするように彼女に怒鳴っていた5歳のときの体験を思い出した。メアリーが抗議すると，母親は「お前は赤ちゃんを死なせたいのか？」と叫んだ。母親がそのことで父親に不満を言うと，父親はメアリーを叩いた。彼女はまた，自分の子イヌが，いじめた近所の子どもを嚙んだという理由で，両親がその子イヌを殺してしまったせいで泣いていたことも思い出した。父親は，泣き止むまで彼女を叩いた。ルールは明快であった。泣くな，感じるな，文句を言うな，言われたことをやれ，やり方を知らなくても正しくやれ。

　上述したセッションの間に，腕浮揚の誘導を試みたが，何の動きもなかった。私は，リラックスするイメージ誘導を続け，彼女に5歳のときの自分を眺めてもらい，彼女に可能なやり方で養育してもらった。言葉は一切なかったが，指の合図は，彼女が子どもを見ることができており，その子を助けようとしていることを示していた。

　催眠誘導を始めた目的は，無意識的な次元に触れて，それによって治療的プ

ロセスを深めるためであった。私には，彼女が築いた心理的な砦には，そうなるだけの何かしかるべき理由があることは疑いないということがよくわかっていた。その砦は，強大な軍勢を隠し持っているに違いない。そうでなければ，どうしてわざわざそんなものを築いたのだろう？　私は，正面攻撃でそれを壊してしまうことがないように，むしろ，その中身を脅かしすぎないように，そこかしこにある隙間をつつくように努めるよう注意しなければならないことがわかっていた。

　セラピー開始から3カ月が経った頃，私は彼女の怒りを少しでも身体的に解放するべきときだと判断した。私は何か彼女に怒りを表現するような身体的課題を選ぶよう頼んだ。彼女は，捨てるつもりだった古いカウチを切り刻むことにした。それはいい感じだった。彼女は，やるように求められている仕事としてその課題を割り切ってやることができた。

　それに続いて，私は彼女に静かな除反応テクニック（第9章参照）を教えた。なぜなら彼女がそうしたいと思ったら家でも実践できるからである。そのテクニックは，内的な反応を連れてきた。彼女は，内側に検閲官（彼女は，これを黒衣をまとったテレビ説教師としてイメージした）がいて，この検閲官が彼女の言うことやすることを決定していることに気づいた。「検閲官は，私が外側の世界を喜ばせ，自分の情動を出しさえしなければ，自分が欲しいものは何でも感じることができるという考えを与えてくれた」。ここには，彼女の両親の訓戒の内なる複製があった。また彼女は，検閲官は，情動を私に示すようになったことで，自分にいらだつようになっていると言った。私は，この検閲官が知っている方法でしか彼女を守ろうとしていないこと，彼の内的行動がメアリーにとってはかえって破壊的になっていることを説明した。

　再度，腕浮揚の誘導を試みたが，まったく動きはなかった。しかし，私は，検閲官に直接的に話しかけているかのように話しかけ，上記の保護的な動機と，結果として生じているメアリーへのダメージについて何度も繰り返し伝えた。それは，砦の扉をノックする私の最初の試みであり，内側にいる誰かと友達になろうとする私の最初の試みでもあった。

　メアリーはまだ，**自尊心**のテープを聴いてくれていたが，空想の部屋の家具は空っぽになり，そのせいでリラックスできなくなって，招かれざる感じになったことに気づいた。何か，あるいは誰か（検閲官？）が，この肯定的なイメージ法を邪魔していた。私は彼女に検閲官の動機を理解して彼に話しかけること

と，過去の出来事を思い出したときに，その子どもを優しく扱うことを勧めた。

腕浮揚の誘導における動きが，無意識的なプロセスによって容易に邪魔される可能性があるため，私はシュピーゲルの「アイ・ロール」法（1973）を使い始めた。そのテクニックでは，目を閉じようとするときに見える白目の割合で催眠に入る能力を判断する。私はこの手続きを使って，「無意識のこころ」に，過去の中から何か重要な体験へ彼女を連れて行ってもらえるよう頼んだ。指の合図は，いいえを示した。私が砦の中にいる者たちに警戒態勢を取らせていることは明らかであった。

私は，もっと積極的になるべきときだと判断した。彼女は，6歳のときに，膝をケガして祖父母の家に入っていくときのことを思い出した。彼女の叔父に当たる12歳の人は，彼女のもう一方の脚を蹴り上げて，「さあこれで，お前は膝のことを考えなくて済むだろう」と言った。催眠下で，私は彼女をその場面に退行させた。彼女は，怖がりすぎていて，何も言えなかった。そのため，彼女の許可を得て，私がその場面に踏み込んで，叔父に家から出て行くように命令し，彼女を守らなかったことについて祖父母と対決した。

これまで，私は砦の内側の軍勢を揺さぶってきた。私が今，恐怖で後退してはならない。それどころか，私が何者であるかを彼らに教えるときであった。もっと重要なことは，過去の小さな女の子を助けることで，私は味方であって敵ではないことをこれらの軍勢に学んでもらう必要があった。甘い言葉や優しさは弱さを連想させてしまい，嘲笑しか返って来なかっただろう。守る手法は異なっていたが，私の動機は同じく保護であった。我々の苦闘は，異なる方法で守っているからに他ならない。

私の救出行動は，認知的な覚醒水準においては，馬鹿げたものに見えただろうが，我々は催眠的なプロセスや無意識的なプロセスを扱っていたのである。トランス論理は，かなり違ったものである。過去は，まるで現在に起こっているかのように現実的になる。考え方は子どもみたいに単純で具体的である。

次のセッションで，彼女は悪くなったと感じた。彼女は，情緒的な苦痛を和らげるために自分自身を切っていた（彼女の自傷は，入院を必要とするほどのものでは決してなかった）。彼女は，切ることによる身体的な痛みを感じていなかったが，切ることで耐えがたい情緒的な苦痛を和らげていた。私は，砦の中の者たちにとって脅威となってしまった。メアリーは，検閲官が彼女に感じるのをやめさせて，これ以上私に会わないようにするために切ったと言ったの

を聞いたが，メアリーと私は信頼に足る関係性を作り上げていたので，彼女にはセラピーから去るつもりはまったくなかった。

　切ることの代わりになる，もっと優しい行動を見つけることを目指して，私は彼女を催眠に誘導し，単刀直入に「内なるこころ」に情緒的な苦痛を和らげるような示唆を指の合図を通じて彼女に与えてくれるよう頼んだ。切ることの目的は，情緒的な苦痛を止めることであるが，もっと一般的なのは感じること一切を止めることである。指からは明確な反応がなかったので，私は声に出して，エクササイズやフリースタイルの描画，いたずら描き，フィンガー・ペインティングを通じて，間接的に感情を表出することはできるだろうかと訊いた。指の合図は同意した。また，指のシグナルは，子ども時代に起きたことは，彼女のせいではないこと（彼女が取り込むべき最も重要な考え）をメアリーに伝えることにも同意してくれた。

　切った出来事の後，検閲官が催眠下で直接私と話をするつもりがあるのかもしれないと踏んだ。「何が知りたいんだ？」というぶっきらぼうな反応があった。「あなたが存在するようになったとき，メアリーは何歳でしたか？」私は彼の出自を理解したかった。

　「彼女は3歳だった。彼女は成長する時期だった。彼女は，両親と一緒に友達の家にいた。女の子の友達がドレッサーから飛び降りて腕の骨を折った。両親はメアリーを責め，罰を与えた。私が出てきたのはこのときだ」（本章の後のほうで述べるが，実際には彼の最初の出現は，もう2，3カ月前の最初のトラウマ時であったかもしれない。ただ，上の出来事までは造形化が不十分であったのかもしれない）。

　我々は，彼の優しさや，保護的機能について話して，私はそれに対して感嘆を示した。しかしながら，彼は彼女を愛していないことを明言した。なぜなら，「愛は危険である」からである。あなたを愛してくれるはずの人が，その代わりにあなたを虐待すれば，確かに愛が危険に見えるのも無理からぬことであろう。

　砦の番人（力を持っていて，内部から彼女の人生を監督する自我状態）と直接接触をもったことは重要であった。

　今では，検閲官と私は直接的に知り合いになっていたので，安全な距離を保った上で，除反応の作業を始めることに決めた。催眠下で，メアリーと私がガラスの壁の一方の側に座っていて，「あなたに似た女性が，小さな少女になるまでどんどん若返っていきます。何が起こるかを私に教えて下さい」と私が言う

のを観察している場面を設定した（この手法で，患者は行く準備ができたところであればどこへでも私を連れて行く）。彼女は，6歳の自分自身が12歳の叔父と納屋に行き，叔父が彼女をつかんで，服を脱ぐよう命令するのを見た。メアリーは，「見るには苦痛すぎる」ため，その場面から顔を背けた。私は彼女に，「構いませんよ。でも，あなたが叔父に言いたかったことやしたかったことは，何でも言ったりしたりすることができます」と言った。1分ほどの沈黙の後で，彼女は彼を殺して，小さな女の子を救出し，彼女を我々が座っている場所に連れてきたことを教えてくれた。しかしながら，その小さな女の子は，誰も信じられないから，まだ怖いと言った。

　（現実ではなく）空想の中で虐待者に対して立ち向かうという原則は，除反応的なセラピーの不可欠な側面である。虐待された患者は自分の力を取り戻さなければならないが，これは催眠的退行を使うことで最も容易に達成される。過去からのトラウマをワークするとき，問題はそのときに体験されて埋め込まれたままで患者の頭の中に残っている。問題は，退行下で再体験されなければならないようなところに内的に存在しているのである。単に現在の現実生活において過去の虐待者と対決しても，その埋め込みは変容せず，患者に新しい現実生活の問題（個人的問題，家族の問題，法的な問題）を創り出してしまうことになる。

　上記の除反応は，形はとても穏やかであったが，癒やしに向かう正しい方向性の始まりであった。私は，検閲官から何らかの反応があるのではないかと思った。

　その週はスムーズに過ぎて，何事もないかのように見えた。続くセッションで，彼女は，5歳のときにピアノのイスから落下して鎖骨を折ったのに，両親は彼女がひどいケガをしていることを信じようとしなかったことを思い出した。母親は彼女を弱虫と呼び，父親は彼女が泣いたので叩いた。催眠下で，私は再び窓の壁がある部屋を設置して，「あなたに似た女性が，5歳に到達するまでどんどん若くなっていく」のを観察してもらった。以前の除反応（見ているだけだった）とは違って，今回は，彼女は5歳になったので，ピアノのイスから落ちて，鎖骨を折り（数年後，X線写真で裏づけられた），泣いている場面を**体験した**。[1]
母親はメアリーが泣くのをあざ笑い，父親は彼女を泣き止ませようと叩いた。「でも，痛すぎて，泣き止むことができなかったの」と彼女は言った。今回，彼女は虐待者と対決することができなかった。というのも，「私はそうすることが

許されてなかった」し,「どのみち両親は聞いてくれなかっただろう」という理由からであった。

　彼女が,両親ではなく,もっと小さい虐待者である叔父と対決することができたことを心に留めておくことは興味深い。彼女は,検閲官は黒衣をまとった牧師であると見なしていたので,私は彼が父親の取り入れ物であると推測した。それゆえ,検閲官は彼女に,「泣くな,感じるな,完璧でいろ,従順でいろ」といった父親のルールに従うように,内的に監督していたのであろう。それは,元々の取り入れ先からのものであるに違いない頑迷さを伴っていた。

　次の数回のセッションの間に,彼女は両親に対する怒りについて話した。彼女は,ある夜眠れなかったときに枕を殴ったが,意地悪く左手を使った。「私は生まれつき左利きだったのに,左手で書くのは不吉だからって,両親は私を右利きに変えたのよ」。そのような表現は,両親についての彼女自身の感情を理解するのに役立ったが,単なる言葉でしかなかった。感情の解放はごくわずかであった。おそらく,砦から2,3の煙がぷかぷか立ち上ったが,それがせいぜいであった。

　私はアプローチのための違う道を探した。許しのドアのテクニック(第10章)は効果がなかった。というのも,彼女はどのドアも通り抜けるのを拒み,「あまりにも傷つきすぎているんです」と悲しげな様子で言ったからである。私は,場面を山頂の賢者に切り替えて,彼女が望むことを何でも求めるように言った。彼女は怒りが取り去られることを心の中で願った。賢者は彼女に,そのようにすることはできるが,長い目で見れば彼女の助けにならないだろうと言った(真に賢いアドバイス)。そこで,私は彼女に,イエス様を信じていたときに戻って,心の中で彼と話すように頼んだ。彼女は,多くの人々がキリストを傷つけたが,それは彼が悪いことを意味しないことや,彼が神殿から両替商を追い出したときには,彼も怒っていたことを話してくれたと報告した。

　この権威の源は,内的な意味づけを伴っていた。もし,検閲官が,メアリーが子どものときの父親の取り入れ物であったなら,実際には子どもの状態であり,子どもの考え方に左右されていただろう。もし,他者が虐待的であったとしても,された側は悪くないかもしれないという考えや,怒りは正当化されうるという概念は,おそらく砦の中に染み込んだだろう。これらの考えは衝撃を与えた。

　私は彼女の「内なるこころ」が行く必要があるところへ連れて行ってもらえ

るように頼むことで，除反応を続けた。場面は，身体的・性的・心理的に虐待的であった父親を扱った。ときには，彼女を助けるためにイエス様を連れてきた。そうすると，「イエス様は膝に包帯を巻いてくれた」など，彼がしてくれたことを私に話してくれた。別のときには，成人の催眠状態のメアリーが，その場面の中の小さな女の子を救い出して，それは彼女のせいではないこと，彼女は悪くないと言ってあげることに同意してくれた。私は，怒りの無実性と正当性の概念を強化したかった。

　彼女はついに静かな除反応を使うことができるようになり，そのテクニックの中で「私は賢い」といった肯定的な自己陳述を得ることができるようになった。

　あるセッションの間に，「内なるこころ」に，怒りをもっと解放するために彼女が行く必要のある場所に連れていってくれるよう頼んだ。「私は，おたふく風邪にかかったパパのお見舞いで病院にいるわ。ママは，私が感染したから私のせいだって言ったの。それで，私はごめんなさいって示すために，扇風機に手を突っ込んで自分自身をケガさせたのよ」。別のセッションでは，「ネコちゃんたちが私を愛したので，傷つけなくてはならなかった」から，彼女は子ネコを蹴った。叔父からの性的いたずらの前日，彼は彼女を愛していると言った。性的いたずらの翌日，彼女は自分に火傷を負わせた。これこそが，自分を傷つけることの発端であった。

　この期間は，彼女が子ども時代の無実性について学ぶための苦闘と抵抗の時期であった。幕開けから彼女が悪いとプログラムされていたかのようであった。彼女にとって愛は痛みに等しく，痛みは許しに等しかった。「悪い人々だけが気分が悪く，よい人々はそうではない」。彼女は眠れない夜を過ごし，激越性のうつ病と混乱のさなかにあった。彼女は，自滅的な感じがした。ときには，彼女は安全を感じるために公共医療施設で一夜を過ごした。あまりにも不安に苛まれたときだけ，彼女は自分自身を傷つけた。ときたま，泣くことができることもあった。我々は，夢の解釈を扱い，そのうちいくつかはトラウマの再体験らしかった。私は，「内なるこころ」に，癒やしを進展させるために必要なところへ彼女を連れて行ってくれるように頼み続けた。私は，彼女の無意識は，セラピーにおいて最も安全で最も上手なガイドであると信じていた。なぜなら，それは彼女が扱うことができる以上のもので圧倒させたりはしなかったからである。過去の頑迷な考え方は，弱まることがなかった。「あなたが怒りについて考えたなら，邪悪なのである」。怒りを解き放つことへのフラストレーショ

ンと，怒りに対する禁止はエスカレートした。私は常時，彼女の道義的に正しい怒りを擁護した。私は，いくつかの場面に介入したり，彼女に子どもを助け出してもらったりした。「内なるこころ」は，虐待された子どもを安全な場所に助け出すときに，最も頻繁に助けてくれた。我々は一緒に苦闘した。

「内なるこころ」には形があって，機能することができて，知恵があって，善良であることは明らかであった。それは自我状態であり，メアリーは高次の自己と名づけた。数カ月後，我々は指の合図を卒業して会話に移行したので，コミュニケーションは非常に容易になった。

私は，高次の自己に，彼女が怒りを遮断した最初の出来事に，彼女を連れて行ってくれるよう頼んだ。彼女は2歳の自分になり，水を1杯飲むために自分の家に入った。父親は彼女にドアを閉めるように言った。彼女はすぐに水を飲むつもりだったので，イヤだと言った。父親は激怒して，彼女をほとんど殴り殺すところだった。彼女は，叩かれる痛みを止めるために，決して二度と泣かないし，感じないようにすると決めた。その後，父親が彼女を虐待するときには，彼女は黙ったままでいた。この出来事が，解離の嚆矢であった。

2歳の除反応の後，彼女は叩かれた痛みを身体記憶として身体に感じることが時々あった。この場面は，プロセスするのが最も困難であった。多大な恐怖，多大な苦悶，多大な痛みがあったからである。彼女は報復への恐れから，空想上の父親に直面するのを怖がっており，このことは彼女がもっと歳をとってからの場面においても同じであった。高次の自己は，彼女が夢の中で怒りを表現することを助けてくれて，緊張が和らぎ，ストレスが減るだろうと言った。この除反応は，ワークスルーするのに何度も繰り返す必要があった。それは，分割の起源を示していたため，最も重要であった。ついに，2歳の子どもを安全な環境（子犬と遊べる自分自身の部屋）に助け出すことができた。

彼女は，父親の残忍さを正当化するために，彼女が悪いことをしたかもしれないという酷い証拠を探していた。「もし父が何ら理由もなく私を罰したのだとしたら，誰一人私を愛してくれなかったということに向き合わなければならない。そんなのはあまりに残酷過ぎるわ」。

どんな人間でも受け入れることが最も困難な認識がここにはある。すなわち，自分が両親や早期の養育者に愛されていなかったというものである。もし，私がそこから湧き出した泉が，私を拒絶するなら，私は何者でもないことになる。私には存在する価値がない。生まれたことが間違いだったのであり，死こそが

ふさわしい。

　しかしながら，高次の自己と私は，彼女が生まれてきたことの正当性と，彼女の両親の不道徳性のために闘っており，私は単に彼女の両親は病気であり，彼女を愛することができなかったのだと言い表した。私は，両親の愛することに対するの無能さは，彼女が愛されるべき人ではないことを意味しないことを強調した。

　誰がこの子を愛してくれたのだろう？　関わりのなかった祖父母を除くと，近くの州に住んでいて，たまに訪れたときに会う叔母以外には，彼女の人生にそんな大人は誰一人いなかった。その叔母は，彼女を抱きしめ，優しく話しかけてくれた。たとえ，彼女がそのような注目には値しないと信じていたとしても，そのことは彼女に希望をくれた。

　砦の内側は，明らかに大騒ぎであった。しかしながら，そこに収容されている自己認識はすべて偽物であるため，やがて砦は陥落するに違いない。

　ここまでで1年が過ぎ，これだけの苦痛にもかかわらず，彼女はまだ生きていて，人生においてかなり機能していた。実際，彼女はルームメイトと一緒に泣くことができ，自分の子ども時代について話すことができた。それは，私以外の誰かに自分の生育史や感情を吐露した最初のことであった。彼女がびっくり仰天したことに，ルームメイトは彼女を拒絶しなかった。気分を害したときに，メアリーは沈黙したり，退却したりする代わりに，自己主張的になった。除反応のワーク以外にも，我々は催眠のワークを使って，彼女の他者との関係性や，私との関係性もプロセスした。それは，彼女の人生の全段階を含む全方位的な努力であった。しかし，我々は終結には程遠かった。砦はダメージを受けたが，まだ損なわれていなかった。

　検閲官が抵抗の背後にいると考えたので，私は再度彼と話した。その間に，メアリーは彼を，彼好みの称号である番人と呼ぶことに決めた。彼はさらに柔軟になったが，まだ過剰な感情には断固として譲らなかった。「彼女が感じすぎないのであれば，私は彼女を切らない」。明らかに，番人が彼女を切らせていたのである。徐々に彼の抵抗を壊していくと，彼はより混乱するようになった。彼には，新しいルールがどうあるべきかわからなかったので，古いルールに固執した。彼は，彼女が感じるままにさせてしまったら，壊れてしまうだろうと確信していた。白黒のルールであれば，彼は理解できたが，灰色は耐えがたかった。

私は，別の患者において，守護的な状態がこれと似た理屈をこねたことを思い出した。この状態は，深刻な虐待経験の最中に創り出されたものであった。「私は彼女を傷つけなければならない。さもないと，世界が彼女をもっと傷つけるだろう」。トラウマの瞬間に創り出された状態は，そのトラウマ体験以外のことは何も知らないのである。

　セラピーの2年目は，除反応的なセラピーから，自我状態間の関係性への傾注へと，力点がわずかに移った。意義深いことに，彼女は虐待の場面を描写し始めたのであるが，それらは過去を暴く道であったため，内的には禁止されてきたものであった。彼女は，死の脅威にさらされたにもかかわらず，父親からは口止めされてきたことが度々あり，成長しても彼女は誰にも，母親に対してさえも，決して口外しなかった。しかしながら，別の州に住んでいる現在の母親からの電話の最中に，母親は彼女が2歳のときの出来事を思い出した。「私はあなたが傷つくのを見るのが耐えられなかったし，あなたの父親が怖かったから，それで家から立ち去ったのよ」。その電話で，母親の不適切さと保護の欠如がはっきりと確認された。

　ある描画（図3参照）で，彼女は，番人が閉じた輪の中で，恐怖と怒りの感情を抱えているところを描いた。私は，番人が抱えきれないほどの感情を抱えなければならないという重荷を背負わされていることに共感した。あるセッションの間，メアリーは，自分の内部の怒りの緊張，すなわち彼女が爆発させてしまうかもしれない感情を訴えた。私は高次の自己と協議して，怒りを滴定（titrate）するために何かできないか尋ねた。我々は，彼女が描いた番人の絵について話し合った。私は，彼がその怒りのエネルギーを少しでも和らげてくれそうな，苦肉の策として何か機械的なものをひねり出してくれないかと期待した。次のセッションで，メアリーは，感情を減らしたり，コントロールしたりするための抵抗器や回路遮断機，スイッチを備えていて，番人の絵につながっているヒューズ・ボックスの図式を持ってきた。番人の同意を得て，ヒューズ・ボックスは稼働し始め，それがもはや必要なくなる，セラピーの終結近くまで続いた（私はいつも，人間の内側にある独創的なリソースに驚かされる）。

　高次の自己の助けを借りて，今では2歳の少女は，廊下の突き当たりにある部屋に住んでおり，番人は，すぐ近くにあるもう1つの部屋に喜んで居座るようになった。今では，それぞれとコミュニケーションをとるのがさらに容易になった。たいていのセッションで，メアリーと私は，催眠の中で階段を降りて

第14章 砦を守るは番人なり――困難で複雑な一例　283

図3. 患者が描いた番人

いった。私は各々の部屋を訪ね，心理的に果たされる必要があることは何でもするつもりだった。皮肉なことに，自我状態たちは最初，催眠状態の大人のメアリーが自分たちの部屋に入ってくることを忌避していた。それは，彼女のことを知らなかったからであった。私は，除反応的なワークの中で，一人ひとりと関係性を築いていった。催眠状態のメアリーは，自我状態たちが過去を再体験するときは，離れずに関わった。解離が非常に明確になった。例えば，子どもは痛みを体験したとしても，メアリーは覚醒状態ではそれを感じていないようであったし，逆も同じであった。統合が生じるには，知り合いになることと，自分たちの感情を少しでもメアリーに与える必要があった。私が出過ぎた真似をしないようにすることで，彼女の私への依存は減ることになった。

　2年目は，催眠状態のメアリーと高次の自己，番人，小さな少女の自我状態とワークした。異種のパーツ間に全体性をもたらすためには，まだ2歳時の元々の分裂に立ち戻る必要があった。情動的な感情を表出する必要があり，虐待者と対決しなければならず，身体的な感覚を感じなければならなかった。我々は，治療を終えるには程遠かった。番人は揺れ動いていたが，まだ私の進め方に用心していた。彼は，もし自分の力がすべて取り去られたら，目的がなくなってしまうことを恐れていることが明らかになった。消えたい自我状態など一人もいない。生存のための闘争は，すべての生きとし生けるものにおいて普遍的な

ものである。いくら安心させたり，防衛のための選択肢を検討してみたりしても，彼の視線は冷ややかであった。ある催眠セッションで，番人はメアリーに部屋に入ってほしくないと言って，その代わりに私に入ってくるように言った。「もっと感情を与えてくれと不平を鳴らすのを止めるように，メアリーに言ってくれ。彼女は多くを求めすぎているが，準備が整っていないんだ」。おそらく，過保護であるかもしれないが，保護的であることは間違いない。メアリーが泣くことで傷ついているせいで，番人が彼女に自分自身を切らせたとき，催眠状態のメアリーは，彼が涙の苦痛から自分を保護しようとしているだけだと彼を非難した。非常に鋭い洞察である。

　番人はまた，他の脆弱性も示した。彼は，小さな少女を傷つけることが耐え難かったので，パパが彼女を愛さなかった理由を私から彼女に伝えるように頼んできた。私は愛することについての父親の無能を彼女に説明し，「パパは悪い怒りを持っていたけど，番人はよい怒りを持っているのよ」と彼女に伝えた。そのメッセージは当時，番人を怖がっていた彼女にとって重要であったので，しっかりと受け止められた。

　2歳時の除反応では毎回，番人と小さな少女に，それぞれ抱えている苦痛を少しでもいいからメアリーに与えるように頼んだ。そうしてくれたとき，催眠状態のメアリーは，2人の努力に感謝した。2人とも，メアリーとシステムがこのプロセスで崩壊することはないことを学ぶ必要があった。明らかに，それは催眠状態にはないメアリーには骨が折れるものであったが，彼女は，この情緒的なトラウマの蓋が徐々に開いていくにもかかわらず，世界の中で機能すべくどうにかこうにか折り合いをつけていた。繰り返されるごとに，内なる自我状態の気分はよくなったが，メアリーの気分は悪くなった。それも当然である。死にたくなるときもあった。セラピーには苦痛に見合う価値があるのかと悩んだときもあった。しかし，この道に踏み出してしまっていたので，引き返すという選択肢はなかった。引き返すことは，まったくスタートしないよりもなおダメージが深いだろう。道半ばで，彼女は絶え間ない動揺のまっただ中に留め置かれていたのである。砦を再構築する道など望むべくもなかった。彼女が最初に述べたゴールは，身体的にも情緒的にも**感じる**ことであった。ロボットのような人生には，生きる価値がなかった。しかしながら，そのゴールは，昔の感情の強力な抑圧を徐々に破壊していくことを意味していた。

　私は，彼女のゴールに向けて熱心に取り組んだ。私が関係性を構築してきた

自我状態を見捨ててしまうと，世界は本当に有害で信頼に値しないものであることを証明することになってしまう。それは，早期の散々な体験を強化することになってしまう。

空想上の部屋における我々のワークで，番人は催眠状態のメアリーと関わることを学び，小さな少女とも同様にした。あるセッションで，彼は思い切って小さな少女を訪ねたが，自分が触れると傷つけてしまうのではという恐れのせいで，彼女に触ることができなかった。さらに，もし，彼が彼女に触れたら，それは彼が彼女を愛していることになってしまい，そんな情動は彼には認めることができなかった。ずっと後になってからでないと，触れ合うことはなかった。

触れることについて，この患者に対しては細心の注意を払った。セラピーが始まったとき，彼女は自分に触れないよう警告したので，私は彼女の要求を尊重した。2年目に，番人と小さな少女は，私の手が触れるのを感じて，どんな感じがするのか確かめてみたいと望んだ。もっと後のほうのセッションでは，番人に小さな少女の手に触れてもらって，2人がどう感じるかを確かめてもらった。自我状態同士で触れることは，自我状態を一緒にして親密にするための非常に効果的な方策になりうる。

セラピーは難しかった。彼女は泣くこともあったし，泣きたいけれど泣けないときもあった。我々が除反応を繰り返すときには毎回，身体的な苦痛を感じていた。彼女はフラストレーションを感じて壁を殴り，日記に書き，心理的ホームワークに誠実に取り組み，毎日仕事に通った。ときには，私は彼女が聴く用に，特別なテープを作ったことがあった。彼女は一所懸命に取り組んだ。

我々が進展するにつれて，大人のメアリーは感じ始めた。彼女は，感情の浮き沈みを好んだ。彼女は，自分が身体の熱いところと冷たいところを区別できることに驚いていた。彼女は，仲間ともっと親しくなり，以前より少しだけ深刻ではなくなった。癒やしは進展していた。

高次の自己は自我状態であった（それは形と機能を有していた）ので，私は彼（メアリーは男性だと決めつけていた）に，除反応中に助けてもらうことができないか尋ねた。答えは「いいえ」であった。彼は，自分自身はあくまでも観察者であると宣言した。彼はアドバイスを与えることも，彼女をある場面に連れて行くこともできるが，情動に入ることはできなかった。彼は客観的な観察者であって，情動への参加者ではなかったのである。

メアリーは，強くこころに響くような詩を書いた。次にその一例があるが，

正確には，大文字もスペースも使わずに書いた。

  内側に監禁された多大な苦痛があって－ミイラになって
  憤怒を箱にしまって
 私は怒りを閉じ込めた　それは私の牢獄だった
   世界を締め出し－感覚を切り
    灰色のままで私を置き去り－精彩はなく
 2歳のときに始まった－父の怒り　私に向かって振るわれた
   制御不能－止めるすべなし
   私を責める－私の怒りは
 私に誓わせた　二度と父に怒りを向けないことを－絶対に
 私の怒りで父を暴力に駆り立てないように
 6歳のときに終わった－私の怒り　私を通して振っている
   制御不能－止めるすべなし
   砕いたのだ－殺したのだ
   庇護し愛した子ネコたちを
    その子らは無力で
     無垢で
      愛おしかった
   そして私の怒りが子ネコたちを殺したのだ
 悲しみを病み－自分を憎しみ
 私は覚えている　父との約束　そして私自身と約束した　私は
 二度と怒りを放たぬことを　どんなものにもどんな人にも
 自分の外側にあるものには。
 そうして私はそれを閉じ込め，そして守った　人生とともに。

　なんと明快に，箱詰めにされた怒りや自己嫌悪，その起源を描写していたのだろう。番人が，それを封印する必要がある破壊的な力であると見なしたのも無理はなかった。子ネコへの罪悪感も，まだプロセスされていなかった。
　メアリーの外界に問題が起こり始めた。メアリーはルームメイトをとても気に入っていたのだが，彼女と距離ができて，あまりサポーティブではなくなったのである。ルームメイトは，他の友人と過ごす時間が増えた。メアリーは，拒絶されたと感じた。この状況は，彼女が自分自身の場所に落ち着くまで悪化の一途を辿った。拒絶は彼女にとって辛いものであった。拒絶は，彼女が子ども時代の早期から学んだことを強化してしまうので，彼女にとっては困難なことであった。学んだこととは，すなわち，親密な人は彼女を見捨てるだろうと

いう考え方であり，その考え方にまつわるあらゆる自己否定が含まれていた。ある日，次回セラピーの予約時に，彼女は安全確保のために，自分の銃を私のところに持ってきた。彼女は絶望の瞬間に自分がそれを使うかもしれないのを恐れたからであった。

　実際的な出来事が，精神力動的セラピーをイライラさせるほど妨害しうるにもかかわらず，彼女が新しく発見した態度と行動によって今ここで拒絶に向き合うことは役に立った。セラピーが効果的であるためには，内側の変化が外側の変化をリードしなければならない。メアリーは，私のオフィスの内側で感情を表現し，外側では成熟した行動をすることが増えていった。

　週1回のセッションごとの我々のアプローチは，セッションとセッションの間に内側と外側の両方で起こったことに左右された。これに，高次の自己と番人からのフィードバックも加わった。各々のセッションの目的は，統合と癒やしに向かう道を進み続けることであり，砦の別の裂け目をつつき続けることであった。

　彼女の解離は，幾重にも折り重なっていた。苦痛は身体から切り離されていた。情動（怒り，恐怖，悲しみ）は，身体からも，発言からも，考え方からも切り離されていた。私は，まるでジグソー・パズルの無数のピースを組み合わせようとしているかのように感じていた。

　高次の自己の助けは，計り知れないほど貴重であった。彼は，メアリーが赤ちゃんだったときから存在するようになったので，「彼女は十分にわかっていたので，ルールを見出したのであろう」と説明した。高次の自己は，考え方や論理を扱ったが，情動は扱わなかった。彼はシステムを保全するための情報とともにそこにいた。セラピーの間，彼は同じ機能を執行した。

　番人には，学ぶことがたくさんあったが，彼の学びは情動を通じてやってきた。彼が父親から学んだことは全部間違っていたが，メアリーの人生においては，その教えに異議を唱えた者は誰一人としていなかった。さらに彼は，父親は牧師であり，神の言葉を話したと言った。この教義は，外界に持ち出された。しゃべるな，動くな，感じるな，言うな，何もバラすな，気づくな，さもないと痛い目に遭うことになる。世界は安全な場所ではない。お前が誰かを愛せば，そいつらはお前を痛い目に遭わせるだろう。そして，お前が痛い目に遭ったなら，それはお前のせいだ。まさに，抑うつのためのレシピである。

　カメの歩みではあったが，粘り強く，我々はいつでも先へと押し進めていっ

た。自我状態との関係性作りは継続しており，見つけたら除反応した。

ある除反応で，興味深いねじれが顕わになった。メアリーが6歳時に子ネコたちを殺したときのエピソードで，番人は，彼女の怒りの部分を分離して，意識から葬り去ってしまい，「どうやったら，彼女がこれらの無垢な子ネコを傷つけることができたのであろう？ つまり，私は子ネコと遊んでいたのだ。彼女はパパに似すぎている。私は彼女を追い払わなければならなかったのだ」と言った。対話によって，番人と6歳は，相互理解に至った。番人は，メアリーは自分の怒りを何とかしなければならなかったので，大きくて強いと感じるために子ネコを殺したことを理解した。「その前は，私は小さくて怖がっていたの」と6歳は言って，「それで，番人が私を分離したんだけど，彼は父親には怒ってなかったんだろうな。彼はメアリーに八つ当たりをしたの」と言った。番人によれば，背後にある情動は，いつでも恐怖であり，彼の記憶にある元々の父親による仕返しへの恐怖であった。6歳は，番人と対決した。「もし，あなたがメアリーを攻撃するんだとしたら，あなたのほうこそ父親に似ているのよ。そうじゃなかったら，子ネコを殺したときの私に似ているんだわ」。その対決は，番人を動揺させた。なぜなら，彼はメアリーに怒りを表現していたとは思いも寄らなかったし，むしろそれを食い止めていたと思っていたからである。例えば，彼がメアリーに切らせたのは，彼のこころの中では保護的なことであって，虐待的なことではなかったのである。

我々は，その場面を除反応した。6歳は，父親を自分ぐらいの大きさに縮めて木っ端みじんにした。番人と6歳は和解した。番人が怒りを表現すればするほど，6歳が消えていったことを気に留めておくことは興味深い。

除反応のプロセスで，番人や催眠状態のメアリーに助け出された後，一時的な自我状態である4歳と5歳と8歳が，2歳と一緒に住むようになった。しかしながら，その子たちがセラピーの中で活動的になることはなく，あたかもすべてが解決して統合されるまで待機状態になっているかのようであった。

主要な治療行為には，催眠状態のメアリーと番人がかかわっていた。メアリーは番人のことを理解し，共感的であったが，同時に彼の考え方を変えようとするのも必然であった。

2年目の終わりが近づいたとき，除反応に続いて，大人のメアリーが覚醒状態で，「あれは私だったんだ！」と言った。解離は崩壊していった。砦は浸食されていった。

世界における彼女の行動は，より自己主張的になった。例えば，彼女は上司に感謝祭の次の金曜は休みを取るつもりだと伝えた。彼女にとっては驚くべき変化であった。彼女は「私は何が欲しいの？」と尋ね始めていた。

番人はより傷つきやすくなり，感じ始めていた。彼は，明らかにより子どもになっていった。彼は，メアリーが自分から力を取り上げて，否定的感情と一緒に放置したがっていると非難した。彼女は彼に，感情を共有して抱きしめ合おうと提案する手紙を書いた。それは彼に大きな変化をもたらした。彼を弱らせたり，傷つけたりしないことを，書いて約束したことは，意図的に彼を現実的にせざるをえなかった。しかし，彼はそのプロセスを恐れていた。なぜなら，「怒りは苦痛から私を守ってくれる。怒りは苦痛をどこかへやってくれる」からである。彼は，怒りをあきらめるリスクを取りたくなかった。それは過去の苦痛から保護してくれるものであったからである。

彼はますます絶望していった。彼は，どうせ他のみんなのように自分を見捨てるのだろうと私を非難した。私は彼に真実を語った。セラピーは一時的であるが，メアリーは永遠であると。彼の絶望はエスカレートした。あるセッションで，メアリーは大幅に遅刻した。彼女は，番人が自分の来談を妨げようとしたと私に言った。私は彼女を催眠に誘導して，番人に語りかけた。かなり断固たる言葉で，私は宣言した。「成長したメアリーには，私をクビにする権利があるが，あなたにはない。そして，もしあなたがまたこんなことをしたら，私は彼女を探して，約束の時間に彼女を連れてきます」。私の言ったことは彼に伝わって，こうしたことは二度と起こらなかった。彼は，私が彼の母親みたいに弱くないことと，私は言ったことに責任を持つことができる人間であることを理解する必要があった。

あるセッションで，私は番人と話してもらうために，自分の夫（ジョン）を連れてきた。それによって，番人が虐待的でない男性と会えるようにしたのである。夫は彼に，旧約聖書と新約聖書の違いについて話した。このセッションは，予想外の形でインパクトをもたらした。番人は，神でさえ旧から新約聖書へと，怒りから許しへと心変わりをしたのであれば，結局のところ，ルールは変わってもいいのだと判断した。父親は，自らを神の声の代弁者であると言ったので，この2つは番人のこころの中で不可分になっていた。「もし，パパが僕を愛していないなら，それは，神様が僕を愛してないということだ」。

番人には，まだまだ学ぶべきことがあった。あるセッションで，私は彼に，

まずは虐待体験を見るだけにして，次に怒りを感じ，そしてその子どもを助けるように提案した。彼は，もしメアリーが怒りを体験して，それを一度でも感じさえしたら，それは記憶になってしまうことを知って愕然とした。「私は，ただ怒ることができて，小さくて怖がっている訳でもなくて，もし，私がこれら全部の出来事に戻って感情を感じたとしても，小さくなったり絶望したりしないっていう意味ですか？　だからと言って，私の仕事をメアリーに丸投げするつもりはないけど。記憶はあるだろうけど，それが必ずしも自分を傷つけるわけではないんですね。気に入りました」。それから，彼は父親に対して攻撃的になり，父親を壁に投げ飛ばした。「彼を止められるぐらいだから，これで私は本当に彼女を守ることができる。私は，自分がボウルの中の感情だといつも思っていた。今では，自分がボウルなのであって，中にあるものじゃないって気づいたよ」。

番人は私との関係性に苦闘した。一方では，彼は空想の中で，私にハグされたいと思っていたが，現実では左手を握ってほしがった（メアリーは，左手は彼のもので，右手は自分のものだと述べた）。彼は，愛は弱く憎しみは強いと信じていた。彼は，もし自分が抱えている憎しみを解放したら，私を傷つけてしまうかもしれないと心配していた。明らかに，彼は私を気遣っていた。彼はメアリーのことも気遣っていたので，彼女と親密になりたがらなかった。「もし，あなたが誰かを愛したら，その人たちがあなたを傷つける。世界は安全ではない」。彼は，自分がメアリーに腹を立てても，彼女は優しいままであることに気づいた。同じことは私についても起こった。混乱のまっただ中で，彼は一時的に自分を壁でかくまった。

空想上の子宮への旅は有益だった。私は，温かいエネルギー，すなわち，胎児を取り囲む汚れを知らない金色の光の繭を暗示した。番人は，この体験を以下のように解釈した。「それは，私がいい滑り出しをしたことを意味している。ときには悪い感情になることもあったとしても，自分を悪いとは感じない。そう，私は悪い感情を持ったよい人間だから，悪い感情を持っておかなければならないわけではない。それは，*私*を裏切ることではない」。

今では，彼女は自分のアパートでの喫煙を1日当たり半箱まで減らした。彼女は，自転車通勤を始めた。気分もよくなった。絵を描く上でも，より創造性を表現するようになったし，完璧であろうとする欲求も少しは失われた。

時たま，番人は大人のメアリーに怒りを表現した。彼は，彼女を眠らせない

ようにすることで，彼女を弱めて，彼に対する影響力を減じようと画策した。ときには，彼女の夢を遮断して，なぜだかわからないままパニック状態で彼女を目覚めさせた。ただのいたずらだが，実りのない行動であった。

　高次の自己は，番人が身体的にもっと積極的になって，大声で叫ぶ必要があることを示唆した。「空想は現実の世界に現出したりはしないが，声は現実にあるので，それにはインパクトがあった」。催眠下ではあるが実際に，私は番人に殴るための枕を与えた。「私は身体を動かしていて，音を立てている。それを感じることができるようになり始めている。わかった，それが私なんだ！　それが私なんだ！」。

　番人と催眠状態のメアリーは前よりも親しくなった。彼は私の手を握り，恐怖と孤独を認めたが，彼は私の手に触れても，それほどひとりぼっちであると感じなくなった。私は，彼にメアリーの手を感じてもらい，彼が二度とひとりぼっちであると感じないようにしてもらった。

　我々の最も哀切なセッションが，セラピーの終わりに近づいたときにやってきた。私が番人の手を取っている間に，彼は私に話しかけた。「私が彼女に触れて，彼女が話し始めたとき，私は混乱しました。私が去るときが来ました。彼女は感情を持つことができます。あなたが彼女に対処できるようになるように，私は去る必要があります」。彼の声は消え始めた。優しい声で，私は彼のことを大切に思っていること，彼は彼女を守るために来てくれた素晴らしい人間であると伝えた。私の目からは，涙があふれた。私には，彼が自分の存在を犠牲にしてくれているかのように感じた。その後，声は大きく，はっきりとした。「私は家の外側にいます！　私はまだ存在しています！　そして，苦痛も悪い感情も一切ありません。私は休むことができます。私は家を見ることができますが，温かい砂浜にいます。メアリーは家（砦）を何とかしないといけないし，取り壊さないといけないでしょう。私は善良で，怖がってはいません」。彼はとても安心していた。彼はそれ程までに平和に感じたことが一度もなかったので，違和感があった。メアリーが覚醒すると，番人が言ったことのせいだけではなく，小さな女の子が彼の身代わりに浜辺で休んでいるのを見たために，びっくり仰天した。私は，番人が，男性だけが力を持っていたので，死に物狂いで強く見せる必要があるという信念のせいで，男性の仮面を被っていたのであると解釈した。

　次の週，メアリーは，かつては自分であった小さな少女を描いた肖像画を持っ

てきた。2匹の愛らしい動物のぬいぐるみと一緒に寝ていて、ついに平和になった絵であった（図4）。彼女は自分の人生の皮肉について思いを巡らせた。「悪くあることが生きていることで、よくあることが死ぬことになっていると考えるのは、おかしなことだわ。私は生き続けるために、抑うつ的で自暴自棄でなければなりませんでした。私は、生きていて大丈夫で、私は善良だと感じることを知る必要があったんです」。

　自我状態療法は、もはや用無しであった。砦は空虚な廃墟になってしまった。敵はずっと前にいなくなっていたので、戦いは単なる追憶であった。

　メアリーは、虐待されたことがある女性たちが集まって、自分たちの体験を共有するグループに参加した。彼女は、しっかりと将来計画を立てるために、キャリア・カウンセラーにも会った。今では、彼女は、今ここに生きていて、過去は過去のままにしておくことができた。2, 3度、メアリーと通りで偶然出会った。2年が過ぎ去った。彼女は、よい気分で、セラピーに戻ってくる必要はまったくなかった。

補遺

　小さな女の子の絵は、メアリーによって描かれたもので、2匹のぬいぐるみの動物と眠っている。患者の3年間の苦闘のフィナーレにふさわしく、すべてを物語っている。もはや、苦痛や恐怖、激怒につきまとわれることもなく、メアリーは、他者との正常な関係を作り、自分が選んだ職業で成功を続ける成熟・成長した大人の女性として、現実世界で自らの道を歩んでいる。

　去ったのは、怒りや恐怖、苦痛を壁で取り囲んでいた難攻不落の性格の鎧（砦）であった。この解体された砦は、もはや怒りを貯蔵することはできなくなった。怒りは、もし過去の虐待的な父親に向けたとしたら、それがたとえわずかであったとしても、即座に耐え難い苦痛を招く羽目になったはずのものである。その激怒は、たとえ解放されたとしても、（子ネコたちのような）他者に害を及ぼすことはないだろうし、たとえ内に向いたとしても、メアリーを自己破壊に駆り立てることはないだろう。去ったのは、彼女と他の人々の間の壁であり、彼女をわずかな親密さにも尻込みさせて、友人を追い払わせた壁であった。失われたのは、あたかも、彼女がいつも悪くて、子どものときに彼女に繰り返された虐待について自分自身を責め続けているような感覚と生涯にわたって苦闘す

第14章 砦を守るは番人なり——困難で複雑な一例　293

図4. 昔の小さな女の子

る必要性であった。去ったのは，一連の厳格なルールに従って世界と対決せんとする衝動であった。それは，「泣くな，感じるな，文句を言うな，完璧であれ，従順であれ，言われたことをやれ，やり方がわからなくても正しくやれ」というものであった。もはや，愛する能力が，「（母みたいに）愛した人があなたを捨てるだろうから」という理由で，凍りつくこともない。そして最後に，去ったのは，若い状態（番人）の子どもっぽい具体的な考え方であり，頑なに砦を守ろうとする必要性であった。それは，痛みを避け，メアリーの生き方を正当化することができた「わがまま」の小さなかけらを保っておきたいという考えであった。

今では，番人は平和である。もう過去の暴力的な父親からの虐待を感じる必要性はまったくない。患者は，完全に意識的なままで，そのことを理解した上で，子ども時代に戻ることができる。そして今，メアリーの内側で愛らしいぬいぐるみの動物たちと眠っているのは，小さな女の子である。これは，この世界のすべての小さき人々に当然与えられるべき権利である[2]。

（ジョンによる）理論的コメント

　伝統的な精神分析における目的は，患者の性格構造の再構築が目的であり，それによって変化が長持ちして，暗示を通じて症状が解消するときのような一時的なものではなくなるだろう。精神分析の研修生は，広範囲に及ぶ個人分析の後，転移反応の進展と解釈が，その後に分析家に投影されることが，この目標に達するための真に重要な技術であると教えられる。よい分析家は，暗示を避け，客観的で，患者の転移行動の現われを消極的に待たなければならない。解釈を適切なタイミングで与えることは，経験豊富な臨床家の証である。分析家は，これらの転移を促進するために，抵抗や夢の素材の解釈で介入するのであり，別のやり方での活動は避けるものである。

　完全な精神分析（週に3〜5セッション）の目標は，短期（週に1度）の心理療法で達成することができるものよりも，たいていかなり広範囲にわたっている。目指すのは，パーソナリティの完全な再体制化である。

　徹底的で，完全で，完了した精神分析の終了時には（たいてい，数百時間を要する），被分析者は，症状からすっかり解放されて，機能することができ，早期の記憶を回復することができており，神経症的防衛への洞察を達成し，それを手放すことができていて，子ども時代のトラウマを克服することができ，よい安定した対象（愛の）関係を築くことができ，仕事や他者とのやりとりにおいて成熟した行動を示すことができ，獲得したものを長期間にわたって維持することができるべきである。困難な事例（「番人」のような事例も含む）で性格分析を徹底的に完了するには，通常は何百時間も必要になる。

　「番人」の事例は，上記の基準に照らし合わせて，完全かつ徹底的な精神分析と称する資格を有しているだろう。だが，150時間以下の治療時間（週に1度，3年未満）で達成された。これはどうやって可能になったのだろうか？

　当初，患者の転移反応は，セラピーの妨害物や汚染源，つまり避けるべきも

のであると考えられていた。鋭い観察を通じて，フロイトと初期の仲間たちは，そのような反応は，正真正銘の洞察（認知的理解と同時に，感情的および経験的な要素を伴う）の達成へと向かう重要な資産へと（分析と解釈を通じて）変わりうることを発見した。治療の負債は，精神分析の資産へと変わった。転移の分析は精神分析の最も重要な治療技法と目されるようになった。それはかれこれ80年以上もそのままである。

残念ながら，これらの反応や，分析家という人物への投影が自然に出現するのを待つと，相当な時間がかかる。他のテクニックの中で，これ以上に短時間で，同じくらい称賛すべき結果に到達することができるものが果たしてあるだろうか？

患者の中に生じる分析家に対する不適切な情動だけが，実践家の注意を引きつけるのではなく，分析家の中で発展した患者に対する感情も同じく注意を引きつける。これらは，分析家の未熟さや，未解決の問題の子ども時代の投影から生じると仮定されていた。これらは**逆転移**と呼ばれていた。しかしながら，これらは治療上の資産に変わらなかった。むしろ，臨床家が自分でまたは個人分析で解決すべき，セラピーの妨害物や汚染源と見なされた。

共鳴

分析家に生じる患者への個人的感情のすべてが逆転移というわけではない。分析家も人間なので，感情の中には少なからず現実的なものもあるかもしれない。しかしながら，そのような感情にはもう1つの水源がある。それは**共鳴**と呼ばれている（Watkins J, 1978a）。

共鳴の間，分析家は，自分の自己全体の写しを（認知的・感情的・知覚的・運動的に）発展させるのであるが，はじめは対象として，続いて自我備給によってそれを行い，それを自己表象へと変ずる。そこでは，分析家は，患者の自己の中に存在するものを，ともに感じ（co-feel），ともに痛み（co-pain），ともに喜び（co-joy），ともに理解する（co-understand）。分析家は，これを自分の「個人性」の半分以上は用いずに行うのに対して，残りの半分は客観的な現実性にしっかりと根ざすよう維持している（Watkins J, 1978a）。

これはとても強力なテクニックであり，セラピストが患者の内的な心理的状況に対する即時理解に接近するのを可能にする。さらに逆共鳴（counterresonance）を通じて，患者は自分の感情的・知覚的・運動的・認知的領域において，

同じく意味のある理解を速やかに獲得する。共鳴を通して，セラピストと患者は，「ともにあること（with-ness）」を発展させるが，これが患者を安心させて，恐怖と疑念を静め，情動的な強さを増して，それによって解釈への抵抗を減らす。

　抵抗と防衛は，セラピストの治療的コミットメントの直接的割合も減らす。受動的で，客観的な分析家は，自己の認知的な部分にしかコミットしない。患者は，この関与が総力的ではないことに感づく。共鳴的な自我状態療法では，患者は（すべての領域で）コミットメントの増大を無意識的にかぎ分けて，それに応じて反応する。患者は，五感を総動員して理解されていると感じる。したがって，愛されたと感じる。というのも，セラピーにおいて，理解されることは愛に等しいからである。患者はそれほどの防衛を必要としなくなる。抵抗が下がると，治療はより効果的に進展し，葛藤をワークスルーしたり解決したりするのにかかる時間がはるかに少なくて済む。

　ヘレンの自我状態療法の事例では，自分の患者と集中的な共鳴関係に入る（感情的・知覚的・運動的に，それに加えて認知的に）。彼女は，共鳴するユニットとして，自分の自己性（selfhood）をまるごと使う。これは，患者により大きな安全をもたらし，患者はそのことで，理解されていてひとりぼっちではないと感じる。関係性の強度が増すにつれて，葛藤解決に向けたセラピストの活動がやりやすくなり，許容されるようになる。

　セラピストが，共鳴を通じて，患者の問題を彼女の自己の中に取り込み，心理的領域の多くでそれらをともに体験する（co-experience）とき，患者はセラピストとともに共鳴する（co-resonate）ことでやりとりし，臨床家の客観的理解を（同じ領域で）自分自身に取り戻す。これが，（知的理解だけにとどまらず）真の経験的洞察を構成するのであるが，それは伝統的なセラピーよりも格段に短い時間で起こる。

　自我状態療法では，解釈でさえ，言語的な説明的コミュニケーションを通じてと言うよりはむしろ，セラピストや内部の状態の行動と体験を通じて伝達される傾向がある。番人の事例から，自我状態的な戦術の例をいくつか次に挙げる。

- 274ページ　（静かな除反応の後）「彼女は，内側に検閲官（彼女は，これを黒衣をまとったテレビ説教師としてイメージした）がいて，この検閲官が彼女の言うことを決定していることに気づいた。……ここには，彼女の

両親の訓戒の内なる複製があった」。転移は，治療の時間の中で体験された。それは治療者に投影されたものではなく，その転移の代理人であり，保管者としての「検閲官」という自我状態とともにあった。

- 275ページ 「私の救出行動は，認知的な覚醒水準においては，馬鹿げたものに見えただろうが，我々は催眠的なプロセスや無意識的なプロセスを扱っていたのである。トランス論理は，かなり違ったものである。過去は，まるで現在に起こっているかのように現実的になる」。このセラピストの活動，つまりセラピストの（認知的解釈よりはむしろ）救出行動は，催眠的な活性化を通じて，**現実**になった（Watkins J, 1954参照）。
- 277ページ 虐待者の経験的克服のために「立ち向かう」。
- 278〜279ページ 頻繁な，経験的除反応。
- 280ページ 「我々は一緒に苦闘した」。共鳴。
- 282ページ 「（我々は）階段を降りていった」。共鳴。
- 289ページ （番人に対して）「もしあなたがまたこんなこと（セラピストを解雇しようとすること）をしたとしたら，私は彼女を探して，約束の時間に彼女を連れてきます」。セラピストの活動。
- 291ページ 「優しい声で，私は彼のことを大切に思っていること，彼は彼女を守るために来てくれた素晴らしい人間であると伝えた。私の目からは，涙があふれた。私には，彼が自分の存在を犠牲にしてくれているかのように感じた」。共鳴。逆転移ではない。

まとめると，よいセラピーは，我々が患者にすることにあるのではなさそうである。我々が患者といるあり方にあるのである。

第15章

早期トラウマの治療と洞察

　20年前，我々の庭で，カエデの古樹が枯死した。その木は切り倒され，切り株は取り去られた。その後，新しい若木を植えた。直径はおそらく1インチほどであっただろうか。1カ月後，ある子どもが通りがかりに，ナイフで木の一部分の皮をそいだ。継ぎ当てをしたことで，その小さな木は生き延びて，成長した。今ではかなり大きくなったが，その面についた醜い傷がいつまでも早期のトラウマを思い出させた。そのような体験は，植物だけでなく人にも起こる。

　比較的，知られていない地域を踏査するとき，禁断の地域に接近することを控えるべきであろうか？　真っ当な科学が，「そんなことは不可能だ。統制された実験ではそのことを実証することは絶対にできない」と言っているのにやり続けるよりも，むしろ安全地帯に引き返すほうがよっぽど安心する。我々はここで，出生時やそれ以前に逆戻ったと思われる体験にふれる。確かに，これらが精神的な疾病や不適応的な行動の源であると実験室で立証されることはまずないし，それらを「思い出す」ことが治療的になりうるというわけでもない。

　我々も，最近の統制された実験研究において，早期の記憶が誤りを免れない性質を示すことくらいはとっくに知っている。「催眠」が，現実の記憶と同じくらい多くの偽記憶や作話的な記憶を誘発することができ，そのことは統計的に有意な水準で立証されてきた（American Psychiatric Association Board of Trustees, 1994 ; Bowers & Farvolden, 1996 ; Frankel, 1994 ; Garry & Loftus, 1994 ; Kihlstrom, 1994 ; Kihlstrom & Evans, 1979 ; Nash, 1994 ; Ofshe, 1992 ; Ofshe & Singer, 1994)。

　しかしながら，他の研究者たちは，催眠を用いようと用いまいと，記憶亢進（重要な早期の出来事の想起）が起こる可能性があるという証拠を示してい

る（Erdelyi, 1994 ; Ewen D, 1994 ; Nagy, 1994 ; Spiegel D, 1991）。セラピーにおける回復された記憶の価値についての賛否両論が，特に研究者と実践しているセラピストの間で物議を醸してきた。ここでレビューを請け負うには文献が広範囲にわたりすぎている。しかしながら，多くの貢献者たちは，実験的な知見と臨床的な知見を調和させる方向へと臨床実践やアプローチの改善を提案してきた（Bloom, 1994a, 1994b ; Gravitz, 1994 ; Lynn, Myers & Sivec, 1994 ; Yapko, 1994）。

　もし，実験的な知見だけにしか着目しなかったなら，非常に早期の体験につながるための努力など放棄してしかるべきだろう。しかしながら，そのような早期（人生の1年目）の体験は，実験室の催眠下では再現されてこなかったにもかかわらず，臨床事例における多くの観察されたデータが，これらの可能性を単に「アーティファクト」や「空想の産物」,「患者の期待」,「セラピストの暗示に対する反応」であると退けてしまうには時期早尚であることを示している。さらに，もし観察者が現代科学や受け入れられている事実に一致する知見しか報告しなかったなら，コペルニクスやガリレオ，ダーウィン，フロイト，アインシュタインの発見が，世界を豊かにすることはなかっただろう。健全な懐疑心を有している優秀な科学者たちは，「絶対にない」とか「不可能」とは絶対に言うべきではない。科学の歴史は，不可能が可能になったことや，後になって事実であると立証されたことであふれている。

　したがって，同僚たちの多くが，本章で報告することを信じないであろうということは十分に承知の上で，もしも我々が手持ちのすべてのデータを示すことを怠ったり，それらに対する理論的根拠を提供したりしようとしなかったなら，我々は臨床家や科学者としてのセルフ・イメージに不誠実であることになってしまう。我々はここで，何人かの患者によって「一生もの」と報告された心理的障害と症状に言及するのだが，これは，子ども時代早期に起こっていたように思われるときには出生時（または子宮の中に）戻って，トラウマ「体験」時においてのみ（一見，恒常的に見えるような形で）解決され，アクセスされ，克服された。我々は関連するモダリティーが，催眠なのか，誘導された空想なのか，はたまた対人関係と呼ばれるのかは気にしていない。我々は，自分たち自身の科学的な懐疑主義を発揮して，セラピストの暗示を通じたそのような再体験化を創り出さないように気をつけたということしか報告できない。健全なセラピーのテクニックは，常に「初めはついて行って，その後にリードする」

形でなければならず，それ以外の方法は決してない．さもなければ，臨床家の考えや理論，セラピーが勝ってしまい，患者のものではなくなってしまう．

これらの「言語習得前」，ことによると「出生」領域に対する治療にたどり着いた患者たちは，セラピストが「さあ，出生体験に戻りましょう」と言ったから，そこに行ったのではなかった．そういった諸々のことは，意識的な行為というよりは，行動や姿勢，ジェスチャー，動きを通じて間接的に起こった．我々は，患者が「今，私は生まれようとしています．私は，自分自身が産道から出てきているのを感じることができます」などと言ったという話は聞いたためしがなかった．我々も，当然ながらそのような発言には懐疑的になるだろう．我々の実験系の同僚たちは，「子どもは，当時は言葉も語彙も持ってないではないか．それがまったくの空想や作話，偽記憶，医師を喜ばせようとする行為でないのであれば，どのようにして患者はそのようなことを語ることができるのか？」としばしば我々に指摘してきた．我々は，一貫して懐疑的なままであり，同じように自問自答してきた．しかし，我々の注意を引いた，常識に反する証拠が，我々に報告せよとせっつくのである．

我々は，空想や希望に端を発している記憶は，部分的にまたは全体的に偽物になりうることを知っているのに対して，それらが真実または部分的に真実でありうることも知っている（Brown, Scheflin & Hammond, 1997）．これが事実でないのであれば，裁判所は決して目撃者の記憶を証拠として受理しない．それだけでなく，報告されたあらゆる記憶が偽物であると見なされなければならないなら，この社会は機能することができない．現代の科学的な知見が，催眠下の記憶は意識的な状態における記憶よりも優れていることを示すことはできないと報告しているのに対して，催眠的な記憶が本来的に劣っていると証明されてきたわけでもない．しかしながら，カールシュトロム（1994）は，研究者たちの先頭に立ってきた人物であるが，催眠的に回復された記憶には信頼性がないことを証明しつつも，「催眠は忘れ去られたエピソードの環境的・情動的な状況に人を連れ戻すような幻想の環境を構築するのに用いることができるということは，少なくとも原理的には起こりうること，すなわち，正確であれば，これは最も豊かな再生の手がかりになるであろう」と渋々ながら認めざるをえなかった．▼1 我々がここで示す素材が，「豊かな」再生を強いているか否かの判断は読者に委ねることにする．

もしかしたら，研究上の最大の過ちは，実験では言語的な記憶に挑んでいる

のに対して，非言語的にやりとりされる「記憶」を無視しているかもしれない。記憶は，我々がそれを観察できなくても，身体の組織の中に記録される。生後1日目の子どもは，そのときには一切語彙を持っていないにもかかわらず，やけどをすれば痛みを体験するだろう。もっと後の年齢になって，その子が言葉を獲得したときには，痛みとくっついている語彙を獲得する。催眠下で，その子はその早期の出来事を思い出して，描写したり，再体験したりすることさえできるかもしれない。

　前に触れたように，我々の一人（ヘレン）は，子どものときに英語を話さなかったが，英語で記憶（10歳以降に学習されたものだけ）を報告することができる。例えば，5歳時のバイエルン城の周りで遊んでいたことの思い出を引き合いに出そう。これには，最初にドイツ語でそのことを考えてから，次に英語に翻訳するといったこととは無縁である▼2。イメージや体験は記録しておくのに言葉を必要としない。

　そして，もしある人が語彙（体験を刺激する手がかり）を獲得した後に，出生直後に蒙った火傷の苦痛を思い出したり，報告したりできるのであれば，他のもっと小さい頃のトラウマや，出生時の分離に端を発する苦痛，母親から十分に食べさせてもらえなかったことによる餓えの苦しみ，出産前の化学的な攻撃に至るまで，これらに関する身体組織内に記録された記憶があってもおかしくないのではないだろうか？

　もしも，（物理的，遺伝的，化学的な）出生前のトラウマが，目に見える奇形を引き起こしていたとしても，その結果としての抑うつや恐れ，他の心理的機能不全について質問する人は誰一人いないだろう。それは，少なくとも，母体の拒絶反応によって引き起こされた化学的変化のなれの果てに生じた，ほとんど観察できないトラウマが，精神病理学的な症状や行動を引き起こすことが可能であるのと同じくらい起こりうることである。セラピストにとっての問題は，それが起こったそのときに，そのこととつながっている言語的手がかりが欠落している中で，これらの体験の領域にアクセスすることである。何年も前に起こった2つの普通ではないセラピーのセッションが，この問題における我々の好奇心をそそった。

非常に早期のトラウマの可能性がある例

　ビデオ録画したセラピーのセッション（Watkins H, 1986a）において，ある大学生は，試みたことをことごとく「ブロックされた」と感じていたと訴えた。例えば，彼は，試験勉強をしようとしたときや，計画通りにできなかったときにブロックされた。何かが彼の袖を控えているようであった。彼は，物心ついたときからずっとこの問題に煩わされていると語った。

　ヘレンは催眠下で，「最初にこの壁を体験したときに戻る」よう求めた。彼は何も言わなかったが，イスの上で身もだえたり，ゆっくりと痙攣しながら身体を弓なりに曲げ始めたりして，最終的に彼女をたいそう驚かせたことに，身体の一部がイスからずり落ち始めた。催眠から戻ったとき，彼は「産まれているところのような感じがした」と述べた。「それは，小さな赤ん坊が，外へ出ようとしているみたいであった」。しかしながら，彼は，これは再体験された出産であるはずがないと主張した。なぜなら，彼は帝王切開で生まれていたからである。

　もっと後のセッションで，彼は，自分の出生について母親と話し，自分の出産がとても難産で時間がかかったが，帝王切開ではなかったことを母親から聞いたと我々に教えてくれた。

　それに続くセッションで，その体験は深い催眠下で繰り返された。ヘレンが，「あなたはできるわ。私が手伝ってあげる」と彼に何度も促し続けた後に，彼は押し分けて前に進み，大きな痙攣を起こして，完全に床へと投げ出された。

　これらのセッション中に，彼は一言も発しなかった。そのため，セラピストは，指の合図を用いたコミュニケーションのやり方を確立した（Cheek, 1962；Rossi & Cheek, 1998参照）。その原則は，答えが「はい」なら人差し指を，「いいえ」なら中指を，「わからない」とか「答えたくない」なら薬指を上げることで，自分では気づくことなく無意識的に質問に答えることができることを，無言の患者に教えるというものである。このテクニックは，我々自身を含む多くのセラピストによって，価値あるものとして使用されてきた。

　初期のセッションの最中，患者がイスの上で身もだえし，前に押し出されたが，イスから完全に落ちることがなかったときに，「あなたはそれをやりとげましたか？」，「あなたは始めから終わりまでやっていますか？」と尋ねたら，中指

がピクピク動いて否定の応答をしただろう。最後のチャレンジの後，イスから完全にずり落ちたときに，彼の人差し指が上がり，大いなる安心感と楽な呼吸を示した。これはただの想像にすぎないのであろうか？ しかしながら，続くセッションで，彼はあたかも「生まれ変わった」かのように，生涯にわたるブロックが完全にどこかに行ってしまったことや，セラピーの目的が成し遂げられたことを報告した。彼は，その後は集中したり勉強したりすることにまったくといっていいほど困難を覚えなくなり，ブロックも戻ってこなかった。

同僚たちや非常に経験豊かなある医師は，この事例（Watkins H, 1986a）のビデオ録画を観察したときに，「彼がこのブロックを感じた最初のときに戻る」という暗示に続いて，患者が典型的な胎位をとっていること，それに続く動きも出産中の赤ちゃんに観察される典型的な動きであったことを，興奮して話した。これは出生時への経験的な退行なのであろうか，そうでないのであろうか？ 我々は最終的に立証しなかったが，疑問を提起してくれる。

前に少しだけ報告した2つ目の事例（Watkins J, 1992b）は，芸術療法家である30歳の女性で，1回限りの予約でヘレンの元に来談した。それより前に，彼女は15年に及ぶセラピーを受けてきたのであるが，そのほとんどは伝統的な精神分析であり，得たものは大きかった。しかしながら，彼女は，「何か欠けているもの，何か間違っているものがある。死んでしまうのではないかと感じ続けている」と報告した。

セラピスト（ヘレン）は，（患者の15年に及ぶ精神分析的セラピーの後の）既往歴を尋ねることの無意味さが身にしみていたので，出生について尋ねた。彼女は，自分が養子縁組されたこと，彼女の生みの母親は未婚であったこと，彼女を流産しようとしたことを知らされたことを答えた。ヘレンは，「お母さんはコート・ハンガーで流産しようとしたんじゃない？」と言うと，彼女は，「ええ，はい，医者は，出産時のその行為のせいで肩に傷ができたって言ってましたけど，どうしてわかったんですか？」と返した。ヘレンは，彼女が持って来ているノートを指さした。それは，コート・ハンガーの形をした「いたずら書き」に覆われていた。

彼女は催眠に誘導され，感情架橋法を用いて，彼女がそのような（死にそうになる）感情を最初に感じた時間や場所へと退行した。無言のまま，患者は膝を引き寄せて，カーペット敷きの床に横たわった。それから，彼女は部屋の隅っこへと素早く移動した。

このときずっと，ヘレンは「あなたは死ぬはずありません。あなたは生きるはずです。あなたは生きていきます。私はあなたを追ってやってくるものが何かを知っていますが，それがどんなに恐ろしくても，あなたは生きていきますし，生きるはずです！」と何度も何度も繰り返し続けた▼3。ついに彼女は，隅っこにぐったりと座り込んで，リラックスした。彼女が催眠から覚めたとき，死に惹きつけられるという生涯にわたる強迫的な感情（これは，15年に及ぶ精神分析的セラピーにもびくともしなかった）は消え失せていた。後にやりとりしたが，彼女はそれが二度と戻ってきていないことを教えてくれた。

患者の非言語的行動は，あたかも「私は，まさにその物（対象）に破壊されようとしている」と言っているかのようであった。ヘレンの反応は，「それは真実ではありません。私を信じて下さい。あなたは生きていきます。私を信頼して下さい」ということをほのめかしていた。セラピストのそのコミュニケーションは，洞察が「意識的，認知的な理解」であると定義されるなら，洞察を伴わなかったが，有機的な意味づけが考慮されて，パーソナリティの機能の再建に役立ったのであれば，洞察に相当するのである。

もし彼女が出生前の水準に退行すれば，胎児はヘレンの言葉を理解することができるなどという，まったく信じがたい主張をすることはできない。しかしながら，この「再体験」の克服は，可能な限り直感的で，受容的で，養育的（マザリング的）な患者－セラピスト関係においてもたらされたのである▼4。

その事例を医師の同僚である産科医に説明したとき，我々は少なからず**行動上の確信**を得た。彼女は，流産が試みられるときに，胎児は安全を求めて子宮の壁に向かって這おうとすることを我々に教えてくれたのである。

何年もの精神分析的治療に抵抗してきて，比較的短期間で解決した生涯にわたる障害において，これらの事例に起こったことを理解するために，我々は対象関係論に話題を移す。

退行と対象関係論

対象関係論者は，胎内の子どもの内的体験に関してほとんど考慮していないが，例外として，フェアバーン（1952）とマーラー（1975, 1978）は，子どもはまだ内的対象をまったく持っていないこと，子ども自体が母親から未分化であることを仮定した。

グリーンバーグとミッチェル（1983, p.14）は，対象関係を，内的・外的（現実の・想像上の）他者との個人の相互作用，そして内的・外的対象世界との関連性に相当すると定義している。ほとんどの対象関係論者たちは，内的対象として人を取り込んだもののことを語るのに対し，フロイトの理論の立場からは，対象が人であることの理論的な必要性はまったくない。そのため，ある内的対象は，外側のあらゆる人や事物，対象の知覚された複製に由来するかもしれず，それらを伴って個人の自己は，私－非私の関係性の中で相互作用している。そして，それらは内的対象として，思考や感情，行動に影響するのかもしれない。

対象形成が，出生前に始まっているかもしれないという可能性は，注目されてこなかったようである。確かに，たとえ子宮がその柔らかさのおかげで胎児の動きに合わせているとはいえ，胎児は伸縮自在の子宮壁と触覚的に接触している。これが，移行対象としての安全で柔らかい毛布の後の使用の前触れとなっているのであろう。[5]

子宮内のホメオスタシスを維持するための化学的な変化の影響の他に，外側からの最低限（しかし，まったくないわけではない）の刺激がある。しかしながら，胎児が母親からのアドレナリンの増加によって緊張を感じることは起こりうる。というのは，アドレナリンが胎盤関門を通過できるからであり，有害な薬物や化学物質も同様である。また胎内の子どもは，太鼓のリズムや光，冷たさにも反応することができるらしい（Liley, 1972）。最近のイギリスの研究（AP通信，1994年6月6日付）で，胎児は，輸血時の針の挿入に対して，痛みを感じることが報告された。さらに，胎児は母親からの情動的な刺激に反応することができる（Ferreira, 1965 ; Sontag & Richards, 1938）。チーク（1975）は，出生時のケガや難産は，刷り込まれた不適応的なパターン，そしてほぼ確実に悪い対象の内在化をもたらしうるという無視できないエビデンスを示した。[6]

ワトキンス（1986）は，妊娠している母親たちに，自分の腹部をなでたり，胎内の子どもに安心させる言葉を話しかけたり，特に胎児に歌って「話しかける」ことを勧めていた。もし，中絶が考慮されたり，必要であると思われるなら，この行動は母親にとっても治療的な処置となる。

クライン（1935）は，子どもが「『よい対象』や『悪い対象』を取り込む」方法を記述している一方で，母親から出てくるものはすべてよい対象であること，悪い対象は，単にこれらの対象に対する子どもの攻撃的な動因の投影を示しているに過ぎないと仮定した。それゆえ，（彼女が記述するように）それらを「子

どもが恐れている迫害者に仕立て上げることで，子どもを飲み込んでしまったり，その身体の内側からえぐり出したりしてしまうだろう」と言った。ウィニコット（1986）は，脅威は，去勢不安や分離不安（「それは，実際には，絶滅についての不安である」）よりも根本的な不安の源であると特徴づけた。しかしながら，クラインは，そのようなイメージは，「それらの基礎になっている現実の対象が空想的に歪曲されたイメージ」であることを強調していた。

彼女は，ヘレンの患者の母親が，子どもを殺そうとするときに用いたコート・ハンガーのような実際的・物理的・外的な悪い対象を表象する内的な悪い対象が創造される可能性については想定していなかった。これを，時間内に自動的に脱落する単なる移行対象と呼べることは滅多にない。長年に及ぶ精神分析にびくともしなかった切迫した死の感覚が長い時間持続していたせいで，それは恒常的な内的対象のように見え，それが殺そうとする母親（その後，養子という形で彼女を見捨てた）との**現実的**な悪い対象関係の始まりのように見えたのであろう。もしそうなら，このことは，胎児の個性化や，自己構造の部分的発達，真の対象関係の確立は，出生時より**前**に始まっている可能性があるかもしれないということを意味している。

治療セッションにおいて，催眠的に退行された乳児の自我状態は，あたかも元々のトラウマ（コート・ハンガー）の，つまりその生命の脅威と子宮内での肩への損傷の，現在のセラピーの時間に対する転移を体験し，防衛的にふるまったようであった。そして，ヘレンは，転移内の退行された出来事の中で母性的な「ホールディング」を提供し，そして，落ち着き払って，確信を持って，「あなたは生きるはずです」と繰り返すことで，安全と安心を与えたのかもしれない。これが，アレクサンダーとフレンチ（1946）が述べたような「修正情動体験」を構成したのであろう。患者は，エネルギーの新しい充填と，切迫した死の恐れという症状が消えたことを報告した。

母性的なホールディングやマザリングの体験は，アイデンティティや「自己性」の感覚を獲得するためには必要不可欠であると思われる。ポール・フェダーン（1952）は，精神分析の訓練を受けた看護師のゲルトルート・シュヴィング（1954）の協力を得て，その幼児期の欠落を補うために，統合失調症の患者たちにマザリング体験を提供した。

ここで記述された治療的体験はフェアバーンの理論（1952）にも沿っており，その中で（Beckley, 1986, p.3によると），「彼（フェアバーン）は，心理療法家は，

怖がらせる悪い対象が出てくるのを許容するのに十分な安全感を患者に与えるよい対象として（彼女自身を）提供することで，患者の無意識から悪魔（悪い対象）を追い払う悪魔払い師であると考えて」いた。それ以上の詳細は省略する。

これらの事例から，人生の最早期や出生時，出生前の時期へと戻る治療的な退行を試みる可能性（と妥当性）についての疑問を提起した。人間の発達におけるどの時点で，人は外的刺激（おそらく有害な刺激）を記録したり，それに恒常的に影響を受けたりする能力を得るのだろうか？　そして，そのような記憶は，非言語的な形であってもアクセスすることができるのであろうか？　これは，そのような比較的少ない回数で成功する短期自我状態療法における重要な要因となりうるのであろうか？

我々は，これらの事例を詳細に検証することにして，第13章で報告したが，その章で記述された質問紙調査への回答に基づくと，これらの事例は最も高い成功（A＋，A，A－）の得点を得た。以前に何百時間も精神分析的セラピーを受けて，最小限またはまずまずの結果しか得られなかったと報告したAのこれらの患者たちに目を見張るほどの成功した結果をもたらした治療においては，何がそんなに違っていたのであろう？

非常に高得点をマークしたクライアントの中には，何名か個人が特定できた者（$n=7$）がおり，我々が回答について事例検討することを許可してくれた。このうち全員が，「生涯にわたる」または同程度の問題に苛まれていたことを報告した。記録を概観することで，我々は7事例中4事例において，自我状態療法で乳児期早期や出生時，出生前のトラウマという領域に到達したらしいことを見出した。なかには，赤ちゃんが対象，すなわち親によってネグレクトされたり，飢えさせられたり，虐待されたりした子どもの自我状態と**見なされた**ものがあった。2事例では，赤ちゃんは催眠を用いたセラピー内で自己（自我備給されたもの）として体験され，他者とやりとりし，しばしば怒りや恐れを除反応した。7つの事例すべてにおいて，3歳以前への治療的退行があった。そこでは，あらゆる年齢水準を行ったり来たりして，より早期のものをもっと後の年齢での症状や感情，行動と，しばしば強度の除反応を伴って結びつけた。

正真正銘の洞察 vs 認知的洞察

洞察は，伝統的には成功するセラピーにとって必須条件であると考えられて

きた（Freud, 1938）。とりわけ，行動学派に名前を連ねる研究者の中には，効果的なセラピーにおいて洞察など不要であり，無関係であると主張する者もいる。その論争は，喧々諤々の長きにわたるものであり，書き手たちはこぞって多くの報告を出版している（Bergin & Strupp, 1972参照）。フィッシャーとグリーンバーグ（1997，第9章参照）は，治療的変化に影響する洞察の力に関する客観的な研究報告の分析を試みた。彼らは，研究者たちがフロイトの「ワーキングスルー」という概念を無視してきたこと，それゆえ「フロイトの洞察のアイデアは十分に検証されてこなかった」ことを結論づけた。[7]

ヒルガード（1987）は，アメリカにおけるあらゆる心理学の歴史的なレビューの中で，精神分析を「動機的・情緒的な葛藤とその解決に焦点を当てるという点で，精神力動的であり」，「治療で得られるものが，過去からの想起された体験が現在に及ぼす影響の理解に基づいているため，洞察セラピーであり」，「意識的な認知に対する無意識的な効果を扱うため，深層セラピーである」と分類している。キーワードは，「洞察」と「理解」，「意識的な認知」である。

精神力動派のセラピストは，患者に洞察を成し遂げることを異口同音に求め，それが非常に効果的であると見なしている。実験を行う研究者は，一般的にその必要性を受けつけないので，おそらくこれらの2つのグループは，その用語を違う風に理解して，定義しているのである。

トラウマや他の悪影響を伴った体験は，人生の最早期に患者が苛まれてきたものであり，おそらく精神分析におけるクライエントの以前のワークが，（完全に満足いく結果ではなかったときは）子ども時代に十分に戻ることに失敗した可能性があることを我々に示唆してくれる。さもなければ，患者達は，認知的「再体験」に本来加えるべき，感情的・知覚的・姿勢的・内臓的な「再体験」を伴わない知的な洞察に達しただけであったのだろう。[8] 古典的な精神分析においては，これらは初期の探索後の「ワーキングスルー」からもたらされるのである。

我々の自我状態療法の除反応において，新たな理解は，全方向的な洞察の同時的なほとばしりの中で体験されることがしばしばであった。実際，ときには洞察は，認知的なものを**除いた**他のすべての領域において現れた。素晴らしい治療的効果や，最も重要なパーソナリティ変化が生じた事例では，洞察は非常に幅広い領域が基盤になっているものであったようである。

洞察についての経験主義者たちの批判が，セラピーの効果は，意識的・認知

的理解のみから生じているというものであるなら，我々は彼らに同意できる。おそらく，これは研究室で手始めに扱ったり，測定したりすることができる唯一の種類の洞察である。しかし，単にクライエントからの「ああ！」という感嘆で事足りているセラピストは，自分の仕事を果たしていないのである。人は，大脳皮質に端を発する言葉を超えた存在なのである。

第16章

解離・統合
個人間，個人内，国家間の観点

　自我状態の研究は，我々自身をバラバラにしたり，一緒にまとめたりすることで，生き延びたり，欲求を満たしたりしようとする人間の複雑さや無数の方法に対する深遠な敬意を後に残す。喜びや意味づけ，これまでに述べてきたすべての存在に対する探求は，生きている有機体を，信じがたい組織化の芸当へと駆り立てる。そのようなプロセスの推移において，人はあるときには適応的・建設的に，またあるときには不適応的・破壊的に，その人の固有の本質に何かを足したり引いたりする。育むことも損なうこともありうる変化し続ける環境において，個々人の独自の「自己性」，つまり分化と統合という傑作を構築するのに，人間の創意工夫が試される。
　抜きん出て成功している人もいる。その人たちが存在している世界の栄枯盛衰に効果的に対処する実体として，自分自身のパターンを結集しているのである。その人たちは，長期目標を立てて，幸福や意味，成功に満ちた人生を打ち立てる。それ以外の人は，世話人であるべきであったはずの人からの残酷な扱いやネグレクト的な扱いから生き延びるための哀れな努力として自分自身を断片化し，喫緊の問題に必死で対処しようとしているのであるが，残念ながら長い目で見れば，苦痛や苦悩，絶望が染みついた生活に堕してしまう。
　人間の本質はいつも希望に満ちており，自己組織化の新しいパターンが試行錯誤されている。しかし，ときには利用可能なリソースが不適切であったり，役立たずであったりするせいで，外側からの介入でしか破壊的な流れを改めることができないことがある。このときこそ，セラピストと呼ばれている「助けてくれる他者」へのニーズが欠かせない。
　よいセラピストは，個人間の「同盟性」の期間〔訳注：セラピストとクライ

エントが治療同盟を構築する期間〕に，患者の苦闘を自分自身のものとして受け入れ，「我々意識（we-ness）」を通じて，共同的な救出の試みのために持っているあらゆるスキルや知識を貸してくれる。セラピストと患者の相互的な努力が上手くいくときもある。患者は，新しい展望と新しい希望，新しい能力を持って浮かび上がってくる。患者は，増大した強さとスキルを伴って，今ここで，過去への直面化や影響に改めて関わり，過去の失敗を新しく見出された成功に変える。以前は苦痛に満ちて意味が感じられず，ただ生きているだけという人生だったのが，治療によってエネルギーの補充を獲得し，自己や仲間に対する価値を付加されて，運命づけられた道を全うする。そのときこそ，我々セラピストとしての誉れである。

　しかしながら，我々の最善の努力が不毛に終わる場合もある。我々には，援助を求めている人を少ししか手伝えないことや，まったく手伝えないことがある。患者の失敗は，我々自身の失敗であり，我々もまた消耗する。我々は，「人」と「助ける人」との両方として生き延びるための個人的な苦闘に，自分自身のエネルギー資源を動員しなければならないのかもしれない。我々は，自分自身を取り戻し，再統合しなければならない。

　患者の自殺に直面してきたセラピストであれば誰でも，これがもたらす悲しみと個人的な苦痛を知っている。しかし，もしセラピストがクライエントに共鳴したり，その苦闘をともに楽しんだり（co-enjoy），ともに耐え忍んだり（co-suffer）できないのであれば，そのセラピストは援助職にとどまるべきではない。もしある人が他の人の自己を再構築するのを手助けするのであれば，自分の自己にも投資しなければならない。

　我々は，「自己の貸し付け」という事業に携わっている。もし，我々がよい投資家であるなら，我々は成功した心理療法の幸せや達成感を共有することで報われるだろう。我々自身の自己と「治療的自己」も成長する。成功するごとに，我々はより強く，より優れた，より有能なセラピストになる。しかし，失敗するごとに，我々が自分自身を回復しない限り，下り坂を辿る。臨床医の中には，バーンアウトと呼ばれる段階にまで行ってしまう者もおり，そうなると残っている個人的なエネルギーを自分自身の生存にあてがわねばならない。

個人間の観点

　今では，個人の内部で人間のなすべきところは，相対的な複雑性と安定性を備えた新しい単位へと分化し続け，統合し続けることであることを我々は知っている。しかしながら，少し考えてみると，これら2つの原理が一人の人間の内側で起こるのと同様に，人間同士の間でも作用していることがわかる。個々の人々は，欲求を満たしたり，生存や適応，幸福を促進したりすることを企図した家族や組織，地域社会，国家を形成するために統合される。組織された集団という実体は，創り出されたり，分裂したり，破壊されたりする。複雑性が増えすぎると，単純さに取って代わられることがしばしばあるし，その逆もまたよくあることである。市や州，国は，人の環境により上手く対処することを促進するために組織化される。これらの間の関係性は絶えず修正され続けている。

家族自我状態療法

　家族は，通常は大人の男女と子どもからなり，何年来も試され続けてきて，一般的に多くの人間の欲求（情緒的，個人的，性的，経済的）を適えていることがわかっている。だが，お互いのフラストレーションが，関係性における欲求の満足を超えるとき，派閥に分裂した家族は互いに相容れないと気づく。多重人格と同様に，それぞれが分離し，比較的独立した道を行く。
　今日では，片親家庭や同性愛のカップルなどのような新しい統合が，効果的に機能したり，人間の幸福を維持したりすることができる単位を見つけるために試行錯誤されている。別居や離婚，再婚は，分化－解離や統合の原則のよい例を示し続けている。
　一個人の中では，心理的な地政学はあまねく強力である。自我状態は，単一の身体の限界を離れることができないせいで，身体的には一緒にいなければならないので，単に共存するだけではなく，統合へ向かう力を維持している。家族においては，地政学（共同で所有している家）や経済学（大黒柱の必要性）の制約が，分離に対抗する力として作用している。お互いに怒りや敵意を抱いていたり，配偶者の欲求への理解がほとんどないか，ほとんど互いの欲求を満

たそうとしないカップルの多くでは、コミュニケーションが破綻していたり、情緒的な壁が協力的な関係性を妨げてしまっていて、「子どもたちの手前」とか、生計を立てる必要のために一方がもう一方に依存しているとかいう理由で、その体裁を繕っていることがしばしばある。

自我状態がお互いに反目してコミュニケーション不足になっている人と同じく、集団は、神経症的・不適応的な暮らしを耐え忍び、症状や自滅的な行動に悩まされているかもしれない。

もし、我々が、個人や集団のどちらの人間の問題についても、理解したり取り扱ったりする上で進歩するはずであれば、我々は人としてどのように、そしてなぜ行動するのかについて、新しい知識や新しい理解を獲得しなければならない。我々は、科学（science）としてのセラピーを学ぶが、技芸（art）として実践する。しかし、心理療法の技芸は、これまでに科学的に獲得された新しい知識によって裏づけられなければならない。我々には、自我状態の領域で必要とされる調査研究について、いくつか考えがある。

パートナーにおける自我状態

自我状態理論が効果を現すかもしれない実り多いが未踏の分野として、夫婦セラピーやカップル・セラピーがある。どんなときでも、一人の人の中では、たいてい1つの自我状態が主要であり、実行的である。したがって、ある瞬間における夫の中の主要な状態の中身が、仕事や遊び、愛し合うこと、子育て、休暇などのような相互的な活動に従事しているときの妻に対する反応の種類やあり方を規定するであろうこと、妻の実行的な状態のあり方もまた、その活動に影響するであろうことを想定しておかなければならない。

A、B、Cという3つの主要な状態を持つ夫、ジェームズについて考えてみよう。その3つは、彼のパーソナリティにおいて実行的な地位を交代しながら司っている。Aの状態は子どものときに、しばしば母親とのやりとりにおいて発達した。母親は温かく、親切な女性で、Aの状態は女性を最も好意的に体験する。Bの状態は、我を通してくる妹と親からの好意を求めて争う中で発達した。Cの状態は、低学年のときに主に機能していた部分で、彼をリーダーと目している男の子の遊び仲間といたときに機能していた。

さて、ジェームズの妻であるエディスの中にも、F、G、Hという3つの主

要な状態がいると仮定しよう。彼女のFの状態は，攻撃的で虐待的な父親に対処する中で発展させた防衛を巡って創り上げられた。Gの状態は，子ども時代の早期に祖父を訪ねた折，素晴らしい少女として孫を認めてくれたときに花開いた。祖父は一貫して彼女の女の子らしさを高く評価し，褒め称えてくれた。Hの状態は，彼女が小学校の児童として成績優秀であったとき，最もはっきりと現れた。

　ここで，夫の実行的な自我状態はC，妻はGである場合，2人で休暇の計画について話し合っているときに，この夫と妻がどのようにやりとりするかを考えてみよう。Cの状態を実行的にすることで，ジェームズは自身を強くて，リーダーであると見なし，決定を下すことにも慣れっこであった。もし，エディスのGの状態が主たる位置を占めているなら，彼の決定に最も同意しやすいだろう。というのも，転移において無意識的に，彼女は心から愛していてくれて，彼女を認めてくれていた祖父の現在の現し身として夫を認識するからである。祖父は，祖母との関係においては権威的な役割を取っていたかもしれないが，その存在はエディスをいつも気分よくさせてくれた。休暇について決めているまさにこのとき，家族の争いは起こらないであろう。そして，ジェームズの希望が通るだろう。

　さて，このカップルが愛し合うときの親密性について考えてみよう。ジェームズのAの状態がたいていは深い愛情と配慮をもって妻を遇しているときである。そのとき，彼女のGの状態は，その組み合わせをお互いにとって幸せなものにするように機能するかもしれない。しかしながら，もし，その体験の直前や最中に，ジェームズのBの状態が現れたなら，敵意や嫉妬（彼の妹からの転移）といった攻撃的な衝動が支配的になるために，彼の優しさや性的な感覚は脇に退いてしまうかもしれないことが予測される。そして，ベッドでの出会いは，大失敗に発展するかもしれない。あるいは，もし，エディスのFの状態が取って代わったなら，彼女はもはや彼を祖父のように愛情のある年長の男性像として知覚することはなく，彼女がいつも避けようとしていた攻撃的で虐待的な父親として知覚するだろう。

　対人間の関係性の複雑さが，結婚を愛情の絆で強固にするか，競争的な防衛を通じて破壊するかは，どのようにしてカップルが相互の活動においてそれぞれの状態を組み合わせることを学ぶか，どのようにして相手の気分を理解するか，どのようにして相手の自我状態が変化したときの雰囲気に反応するかに左

右されうる（Toothman & Phillips, 1996）。

おそらくいつの日か，この分野が全体的に研究し尽くされれば，それによってカップル・セラピーは修正されるだろう。そのような自我状態カウンセリングは，（おそらくは，催眠下で）それぞれのパートナーの中の主要なパターンの見取り図や，それぞれの状態が一般的に活動するときや条件，異なる組み合わせの下で起こる反応を含んでいるかもしれない。自我状態理論の立場からは，カップル・カウンセリングは，かつて考えられていたよりもずっと複雑なプロセスなのである。

自我状態と法律

法医学の分野では，悪事をなした人が，単に期せずして多重人格になってしまったからとか，悪意のある交代人格によってなされた行為に関する記憶をまったく有していないからという理由で，許されるべきであるとは我々は信じていない。しかしながら，法廷は量刑判断において，行為が意識的かつ意図的に計画されたのか，それとも情動制御における一時的なしくじりの結果であるのかといった動機を見極めようと努力する。

もし，あらゆる人にあまねく多重性の概念が知れわたり，受け入れられたなら，潜在的な自我状態が行動に及ぼす影響が，法廷に任命された有能な専門家によって研究され，確認されるかもしれない。そのような評価は，犯罪や犯罪者の最適な判決に役立つことになるだろう。

心理的なテスト，とりわけ精神的な能力を測るものや，他の精神医学的な研究は，ほとんどの管区においてすでに受け入れられている。しかしながら，解離が警察や法律の専門家によって大いに疑いの目を向けられていることから考えると，そのような測定方法が近い将来，真剣に検討されるとは到底思えない。人間の多重性は，一般的に大衆によって広くは理解も受容もされておらず，無意識的なプロセスの概念は，フロイトに向けられたのと同様に，いまだに多くの反感を買う。人々は，自分自身の自己の中にある力に気づいていないことや，自分自身の内的な自己家族の完全な使い手であることを頑なに信じようとしない。

生物学的な多重性

　これまでの過去の章で，我々は自分たちの注意を，どちらかというと個人の心理学的な多重性と，精神的な断片化である解離と統合に向けてきた。「まとまる」動きや「ばらばらになる」動きは，個人の心理的な生活だけでなく，生理的な機能にも典型的に現れるようである。
　心理的統合（我々が多重人格の患者において発達させようとするもの）は，異なるパーツ間や交代人格間の相互的コミュニケーションや協力を含んでいる。分離させている境界の崩壊や弱体化は，情報がその人のあらゆる側面に行きわたって，適応や生存のために資源を組織化することを可能にする。心理的統合は，これらの目標を成し遂げる際に，効率性を最適化する。
　同様に，人間の身体には，神経系とその部分同士（体組織と器官）で相互コミュニケーションをするためのさまざまなチャンネルがあり，適応や生存を最適化するように設定されている。身体の一部が損傷すると，その場所に限局した苦痛の感覚を通じて，血液循環や心拍，免疫系の動員がもたらされる。（ほとんどの場合）その部分同士の相互コミュニケーションと協力を通じて，生理的な有機体全体が，急場を修復し，生存を確実にするよう作用する。これは，生理的統合あるいは個人内の統合である。
　不幸なことに，統合は完璧でもなければ，完全でもない。例えば，結腸や前立腺，女性の乳房のような身体の器官におけるがん細胞は，その腫瘍が生じると，痛み無しでの治療はもはや困難であるという時点まで発展するかもしれない。さもなければ，関わっている危険に対して有機体の他の部分や個人全体に警鐘を鳴らすところまで発達するかもしれない。言い換えると，それらは生理的に解離されているのである。そのような状況では，内科医の理解やスキルが厳しく試されるかもしれない。

自我状態の研究の可能性

　自我状態の概念が重要な役割を演じるかもしれない他の分野があり，研究を必要としている。
　1．今日では，記憶の亢進は実験系でも法律界でも非難にさらされている。

もし，ある体験のときに特に実行的であった自我状態が再活性化されたなら，記憶は強化することができるのであろうか？　実験では，協力者の現在の情緒的な状態（気分）が，その素材を最初に学習したときと同じであれば，より一致している記憶を検索することができることが立証されてきた（Bower, 1981 ; Bower, Monteiro & Gilligan, 1978）。記憶の気分一致効果についての知見は，自我状態にも適用されるべきである。これまでに行われた催眠を通じた記憶の検索についての研究の中で，ある記憶が学ばれたときに実行的であったのと同じ自我状態からその記憶が回復されるかを確認しようと企てられたようなものは1つもない。だが，実験では，現実と一致した思い出と，作話的な思い出のどちらも催眠下でより亢進することが立証されてきた。もちろん記憶は作ったり，嘘をついたりすることができる。今，必要とされているのは，対象者が真実の記憶と作話された記憶を区別することを助ける方法を考案するための手堅い研究である。確かに，これは解決不可能な問題である。少なくとも，我々は「打率」を上げることで，セラピーと法廷における記憶が，ある程度の確率性を伴う指標であることを示すことができる。これは，記憶と学習の領域における実験主義者にとって次なる挑戦である。

2. 精神病の患者が，内的刺激から出てくる体験と，その起源が自身の自己の外側にある体験の区別をつけることができるというフェダーン（1952，第2章参照）の知見は，最も好奇心をそそるものである。どちらも現実として体験されるが，どうやら「感じ」において**質的な**違いがあるようであり，それが，幻覚を見ている患者が現実Aの体験から現実Bの体験を区別することを可能にしている。この知見は，研究によって裏づけられ，棄却されるかはっきりさせねばならない。もし，それが真実であるなら，人々は，真実の記憶と作話された記憶を識別することを**学ぶ**ことができる可能性を残し，偽記憶論争はまるごと意味なしとなるかもしれない。セラピーと法理学のどちらも計り知れない恩恵を受けるだろう。

3. 人生早期，出生前の体験にすらアクセスできる可能性（第15章で示唆したように）を捨て去るべきではない。両親や産科医による早期の出来事の記録を伴った経験的な研究を請け負うことが可能であり，そこでは，関わっている個人の適応やメンタル・ヘルスに関する長期的な心理学的研究をフォローアップできるだろう。中絶未遂や乳児に対する他のトラウマティックな体験の情動的な後遺症はどんなものであろう？　そして，これらは解離や統合のプロセス

にどのような影響を及ぼすのであろうか？　これらの（すでにそれがあったことは確かめられた）早期の体験は，催眠分析的セラピーや自我状態療法で回復することが可能なのであろうか？　今後，我々には，大筋の疑問と少しの間接的な指標がある。明日，我々には，そのような問題に対する確固とした答えが必要である。理論家や研究者は客観的な研究をやってみよう。必要なのは，冷やかしではない。科学の歴史はいつでも，以前は未知であった（そして，しばしば信じられていなかった）分野への第一歩であり，探索であり続けてきた。

国家間の観点

　我々が，解離や統合が一人の人間の生存にどのように関わっているかをもっと学ぶことで，そのような知識を人間という種の生存に適用することができるだろうか？　さもないと，我々は，過去の内戦や世界大戦，ベトナム戦争を繰り返して，我々の地球という自己を，将来のボスニア戦争やアラブ－イスラエルの諍い，相互破壊の他の衝突に幾度も分割しなければならないのであろうか？
　暴力や戦争といった適応障害では，人々がお互いから解離されて，ベルリンの壁を築き，闘い，互いに殺し合い，破壊し，平和の合意を通じて，国家的規模や国際的規模で再統合する（アメリカの南北戦争を目撃する）のであるが，これは解離された個人の交代人格において我々がしばしば見ているものと対応しているように見える。第二次世界大戦における我々の敵でさえ，今では我々の同盟国である。我々は，人々の内側の自我状態の行動の研究を，人々の間の国家的状態の行動のより優れた認識とコントロールに適用することができるだろうか？　そしてその逆も可能であろうか？
　なぜ，多くの広大な地政学的地域が，「国家間の多重人格」として我慢を強いられるべきなのであろうか？　おそらく，分化－統合の理解の地球的規模への包括的な利用は，少しは新しい希望をもたらしてくれるかもしれない。将来，我々の外交官や国家の指導者を世界的なセラピストとしてふるまえるように訓練し，方向づけることができる。国家の状態（nation state）に，暴力的で破壊的な衝突を終わらせ，力を合わせる方法を教えることができるだろう。そうすると，おそらく人類は，上手く生き延びて，その欲求を満たし，癒やされ統合された「世界自己（world self）」を通じて，何世紀にもわたる意義のある未来を計画するだろう。▼2

注

第1章

1. 歴史的な観点からの解離についての包括的な議論についてはエレンベルガー（1970）を参照のこと。

第2章

1. 我々筆者は，性の完全な平等を信じている。しかしながら，我々は時々人間を意味する一般的な用語として「彼」を使うつもりである。「彼・彼女」と頻繁に繰り返すことの不自然さを回避するためである〔訳注：我々は，彼という男性のみを示す用語に偏らないために，可能な限り心を砕いた。そのため，やや読みにくい箇所があるがご容赦いただきたい〕。
2. 行動主義者たち（Watson, 1929）は，心理学的なデータを得るための真っ当な科学的手続きとして内省を放棄した。行動主義者たちは，この拒絶を正当化するために，「コンテのパラドックス」（Nelson, 1996参照）を引用した。コンテは，ある実体が，判断する側と判断される側を同時に務めることは不可能であると考えた。ネルソンは，「メタ認知」と，「対象レベル」や「メタレベル」という2つのレベルの認知による同時処理を通じて，この問題の解決を提案した。しかしながら，人類は相対的に解離的・統合的な多重の存在であることを受け入れるならば，このパラドックスはもっと簡単に解決することができると感じている。よって，内省は，自己のある「部分」の他の部分による「観察」を示しているのかもしれない。そのため，それは「半－対象（semi-object）」レベルの観察を構成しており，同じ実体が観察する側と観察される側を同時に務めているのではない。このように見ると，内省は，経験的な科学においてデータを収集する正当な手続きになる。というのも，それはある実体の異なる実体による観察であるからである。
3. 自我状態の主体から対象へのこの変化は，南北戦争時代のお話（Botkin, 1993, p.543）でユーモラスに描かれている。戦争の終わりに，連邦議会は南部同盟の兵士たちに北軍

への忠誠の誓いを立てさせる法律を可決した。北軍の将軍のベンジャミン・バトラーは，若い南部人が誓いを立てるのを引き延ばし，彼をあざけって，「チカマウガ〔訳注：南北戦争の西部戦線で，北軍が最大の敗戦を喫した土地の名前〕では，お前らに地獄を見せてやったぜ，将軍。なあ，違うか？」と言ったときに指揮を執っていた。将軍は怒って，彼にただちに忠誠の誓いを立てなければ銃殺すると命令した。兵士は不承不承ではあるが誓いを立てて，静かに将軍を見て，立ち上がり，誇り高く宣言した。「将軍，今俺はよき北軍の兵士で，アメリカ合衆国の市民だよな？」。「そう願うね」と将軍は答えた。そこで，その若い男はこう返した。「なら，将軍，反乱軍はチカマウガで，俺たちにマジで地獄を見せてくれたぜ。違うか？」

4．だいぶ前に，若い女性が「自己」がないことを訴えてセラピーを受けにやってきた。彼女は優秀な学生だった。にもかかわらず，試験用紙が返却されたときには，いつも「誰が書いたの？」と不思議に思っていた。彼女にはそれをしたという記憶がまったくなかったのである。彼女は自分のすべての行為を対象として（「誰か別の人がやっているのを見ている」と）体験していたのである。

5．最近では，自己心理学と呼ばれる動きが対象関係論者たちの一派から発展してきた（Connors, 1994 ; Goldberg, 1991 ; Sands, 1989 ; Ulman & Paul, 1989）。コフートの貢献（1977, 1978, 1979）に重きを置いてみると，このアプローチは自己構造の発達，事象の意味づけ，そしてセラピストと患者の間の対人関係的な相互作用（これに最も強い関心を抱いている）を強調している。異なる用語で表現されているが，これはフェダーン（1952）やワイス（1960）が重要だと考えたことや，ジョンが『治療的自己（*The Therapeutic Self*）』（1978a）における研究で強調したのと同じ要因を指している。

6．高い集中力を要する精神的な活動に携わっている人の中には，自分のエネルギーを補給するために昼寝を取る必要性があると報告してくれた者がいた。

7．第二次世界大戦の間，ジョンは，心理戦に貢献すべく，睡眠剥奪の行動上の影響に関する報告書と文献レビューを準備していた。この中には，「精神疲労や視力低下，注意持続困難，こころの平静の困難，焦燥感の増加，イライラ，幻覚や妄想の傾向」が含まれていた。

　レポートは，米国学術研究会議の心理学における緊急対策委員会の委員長であるK.M.デレンバッハに送られ，委員会の推薦を受けて，アメリカ陸軍省に転送された。発見は後に，都市人口に対する大規模爆撃の影響を観察したウィリアム・A・シャイラーの『ベルリン日記（*Berlin Diary*）』〔訳注：日本語版はみすず書房から刊行〕からの時報によって支持された。英国空軍省による精査の後，英国大使館からの要請によって，そのレポートは出版を差し控えるよう求められた。

8．我々は，フェダーンのエネルギー二元論が，主体－対象のプロセスや他の心理的なプロセスを説明するとは思わないばかりか，それが自我状態療法の実践に対しても欠かせないと信じているわけでもない。なるほど，自我備給や対象備給の存在でさえも，現実のものかを確認するには将来の生物生理学的な研究を待っている状態である。しかしながら，我々が得ているさまざまなパーソナリティ理論の中で，この理論が精神力動的な変容の最中に起こっていることを説明するのに，現時点で最もよくできた理論的根拠を提

供してくれると思われる。

第4章

1. 健忘に関する他の議論については、以下を参照のこと（Hilgard, 1977 ; Kihlstrom & Evans, 1979 ; Kirschner, 1973 ; Loewenstein, 1991 ; Schneck, 1948）。
2. 全体的な問題についての最近の包括的なレビューについては、ハモンドら（1995）を参照のこと。
3. MPDは、多重人格性障害に用いられる略称として、より伝統的なものであり、広く知られている。精神医学や心理学の職域では、アメリカ精神医学会のDSM-IVにおいて、この疾患のより最近の呼称として、最近では解離性同一性障害（DID）に代わりつつある。MPDとDIDは同じ障害を指していると考えて差し支えない。
4. ビアンキは、ベリンガムで2人の少女を殺したことで告訴された。催眠下で、自身を「スティーブ」と呼んでいる交代人格が現れて、ロサンゼルスで別の人を殺したことについての栄誉を主張した（自慢した）。ベリンガムでの公判に際して、私（ジョン）と別の4人の鑑定人は、彼を「精神異常」と診断し、4人は彼をMPDとか「解離的反応」と呼んだ（Watkins J, 1984）。2名は彼を嘘つきの「ソシオパス」または「反社会的障害」と診断した。ビアンキ自身は、「私は多重ではないし、おかしくもない。少女なんて殺していない」と主張した。彼は、ベリンガムでの2つの殺人と、ロサンゼルスでの5つの殺人についての罪を弁解し、司法取引の一部として、いとこのアンジェロ・ブオーノ〔訳注：この事件の共犯者とされる〕に不利な証言をすることに同意した。

続くロサンゼルスでの公判では、訴訟は高度に政治事件化した。職業的鑑定人の一人は、診断を「非定型の解離性障害」に変更し、「検査手法自体の影響」のせいでそうなったと言い張った。もう一人の鑑定人（Orne, Dinges & Orne, 1984参照）は、ビアンキが催眠にかかったふりをしているという主張を補強するために、サークル・タッチ・テスト〔訳注：手の甲の円の内側を催眠で無痛状態にして、円の外側に触れたときに「はい」、内側に触れたときに「いいえ」と答えさせるテスト。内側が本当に無感覚であれば、触れられたことに気づかないはずであるが、トランス・ロジックが働いていると、この暗示に反応してしまう〕を用いた。しかしながら、後の研究（Eiblmayr, 1987 ; McConkey, Bryant, Bibb, Kihlstrom & Tataryn, 1990）は、「ふりをしている」という診断にたどり着いた際にオーンが引用したテストに関する基準には妥当性がないという知見が報告された。カリフォルニアの判事は、少数派に肩入れして、多重人格性障害の診断を退けた。

私は、今まで10年ちょっとの間、ビアンキを刑務所まで追跡して、守衛や他の刑務所の職員と話をし、ビアンキ自身とも最後の4年間で数回話した。彼には殺人の記憶がまったくなく、何かの間違いで有罪判決を受けたのだと信じていた。

彼の事例は、1994年11月4日にシカゴで開催された第11回国際解離状態会議でプレゼンされ、録画された人格交代の抜粋、心理テスト、手書きのもの、芸術的な作品、日記も一緒に示された。プレゼンの終わりに、メンタル・ヘルスの専門家たち（MPDや

解離の専門家であった）に，自分だったら裁判所にこう提出するであろうという診断を書き出してもらった。結果は以下の通りで会った。

　　　ソシオパスまたは反社会性パーソナリティ障害　　3人
　　　多重人格または解離性同一性障害　　　　　　　 85人
　　　診断不可能　　　　　　　　　　　　　　　　　 2人

　少し前のメンタル・ヘルスの専門家のミーティング（1994年10月24日にテキサス州オースティンで開催されたアメリカ臨床催眠学会のワークショップ）で，同じプレゼンをした結果は以下の通りであった。

　　　ソシオパスまたは反社会性パーソナリティ障害　　3人
　　　多重人格または解離性同一性障害　　　　　　　 33人

　圧倒的な数のメンタル・ヘルスの専門家たちが，彼は本物のMPDであると診断したようであるが，メディア（公共放送サービス）は公には彼は疾患のふりをしていると報じた。

第5章

1. ナッシュ（1994）は，本当の洞察は，癒やしの原動力ではなく，むしろ，「それは，症状の緩和をもたらす『強制的な自己語り』の構築である」ことを示唆している。この観点からは，洞察には，実際のトラウマティックな状況のフタを開けたり，経験的に思い出したり，再体験することは必ずしも必要ない。むしろ，縛りつけられていた感情の除反応的解放は，真実であろうと無かろうと，「道理にかなう」認知的語りに続けて行えば，症状の放棄についての十分に強制的な（意味のある）自己語りを患者にもたらしてくれるだろう。この立場は，まだ検証されていない。多くの精神分析家は，そのような定式化を妥当であるとは受け入れないであろう。そして，患者が「癒やし」に到達するためには，「正真正銘の」すなわち本当の洞察を獲得しなければならないという考えに固執するだろう。
　第二次世界大戦の間に，私（ジョン）は，「中間地帯」で負傷した仲間を助けるために，戦火の中，塹壕を飛び出さなかったせいで抑うつ的になり，罪悪感に悩まされていた兵士の記憶を「書き換えた」。後に援軍が到着したときには，仲間は死んでいた。催眠下で，我々は出来事を再体験したが，彼が「危険を顧みずに，仲間のところへ行こうと決心」しているところで，司令官が到着して，「これ以上誰も失いたくない」から，彼に「隠れていろ」と命令しているところを，イメージさせた。彼の罪悪感は消失し，抑うつも晴れたが，書き換えられた（偽の）記憶を暗示でしみこませたため，真実の洞察には基づいていなかった。

私のスーパーバイザーである精神分析家は，「あなた方，催眠家が患者の記憶を操作して切り抜けたら，我々分析家は決してそれを元に戻すことはできないだろう」と冷淡に言った。私はこの事例のフォローアップを一切していないが，人は何年も偽記憶を保ち続けるようである（Loftus, 1993）。おそらく，正の強化のお陰であり，この事例では罪悪感の消失のお陰であろう。
2．今日，催眠はフロイトが夢（無意識への王道）を用いたのと幾分似たやり方で催眠分析家によってしばしば用いられている。「暗示」（そのせいでフロイトは催眠を拒否した）を必ずしも含める必要がないことが，精神分析界でもっと十分に認識されるべきである。
3．別の著作（Watkins J, 1992b, 第6章）において，我々がよく使う夢解釈のテクニックをたくさん詳述しておいた。催眠を使うものもあれば，使わないものもある。そうやってスキルの獲得を練習した方法もいくつかある。
4．フェダーン（1943）は，統合失調症者の陽性転移の解釈をしないよう強く勧めている。これはしばしば，精神病のプロセスを再活性化してしまう。むしろ，陽性転移は，分析家との関係性を安定化させるためにとどめるべきである。陰性転移だけしか解釈するべきではない。

第6章

1．我々は，この研究に対するジェーン・ハリス医師とジョセフ・バイロン医師の貢献に感謝したい。
2．このように解離の既往歴を示すことができないと，MPDの交代人格が犯罪に手を染めているときには，特に難しくなる。もし，解離が防衛として生じているなら，検察当局は，被告人が過去に多重人格であったという記録がまったくないことを指摘するだろう。これは，「丘の上の絞殺魔」（Watkins J, 1984）であるケネス・ビアンキの事例で生じた。

第7章

1．アンナ・フロイト（1946）は，催眠を批判して，その治療的効果が一時的なものでしかなく，分析家による催眠の不使用を正当化する主張を支持するのに，「自我を迂回する」（防衛）という言葉を使った。精神分析では，防衛は，（意識的に）攻撃され，ワーキングスルーされるものであり，迂回するのではない。それによって，恒常的にその欲求を除去するのである。
　催眠分析では，我々は防衛を迂回するかもしれない。我々も，その欲求を恒常的に除去することを目的としているが，異なる方法で実現する。軍隊の比喩がぴったりかもしれない。精神力動的アプローチでは，敵の塹壕は襲撃され，莫大なエネルギーを浪費した後に，抵抗力は一掃されるだろう。塹壕は破壊される。それに続いて，「洞察」によっ

て患者はそれを放棄し，将来の治療的な利益に向かって進んでいく。

　催眠分析は，現在の軍事戦術のように進攻するかもしれない。防衛は，その背後にパラシュート部隊を落下させて，背後から（無意識の中で）おそらく除反応的に（だが，解釈を伴って）襲撃されることで迂回されるだろう。抑圧された感情を出し尽くさせて，その力を除去するだろう。そして，防衛は，もはや効果的でないという理由で，患者によって放棄される。強固なセラピスト－患者間の人間関係の「我々意識(we-ness)」における「自我の貸し付け」がこれを可能にする。患者は，打ちのめされるが，もはや攻撃に耐えられなくなった防衛を手放す。それは，（言わば，前線の背後で）存在し続けることはなく，抑圧されたり，解離されたりした結果，後になって出てきて，治療で得たものを無効にしたりもしない。催眠で達成される洞察は，それでもなお完全に意識的に行われる。この防衛のワーキングスルーは，精神分析とまったく同じくらい恒久的なものである。

2．私は自分の観察や推論を仮釈放委員に一度も伝えたことがない。委員会は公正ではなかったかもしれない。さらに，もし仮釈放委員が私の観察を信じて，真剣に考慮してくれていたら，収容者はすぐにそのことを学び，それに従って行動を変えただろう。そうしたら，私の観察自体が無効になってしまったことだろう。
3．法に従うことを拒否し，法的管轄権を持つ裁判官と警察の憲法上の権利に異議を唱えた市民抗議団体の（そう自称する）メンバー。
4．ヘレンは，結果に影響を与えないように，これらの実験の最中には，以前に患者であった人と一緒にはいなかった。
5．この記録の完全な写しについては，ワトキンスとワトキンス（1980）を参照のこと。

第8章

1．他の論文（Watkins J, 1976）において，客観性に対する共鳴の関係性について，ある程度深く探究している。
2．感情架橋法と身体架橋法の特別な例については，第9章を参照のこと。

第9章

1．除反応についてのもっと発展的な議論については，その歴史や文献，理論，テクニックも合わせて，『除反応のテクニック（*Abreactive Technique*）』（Watkins J, 1992）の第4章を参照のこと。
2．この疾患についてのもっと発展的な議論については，この論文（Watkins J, 1989, 1993a）を参照のこと。
3．多くの著者が，解放された暴力的な感情の氾濫に対処する十分な自我強度を持たない精神病患者や，精神病に近いレベルの患者に除反応を起こすことの危険性について警告し

てきた。我々は，特にこの領域での初心者がこうしたことを起こしやすいことを認識している。しかしながら，我々は，セラピストが患者と十分に共鳴（Watkins J, 1978a）しているのであれば，ほとんどの事例において，セラピストは患者が耐えられる以上の多くの感情に直面するように導くことができるであろうと確信している。なぜなら，セラピストと患者の2人が「主観的にともにいるという状態」に一緒にいるのであれば，2人はより強くなるからである。セラピストの中には，自分がそのような深刻な感情を扱うことができないという理由で，除反応を避ける者もいる。これが本当であれば，そのようなセラピストは積極的な戦術を使うのを減らすほうが賢明である。

　過去40数年に及ぶジョンによる除反応を使ったワークや，20年間のヘレンによるもの，我々が2人で行ったものにおいては，除反応のせいで自我の荒廃が生じた事例を見たことはなく，我々は頻繁にこの戦術を用いてきた。しかしながら，我々は手続きがぞんざいに用いられたり，患者の自我強度に対する配慮が不十分であったりしたときに，そのような危機が存在することには強く同意する。鍵は，患者の理解と，患者との共鳴にあり，これらの強力な反応を通過したその人自身の経験が勝る訳ではない。

4．催眠分析的テクニックと精神分析的テクニックの違いについて注意してほしい。精神分析では，支配的な父親に対する患者の怒りがセラピストに転移されるのを受動的かつ忍耐強く待つことになるだろう。これには何週間もかかるかもしれない。催眠分析では，催眠のモダリティを通じて，我々は，司令官に対してすでに確立された転移を再活性化し，それを生き返らせ，その防衛に配置されている感情を出し尽くし，転移解釈を行う。全体的な反応は，催眠から覚めた後には，あたかも精神分析的アプローチでやったのと同じくらい現実的で，患者にとって納得のいくものになる。というのも，それは催眠的に活性化された今ここで体験されたものであるからである。

第10章

1．ジョンはこのテクニックを「主体－対象（subject-object）」（Watkins J, 1992b, p.234参照）と名付けていた。
2．ここには神秘主義は一切含まれていない。実行的な自我状態と子どもの対象表象（患者によって知覚された）の間の内的コミュニケーションである。

第11章

1．紙幅の都合から，ここでは自我状態療法によって治療されたもっと多くのこのような短期の事例について詳細を記すことができない。しかしながら，我々は，週末マラソン形式と伝統的な週に1回の頻度の療法で，このアプローチによって治療した多くの事例を多く刊行してきた（Watkins H, 1978, 1980b ; Watkins J, 1992b ; Watkins & Watkins,

1979, 1981, 1982, 1986, 1990a, 1991, 1993a)。我々はまた，ワークショップで録音・録画された逐語の抜粋をしばしばプレゼンしてきた。

第12章

1. ストラップ（1996）は，「患者を心理療法家の下へ連れてくることになった生活上の問題は，そのために心理療法が『治療』に適用されたような，『疾病』とか『障害』である必要は必ずしもない」と述べている。この観察は，特に主にはメンタル・ヘルスの専門家で，ヘレンの個人的な自我状態療法を受けた人たちにとって真である。これらは第13章で詳述される。
2. この結果は，「ドードー鳥の解釈」(Newman & Tejeda, 1996) と呼ばれており，すなわち「すべてのセラピーが勝者である」。この知見は，研究者にとって最も面食らうものであった。我々にとって，そのことはセラピーの効果性を規定する現実的に重要な変数が，特殊なアプローチや体系，テクニックの中にあるのではなく，特殊なアプローチの適用者，すなわちセラピストの「自己」や「人間性」に内在していることを示している。もちろん，そのような結論は，科学的な研究者にとっては桁外れに困難さを増すだろう。それは，効果的なセラピストのトレーニングが**個人分析**を必要とする精神分析の地位を支持している。もちろん，そのエッセンスは，所定のセラピストと，セラピストが用いる特殊なアプローチの間の相互作用の中にあることが発見されるかもしれない。そのことは，少なくとも，治療上の効果性に関する重要な研究は，研究の方法論におけるノウハウ以上のものを要求していることを示唆している。これらのことは，熟練した感受性の高いセラピストでもある研究者によってなされるべきであり，単なる正常な実験室のボランティアではなく，生きた患者を治療したりワークしたりした経験（対面式の）が豊富である者によってなされるべきである。残念なことに，ほとんどのセラピストは研究をしない。
3. 遅まきながら，セラピストの人となりの重要性は，どんな特殊な治療的アプローチの効果を判断する際にも，重要な変数（おそらく最も重要な変数）として認識されつつある。1997年の *Clinical Psychology : Science and Practice* 誌春号に掲載されている論文（Bergin, 1997 ; Beutler, 1997 ; Garfield, 1997 ; Lambert & Okiishi, 1997 ; Luborsky, McLellen, Diguier, Woody & Seligman, 1997 ; Sechrest, McKnight & McKnight, 1996 ; Strupp & Anderson, 1997) を参照のこと。

第13章

1. 私（ジョン）がこの研究の全責任を負っている。ヘレンは，「マラソン」患者と住所のリストを提供して，送付状にサインした程度しか関わっていない。彼女は，研究が完了して，本章が執筆された後になるまでデータを見なかった。

2. この説明と教示のシートが質問紙に同封された。
3. これらの事例番号は，それぞれのクライエントの識別番号ではない。それらは質問紙が返送された順に割り当てられたものである。我々はそれぞれの回答者に匿名で答えてほしかったし，否定的な結果や批判的な結果を報告することにも気楽でいてほしかった。そのため，質問紙はいかなる特定可能なサインも付さずに送付された。その後，多くの人が個人的な手紙や，署名入りのコメントを寄せてくれたので，我々はこうした配慮が本当に必要だったのか訝ったほどであった。しかしながら，我々は，クライエントの客観性と率直さのほうを選んで，ヘレンの事例ノートとのさらなるデータ比較をしないことを受け入れた。
4. χ^2値を計算するに当たって，「わずかに」と「効果的ではない」のカテゴリーは，Fの期待値が小さすぎるのを防ぐために一緒にされ，3つのカテゴリーが残った。「非常に効果的」，「やや効果的」，「わずかに効果的か効果的ではない」である。
5. χ^2値を計算するに当たって，「超えていた」と「勝っていた」，「はい」のカテゴリーは一緒にされ，「部分的に」と「ほとんどなかった」，「まったくなかった」は一緒にされた。残った3つのカテゴリーは，「超えていた，勝っていた，はい」，「かなり」，「部分的に，ほとんどなかった，まったくなかった」であった。
6. χ^2値を計算するに当たって，「やや効果的」と「効果的ではない」は一緒にされた。これにより3つのカテゴリーが残った。「非常に効果的」と「やや効果的」と「わずかに効果的と効果がない」であった。
7. χ^2値を計算するに当たって，「超えていた」と「勝っていた」と「はい」は一緒にされ，「部分的に」と「ほとんどなかった」，「まったくなかった」も同じようにされた。これにより3つのカテゴリーが残った。「超えていた，勝っていた，はい」，「かなり」，「部分的に，ほとんどなかった，まったくなかった」であった。
8. ジョンのテスト採点の経験は，高校の教師と大学の教授としての50年以上に及ぶ試験や論文の採点を除けば，標準化されたパフォーマンス尺度の考案と出版物である（Watkins J, 1942）。彼は，評定されたそれぞれの質問紙の素性については何の知識も気づきも持っていなかった。
9. 項目17が「それ」，つまり自我状態療法に関するコメントを求めていたにせよ，回答者の中には，セラピストに対する個人的な反応を与えることに抵抗できない者もいた。このことは，手続きを実践家と切り離して研究することの困難さを示している。

第14章

1. 患者がこの時点では対峙できない暴力的な情動にまみれた出来事を扱う際に，その出来事を最初は対象として（それが起こった（マジック・ミラー越しに空想させるなどして））**観察**してもらうことが賢明で治療的な処置になることがしばしばある。脱感作と自我強化の後に，主体として一人称でその状況を実際に**体験**できるようになるかもしれない。

これは，精神分析におけるワーキングスルーと同じ価値がある。
2．子ども時代の誤った養育に端を発する多くの成人の問題を考慮すると，一人ひとりの子どもが耳を傾けてもらい，理解してもらい，愛と尊重を持って扱われたとしたら，世界はどんなものになりうるのだろうか？
3．我々は，受動的なセラピストや分析家が患者に限定的で認知的な関係性しか提供しないのであれば，実際に抵抗を作りだして，後に分析してワーキングスルーしなければならない。

第15章

1．催眠退行を通じて，ターゲットとなる出来事の時点で存在している情緒的・環境的状況に接近すれば，真実の記憶や体験を開発できる可能性が大いにあるかもしれないと我々は推測している（Kihlstrom（1994）による）。もちろん，これこそがまさしく感情架橋法のテクニックや身体架橋法のテクニックが目指していることなのである。言い換えると，コミュニケーションは，言語的には確立されていないが，むしろ共通する経験的な情報源を通じて，そこで器官や「体組織」の再演が活性化されるのである。
2．ヘレンの元々の故郷であるバイエルンを訪ねたときに，彼女はドイツ語で自由に談話するほうが，アメリカにいる間にドイツ語から英語に翻訳するよりもはるかに簡単であることに気づいた。これは，記憶や関連する自我状態が，最初に獲得された環境に戻ったときにはるかに活性化されやすいからに他ならない。
3．我々は，セラピストのやり方よりも，彼女の正確な言葉遣いのほうが安心させる要素であることを仮定しなければならない。というのも，胎児はその時点では言葉を解さないからである。母親は，言語的なやり方とは異なる多くの方法でも乳児とコミュニケーションを取るという証拠がある（Cheek, 1996）。
4．口火を切った刺激が言語的ではないが，触覚的であったり，姿勢的であったり，想像的であったり，マザリングの声の音調に端を発していたり，身体架橋法を通じた内的行動の復元であったりするなら，再建的なセラピーや分析的なセラピーが，言語獲得以前のレベルにも到達することが可能であり，集合的な情動的体験を誘発するということは起こりうるだろうか？　現在では精神分析的にはアクセスされない早期の葛藤の領域が，治療に利用可能になるかもしれない。
5．小さな子どもが安全の毛布を抱きしめるとき，その暖かさと感情は，感情架橋法が作用するやり方と同様に，誕生前の記憶や，子宮への実際の退行の引き金を引くかもしれない。2つの間には，感情の共通した発生源がある。
6．1978年5月の Drug and Alcohol Abuse のニューズレターにおいて報告された。
7．フロイトの理論に関する調査研究のもう1つの発展的なレビューが，クライン（1972）において発見された。
8．おそらく，コミュニケーションの大部分をもっぱら言語に頼っているどんなセラピーにおいても，トータルな体験に関わっている運動的・知覚的・感情的・内臓的行動よりも，

主に言語的（認知的）プロセスを活性化するほうにやむをえずより重きを置かねばならないだろう。こうした行動はどれも一般的には，言語を通じてお互いに協力し合うものではない。例えば，個人が脅威にさらされている間には，体調や心拍，アドレナリンの分泌は互いに相互通信したり刺激し合ったりするが，それは言語を通じてではない。多くの「洞察」が多くのセラピーにおいて，主に認知的・知的であることは驚くには当たらない。我々は，言葉はただの地図であって，縄張りではないことを決して忘れてはならない。それらは，現実（行動や体験）の縄張りの門になるかどうかすらわからないものである。

第16章

1. もともとその素材を学習したときに協力者が体験したのと同じ気分（抑うつや意気揚々）に火をつけることによって，研究者は同じ自我状態を再活性化していたのかもしれない。しかしながらこの問題は，まったく考慮されてもいなければ，確認されてもいない。これは催眠下では生じうるだろう。
2. 我々は前述の理論上の理想主義が心から願われるべきと考えているが，現実主義的な達成は今日にあっても疑わしいままである。

文献

Adams, M. A. (1987). *The internal self helper of persons with multiple personality disorder.* Unpublished master's thesis, State University, Arkansas, The University of Arkansas for Medical Sciences.
Adler, A. (1963). *The practice and theory of individual psychology.* Totowa, NJ: Littlefield, Adams.
Akhatar, S., Lindsey, B., & Kahn, F. W. (1991). Sudden amnesia for personal identity. *Psychosomatic Medicine, 84,* 46–48.
Alexander, F., & French, T. M. (1946). *Psychoanalytic therapy.* New York: Ronald.
Allison, R. B. (1982). Multiple personality and criminal behavior. *American Journal of Forensic Psychiatry, 2,* 32–38.
Allison, R. B. (1984). Difficulties diagnosing the multiple personality syndrome in a death penalty case. *International Journal of Clinical & Experimental Hypnosis, XXXII,* 102–107.
Allison, R. B., & Schwarz, T. (1980). *Minds in many pieces.* New York: Rawson-Wade.
Allport, G. W. (1955). *Becoming: Basic considerations for a psychology of personality.* New Haven, CT: Yale University.
American Psychiatric Association. (1988). Debate by R. Kluft, D. Spiegel, M. Orne, & F. Frankl. *Resolved that multiple personality disorder is a real psychiatric entity.* Washington, DC.
American Psychiatric Association. (1994). *Diagnostic and statistical manual of mental disorders* (4th ed.). Washington, DC: Author.
American Psychiatric Association Board of Trustees. (1994). Statement on memories of sexual abuse. *International Journal of Clinical and Experimental Hypnosis, XLII,* 261–264.
American Psychological Association. (1996). Outcome of psychotherapy. *American Psychologist, 51*(10).
Anderson, G. L. (1992). Dissociation, distress and family function. *Dissociation, V,* 210–215.
Baker, E. L. (1981). A hypnotherapeutic approach to enhance object relatedness in psychotic patients. *International Journal of Clinical and Experimental Hypnosis, 29,* 136–137.
Barlow, D. (1996). Health care policy, psychotherapy research and the future of psychotherapy. *American Psychologist, 51,* 1050–1096.

Beahrs, J. O. (1982). *Unity and multiplicity: Multilevel consciousness of self in hypnosis, psychiatric disorder and mental health.* New York: Brunner/Mazel.

Beahrs, J. O. (1983). Co-consciousness: A common denominator in hypnosis, multiple personality and normality. *American Journal of Clinical Hypnosis, 26,* 100–113.

Beahrs, J. O. (1986). *Limits of scientific psychiatry: The role of uncertainty in mental health.* New York: Brunner/Mazel.

Beck, A. T. (1983). Cognitive theory of depression: New perspectives. In P. J. Clayton & J. E. Barrett (Eds.), *Treatment of depression. Old controversies and new approaches* (pp. 265–290). New York: Raven.

Beckley, P. (Ed.). (1986). *Essential papers on object relations.* New York: New York University.

Bergin, A. E. (1997, Spring). Neglect of the therapist and the human dimensions of change: A commentary. *Clinical Psychology: Science and Practice,* 83–89.

Bergin, A. E., & Lambert, M. J. (1978). The evaluation of therapeutic outcomes. In S. L. Garfield & A. E. Bergin (Eds.), *Handbook of psychotherapy and behavior change.* New York: Wiley.

Bergin, A. E., & Strupp, H. H. (1972). *Changing frontiers in the science of psychotherapy.* Chicago: Aldine-Atherton.

Bernstein, E. M., & Putnam, F. W. (1986). Development, reliability, and validity of a dissociation scale. *Journal of Nervous and Mental Disease, 174,* 727–735.

Beutler, L. E. (1997, Spring). The psychotherapist as a neglected variable in psychotherapy: An illustration by reference to the role of therapist experience and training. *Clinical Psychology: Science and Practice,* 44–52.

Bliss, E. L. (1984). Multiple personalities, related disorders, and hypnosis. *American Journal of Clinical Hypnosis, 7,* 114–123.

Bliss, E. L. (1986). *Multiple personalities, related disorders, and hypnosis.* New York: Oxford University.

Bliss, E. L., Larson, E. M., & Nakashima, S. R. (1983). Auditory hallucinations and schizophrenia. *Journal of Nervous and Mental Disease, 171,* 30–33.

Bloom, P. B. (1994a). Is insight necessary for successful treatment? *American Journal of Clinical Hypnosis, 36,* 172–174.

Bloom, P. B. (1994b). Clinical guidelines in using hypnosis in uncovering memories of sexual abuse: A master class commentary. *International Journal of Clinical and Experimental Hypnosis, XLII,* 173–178.

Boor, M., & Coons, P. (1983). A comprehensive bibliography of literature pertaining to multiple personality. *Psychological Reports, 53,* 295–310.

Botkin, B. A. (1993). *A Civil War treasury of tales, legends, & folklore.* New York: Promontory.

Bower, G. H. (1981). Mood and memory. *American Psychologist, 36,* 129–149.

Bower, G. H., Monteiro, K. P., & Gilligan, S. G. (1978). Emotional mood as a context of learning and recall. *Journal of Verbal Learning and Verbal Behavior, 17,* 573–585.

Bowers, M. K., Brecher-Marer, S., Newton, B. W., Piotrowski, Z., Spyer, T. C., Taylor, W. S., & Watkins, J. G. (1971). The emergence of multiple personalities in the course of hypnotic investigation. *International Journal of Clinical and Experimental Hypnosis, 19,* 57–65.

Bowers, K. S., & Farvolden, P. (1996). Revisiting a century-old Freudian slip–from suggestion disavowed to the truth repressed. *Psychological Bulletin.*

Braun, B. G. (1983). Psychophysiological phenomena in multiple personality and hypnosis. *American Journal of Clinical Hypnosis, 26*, 124-137.
Braun, B. G. (1984). Towards a theory of multiple personality and other dissociative phenomena. *Psychiatric Clinics of North America, 7*, 171-193.
Braun, B. G. (Ed.). (1986). *The treatment of multiple personality disorder.* Washington, DC: American Psychiatric Association.
Braun, B. G. (1988a). The BASK model of dissociation. *Dissociation, I*(1), 4-23.
Braun, B. G. (1988b). The BASK model of dissociation: Part II, Treatment. *Dissociation, I*(2), 16-23.
Brna, T. G., & Wilson, C. C. (1990). Psychogenic amnesia. *American Family Physician, 41*, 229-234.
Brown, D., Scheflin, A. W., & Hammond, D. C. (1997). *Memory, trauma treatment, and the law.* New York: Norton.
Brown, D. P., & Fromm, E. (1986). *Hypnotherapy and hypnoanalysis.* Hillsdale, NJ: Erlbaum.
Buckley, P. (Ed.). (1986). *Essential papers on object relations.* New York: New York University.
Cardeña, E., & Spiegel, D. (1993). Dissociative reactions to the San Francisco Bay area earthquake of 1989. *American Journal of Psychiatry, 150*, 474-478.
Carlson, E. B., & Putnam, F. W. (1993). An update on the Dissociative Experiences Scale. *Dissociation, VI*, 16-27.
Caul, D. (1988). Determining prognosis in the treatment of multiple personality disorder. *Dissociation, II*, 24-26.
Cheek, D. B. (1962). Ideomotor questioning for investigation of subconscious "pain" and target organ vulnerability. *American Journal of Clinical Hypnosis, 5*, 30-41.
Cheek, D. B. (1975). Maladjustment patterns apparently related to imprinting at birth. *American Journal of Clinical Hypnosis, 18*, 75-82.
Cheek, D. B. (1996). Use of the telephone and hypnosis in reversing true preterm labor at 26 weeks: The value of ideomotor questioning in a crisis. *Pre- and Perinatal Psychology Journal, 10*, 273-286.
Christianson, S., & Nilsson, L. (1984). Functional amnesia as induced by a psychological trauma. *Memory and Cognition, 12*, 142-155.
Claghorn, J. L. (1976). *Successful psychotherapy.* New York: Brunner/Mazel.
Comstock, C. (1986, September 20). *The therapeutic utilization of abreactive experiences in the treatment of multiple personality disorder.* Presented at the Third International Conference on Multiple Personalities and Dissociative States, Chicago, IL.
Comstock, C. (1991). The inner self helper and concepts of inner guidance: Historical antecedents, its role within dissociation and clinical utilization. *Dissociation, IV*, 165-177.
Connors, M. E. (1994). Symptom formation: An integrative self-psychological perspective. *Psychoanalytic Psychology, 11*, 509-523.
Consumer Reports. (1995, November). Mental health: Does therapy help? 734-739.
Coons, P. M. (1984). The differential diagnosis of multiple personality: A comprehensive review. In B. G. Braun (Ed.), Symposium on multiple personality. *Psychiatric Clinics of North America, 7*, 51-78.
Coons, P. M. (1986). Dissociative disorders: Diagnosis and treatment. *Indiana Medicine, 79*, 410-415.
Coons, P. M. (1988). Psychophysiologic investigation of multiple personality disorder: A review. *Dissociation, I*, 47-53.

Coons, P. M. (1991). Iatrogenesis and malingering of multiple personality disorder in the forensic evaluation of homicide defendants. *Psychiatric Clinics of North America, 14*, 757-768.

Coons, P. M. (1993). Multiple personality disorder consultation in the public psychiatric sector. In R. P. Kluft & C. G. Fine (Eds.), *Clinical perspectives on multiple personality disorder* (pp. 313-325). Washington, DC: American Psychiatric Press.

Coons, P. M., Bowman, E., & Milstein, V. (1988). Multiple personality disorder: A clinical investigation of 25 cases. *Journal of Nervous and Mental Disease, 176*, 519-527.

Coons, P. M., & Milstein, V. (1992). Psychogenic amnesia: A clinical investigation of 25 cases. *Dissociation, V*, 73-79.

Copeland, D. R. (1986). The application of object relations theory to the hypnotherapy of developmental arrests: The borderline patient. *International Journal of Experimental and Clinical Hypnosis, XXXIV*, 157-168.

Cushman, P. (1990). Why the self is empty. *American Psychologist, 45*, 599-611.

Dawson, P. L. (1990). Understanding skepticism toward multiple personality disorder. *American Journal of Occupational Therapy, 44*, 1048-1050.

Dell, P. F. (1988). Professional skepticism about multiple personality. *Journal of Nervous and Mental Disease, 176*, 528-531.

Dickens, C. (1950). *A tale of two cities.* New York: Modern Library.

Douglass, V. F., & Watkins, J. G. (1994). The relation of spontaneous amnesia, ego states, and hidden observers to post-hypnotically dissociated task interference. *Australian Journal of Clinical and Experimental Hypnosis, 22*, 147-152.

Draijer, N., & Boon, S. (1993). The validation of the Dissociative Experiences Scale against the criterion of the SCID-D using receiver operating characteristics (ROC) analysis. *Dissociation, VI*, 28-37.

Edelstien, M. G. (1982). Ego state therapy in the management of resistance. *American Journal of Clinical Hypnosis, 25*, 15-20.

Eiblmayr, K. (1987). Trance logic and the circle-touch test. *Australian Journal of Clinical and Experimental Hypnosis, 15*, 133-145.

Eisen, M. R. (1989). Return of the repressed: Hypnoanalysis of a case of total amnesia. *International Journal of Clinical and Experimental Hypnosis, XXXVIII*, 107-119.

Ellason, J. W., Ross, C. A., Mayran, L. W., & Sainton, M. A. (1994). Convergent validity of the new form of the DES. *Dissociation, VII*, 101-103.

Ellenberger, H. (1970). *The discovery of the unconscious.* New York: Basic.

Emmerson, G., & Farmer, F. (1996). Ego-state therapy and menstrual migraine. *Australian Journal of Clinical Hypnotherapy and Hypnosis, 17*(1).

Ensink, B. J., & van Otterloo, D. (1989). A validation of the Dissociative Experiences Scale in the Netherlands. *Dissociation, 2*, 221-223.

Erdelyi, M. H. (1994). Hypnotic hypermnesia: The empty set of hypermnesia. *International Journal of Clinical and Experimental Hypnosis, XLII*, 379-390.

Erikson, E. H. (1968). *Identity: Youth and crisis.* New York: Norton.

Ewen, D. M. (1994). Many memories retrieved with hypnosis are accurate. *American Journal of Clinical Hypnosis, 36*, 174-186.

Ewen, R. B. (1980). *An introduction to theories of personality.* New York: Academic Press.

Fahy, T. A. (1988). The diagnosis of multiple personality: A critical review. *British Journal of Psychiatry, 153*, 597-606.

Fairbairn, W. R. D. (1952). *An object relation-relations theory of the personality.* New York: Basic.
Fairbairn, W. R. D. (1963). Synopsis of an object-relations theory of the personality. *International Journal of Psychoanalysis, 44.*
Federn, E. (1960, July). Some clinical remarks on the psychopathology of genocide. *The Psychiatric Quarterly,* 1–12.
Federn, E. (1990). *Witnessing psychoanalysis: From Vienna back to Vienna via Buchenwald and the U.S.A.* New York: Brunner/Mazel.
Federn, P. (1928). Narcissism in the structure of the ego. *International Journal of Psychoanalysis, 9,* 401–419.
Federn, P. (1932). The ego feeling in dreams. *Psychoanalytic Quarterly, 1,* 511–542.
Federn, P. (1943). The psychoanalysis of psychosis. *Psychiatric Quarterly, 17,* 3–19, 246–257, 480–487.
Federn, P. (1947a). Principles of psychotherapy in latent schizophrenia. *American Journal of Psychotherapy, 1,* 129–147.
Federn, P. (1947b). Discussion of J. N. Rosen "The treatment of schizophrenic psychosis by direct analytic therapy." *Psychiatric Quarterly, 21,* 25–28.
Federn, P. (1952). In E. Weiss (Ed.), *Ego psychology and the psychoses.* New York: Basic.
Ferreira, A. J. (1965). Emotional factors in prenatal environment. *Journal of Nervous and Mental Disease, 141,* 108–118.
Finch, J. E. (1990). Trust issues with multiple personality clients. *Journal of Mental Health Counseling, 12,* 99–101.
Fine, C. G. (1989). Treatment errors and iatrogenesis across therapeutic modalities in MPD and allied dissociative disorders. *Dissociation, II,* 77–82.
Fine, C. G. (1993). A tactical integrationist perspective on the treatment of multiple personality disorder. In R. P. Kluft & C. G. Fine (Eds.), *Clinical perspectives on multiple personality disorder* (pp. 135–153). Washington, DC: American Psychiatric Press.
Fisher, W., & Greenberg, R. (1977). *The scientific credibility of Freud's theories and therapy.* New York: Basic.
Frank, J. D. (1979). Thirty years of group psychotherapy. *International Journal of Group Therapy, 4,* 239–312.
Frankel, F. H. (1994). The concept of flashbacks in historical perspective. *International Journal of Clinical and Experimental Hypnosis, XLII,* 321–226.
Franks, C. M. (1983). On conceptional and technical integrity in psychoanalysis and behavior therapy, two fundamentally incompatible systems. In H. Arkowitz & S. B. Messer (Eds.), *Psychoanalysis and behavior therapy: Are they compatible?* New York: Plenum.
Fraser, G. A. (1991). The dissociative table technique: A strategy for working with ego states in dissociative disorders and ego-state therapy. *Dissociation, IV,* 205–213.
Frederick, C. (1993). Pools and wellings: The resolution of refractory intermittent depression with ego-state therapy. *Hypnos, 20,* 221–228.
Frederick, C. (1994). Silent partners: The hypnotherapeutic relationship with non-verbal ego states. *Hypnos, XXI,* 141–149.
Frederick, C. (1996). Functionaries, jannisaries and daemons: A differential approach to the management of malevolent ego states. *Hypnos, XXIII,* 37–47.
Frederick, C., & Kim, S. (1993). Heidi and the little girl: The creation of helpful ego states for the management of performance anxiety. *Hypnos, 20,* 49–58.
Frederick, C., & McNeal, S. (1993). From strength to strength: "Inner strength" with immature ego states. *American Journal of Clinical Hypnosis, 35,* 250–256.

Frederick, C., & Phillips, M. (1995). Decoding mystifying signals: Translating symbolic communications of elusive ego states. *American Journal of Clinical Hypnosis, 38*, 87-96.

French, A. P., & Schechmeister, B. R. (1983). The multiple personality syndrome and criminal defense. *Bulletin of the American Academy of Psychiatry and Law, 11*, 17-25.

Freud, A. (1946). *The ego and the mechanisms of defense.* New York: International Universities Press.

Freud, S. (1905). My views on the part played by sexuality in the aetiology of the neuroses. *Collected papers: Vol. 1* (pp. 272-283). London: Hogarth Press & the Institute of Psycho-Analysis.

Freud, S. (1914). On narcissism: An introduction. *Collected Papers: Vol. II* (pp. 30-59). London: Hogarth.

Freud, S. (1922). The infantile genital organization of the libido: A supplement to the theory of sexuality. *Collected papers: Vol. II* (pp. 244-248). London: Hogarth.

Freud, S. (1923). *The ego and the id.* New York: Norton.

Freud, S. (1938). *A general introduction to psychoanalysis.* New York: Pocket.

Freud, S. (1953). The theme of the three caskets. *Collected Papers: Vol. IV* (pp. 244-256). London: Hogarth.

Freud, S., & Breuer, J. (1953). On the psychical mechanism of hysterical phenomena. In *Collected papers: Vol. 1*. London: Hogarth.

Frischholz, E. J. (1985). The relationship among dissociation, hypnosis, and child abuse in the development of multiple personality disorder. In R. P. Kluft (Ed.), *Childhood antecedents of multiple personality* (pp. 100-126). Washington, DC: American.

Frischholz, E. J., Braun, B. G., Martinez-Taboas, A., Ross, C. A., & Van der Hart, O. (1990). Comment on "Is MPD really rare in Japan?" *Dissociation, 3*, 60-61.

Frischholz, E. J., Braun, B. G., Sachs, R. G., Schwartz, D. R., Lewis, J., Shaeffer, B. A., Westergaard, C., & Pasquotto, M. A. (1991). Construct validity of the Dissociative Experiences Scale (DES): I. The relation between the DES and other self-reports of dissociation. *Dissociation, IV*, 185-188.

Frischholz, E. J., Braun, B. G., Sachs, R. B., Schwartz, D. R., Lewis, J., Shaeffer, D., Westergaard, C., & Pasquotto, J. (1992). Construct validity of the Dissociative Experiences Scale: II. Its relationship to hypnotizability. *American Journal of Clinical Hypnosis, 35*, 145-152.

Fromm, Erik. (1964). *The present human condition.* New York: Holt, Rinehart & Winston.

Fromm, Erika. (1968). Transference and counter-transference in hypnoanalysis. *Psychotherapy, Research and Practice, 16*, 77-84.

Fromm, Erika. (1977). An ego-psychological theory for altered states of consciousness. *International Journal of Clinical and Experimental Hypnosis, 25*, 373-387.

Fromm, Erika. (1984). Theory and practice of hypnoanalysis. In W. C. Wester & A. Smith (Eds.), *Clinical hypnosis: A multidisciplinary approach* (pp. 142-154). New York: Lippincott.

Fromm, Erika, & Nash, M. R. (1997). *Psychoanalysis and hypnoanalysis.* Madison, CT: International Universities.

Fromm, Erika, & Shor, R. E. (Eds.). (1979). *Hypnosis: Developments in research and new perspectives* (rev. 2nd ed.). New York: Aldine.

Gainer, M. J., & Torem, M. S. (1993). Ego-state therapy for self-injurious behavior. *American Journal of Clinical Hypnosis, 35*, 257-266.

Ganaway, G. K. (1995). Hypnosis, childhood trauma, and dissociative identity disorder: Toward an integrative theory. *International Journal of Clinical and Experimental Hypnosis, XLIII*, 127-144.
Garfield, S. L. (1997, Spring). The therapist as a neglected variable in psychotherapy research. *Clinical Psychology: Science and Practice*, 40-43.
Garry, M., & Loftus, E. S. (1994). Pseudo memories without hypnosis. *International Journal of Clinical and Experimental Hypnosis, XLII*, 363-378.
Gill, M., & Rapaport, D. (1942). A case of amnesia and its bearing on the theory of amnesia. *Character and Personality, 11*, 166-172.
Goettman, C., Greaves, G. B., & Coons, P. (1994). *Multiple personality and dissociation, 1791-1992. A complete bibliography* (2nd ed.). Lutherville, MD: Sidron.
Goldberg, A. (Ed.). (1991). *The evolution of self psychology: Progress in self psychology* (Vol. 7). Hillsdale, NJ: Analytic.
Goldberg, F. H. (1996). Psychoanalytic practice and managed care: Comparison of Division 39 and other psychologist survey results. *Psychologist Psychoanalyst, XVI*, 3, 1-5.
Goldfried, M., & Wolfe, B. (1996). Psychotherapy practice and research: Repairing a strained alliance. *American Psychologist, 51*, 1007-1016.
Goodman, L., & Peters, J. (1995). Persecutor alters and ego states: Protectors, friends and allies. *Dissociation, 8*, 91-99.
Gravitz, M. A. (1994). Are the right people being trained to use hypnosis? *American Journal of Clinical Hypnosis, 36*, 179-182.
Greaves, G. B. (1988). Common errors in the treatment of multiple personality disorder. *Dissociation, I*, 61-66.
Greenberg, J. R., & Mitchell, S. A. (1983). *Object relations in psychoanalytic theory.* Cambridge: Harvard University Press.
Greenberg, R. M. (1991). Traumatic origins of multiple personality disorder. *Trauma, 32*, 17-21.
Grinker, R. R., & Spiegel, J. P. (1945). *Men under stress.* Philadelphia: Blakiston.
Gross, L., & Ratner, H. (1989). Dissociative disorder in children of holocaust survivors. *Dissociative Disorders: 1989: Proceedings of the Sixth International Conference on Multiple Personality/Dissociative States*, 27.
Gruenwald, D. (1986). Dissociation: Appearance and meaning. *American Journal of Clinical Hypnosis, 29*, 116-122.
Guntrip, H. (1968). *Schzoid phenomena, object relations and the self.* New York: International Universities.
Guntrip, H. (1971). *Psychoanalytic theory, therapy and the self.* New York: Basic.
Hall, C., & Lindzey, G. (Eds.). (1985). *Theories of personality.* New York: Wiley.
Hall, P., & Steinberg, M. (1994). Systematic assessment of dissociative symptoms and disorders in a private practice setting. *Dissociative disorders: 1994, Proceedings of the 11th International Conference on Dissociative States*, 85.
Hammond, D. C., Garver, R. B., Mutter, D. B., Crasilneck, H. B., Frischholz, E., Gravitz, M. A., Hibler, N. S., Olson, J., Scheflin, A., Spiegel, H., & Wester, W. (1995). *Clinical hypnosis and memory: Guidelines for clinicians and for forensic hypnosis.* Des Plaines, IL: American Society of Clinical Hypnosis.
Hartman, W. (1995). *Ego state therapy with sexually traumatized children.* Pretoria, South Africa: Kagiso.
Hartmann, H. (1939). *Ego psychology and the problem of adaptation.* New York: International Universities.

Hartmann, H. (1964). *Essays on ego psychology: Selected problems in psychoanalytic theory.* New York: International Universities.
Hilgard, E. R. (1977). *Divided consciousness: Multiple controls in human thought and action.* New York: Wiley.
Hilgard, E. R. (1986). *Divided consciousness: Multiple controls in human thought and action* (exp. ed.). New York: Wiley.
Hilgard, E. R. (1987). Multiple personality and dissociation. In *Psychology in America: A historical survey* (pp. 303–315). San Diego: Harcourt.
Hilgard, E. R. (1988). Commentary: Professional skepticism about multiple personality. *Journal of Nervous and Mental Disease, 176,* 352.
Hilgard, E. R. (1992). Dissociation and theories of hypnosis. In Erika Fromm & M. R. Nash (Eds.), *Contemporary hypnosis research* (pp. 69–101). New York: Guilford.
Hilgard, E. R., & Loftus, E. F. (1979). Effective interrogation of the eye-witness. *International Journal of Clinical & Experimental Hypnosis, 27,* 342–357.
Hollon, S. (1996). The efficacy and effectiveness of psychotherapy relative to medications. *American Psychologist, 51,* 1025–1039.
Horney, K. (1950). *Neurosis and human growth.* New York: Norton.
Howard, K., Moras, K., Brill, P., Martinovich, Z., & Lutz, W. (1996). Evaluation of psychotherapy: Efficacy, effectiveness, and patient progress. *American Psychologist, 51,* 1059–1064.
Jacobson, E. (1954). The self and the object world. *Psychoanalytic Study of the Child, 9,* 75–127.
Jacobson, E. (1964). *The self and the object world.* New York: International Universities.
Jacobson, N., & Christensen, A. (1996). Studying the effectiveness of psychotherapy: How well can clinical trials do the job? *American Psychologist, 51,* 1031–1039.
Janet, P. (1907). *The major symptoms of hysteria.* New York: Macmillan.
Janet, P. (1925). *Psychological healing: A historical and clinical study.* New York: Macmillan.
Janoff, P. (1970). *Primal scream: A revolutionary cure for neurosis.* New York: Putnam.
Jung, C. G. (1934). *Modern man in search of a soul.* New York: Harcourt-Brace.
Jung, C. G. (1969). *The collected works of C. G. Jung.* Princeton, NJ: Princeton University.
Kernberg, O. (1976). *Object relations theory and clinical psychoanalysis.* New York: Jason Aronson.
Kihlstrom, J. F. (1994). Hypnosis, delayed recall, and the principles of memory. *International Journal of Clinical and Experimental Hypnosis, XLII,* 337–345.
Kihlstrom, J. F., & Evans, F. J. (1979). *Functional disorders of memory.* Hillsdale, NJ: Lawrence Erlbaum.
Kirschner, L. A. (1973). Dissociative reactions: An historical review and clinical study. *Acta Psychiatrica Scandinavica, 49,* 698–711.
Klein, M. (1932). *The psycho-analysis of children.* London: Hogarth.
Klein, M. (1935). A contribution to the psychogenesis of manic-depressive states. In P. Buckley (Ed.), *Essential papers on object relations* (pp. 40–70). New York: New York University.
Klemperer, E. (1968). *Past ego states emerging under hypnoanalysis.* Springfield, IL: Thomas.
Kline, P. (1972). *Fact and fantasy in Freudian theory.* London: Methuen.

Kluft, R. P. (1984). Multiple personality in childhood. In B. G. Braun (Ed.), *The psychiatric clinics of North America: Symposium on multiple personality* (pp. 121-134). Philadelphia: Saunders.
Kluft, R. P. (1987). An update on multiple personality disorder. *Hospital and Community Psychiatry, 38*, 363-373.
Kluft, R. P. (1988). The phenomenology and treatment of extremely complex multiple personality dissociation. *Dissociation, 1*, 47-58.
Kluft, R. P. (1992). The exploration of controversy: Editorial. *Dissociation, 5*, 125-126.
Kluft, R. P. (1993). Clinical approaches to the integration of personalities. In R. P. Kluft & C. G. Fine (Eds.), *Clinical perspectives on multiple personality disorder* (pp. 101-133). Washington, DC: American Psychiatric Press.
Kluft, R. P. (1994). The treatment of dissociative disorder patients: An overview of discoveries, successes, and failures. *Dissociation, VI*, 87-101.
Kluft, R. P., & Fine, C. G. (1993). *Clinical perspectives on multiple personality disorder.* Washington, DC: American Psychiatric Press.
Knowles, F. W. (1964). Hypnosis in amnesic states: A report of seven cases. *New Zealand Medical Journal, 63*, 100-103.
Koch, S. C. (1985). Belief in multiple personality is the first step in diagnosis. *Clinical Psychiatry News, 12*, 3, 24.
Kohut, H. (1977). *The restoration of the self.* New York: International Universities.
Kohut, H. (1978). *The search for the self* (Vols. 1 & 2). New York: International Universities.
Kohut, H. (1979). The two analyses of Mr. Z. *International Journal of Psycho-analysis, 60*, 3-27.
Kris, E. (1951). Ego psychology and interpretation in psychoanalytic therapy. *Psychoanalytic Quarterly, 20*, 15-31.
Kris, E. (Ed.). (1979). *The selected papers of Ernst Kris.* New Haven: Yale University.
LaCalle, R. M. (1991). The bond of trust and the therapeutic alliance. *Beyond survival, 2*(6), 26.
Lambert, M. L., & Okiishi, J. C. (1997, Spring). The effects of the individual psychotherapist and implications for future research. *Clinical Psychology: Science and Practice, 66*-75.
Landman, J. T., & Dawes, R. M. (1982). Psychotherapy outcome: Smith and Glass's conclusions stand up under scrutiny. *American Psychologist, 37*, 504-516.
Lasky, R. (1982). *Evaluating criminal responsibility in multiple personality and related dissociative disorders: A psychoanalytic consideration.* Springfield, IL: Thomas.
Lewis, D. O., & Bard, J. S. (1991). Multiple personality and forensic issues. *Psychiatric Clinics of North America, 14*, 741-756.
Liley, A. W. (1972). Pre-natal child development. *Delta, 9*, 10-15.
Loewenstein, R. J. (1989). Multiple personality disorder: A continuing challenge. *Psychiatric Review, 2*(2), 1-2.
Loewenstein, R. J. (1991). Psychogenic amnesia and psychogenic fugue: A comprehensive review. In A. Tasman & S. M. Goldfinger (Eds.), *American Psychiatric Press review of psychiatry* (Vol. 10, pp. 189-222). Washington, DC: American Psychiatric Press.
Loftus, E. F. (1979). *Eyewitness testimony.* Cambridge, MA: Harvard University.
Loftus, E. F. (1993). The reality of repressed memories. *American Psychologist, 48*, 518-537.

Luborsky, L. A., McLellen, T., Diguer, L., Woody, G., & Seligman, D. A. (1997, Spring). The psychotherapist matters: Comparison of outcomes across twenty-two therapists and seven patient samples. *Clinical Psychology: Science and Practice*, 53–65.

Lynn, S. J., Myers, B., & Sivec, H. (1994). Psychotherapist's beliefs, repressed memories, abuse, and hypnosis: What have we really learned? *American Journal of Clinical Hypnosis, 36*, 182–187.

Mahler, M. S. (Ed.). (1975). *The selected papers of Margaret Mahler*. New York: Jason Aronson.

Mahler, M. S. (1978). *On human symbiosis and the vicissitudes of individuation*. New York: International Universities.

Malcolm, N. (1996). Fear of flying–the use of ego state therapy–two case studies. *Hypnos, XXII*, 202–205.

Malmo, C. (1991). Ego-state therapy: A model for overcoming childhood trauma. *Hypnos, 28*, 39–44.

Maslow, A. H. (1968). *Toward a psychology of being*. New York: Van Nostrand Reinhold.

Mathews, A., Williamson, D. A., & Fuller, R. D. (1992). Mood-congruent memory in depression: Emotional primary or elaboration. *Journal of Abnormal Psychology, 101*(3), 581–586.

May, R. (1980). *Psychology and the human dilemma*. New York: Norton.

McConkey, K. M., Bryant, R. A., Bibb, B. C., Kihlstrom, J. F., & Tataryn, D. J. (1990). Hypnotically suggested anaesthesia and the circle-touch test: A real-simulating comparison. *British Journal of Experimental and Clinical Hypnosis, 7*, 153–157.

McNeal, S., & Frederick, C. (1993). Inner strength and other techniques for ego strengthening. *American Journal of Clinical Hypnosis, 35*, 170–178.

Michelson, L. K., & Ray, W. J. (1996). *Handbook of dissociation: Theoretical, empirical and clinical perspectives*. New York: Plenum.

Miller, S. D., & Triggiano, P. J. (1992). The physiological investigation of multiple personality disorder: Review and update. *American Journal of Clinical Hypnosis, 35*, 47–61.

Moreno, J. L. (1946). *Psycho-drama*. New York: Random House.

Moyers, B. (1993). *Healing and the mind: The mind body connection* (Video-recorded TV documentary). Ambrose Video.

Murray-Jobsis, J. (1984). Hypnosis with severely disturbed patients. In W. C. Wester & A. H. Smith (Eds.), *Clinical hypnosis: A multidisciplinary approach* (pp. 368–404). Philadelphia: Lippincott.

Mutter, C. B. (1990). Hypnosis with defendants: Does it really work? *American Journal of Clinical Hypnosis, 32*, 257–262.

Nadon, R., D'Eon, J., McConkey, K., Laurance, J., & Campbell, R. (1988). Post-hypnotic amnesia, the hidden observer effect, and duality during hypnotic age regression. *International Journal of Clinical & Experimental Hypnosis, 36*, 19–37.

Nagy, T. F. (1994). Incest memories recalled in hypnosis–A case study: A brief communication. *International Journal of Clinical and Experimental Hypnosis, XLII*, 118–126.

Nash, M. R. (1994). Memory distortion and sexual trauma: The problem of false negatives and false positives. *International Journal of Clinical and Experimental Hypnosis, XLII*, 346–362.

Nelson, T. O. (1996). Conscious and metacognition. *American Psychologist, 51*, 102-116.
Newey, A. B. (1986). Ego state therapy with depression. In M. G. Edelstein & D. Araoz (Eds.), *Hypnosis: Questions and answers* (pp. 197-203). New York: Norton.
Newman, F. L., & Tejeda, M. J. (1996). The need for research that is designed to support decisions in the delivery of mental health services. *American Psychologist, 51*, 1040-1049.
Ofshe, R. J. (1992). Inadvertent hypnosis during interrogation: False confession due to dissociative state: Mis-identified multiple personality and the satanic cult hypothesis. *International Journal of Clinical and Experimental Hypnosis, XL*, 135-156.
Ofshe, R. J., & Singer, M. T. (1994). Recovered-memory therapy and robust repression: Influence and pseudomemories. *International Journal of Clinical and Experimental Hypnosis, XLII*, 391-410.
Ondrovick, J., & Hamilton, D. M. (1990). Credibility of victims diagnosed as multiple personality: A case study. *American Journal of Forensic Psychology, 9*, 13-18.
Orne, T. M. (1984). The use and misuse of hypnosis in court. In W. C. Wester & A. H. Smith (Eds.), *Clinical hypnosis: A multidisciplinary approach*. Philadelphia: Lippincott.
Orne, M. T., Dinges, D. E., & Orne, E. C. (1984). On the differential diagnosis of multiple personality in the forensic context. *International Journal of Clinical and Experimental Hypnosis, XXXII*, 311-341.
Pettinati, H. M. (Ed.). (1988). *Hypnosis and memory*. New York: Guilford.
Phillips, D. W. (1994). Initial development and validation of The Phillips Dissociation Scale (PDS) of the MMPI. *Dissociation, VII*, 92-100.
Phillips, M. (1993). The use of ego-state therapy in the treatment of posttraumatic stress disorder. *American Journal of Clinical Hypnosis, 35*, 241-249.
Phillips, M. (1994, March). *Developing a positive transference "trance" in treating post-traumatic patients*. Presented at the annual meeting of the American Society of Clinical Hypnosis, Philadelphia.
Phillips, M., & Frederick, C. (1995). *Healing the divided self: Clinical and Ericksonian hypnotherapy for post-traumatic and dissociative conditions*. New York: Norton.
Piaget, J. (1963). *The language and thought of the child*. New York: World.
Piaget, J. (1966). *Origins of intelligence*. New York: International Universities.
Prince, M. (1905/1929). *The dissociation of a personality*. New York: Longmans-Green.
Putnam, F. W. (1984). The psychophysiological investigation of multiple personality disorder: A review. *Psychiatric Clinics of North America, 7*, 31-41.
Putnam, F. W. (1985). Multiple personality and related dissociative reaction. *International Medicine, 5*, 13-15.
Putnam, F. W. (1986). The treatment of multiple personality: State of the art. In B. G. Braun (Ed.), *The treatment of multiple personality disorder* (pp. 175-198). Washington, DC: American Psychiatric Press.
Putnam, F. W. (1989). *Diagnosis and treatment of multiple personality disorder*. New York: Guilford.
Putnam, F. W. (1991). Recent research on multiple personality disorder. *Psychiatric Clinics of North America, 14*, 489-502.
Putnam, F. W. (1992). Discussion: Are alter personalities fragments or figments? *Psychoanalytic Inquiry, 12*, 95-111.
Putnam, F. W., Guroff, J. J., Silberman, E. K., Barban, L., & Post, R. M. (1986).

The clinical phenomenology of multiple personality disorder: A review of 100 recent cases. *Journal of Clinical Psychiatry, 47*, 285-293.

Ramonth, S. M. (1985). *Multilevel consciousness in meditation, hypnosis, and directed daydreaming.* Upsalla, Sweden: University of UMEA.

Rank, O. (1950). *Will therapy and truth and reality.* New York: Knopf.

Rappaport, D. (1967). *The collected papers of David Rappaport* (M. Gill, Ed.). New York: Basic.

Reagor, P. A., Kasten, J. D., & Morelli, N. (1992). A checklist for screening dissociative disorders in children and adolescents. *Dissociation, V,* 4-19.

Reich, W. (1949). *Character-analysis* (3rd ed.). New York: Orgone Institute.

Reik, T. (1948). *Listening with the third ear.* New York: Farrar.

Reik, T. (1956). *The search within: The inner experiences of a psychoanalyst.* New York: Grove.

Reik, T. (1957). *Of love and lust.* New York: Farrar, Strauss & Cudahy.

Rogers, C. (1980). *A way of being.* Boston: Houghton Mifflin.

Ross, C. A. (1989). *Multiple personality disorder: Diagnosis, clinical features and treatment.* New York: Wiley.

Ross, C. A. (1991). Epidemiology of multiple personality and dissociation. *Psychiatric Clinics of North America, 14,* 503-517.

Ross, C. A., Heber, S., Norton, G. R., Anderson, D., Anderson, G., & Barchet, P. (1989). The dissociative disorders interview schedule: A structured interview. *Dissociation, 2,* 169-189.

Ross, C. A., & Loewenstein, R. J. (1992). Perspectives on multiple personality disorder [Special issue]. *Psychoanalytic Inquiry, 12,* 112-123.

Ross, C. A., Miller, D. S., Bjornson, L., Reagor, P., Fraser, L., & Anderson, G. (1991). Abuse histories in 102 cases of multiple personality disorder. *Canadian Journal of Psychiatry, 36,* 97-101.

Ross, C. A., Norton, G. R., & Anderson, G. (1988). The dissociative experiences scale: A replication study. *Dissociation, 1*(3), 21-22.

Rossi, E. L., & Cheek, D. B. (1988). *Mind-body therapy: Methods of ideodynamic healing in hypnosis.* New York: Norton.

Sanders, B., McRoberts, G., & Tollefson, C. (1989). Childhood stress and dissociation in a college population. *Dissociation, 1,* 17-23.

Sanders, S. (1986). The perceptual alteration scale: A scale measuring dissociation. *American Journal of Clinical Hypnosis, 29,* 95-102.

Sands, S. H. (1989). Eating disorders and female development: A self psychological perspective. In A. Goldberg (Ed.), *Dimensions of self experience: Progress in self psychology* (Vol. 5, pp. 75-103). Hillsdale, NJ: Analytic Press.

Sands, S. H. (1994). What is dissociated? *Dissociation, VII,* 145-152.

Sarbin, T. R. (1995). On the belief that one body may be host to two or more personalities. *International Journal of Clinical and Experimental Hypnosis, XLIII,* 163-183.

Savitz, D. B. (1990). The legal defense of persons with the diagnosis of multiple personality disorder. *Dissociation, 3,* 195-203.

Schneck, J. M. (1948). The hypnotic treatment of a patient with amnesia. *Psychoanalytic Review, 35,* 171-177.

Schreiber, F. R. (1974). *Sybil.* New York: Warner.

Schwarzkopf, N. H. (1992). *The autobiography: It doesn't take a hero* (Written by Peter Petre). New York: Bantam.

Schwing, G. (1954). *A way to the soul of the mentally ill.* New York: International Universities.
Sechrest, L., McKnight, P., & McKnight, K. (1996). Calibration of measures for psychotherapy outcome studies. *American Psychologist, 51,* 1065-1071.
Seligman, M. E. P. (1995). The effectiveness of psychotherapy: The *Consumer Reports* study. *American Psychologist, 50,* 965-974.
Seligman, M. E. P. (1996). Science as an ally of practice. *American Psychologist, 51,* 1072-1079.
Selye, H. (1956). *Stress of life.* New York: McGraw-Hill.
Shirer, W. L. (1941). *Berlin Diary.* New York: Knopf.
Smith, M. L., & Glass, G. V. (1981). Meta-analysis of psychotherapy outcome studies. *American Psychologist, 32,* 752-760.
Sontag, L. W., & Richards, T. W. (1938). Studies in fetal behavior. *Monograph of the Society for Research in Child Development, 3.*
Spiegel, D. (1991). Dissociation and trauma. In A. Tasman & S. M. Goldfinger (Eds.), *American press textbook of psychiatry* (Vol. 10). Washington, DC: American Psychiatric Press.
Spiegel, D. (Ed.). (1993). *Dissociative disorders: A clinical review.* Lutherville, MD: Sidran.
Spiegel, H. (1973). *Manual for hypnotic induction profile: Eye-roll levitation method* (Rev. ed.). New York: Soni Medica.
Stampfl, T. G. (1967). Implosive therapy: The theory, the subhuman analog, the strategy, and the technique. Part I: The theory. In S. G. Armitage (Ed.), *Behavior modification techniques in the treatment of emotional disorders.* Battle Creek, MI: Veterans' Administration.
Steckler, J. (1989, October). A workshop with John and Helen Watkins. *Trauma and Recovery,* 25-26.
Steele, K. H. (1989). A model for abreaction with MPD and other dissociative disorders. *Dissociation, II,* 151-159.
Steinberg, M. (1994). *Structured clinical interview for DSM-IV dissociative disorders (SCID-D)* (Rev. ed.). Washington, DC: American Psychiatric Press.
Steinberg, M. (1995). *Handbook for the assessment of dissociation: A clinical guide.* Washington, DC: American Psychiatric Press.
Stekel, W. (1924). *Peculiarities of behavior* (Vols. 1 & 2). New York: Liveright.
Stekel, W. (1943). *The interpretation of dreams* (Vols. 1 & 2). New York: Liveright.
Stekel, W. (1949). *Compulsion and doubt* (Vols. 1 & 2). New York: Liveright.
Strupp, H. (1996). The tripartite model and the *Consumer Reports* study. *American Psychologist, 51,* 1017-1024.
Strupp, H., & Anderson, T. (1997, Spring). On the limitations of therapy manuals. *Clinical Psychology: Science and Practice,* 76-82.
Sullivan, H. S. (1980). *Concepts of personality development and psychiatric illness.* New York: Brunner/Mazel.
Takahashi, Y. (1990). Is multiple personality really rare in Japan? *Dissociation, 3,* 57-59.
Toothman, D., & Phillips, M. (1996). *Ego-state therapy with couples.* (Unpublished manuscript).
Torem, M. S. (1987). Ego-state therapy for eating disorders. *American Journal of Clinical Hypnosis, 30,* 94-104.
Torem, M. S. (1989). Iatrogenic factors in the perpetuation of splitting and multiplicity. *Dissociation, 2,* 92-98.

Torem, M. S. (1993). Therapeutic writing as a form of ego-state therapy. *American Journal of Clinical Hypnosis, 35*, 267–276.

Turner, S. M., Calhoun, K. S., & Adams, H. E. (1981). *Handbook of clinical behavior therapy.* New York: Wiley-Interscience.

Ulman, R., & Paul, P. (1989). A self psychological theory and approach to treating substance abuse disorders: The "intersubjective absorption" hypothesis. In A. Goldberg (Ed.), *Dimensions of self experience: Progress in self psychology* (Vol. 5, pp. 121–141). Hillsdale, NJ: Analytic.

Van der Hart, O. (1990). Comments on "Is MPD rare in Japan?" *Dissociation, 3*, 66–67.

Van der Hart, O. (1993). Multiple personality disorder in Europe: Impressions. *Dissociation, 6*, 102–118.

Van der Hart, O., & Boon, S. (1990). Contemporary interest in multiple personality disorder and child abuse in the Netherlands. *Dissociation, 3*, 66–67.

Vanderlinden, J., Van Dyck, R., Vandereycken, W., & Vertommen, H. (1991). Dissociative experiences in the general population in Netherlands and Belgium: A study with the dissociative questionnaire (DIS-Q). *Dissociation, 4*, 180–184.

Watkins, H. H. (1978). Ego state therapy. In J. G. Watkins (Ed.), *The therapeutic self* (pp. 360–398). New York: Human Sciences.

Watkins, H. H. (1980a). The silent abreaction. *International Journal of Clinical and Experimental Hypnosis, XXVIII*, 101–113.

Watkins, H. H. (1980b). *II. The woman in black and the lady in white* (Audiotape and transcript). New York: Jeffrey Norton.

Watkins, H. H. (1986a). *The trauma of birth: Abreactive therapy* (Videotape). New York: Irvington.

Watkins, H. H. (1986b, Winter). Treating the trauma of abortion. *Pre- and Peri-Natal Psychology*, 135–143.

Watkins, H. H. (1989, October). Therapist's page. *Many Voices*, 4–5.

Watkins, H. H. (1990a). *Raising self esteem: 1. Safe room and life force. 2. The past and you* (Audiotape). Missoula, MT: Author.

Watkins, H. H. (1990b). Suggestions for raising self-esteem. In D. C. Hammond (Ed.), *Handbook of therapeutic suggestions and metaphors* (pp. 127–130). New York: Norton.

Watkins, H. H. (1990c). Hypnotherapeutic procedures for the reduction of guilt. *Hypnos, XVII*, 227–232.

Watkins, H. H. (1993). Ego state therapy: An overview. *American Journal of Clinical Hypnosis, 35*, 232–240.

Watkins, J. G. (1941). *Impairing enemy industrial production through the psychological planning of air raids designed to maximize disruption of worker morale: Studies in cumulative sleep deprivation.* Unpublished confidential report.

Watkins, J. G. (1942). *Objective Measurement of Instrumental Performance.* Contributions to Education No. 860. New York: Columbia University. T. C. Bureau of Publications.

Watkins, J. G. (1946). The hypnoanalytic location of a lost object. *Journal of Clinical Psychology, 2*, 390–394.

Watkins, J. G. (1947). Antisocial compulsions induced under hypnotic trance. *Journal of Social and Abnormal Psychology, 42*, 256–259.

Watkins, J. G. (1949). *Hypnotherapy of war neuroses.* New York: Ronald.

Watkins, J. G. (1951, Summer). A case of hypnotic trance induced in a resistant subject in spite of active opposition. *British Journal of Medical Hypnotism*, 1–6.

Watkins, J. G. (1952). Projective hypnoanalysis. In L. M. LeCron (Ed.), *Experimental hypnosis* (pp. 442-462). New York: Macmillan.
Watkins, J. G. (1954). Trance and transference. *Journal of Clinical and Experimental Hypnosis, 2*, 284-290.
Watkins, J. G. (1960). *General psychotherapy: An outline and study*. Springfield, IL: Thomas.
Watkins, J. G. (1963a). The psychodynamics of hypnotic induction and termination. In J. M. Schneck (Ed.), *Hypnosis in modern medicine*. (3rd ed., pp. 363-389). Springfield, IL: Thomas.
Watkins, J. G. (1963b). Transference aspects of the hypnotic relationship. In M. V. Kline (Ed.), *Clinical correlations of experimental hypnosis* (pp. 5-24). Springfield, IL: Thomas.
Watkins, J. G. (1967). Hypnosis and consciousness from the standpoint of existentialism. In. M. V. Kline (Ed.), *Psychodynamics and hypnosis* (pp. 15-31). Springfield, IL: Thomas.
Watkins, J. G. (1971). The affect bridge: A hypnoanalytic technique. *International Journal of Clinical and Experimental Hypnosis, 19*, 21-27.
Watkins, J. G. (1972). Antisocial behavior under hypnosis: Possible or impossible? *International Journal of Clinical and Experimental Hypnosis, 20*, 95-100.
Watkins, J. G. (1976, Winter). Ego states and the problem of responsibility: A psychological analysis of the Patty Hearst case. *Journal of Psychiatry and Law*, 471-489.
Watkins, J. G. (1977). The psychodynamic manipulation of ego states in hypnotherapy. In F. Antonelli (Ed.), *Therapy in psychosomatic medicine* (Vol. II, pp. 389-403, Symposia). Rome, Italy.
Watkins, J. G. (1978a). *The therapeutic self*. New York: Human Sciences.
Watkins, J. G. (1978b, Winter). Ego states and the problem of responsibility II: The case of Patricia W. *Journal of Psychiatry and Law, 519-535*.
Watkins, J. G. (1984). The Bianchi ("Hillside Strangler") case: Sociopath or multiple personality? *International Journal of Clinical & Experimental Hypnosis, XXXII*, 67-111.
Watkins, J. G. (1987). *Hypnotherapeutic techniques: Clinical hypnosis* (Vol. 1). New York: Irvington.
Watkins, J. G. (1989). Hypnotic hypermnesia and forensic hypnosis: A cross examination. *American Journal of Clinical Hypnosis, 32*, 71-83.
Watkins, J. G. (1992a, April). Psychoanalyse, hypnoanalyse, ego state therapie: Auf der Suche nach einer effektiven Therapie (translated from the English by Monika Amler). *Hypnose und Kognition, Band 9*, 85-97.
Watkins, J. G. (1992b). *Hypnoanalytic Techniques: Clinical Hypnosis* (Vol. 2). New York: Irvington.
Watkins, J. G. (1993a, Fall). Dealing with the problem of "false memory" in clinic and court. *The Journal of Psychiatry and Law*, 297-317.
Watkins, J. G. (1993b). Foreword. *American Journal of Clinical Hypnosis, 35*, 229-231.
Watkins, J. G. (1995). Hypnotic abreactions in the recovery of traumatic memories. *Newsletter of the International Society for the Study of Dissociation, 13*, 1, 6.
Watkins, J. G., & Johnson, R. J. (1982). *We, the divided self*. New York: Irvington.
Watkins, J. G., & Watkins, H. H. (1978). *Abreactive techniques* (Audiotape). New York: Irvington.
Watkins, J. G., & Watkins, H. H. (1979). The theory and practice of ego state

therapy. In H. Grayson (Ed.), *Short-term approaches to psychotherapy* (pp. 176–220). New York: Human Sciences.

Watkins, J. G., & Watkins, H. H. (1979–80). Ego states and hidden observers. *Journal of Altered States of Consciousness, 5*, 3–18.

Watkins, J. G., & Watkins, H. H. (1980). *I. Ego states and hidden observers, II. Ego state therapy: The woman in black and the lady in white* (Audiotape and transcript). New York: Jeffrey Norton.

Watkins, J. G., & Watkins, H. H. (1981). Ego state therapy. In R. J. Corsini (Ed.), *Handbook of innovative psychotherapies* (pp. 252–270). New York: Wiley.

Watkins, J. G., & Watkins, H. H. (1982). Ego state therapy. In L. E. Abt & I. R. Stuart (Eds.), *The newer therapies: A source book* (pp. 137–155). New York: Van Nostrand Reinhold.

Watkins, J. G., & Watkins, H. H. (1984). Hazards to the therapist in the treatment of multiple personalities. *Psychiatric Clinics of North America, 7*, 111–119.

Watkins, J. G., & Watkins, H. H. (1986). Ego states as altered states of consciousness. In B. B. Wolman & M. Ullman (Eds.), *Handbook of states of consciousness* (pp. 133–158). New York: Van Nostrand Reinhold.

Watkins, J. G., & Watkins, H. H. (1988). The management of malevolent ego states in multiple personality disorder. *Dissociation, 1*, 67–72.

Watkins, J. G., & Watkins, H. H. (1990a). Ego-state transferences in the hypnoanalytic treatment of dissociative reactions. In M. L. Fass & D. Brown (Eds.), *Creative mastery in hypnosis and hypnoanalysis: A Festschrift for Erika Fromm* (pp. 255–261). Hillsdale, NJ: Lawrence Erlbaum.

Watkins, J. G., & Watkins, H. H. (1990b). Dissociation and displacement: Where goes "the ouch." *American Journal of Clinical Hypnosis, 33*, 1–10.

Watkins, J. G., & Watkins, H. H. (1991). Hypnosis and ego state therapy. In P. A. Keller & S. R. Heyman (Eds.), *Innovations in Clinical Practice* (pp. 23–37). Sarasota, FL: Professional Resource Exchange.

Watkins, J. G., & Watkins, H. H. (1992). A comparison of "hidden observers", ego states and multiple personalities. In W. Bongartz (Ed.), with V. A. Gheorghiu & B. Bongartz (Co-Eds.), *Hypnosis: 175 Years after Mesmer: Recent Developments in Theory and Application* (pp. 315–321). Konstanz: Universitätsverlag Konstanz GmbH (Reprinted 1992 in *Hypnos, XIX*, 215–221).

Watkins, J. G., & Watkins, H. H. (1993a). Ego state therapy in the treatment of dissociative disorders. In R. P. Kluft & C. G. Fine (Eds.), *Clinical perspectives on multiple personality disorder*. Washington, DC: American Psychiatric Press.

Watkins, J. G., & Watkins, H. H. (1993b). Accessing the relevant areas of personality functioning. *American Journal of Clinical Hypnosis, 35*, 277–284.

Watkins, J. G., & Watkins, H. H. (1996a). Overt-covert dissociation and hypnotic ego state therapy. In W. J. Ray & K. Michelson (Eds.), *Handbook of dissociation* (pp. 431–447). New York: Plenum.

Watkins, J. G., & Watkins, H. H. (1996b). Psychodynamic interactions in overt and covert ego states. In B. Burkhard, B. Trenkle, F. Z. Kinzel, C. Duffner, & A. Lost-Peter (Eds.), *Hypnosis International Monographs 2. Munich lectures on hypnosis and psychotherapy*. Munich: M.E.G.-Stiftung.

Watkins, P. C., Mathews, A., Williamson, D. A., & Fuller, R. D. (1982). Mood-congruent memory in depression: Emotional priming or elaboration. *Journal of Abnormal Psychology, 10*, 581–586.

Watson, J. B. (1929). *Psychology from the standpoint of a behaviorist.* Philadelphia: Lippincott.
Weiss, E. (1960). *The structure and dynamics of the human mind.* New York: Grune & Stratton.
Weiss, E. (1966). Paul Federn (1871-1950): The theory of the psychoses. In F. Alexander, S. Eisenstein, & M. Grotjohn (Eds.), *Psychoanalytic pioneers.* New York: Basic.
Wilbur, C. B. (1984). Multiple personality and child abuse. *The Psychiatric Clinics of North America: Symposium on multiple personality* (pp. 3-7). Philadelphia: Saunders.
Winnicott, D. W. (Ed.). (1958). *Collected papers: Through paediatrics to psycho-analysis.* London: Tavistock.
Winnicott, D. W. (1965). *The maturational process and the facilitation environment.* New York: International Universities.
Winnicott, D. W. (1971). *Playing and reality.* London: Tavistock.
Winnicott, D. W. (1986). Transitional objects and transitional phenomena. In P. Buckley (Ed.), *Essential papers on object relations* (pp. 254-271). New York: New York University.
Wollman, B. B., & Ullman, M. (Eds.). (1986). *Handbook of states of consciousness.* New York: Van Nostrand Reinhold.
Wolpe, J. (1982). *The practice of behavior therapy.* New York: Pergamon.
Wright, J. H., Thase, M. E., Beck, A. T., & Ludgate, J. W. (Eds.). (1993). *Cognitive therapy with inpatients: Developing a cognitive mileau* (pp. 22, 147-152). New York: Guilford.
Yapko, M. D. (1994). Suggestibility and repressed memories of abuse: A survey of psychotherapists' beliefs. *American Journal of Clinical Hypnosis, 36,* 163-171.

監訳者あとがき

　本書はJohn G. Watkins, Helen H. WatkinsによるEgo States : Theory and Therapy（W. W. Norton, 1997）の全訳である。この書籍は解離性同一性障害をはじめとする解離性障害や自我状態の不安定な人たちをどのように理解し，治療に結びつけ，治療していくかについて重要な書籍である。

　自我状態の理論はPaul Federn（1871-1950）に遡る。FedernはFreud. Sに直接師事し，後に自我心理学に大きな貢献をした精神分析学者であるが，1920年代に「自我感情におけるいくつかの偏位」「自我構造におけるナルシシズム」といった仕事を行っており，その中で「自我状態」「自我限界」「自我備給」やナルシシズムにおける中心的性質と言った概念を提出している。彼の述べる「自我感情」に一致する体験としての自我概念はFreudとは不一致であったものの，彼は精神分析学の概念の1つである「自我境界」について取り組んでいた。内的自我境界はファンタジーや欲動から自我を隔て，外的自我境界は辺縁的感覚器官として現実検討をおこなうものと見なされていた。こうした，内的自我境界は隔てられた複数の自我状態をもたらし，それらは相矛盾し葛藤しうる。こうした混乱した自我状態への理解や対応方法への研究は，Federnの教育分析を受けたEdoardo Weiss，そして彼に指導を受けたWatkinsに引き継がれたのである。

　通常は解離性同一性障害以外の状態ではっきりとそれと判別できるような持続的な自我状態が現れることはない。しかし，明確に峻別できるほどではない自我状態であっても，その機能や特徴が異なることがある。また，それらの自我状態間に葛藤や衝突，矛盾が生まれることがあり，混乱した自我状態をもたらすことが生じる。こうした場合に，それぞれの自我状態に働きかけることによって混乱を解消しようとするのが自我状態療法である。

　さまざまな矛盾の中で葛藤を抱える自我状態，強い外傷的体験による形成された自我状態などが，臨床的な症状を形成することは少なくない。そうしたと

きに，利用できる治療技法と言えるだろう。

　本書の日本語訳出を巡っては多くの困難，迷走があった。一方で自我状態理論やそれに基づく治療についての論文や書物が出版され，その底本となっている本書の訳出が待たれていた。このたび，福井義一先生，福島裕人先生の奮闘の努力があってようやくこの出版に辿りついたことで，この領域の研究者や治療者にもたらすものが大きいものと考える。

　この訳本の出版に到った経緯を，おそらくこの本を最初に日本に持ち込んだグループの1人として振り返っておきたい。

　1990年代は心的外傷（トラウマ）への関心が日本でも広がった時期である。90年代初めには，アダルト・チルドレンという言葉が頻繁に使われるようになった。これはアルコール依存症の親の元で成育し，発達的影響を受け，それによる生きづらさを抱える子ども（Adult Children of Alcoholics）を指す，1970年代からの米国のソーシャルワーカーの言葉であった。それがアルコール依存症ではなくても家族機能が十分ではない，子ども虐待があるなどの機能不全あるいは機能欠如家族で成長した子どもの中にある困難，心的外傷としての捉え方へも広がっていった。90年代になって，いくつかの書物がわが国でも翻訳書や解説書，さらに自らの体験が語られた書籍等も出版されることとなった。ある意味で市民運動的な広がりをもって，この概念は広がったのである。

　くわえて，雲仙普賢岳噴火災害，奥尻島津波災害を起こした北海道南西沖地震，阪神淡路大震災などの自然災害，地下鉄サリン事件や東海村JCO臨界事故などの犯罪被害，事故などがもたらす心的外傷への理解や対応について，精神医学や心理学に携わるものが試行錯誤を始めたのもこの90年代であった。当時まだわが国ではあまり知られていなかった心的外傷後ストレス障害（PTSD）の概念についても急速に認知が進み，さらに診断や治療についての議論がされるようになったのである。

　そうした中，神戸大学の安克昌先生（1960-2000）は90年代の初めから解離症状をもつ人たち，とくに多重人格状態をもつ解離性同一性障害と診断される人たちの治療を始めていた。94年当時ですでに10人余の治療を開始していた安先生は，わが国におけるこの領域の先駆けであるが，当時，治療の手がかりを求めて国内外の治療者との交流，文献の渉猟を行っていた。安先生は，解離性障害に関心をもつ臨床家のメーリングリストを作り，神戸大学内でも解離性障害の研究グループを組織していた。また，1996年にサンフランシ

スコで開催された第13回国際解離研究学会（International Society for the Study of Dissociation：現在の国際解離とトラウマ研究学会 International Society for the Study of Trauma and Dissociation）では，日本での症例について発表した。これには神戸大学のグループも参加し，Ralph B. Allison氏やFrank W. Putnam氏らの講義を受けたりしていた。

　また，それまでにもこのメーリングリストなどで解離性同一性障害の治療に関してさまざまな議論があり，その中でWatkins夫妻の治療について文献が紹介されたり，私訳したりして，情報を共有し研究をしていた（Watkins, HH & Watkins, JG（1981）Ego-State Therapy. In：Rj Corsini（Ed.）*Handbook of Innovative Psychotherapies.* New York：Wiley. ; Fraser GA（1991）The dissociative table technique：A strategy for working with ego states in dissociative disorders and ego-state therapy. DISSOCIATION 4；205-213.（George A. Fraser［本多正道 訳］（2002）翻訳　解離のテーブルテクニック――解離性障害と自我状態療法において自我状態を取り扱う戦略．臨床催眠学 3；49-58））。

　こうした経過の中で，この本の著者であるWatkins夫妻に出会ったのは，1999年にマイアミで開催された第16回国際解離学会でのことだった。ご夫妻がこの本の解説も兼ねて，自我状態療法のワークショップを開催され，私たちはそこに参加したのである。お二人は非常に穏やかで丁寧な口調でゆっくりと，臨床家の語りで講義をなさっていたが，十分に理解できていない私がさらに奥深く理解するためには，本を読み込む必要があった。その場で，日本語への翻訳の申し出を行い，快諾を得たもののそこからの道のりは遠かった。その年の終わりにメーリングリストなどを通じて，翻訳参加者を募ったところ比較的速やかに集まった。また，偶然にも日本における催眠の第一人者である高石昇先生（1928-2017）がWatkins夫妻と親しいとのことで監訳者をお引き受け下さって，出版社を探して下さり，ある出版社が翻訳権や版権の管理などをしてくれることになった。ところが2000年に安先生が急逝し，そのために解離研究も頓挫し，翻訳原稿の集まりもはかどらなくなった。その後，高石先生から版権の問題から出版を断念することになった旨の連絡が届き，出版については振り出しに戻ってしまった。そして，私は何人かの方からの原稿を預かったままとなったのである。

　版権がどのように動いたのかわからないままに，何人かの方から訳本出版を促され2011年終わり頃から再度出版の可能性を探っていたが，2013年の初め

に福井義一先生より，福島裕人先生が大学院生と翻訳をしていて，出版を目指しているとのことでご連絡をいただいた。そこに私も参加させていただき，預かったままの原稿を活かせることになった。とはいえ，それからもWatkins夫妻が逝去されその版権を巡る問題などが出現したことがあり，福井先生や福島先生に大変な苦労をしていただき，お二人のご尽力で出版にこぎ着けられた。本当に感謝に堪えない。

今回，各章の翻訳者が重複するのは，時期を違えて複数の翻訳者が存在するからである。お預かりした期間が長く，あまりに時間が経っているからと共訳者として名を連ねることをご辞退なさった方や故人となった方もいて，最初に翻訳原稿をいただいた方には深くお詫びを申し上げます。そして，読みやすく伝わりやすい原稿に仕上げて下さった福井先生，福島先生に改めて感謝を申し上げます。

2018年9月30日

兵庫県立ひょうごこころの医療センター

田中　究

[著者略歴]

ジョン・G・ワトキンス | John Goodrich Watkins

1913年アメリカ合衆国アイダホ州出身。
アイダホ大学を卒業後（学士号と修士号を取得），コロンビア大学大学院で博士号を取得。
ニューヨーク州 Ithaca College 助教授，アラバマ州 Auburn University 教授を経て，モンタナ大学教授，後に同大学名誉教授。
催眠，解離，多重人格といった分野における研究でよく知られた米国の心理学者である。
心理的な問題の原因を見つけるために，伝統的な会話療法の限界を認識し，根本的な性格の分析を使用する自我状態療法を妻ヘレン・H・ワトキンスと共に開発した。
2012年，98歳で死去。

ヘレン・H・ワトキンス | Helen Huth Watkins

1921年ドイツ，バイエルン州出身。
学生時代にアメリカ在住の叔父を訪問した際，戦乱のため帰国できなくなり，以後アメリカに定住。
モンタナ大学カウンセリング・センターに勤務し，ジョン・G・ワトキンスと出会い結婚。
天才的でセンスのある心理療法家であり，自我状態療法に含まれる多くの技法は彼女に由来する。ジョンは，彼女の臨床実践に臨む態度から「治療的自我（Therapeutic self）」という概念を提唱した。
2001年，脳出血により急死。

[監訳者略歴]

福井 義一 | ふくい よしかず

甲南大学文学部人間科学科教授，臨床心理士，専門健康心理士。
同志社大学大学院文学研究科心理学専攻博士課程を満期退学後，大阪国際大学講師，京都学園大学講師，東海学院大学講師・准教授を経て現職。
Ego State Therapy Japan代表，Ego State Therapy International理事。
日本催眠医学心理学会常任理事，日本臨床催眠学会・日本EMDR学会理事，日本心理学会・日本自律訓練学会評議員，日本心身医学会代議員などを歴任。専門は身体志向のトラウマ・ケア。近著に『自伝的記憶と心理療法』平凡社（2013）（分担執筆），『催眠をはじめるときに知っておきたかった101のこと』金剛出版（2016）（訳），『身体に閉じ込められたトラウマ』星和書店（2016）（共訳）がある。

福島 裕人 | ふくしま ひろと

鈴鹿医療科学大学保健衛生学部医療福祉学科臨床心理学専攻准教授，臨床心理士，専門健康心理士。日本精神衛生学会理事。
琉球大学保健学研究科修了後，犬山病院心理療法士，藤城クリニック臨床心理士を経て東海学院大学助教・講師，鈴鹿医療科学大学助教を経て現職。名古屋大学大学院教育発達科学研究科博士後期課程単位取得満期退学（2012年心理学博士号取得）。専門はトラウマ・ケアを中心に，統合的心理療法，笑いと健康に関しても取り組んでおり，近著に『願いをかなえる！笑いヨガ――よりセラピューティックな笑いヨガ』青山ライフ出版（2013）がある。

田中 究 | たなか きわむ

兵庫県立ひょうごこころの医療センター院長，精神保健指定医，臨床心理士，日本精神神経学会専門医・指導医。
日本児童青年精神医学会常任理事，日本トラウマティック・ストレス学会理事，日本青年期精神療法学会理事，日本精神病理学会評議員など。
徳島大学医学部卒。神戸大学病院，兵庫県立こども病院，沖縄県立八重山病院，神戸大学医学部精神神経科学分野准教授を経て現職。専門は児童青年精神医学，精神療法，精神病理学。近著に『人づきあいが苦手な人のためのワークブック』日本評論社（2016）（監訳），『子どものトラウマと悲嘆の治療』金剛出版（2014）（共訳），『子どものPTSD――診断と治療』診断と治療社（2014）（分担執筆）などがある。

[訳者一覧]（五十音順）

井筒　節（いづつ たかし）｜東京大学
第7章*

大矢　大（おおや だい）｜医療法人おおやクリニック
第6章*

紀平省悟（きひら しょうご）｜和歌山つくし医療・福祉センター
第8章*

胡桃澤伸（くるみざわ しん）｜ナカノ花クリニック
第2章*

小山聡子（こやま さとこ）｜こいでクリニック
第13章*　第16章*

田中　究（たなか きわむ）｜兵庫県立ひょうごこころの医療センター
監訳者　第4章*

福井義一（ふくい よしかず）｜甲南大学
監訳者　推薦文*　まえがき*　序文*　脚注*　第1〜16章

福島春子（ふくしま はるこ）｜神戸市立医療センター中央市民病院
第5章*

福島裕人（ふくしま ひろと）｜鈴鹿医療科学大学
監訳者　緒言　第1章*　第2章*　第3章*　第4〜7章　第9章*　第10章*　第11章　第12章*　第15章*

本多正道（ほんだ まさみち）｜本多クリニック
第11章*

吉川久史（よしかわ ひさふみ）｜広島国際大学
第14章*

（*第一翻訳者）

自我状態療法
理論と実践

2019年2月20日　初刷
2020年3月20日　2刷

著　者————ジョン・G・ワトキンス
　　　　　　ヘレン・H・ワトキンス
監訳者————福井義一・福島裕人・田中　究

発行者————立石正信
発行所————株式会社 金剛出版
　　　　　　〒112-0005 東京都文京区水道1-5-16　電話03-3815-6661　振替00120-6-34848

装幀｜岩瀬　聡　印刷・製本｜太平印刷社
ISBN 978-4-7724-1679-5　C3011　©2019 Printed in Japan

催眠をはじめるときに知っておきたかった101のこと

［著］＝ダブニー・ユーウィン　［訳］＝福井義一

●四六判　●上製　●240頁　●定価 **2,600**円＋税
● ISBN978-4-7724-1526-2 C3011

臨床催眠家ユーウィンが書き留めてきた
初学者にもベテランにも役立つ
「知恵と技能の宝石箱」。
催眠テクニック上達のヒントが満載の実践ガイド。

心の解離構造
解離性同一性障害の理解と治療

［著］＝エリザベス・F・ハウエル　［監訳］＝柴山雅俊　［訳］＝宮川麻衣

●A5判　●上製　●472頁　●定価 **5,200**円＋税
● ISBN978-4-7724-1744-0 C3011

虐待・暴力から生き延びようと
解離した「私」の交代人格との対話を始めるための
段階的治療と関係論志向からなる
解離治療技法の決定版。

解離の舞台
症状構造と治療

［著］＝柴山雅俊

●A5判　●上製　●320頁　●定価 **4,200**円＋税
● ISBN978-4-7724-1531-6 C3011

気配過敏・人格交代・空間的変容・時間的変容をはじめとする
「ヒステリーの幻影」をまとう解離を巡って
症状構造から治療のエッセンスまでを析出した
解離性障害を理解するための比類なき決定書。